A Parafiscalidade
na Actividade Seguradora

2012

Rogério M. Fernandes Ferreira
Advogado

João Mesquita
Advogado

A PARAFISCALIDADE NA ACTIVIDADE SEGURADORA
AUTORES
Rogério M. Fernandes Ferreira, João Mesquita
EDITOR
EDIÇÕES ALMEDINA, S.A.
Rua Fernandes Tomás, nºs 76, 78 e 79
3000-167 Coimbra
Tel.: 239 851 904 · Fax: 239 851 901
www.almedina.net · editora@almedina.net
DESIGN DE CAPA
FBA.
PRÉ-IMPRESSÃO,
EDIÇÕES ALMEDINA, S.A.
IMPRESSÃO E ACABAMENTO

, 2012
DEPÓSITO LEGAL
....

Apesar do cuidado e rigor colocados na elaboração da presente obra, devem os diplomas legais dela constantes ser sempre objecto de confirmação com as publicações oficiais.
Toda a reprodução desta obra, por fotocópia ou outro qualquer processo, sem prévia autorização escrita do Editor, é ilícita e passível de procedimento judicial contra o infractor.

 GRUPOALMEDINA

Biblioteca Nacional de Portugal – Catalogação na Publicação

FERREIRA, Rogério M. Fernandes, 1929-2010, e outro

A parafiscalidade na actividade seguradora. – (Monografias)
ISBN 978-972-40-4889-5

I – MESQUITA, João Parreira

CDU   336
      368

A Parafiscalidade
na Actividade Seguradora

SUMÁRIO

Nota Prévia

1. Introdução
2. Enquadramento Normativo e Institucional do Sector
   2.1. Enquadramento Normativo
      2.1.1. Direito Comunitário
      2.1.2. Direito Interno
   2.2. Enquadramento Institucional
3. Tributo a Favor do Instituto de Seguros de Portugal
   3.1. Direito Interno
   3.2. Incidência Objectiva
   3.3. Incidência Subjectiva
   3.4. Isenções
   3.5. Base de Cálculo
   3.6. Taxa
   3.7. Liquidação e Pagamento
   3.8. Afectação
   3.9. Jurisprudência
4. Tributo a Favor do Instituto Nacional de Emergência Médica
   4.1. Direito Interno
   4.2. Incidência Objectiva
   4.3. Incidência Subjectiva
   4.4. Isenções
   4.5. Base de Cálculo
   4.6. Taxa
   4.7. Liquidação E Pagamento
   4.8. Afectação
   4.9. Jurisprudência
5. Tributo a Favor do Fundo de Garantia Automóvel

5.1. Direito Interno
5.2. Incidência Objectiva
5.3. Incidência Subjectiva
5.4. Isenções
5.5. Base De Cálculo
5.6 Taxa
5.7 Liquidação E Pagamento
5.8. Afectação
5.9 Jurisprudência
6. Tributos a Favor do Serviço Nacional de Bombeiros e Protecção Civil
6.1 Direito Interno
6.2 Incidência Objectiva
6.3. Incidência Subjectiva
6.4. Isenções
6.5. Base de Cálculo
6.6. Taxa
6.7. Liquidação e Pagamento
6.8 Afectação
6.9. Jurisprudência
7. Tributos a Favor do Fundo de Acidentes de Trabalho
7.1 Direito Nacional
7.2 Incidência Objectiva
7.3. Incidência Subjectiva
7.4. Isenções
7.5. Base De Cálculo
7.6. Taxa
7.7. Liquidação e Pagamento
7.8. Afectação
7.9 Jurisprudência
8. Tributos a Favor do Sistema Integrado de Protecção contra
   as aleatoriedades Climáticas
8.1. Direito Nacional
8.2. Incidência Objectiva
8.3. Incidência Subjectiva
8.4. Isenções
8.5. Base de Cálculo
8.6. Taxa
8.7. Liquidação e Pagamento
8.8 Afectação
8.9 Jurisprudência
9. Observações

LEGISLAÇÃO

NOTA PRÉVIA

A publicação do presente estudo é motivada pela actividade profissional desenvolvida pelos autores no escritório RFF&Associados – Sociedade de Advogados, R.L., e tem por base o módulo leccionado pelo primeiro dos signatários, sobre a "Parafiscalidade no sector segurador: aspectos materiais e procedimentos", no âmbito do Curso de Formação em Aspectos Jurídicos e Fiscais do Contrato de Seguro e da Actividade Seguradora, promovido pela Academia Portuguesa de Seguros. Para o referido estudo contribuiu de forma decisiva a sua experiência enquanto consultor do Instituto de Seguros de Portugal, entre 1990 e 1999. A compilação da legislação sobre estas matérias tributárias resulta, por último, da necessidade de a organizar para os formandos do indicado Curso e do difícil acesso à mesma tornando, assim, mais cómoda e profícua a sua consulta. Os autores agradecem ao Dr. Jorge Serrote o apoio na actualização do estudo em causa, cuja versão inicial foi publicada pela Almedina em 2008, na obra "As Taxas de Regulação Económicas em Portugal".

Lisboa, Maio de 2012

Rogério M. Fernandes Ferreira
João Mesquita
Advogados
RFF&Associados – Sociedade de Advogados, R.L.

1. INTRODUÇÃO

1. Tradicionalmente, a actividade seguradora desempenha um papel preponderante na garantia de elevados níveis de eficiência e eficácia no funcionamento de múltiplos aspectos da actividade económica. No entanto, desde 1 de Novembro de 1991, com a sujeição da generalidade dos contratos de seguro, celebrados em regime de livre prestação de serviços ou de liberdade de estabelecimento, a taxas parafiscais que oneram os prémios de seguro e o sector segurador, passou também a contribuir activamente para o financiamento de determinadas prestações e serviços públicos de extrema importância e utilidade social, nomeadamente através de contribuições em percentagem para o 1) Instituto de Seguros de Portugal (ISP), para o 2) Instituto Nacional de Emergência Médica (INEM), para o 3) Fundo de Garantia Automóvel (FGA), para o 4) Serviço Nacional de Bombeiros e Protecção Civil (SNBPC), para o 5) Fundo de Acidentes de Trabalho (FAT) e para o 6) Instituto de Financiamento da Agricultura e Pescas (IFAP).

2. ENQUADRAMENTO NORMATIVO E INSTITUCIONAL DO SECTOR

2.1. Enquadramento Normativo

2.1.1. Direito Comunitário

2. A Directiva n.º 88/357/CEE, do Conselho, de 22 de Junho de 1988, veio introduzir no sector segurador europeu, mais especificamente no âmbito da

contratação de seguros dos ramos «Não Vida»[1], o conceito de livre prestação de serviços, possibilitando, assim, a qualquer empresa com sede no território da CEE ou a qualquer agência ou sucursal situada dentro da Comunidade, a prestação dos seus serviços em qualquer outro Estado-membro, e não apenas no Estado-membro em que se encontrava sediada ou situada.

Neste pressuposto de livre prestação de serviços, em que uma empresa de seguros estabelecida num qualquer Estado-membro da CEE poderia, a partir do seu estabelecimento, cobrir riscos situados noutro Estado-membro como forma de solucionar os problemas a nível concorrencial que se começavam a fazer sentir, surgiu a necessidade de definir qual o regime fiscal e parafiscal a que ficariam sujeitos os prémios de seguro dos contratos celebrados ao abrigo deste regime, sendo que, naquela altura, existiam, essencialmente, duas hipóteses: a do Estado-membro onde se encontrava localizada a sede da empresa de seguros ou situada a agência ou sucursal, ou a do Estado-membro em que o risco se encontrava situado[2]. A decisão recaiu sobre a segunda das hipóteses referidas.

[1] Os seguros «Não Vida» incluem os seguintes ramos: a) acidentes de trabalho, acidentes pessoais (nas modalidades de prestações convencionadas, de prestações indemnizatórias ou combinação de ambas) e acidentes com pessoas transportadas; b) Doença (nas modalidades de prestações convencionadas, prestações indemnizatórias ou combinação de ambas); c) veículos terrestres, com exclusão dos veículos ferroviários, que abrange os danos sofridos por veículos terrestres propulsionados a motor e por veículos terrestres sem motor; d) veículos ferroviários, que abrange os danos sofridos por veículos ferroviários; e) Aeronaves, que abrange os danos sofridos por aeronaves; f) embarcações marítimas, lacustres e fluviais, que abrange os danos sofridos por toda e qualquer espécie de embarcação marítima, lacustre ou fluvial; g) Mercadorias transportadas; h) Incêndio e elementos da natureza; i) Outros danos em coisas; j) Responsabilidade civil de veículos terrestres a motor; l) Responsabilidade civil de aeronaves; m) Responsabilidade civil de embarcações; n) Responsabilidade civil geral; o) Crédito; p) Caução; q) Perdas pecuniárias diversas; r) Protecção jurídica; s) Assistência (cfr. artigo 123.º do Decreto-Lei n.º 94-B/98, de 17 de Abril).

[2] Por Estado-membro onde o risco se situa, deverá entender-se: 1) Estado-membro onde se encontram os bens, sempre que o seguro respeite, quer a imóveis, quer a imóveis e ao seu conteúdo, na medida em que este último estiver coberto pela mesma apólice de seguro; 2) Estado-membro de matrícula, sempre que o seguro respeite a veículos de qualquer tipo; 3) Estado-membro em que o tomador tiver subscrito o contrato, no caso de um contrato de duração igual ou inferior a quatro meses relativo a riscos ocorridos durante uma viagem de férias, qualquer que seja o ramo em questão; 4) Estado-membro onde o tomador tenha a sua residência habitual ou, quando o tomador for uma pessoa colectiva, o Estado-membro onde se situe o estabelecimento da pessoa colectiva a que o contrato se refere, em todos os casos

ENQUADRAMENTO NORMATIVO E INSTITUCIONAL DO SECTOR

Mais tarde, em 18 de Junho de 1992, com a publicação da Directiva n.º 92/49/CEE do Conselho, a sujeição dos prémios de seguro aos impostos indirectos e taxas parafiscais definidos pelo Estado-membro em que está situado o risco passou a verificar-se não só relativamente aos contratos de seguro «Não Vida» celebrados ao abrigo do regime da livre prestação de serviços, mas, também, em relação àqueles celebrados ao abrigo do regime de liberdade de estabelecimento[3]. De facto, o artigo 46.º desta Directiva, que revogou o artigo 25.º da Directiva n.º 88/357/CEE, do Conselho, de 22 de Junho de 1988, veio estabelecer que "qualquer contrato de seguro[4] ficará exclusivamente sujeito aos impostos indirectos e taxas parafiscais que oneram os prémios de seguro no Estado-membro em que está situado o risco, nos termos da alínea d), do artigo 2.º, da Directiva 88/357/CEE (...)".

3. No que concerne o seguro «Vida», o seu percurso legislativo comunitário foi em tudo semelhante. Assistiu-se, numa primeira fase, com a Directiva n.º 90/619/CEE do Conselho, de 8 de Novembro de 1990, à quebra das barreiras que impediam as empresas de seguros que tivessem a sua sede na Comunidade de prestar serviços noutros Estados-membros. Seguiu-se a imposição da sujeição dos contratos celebrados em regime de prestação de serviços exclusivamente aos impostos e às taxas parafiscais que oneravam os prémios de seguros no Estado-membro em que o compromisso era assumido, entendendo-se como tal o Estado-membro onde o segurando residisse habitualmente ou, caso se tratasse de pessoa colectiva, o Estado-membro onde estava situado o estabelecimento da pessoa colectiva a que o contrato dizia respeito[5].

---

não referidos anteriormente (cfr. artigo 2.º, alínea d), da Directiva n.º 88/357/CEE do Conselho, de 22 de Junho de 1988). Ficou ainda definido que os bens móveis contidos num imóvel situado no território de um Estado-membro, com excepção dos bens em trânsito comercial, constituem um risco situado nesse Estado-membro, mesmo se o imóvel e o seu conteúdo não estiverem cobertos pela mesma apólice de seguro e que a lei aplicável ao contrato de seguros por força do artigo 7g. não tem incidência sobre o regime fiscal aplicável (cfr. artigo 25.º da Directiva n.º 88/357/CEE, do Conselho, de 22 de Junho de 1988).

[3] Cfr. artigo 46.º, n.º 2, da Directiva n.º 92/49/CEE, do Conselho, de 18 de Junho de 1992.

[4] E não apenas o contrato de seguro celebrado em regime de prestação de serviços, como previa o artigo 25.º da Directiva n.º 88/357/CEE, do Conselho, de 22 de Junho de 1988.

[5] De referir que a lei aplicável ao contrato de seguro não possuía qualquer relevância na determinação do regime fiscal aplicável ao contrato de seguros (cfr. artigo 25.º da Directiva n.º 90/619/CEE do Conselho, de 8 de Novembro de 1990).

A PARAFISCALIDADE NA ACTIVIDADE SEGURADORA

Numa segunda fase, a Directiva 92/96/CEE do Conselho, de 10 de Novembro de 1992, tendo em vista a consolidação do mercado interno no sector do seguro «Vida», veio prever, à semelhança do que havia sucedido com o sector do seguro «Não Vida», a possibilidade de exercício da actividade seguradora, quer em regime de livre prestação de serviços, quer em regime de liberdade de estabelecimento, alargando, deste modo, o campo de aplicação das taxas parafiscais aos prémios de seguro referentes a contratos celebrados ao abrigo do segundo regime.

Ainda relativamente à Directiva 92/96/CEE do Conselho, de 10 de Novembro de 1992, convém fazer notar que o seu artigo 44.º, número 2, veio reflectir a decisão de abertura do mercado segurador europeu ao regime da liberdade de estabelecimento, determinando, a propósito do regime fiscal a que se encontrava sujeita a actividade seguradora e resseguradora, que qualquer contrato de seguro apenas poderia ser sujeito aos mesmos impostos indirectos e taxas parafiscais que onerassem os prémios de seguro no Estado-membro do compromisso. No que concerne à Directiva 92/96/CE que estabelece a coordenação das disposições legislativas, regulamentares e administrativas relativas ao seguro directo vida, de 10 de Novembro de 1992, do Parlamento Europeu e do Conselho, foi mantida a referida decisão de abertura do mercado segurador europeu ao regime da liberdade de estabelecimento.

2.1.2. Direito Interno

4. Em Portugal, a produção legislativa em matéria de acesso e exercício da actividade de seguros e resseguros, na qual se enquadra a questão específica do regime parafiscal a que esta se encontra sujeita, acompanhou de perto a adopção das supra mencionadas directivas comunitárias e todas as grandes transformações verificadas no seio do sector segurador.

O Decreto-Lei n.º 352/91, de 20 de Setembro, que transpôs para a ordem jurídica interna, nos seus exactos termos, a Directiva n.º 88/357/CEE, do Conselho, de 22 de Junho de 1988, veio prever que "os prémios dos contratos de seguro celebrados em livre prestação de serviços que cubram riscos situados em Portugal na acepção da alínea c) do artigo 2.º estão sujeitos às taxas parafiscais previstas na lei portuguesa, independentemente da lei que vier a ser aplicada ao contrato".

ENQUADRAMENTO NORMATIVO E INSTITUCIONAL DO SECTOR

Posteriormente, com a entrada em vigor do Decreto-Lei n.º 102/94, de 20 de Abril, e consequente revogação do Decreto-Lei n.º 352/91, de 20 de Setembro, foram transpostas para a ordem jurídica interna as Directivas n.ºs 92/49/CEE, de 18 de Junho, referente a seguros «Não Vida», e n.º 92/96/CEE, de 10 de Novembro, referente a seguros «Vida», tendo ficado consagrada, no direito interno, a possibilidade de exercício da actividade seguradora e resseguradora ao abrigo do regime de liberdade de estabelecimento, alargando-se, deste modo, o campo de aplicação das taxas parafiscais aos prémios de seguro referentes a contratos «Vida» e «Não Vida» celebrados ao abrigo deste regime.

5. As primeiras disposições de natureza tributária incidentes sobre a actividade seguradora surgiram, porém, com o Decreto n.º 17.555, de 5 de Novembro de 1929, num notável esforço de agrupamento dos diversos impostos e taxas que incidiam sobre as sociedades de seguros, dispersos por inúmera legislação avulsa. O referido Decreto previa que as sociedades que exercessem a indústria de seguros ficariam sujeitas (i) a uma taxa de 2,5% sobre a totalidade da receita processada, líquida de estornos e anulações, relativa aos prémios (ramos «Vida» e «Não Vida») de seguros directamente subscritos pelas sociedades, (ii) a uma contribuição para os serviços de incêndios (iii) e a uma contribuição industrial (cfr. artigo 21.º do Decreto n.º 17.555, de 5 de Novembro de 1929). Mais tarde, a Lei n.º 5/78, de 6 de Fevereiro veio alterar a taxa sobre prémios a favor do Estado, definida pelo Decreto n.º 17.555, de 2,5% para 2%, e sujeitar as sociedades de seguros que exercessem a sua actividade em Portugal ao pagamento de uma taxa ao Instituto Nacional de Seguros, fixada anualmente pelo Ministro das Finanças, até ao limite de 1% sobre a totalidade da receita processada (cfr. artigos 1.º, 2.º e 6.º da Lei n.º 5/78, de 6 de Fevereiro), já o Decreto-Lei n.º 131/78, de 5 de Junho, veio fixar em 0,75% a taxa a favor do Instituto Nacional de Seguros, relativamente aos anos de 1977 e 1978. Posteriormente, o Decreto-Lei n.º 156/83, de 14 de Abril, veio novamente alterar a taxa sobre prémios a favor do Estado de 2% para 1,75% e alterar o montante devido por parte das empresas de seguros ao Instituto de Seguros de Portugal (o Instituo Nacional de Seguros foi extinto e substituído pelo Instituo Nacional de Seguros, com a entrada em vigor do Decreto-Lei n.º 302/82, de 30 de Julho), redefinindo o limite máximo da taxa sobre a totalidade da receita processada de 1% para 0,75% (cfr. artigo 1.º do Decreto-Lei n.º 156/83, de 14 de Abril). No ano de 1987, foi promulgado o Decreto-Lei n.º 171/87, de 20 de

Abril, nos termos do qual é criada uma taxa a ser paga anualmente ao Instituto de Seguros de Portugal pelas entidades gestoras de fundos de pensões autorizadas a exercer a sua actividade em Portugal (0,1% para o ano de 1987) e consubstanciada a isenção do ramo «Vida» do pagamento da taxa sobre prémios a favor do Estado [e da taxa que resulta a favor do INEM] (cfr. artigos 2.º e 3.º do Decreto-Lei n.º 171/87, de 20 de Abril). O Decreto-Lei n.º 50/91, de 25 de Janeiro, em resultado da transferência, para o Instituo de Seguros de Portugal, das funções de coordenação, regulação e fiscalização do sector que até então cabiam ao Estado (cfr. Decreto-Lei n.º 302/82, de 30 de Julho), veio revogar o n.º 3, do artigo 21.º, do Decreto n.º 17.555, de 5 de Novembro de 1929, extinguindo, assim, a taxa de 1,75% a favor do Estado, incidente sobre os prémios de seguros directamente subscritos pelas empresas seguradoras.

6. Actualmente, e depois de quase oitenta anos de produção legislativa dispersa por uma multiplicidade de diplomas legais, iniciada com a criação de uma taxa a favor do Estado, que tinha por objectivo fazer face a despesas com a coordenação e a fiscalização da actividade seguradora, todos os aspectos essenciais daquela actividade, como é o caso do regime fiscal e parafiscal a que, em geral, a mesma se encontra sujeita, encontram-se condensados no Decreto-Lei n.º 94-B/98, de 17 de Abril.

Assim, nos termos do Decreto-Lei n.º 94-B/98, de 17 de Abril, mais especificamente do seu artigo 173.º, e depois de transposta para o direito interno a generalidade do direito comunitário nesta matéria, o regime fiscal vigente em matéria de seguros é o seguinte: os prémios dos contratos de seguro que cubram riscos situados em território português, ou em que Portugal é o Estado-membro do compromisso[6], estão sujeitos aos impostos indirectos e às taxas previstos na lei portuguesa, independentemente da lei que vier a ser aplicada ao contrato e sem prejuízo da legislação especial aplicável ao exercício da actividade seguradora no âmbito institucional das zonas francas.

Por Estado-membro onde o risco se situa deverá entender-se: i) O Estado-membro onde se encontram os bens, sempre que o seguro respeite, quer a

---

[6] Estado-membro onde o tomador do seguro reside habitualmente ou, caso se trate de uma pessoa colectiva, o Estado-membro onde está situado o estabelecimento da pessoa colectiva a que o contrato ou operação respeitam (cf. artigo 2.º, n.º 1, alínea i), do Decreto-Lei n.º 94-B/98, de 17 de Abril).

ENQUADRAMENTO NORMATIVO E INSTITUCIONAL DO SECTOR

imóveis, quer a imóveis e seu conteúdo, na medida em que este último estiver coberto pela mesma apólice de seguro; ii) Estado-membro em que o veículo se encontre matriculado, sempre que o seguro respeite a veículos de qualquer tipo; iii) Estado-membro em que o tomador tiver subscrito o contrato, no caso de um contrato de duração igual ou inferior a quatro meses relativo a riscos ocorridos durante uma viagem ou fora do seu domicílio habitual, qualquer que seja o ramo em questão; iv) Estado-membro onde o tomador tenha a sua residência habitual ou, se este for uma pessoa colectiva, o Estado-membro onde se situe o respectivo estabelecimento a que o contrato se refere, nos casos não referidos anteriormente (cf. artigo 2.º, n.º1, alínea h), do Decreto--Lei n.º 94-B/98, de 17 de Abril).

Por outro lado, no respeitante ao regime parafiscal aplicável às sucursais de empresas seguradoras sediadas noutro território da União Europeia e aos representantes fiscais das seguradoras que exerçam em Portugal a sua actividade em regime de livre prestação de serviços, cumpre salientar que o artigo 33.º do citado diploma legal – incluído na secção V do título I, relativa ao estabelecimento em Portugal de sucursais de empresas com sede no território de outros Estados membros – esclarece que as empresas de seguros estabelecidas em Portugal (...) devem (...) contribuir, nas mesmas condições das empresas autorizadas ao abrigo deste diploma, para qualquer regime destinado a assegurar o pagamento de indemnizações a segurados e terceiros lesados, nomeadamente quanto aos riscos previstos na alínea a), do n.º 1) e no n.º 10), do artigo 123.º, excluindo a responsabilidade do transportador, assegurando as contribuições legalmente previstas para o Fundo de Actualização de Pensões (FUNDAP) e para o Fundo de Garantia Automóvel (FGA).

Ainda quanto a esta questão, esclarece o artigo 166.º do mesmo diploma legal, que as sucursais estabelecidas em Portugal são responsáveis pelo pagamento dos impostos indirectos e taxas que incidam sobre os prémios dos contratos que celebrarem nas condições previstas no presente diploma.

Dispõe, por último, para este efeito, o artigo 175.º do mesmo diploma, no seu número 1, que as empresas de seguros que operem em Portugal, em livre prestação de serviços, devem, antes do início da sua actividade, designar um representante, munido de procuração com poderes bastantes, residente em território português, solidariamente responsável pelo pagamento dos impostos indirectos e taxas que incidam sobre os prémios dos contratos que a empresa celebrar nas condições previstas no presente diploma.

7. Entrando naquilo que são os elementos distintivos de cada uma das diferentes taxas existentes – designadamente, montante, incidência, base de cálculo, liquidação e pagamento, afectação de receita – , cumpre informar que os mesmos se encontram definidos em decreto-lei e, complementarmente, em normas regulamentares, emitidas por institutos públicos, como é o caso do Instituto de Seguros de Portugal (ISP)[7].

Existem, essencialmente, seis tributos parafiscais[8], suportados por segurados e/ou seguradoras, definidos em função da entidade em cujo proveito os mesmos foram estabelecidos: (i) a taxa a favor do ISP, regulada pelo Decreto-Lei n.º 156/83, de 14 de Abril, complementarmente, pela Norma Regulamentar n.º 10/2001-R, emitida pelo ISP, ao abrigo do disposto no artigo 4.º do seu estatuto, aprovado pelo Decreto-Lei n.º 289/2001, de 13 de Novembro (Regulamento n.º 2/2002), com as alterações introduzidas pela Norma Regulamentar n.º 21/2008-R, de 31 e Dezembro e, bem assim, pela Portaria 40/2011, de 19 de Janeiro, que define a taxa a pagar no ano de 2011 ; (ii) a taxa a favor do INEM, prevista no Decreto-Lei n.º 220/2007, de 29 de Maio, e complementarmente, Norma Regulamentar n.º 17/2001-R, com a redacção que lhe foi dada pela Norma Regulamentar n.º 7/2003-R, emitida pelo ISP, ao abrigo do disposto no mesmo artigo 4.º do seu estatuto, aprovado pelo Decreto-Lei n.º 289/2001, de 13 de Novembro (Regulamentos n.ºs 10/2002 e 10/2003), alterada pela Norma Regulamentar n.º 21/2008-R, de 31 e Dezembro[9]; (iii) a taxa a favor do SNBPC, regulamentada pelo Decreto-Lei n.º 388/78, de 9 de

---

[7] Cfr. artigo 4.º, n.º 3, do Estatuto do Instituto de Seguros de Portugal, aprovado pelo Decreto-Lei n.º 289/2991, de 13 de Novembro.

[8] Fora dos tributos parafiscais, encontra-se o imposto de selo, o qual desempenha um papel importante em sede de tributação da actividade seguradora, incidindo, nas apólices de seguros, sobre a soma do prémio do seguro, do custo da apólice e de quaisquer outras importâncias que constituam receita das seguradoras, cobradas juntamente com esse prémio ou em documento separado (cfr. verba 22.1 da Tabela Geral do Imposto do Selo). A taxa varia entre 5 % e 9 %, nos seguintes termos: (i) seguros dos ramos «Acidentes», «Doenças», «Crédito», «Mercadorias transportadas», «Embarcações», «Aeronaves» e modalidades de «seguro Agrícola e pecuário» – 5 %; (ii) seguros do ramo «Caução» – 3 %; (iii) seguros de quaisquer outros ramos – 9 % (cfr. verba 22 da Tabela Geral do Imposto do Selo).

[9] Esta taxa foi inicialmente regulada pelo Decreto-Lei n.º 234/81, de 3 de Agosto, alterado pelo Decreto-Lei n.º 171/87, de 29 de Abril; mais tarde, o Decreto-Lei n.º 234/81, de 3 de Agosto, foi revogado pelo Decreto-Lei n.º 167/2003, de 29 de Junho, o qual, por sua vez, veio a ser revogado pelo Decreto-Lei n.º 220/2007, de 29 de Maio.

ENQUADRAMENTO NORMATIVO E INSTITUCIONAL DO SECTOR

Dezembro, com a redacção que lhe foi dada pelo artigo 1.º do Decreto-Lei n.º 97/91, de 2 de Março e, complementarmente, pela Circular n.º 27/1996, emitida pelo ISP, juntamente com a Norma Regulamentar n.º 16/2001-R, de 22 de Novembro, alterada pela Norma Regulamentar n.º 2/2002, de 31 de Janeiro (Regulamentos n.ºs 6/2002 e 15/2002, respectivamente) e, bem assim, pela Norma Regulamentar n.º 21/2008-R, de 31 e Dezembro; (iv) a taxa a favor do FGA, prevista no Decreto-Lei n.º 291/2007, de 21 de Agosto e, complementarmente, pela Norma Regulamentar n.º 11/2001-R, emitida pelo ISP, na redacção introduzida pela Norma Regulamentar n.º 2/2006-R, de 13 de Janeiro, pela Norma Regulamentar n.º 15/2007-R, de 25 de Outubro (Regulamentos n.ºs 3/2002 e 313/2007, respectivamente) e pela Norma Regulamentar n.º 21/2008-R, de 31 e Dezembro[10]; (v) a taxa a favor do FAT, previsto e regulado pelo Decreto-Lei n.º 142/99, de 30 de Abril, na redacção que lhe foi dada pelo Decreto-Lei n.º 185/2007, de 10 de Maio, e complementarmente, pela Norma Regulamentar n.º 12/2007-R, de 26 de Julho (Regulamento n.º 231/2007), emitida pelo ISP, alterada pela Norma Regulamentar n.º 21/2008-R, de 31 e Dezembro[11]; e (vi) a taxa a favor do IFAP, prevista pelo Decreto-Lei n.º 20/96, de 19 de Março, com a redacção que lhe foi dada pelo Decreto-Lei n.º 23/2000,

---

[10] O Fundo de Garantia Automóvel foi criado ao abrigo do Decreto-Lei n.º 408/79, de 25 de Setembro, nos termos do Decreto Regulamentar n.º 58/79, também de 25 de Setembro. Mais tarde, o referido Decreto-Lei foi revogado pelo Decreto-Lei n.º 522/85, de 31 de Dezembro, alterado pelos Decretos-Leis n.ºs 122/2005, de 29 de Julho, 44/2005, de 23 de Fevereiro, 72-A/2003, de 14 de Abril, 301/2001, de 23 de Novembro, 368/97, de 23 de Dezembro, 68/97, de 3 de Abril, 224-A/96, de 26 de Novembro, 3/96, de 25 de Janeiro, 130/94, de 19 de Maio, 358/93, de 14 de Outubro, 18/93, de 23 de Janeiro, 122/92, de 2 de Julho, 415/89, de 30 de Novembro, 394/87, de 31 de Dezembro, 81/87, de 20 de Fevereiro, 436/86, de 31 de Dezembro, e 122-A/86, de 30 de Maio. Posteriormente, este Decreto-Lei veio a ser revogado pelo Decreto-Lei n.º 83/2006, de 3 de Maio, o qual, por sua vez, veio a ser revogado pelo actual Decreto-Lei n.º 291/2007, de 21 de Agosto.

[11] O Decreto-Lei n.º 142/99 veio extinguir o antigo Fundo de Actualização de Pensões de Acidentes de Trabalho (FUNDAP), criado pelo Decreto-Lei n.º 240/79, de 25 de Julho, na redacção que lhe foi dada pelos Decretos-Lei n.ºs 468/85, de 6 de Novembro e 388/89, de 9 de Novembro. O referido Decreto-Lei determina que será extinto o Fundo de Actualização de Pensões (FGAP), previsto na Base XLV da Lei 2127, de 3 de Agosto de 1965, transitando as respectivas responsabilidades e saldos para o FAT, nos termos e condições a definir por portaria dos Ministros das Finanças e do Trabalho e da Solidariedade.

de 2 de Março e, complementarmente, pela Norma Regulamentar n.º 261/1991, de 2 de Outubro, emitida pelo ISP[12].

2.2. Enquadramento Institucional

8. Em 1976, com a nacionalização do sector de seguros e resseguros, e a consequente extinção da Inspecção-Geral de Crédito e Seguros – entidade que, até então, desempenhava as funções de fiscalização da actividade seguradora e resseguradora em Portugal –, e com a criação do Instituto Nacional de Seguros (INS), através do Decreto-Lei n.º 11-B/76, de 13 de Janeiro, cujo estatuto foi aprovado pelo Decreto-Lei n.º 400/76, de 26 de Maio, surgiu a necessidade de dotar o Estado e o sector segurador de um serviço oficial de inspecção capaz de, com eficácia e eficiência, e sem prejuízo das funções desenvolvidas pelo INS, desempenhar o papel de acompanhamento dos diversos operadores do sector e de vigilância pelo cumprimento das normas legislativas e regulamentares que regem esse mesmo sector. Assim, com o Decreto-Lei n.º 513-Bl/79, de 27 de Dezembro, foi criada, na dependência do Ministério das Finanças, e com objectivos distintos, mas complementares dos definidos para o INS, a Inspecção-Geral de Seguros.

Contudo, a comprovada inadequação do Estatuto do Instituto Nacional de Seguros à dinâmica da actividade seguradora que se fazia sentir, o entrave que o mesmo representava para o processo de estabilização e desenvolvimento do

---

[12] Esta taxa foi criada com o Decreto-Lei n.º 395/79, de 21 de Setembro, nos termos do qual foi criado o seguro agrícola de colheitas e o Fundo de Compensação do Seguro de Colheitas, que funcionava junto do, então, Instituto Nacional de Seguros. Constituíam receitas do referido fundo 0,3% de todos os prémios e respectivos adicionais processados pelas seguradoras que explorassem o ramo «Agrícola e Pecuário», com excepção do ramo «Vida» e 10% do prémio de todos os seguros de colheitas efectuados sem intervenção do mediador (cf. artigo 13.º do referido diploma legal); mais tarde, o Decreto-Lei n.º 395/79, de 21 de Setembro, foi revogado pelo Decreto-Lei n.º 283/90, de 18 de Setembro, alterado pelo Decreto-Lei n.º 253/91, de 18 de Julho, e revogado pelo Decreto-Lei n.º 326/95, de 5 de Dezembro, nos termos do qual é criado um fundo de calamidades integrado no Fundo Integral de Protecção contra as Aleatoriedades Climáticas (FIPAC), cujas receitas eram constituídas parcialmente por uma contribuição dos agricultores cobrada através do seguro de colheitas. Posteriormente, o Decreto-Lei n.º 20/96, de 19 de Março veio revogar os Decretos-Leis n.ºs 283/90, 253/91 e 326/95, de 18 de Setembro, 18 de Julho e 5 de Dezembro, respectivamente.

ENQUADRAMENTO NORMATIVO E INSTITUCIONAL DO SECTOR

sector económico dos seguros, assim como a falta de justificação para o exercício, por parte de organismos distintos, de duas actividades complementares, como eram a coordenação e fiscalização do sector dos seguros, fez com que, em 1982, com o Decreto-Lei n.º 302/82, de 30 de Julho, fossem extintos, quer o INS, quer a Inspecção-Geral de Seguros, e fosse criado o Instituto de Seguros de Portugal (ISP), instituto público sujeito à tutela do Ministério das Finanças e do Plano, dotado de autonomia administrativa e financeira e património próprio, concentrando em si as funções de coordenação e fiscalização da actividade seguradora, do resseguro e da mediação. No âmbito das suas atribuições, era-lhe conferido, na parte que mais nos interessa, o poder de emitir normas regulamentares de cumprimento obrigatório, nomeadamente sobre o sistema de cobrança de taxas.

9. O contexto de mudança que caracterizou os anos que se seguiram à institucionalização do ISP, nomeadamente, a adesão à Comunidade Europeia em 1986 e as preocupações, a nível concorrencial, entre todos os operadores de mercado, daí advenientes, o alargamento do âmbito da liberalização da actividade seguradora e resseguradora no espaço comunitário, surgido com a aprovação das directivas de terceira geração[13], e a institucionalização dos fundos de pensões[14], que justificava o alargamento do campo de supervisão do ISP, veio ditar a necessidade de adaptação do estatuto desta entidade às novas realidades do sector segurador e ressegurador. Assim, em 26 de Setembro de 1997, foi publicado o Decreto-Lei n.º 251/97 e revogado o Decreto-Lei n.º 302/82, de 30 de Julho, nos termos do qual havia sido criado o ISP.

Mais tarde, a revisão do regime de acesso e exercício da actividade seguradora, operada pelo Decreto-Lei n.º 94-B/98, de 17 de Abril[15], a qual determinou o reforço da autonomia e da esfera decisória do ISP, juntamente com a necessidade de atribuir ao referido instituto um maior poder regulamentar e ampliar as suas competências decisórias em matéria de supervisão, determinou a substituição do Decreto-Lei n.º 251/97, de 26 de Setembro, pelo

---

[13] Ver ponto 2.1. supra.
[14] O Decreto-Lei n.º 323/85, de 6 de Agosto, confiou exclusivamente às companhias de seguros exploradoras do ramo «Vida» a gestão dos fundos de pensões. Com o Decreto-Lei n.º 396/86, de 25 de Novembro, entretanto revogado pelo Decreto-Lei n.º 415/91, de 25 de Outubro, a gestão dos referidos fundos passou a poder ser exercida por sociedades especializadas.
[15] Ver ponto 2.1. supra.

Decreto-Lei n.º 289/2001, de 13 de Novembro, nos termos do qual ficou aprovada a mais recente versão do Estatuto do ISP.

3. TRIBUTO A FAVOR DO INSTITUTO DE SEGUROS DE PORTUGAL

3.1. Direito Interno

10. Com o Decreto-Lei n.º 156/83, de 14 de Abril, o qual teve por base a Lei de Autorização n.º 2/83, de 18 de Fevereiro (artigo 36.º, alínea b), as empresas de seguros autorizadas a exercer a sua actividade em Portugal passaram a ficar obrigadas ao pagamento anual, ao ISP, de uma montante correspondente à aplicação de uma "taxa", fixada anualmente pelo Ministro das Finanças e do Plano, até ao limite de 0,75%, sobre a totalidade da receita processada, líquida de estornos e anulações, relativamente aos prémios de seguros directamente subscritos pelas mesmas[16]. Actualmente, encontra-se plasmado no artigo 1.º da Portaria 317/2011, de 30 de Dezembro que "A taxa a favor do Instituto de Seguros de Portugal, prevista no artigo 2.º do Decreto – Lei n.º 156/83, de 14 de Abril, é fixada para o ano de 2011 em 0,048 % sobre a receita processada relativamente aos seguros directos do ramo «Vida» e em 0,242 % sobre a receita processada, quanto aos seguros directos dos restantes ramos.".

De acordo com o Decreto-Lei n.º 94-B/98, de 17 de Abril, os prémios dos contratos de seguro que cubram riscos situados em território português estão sujeitos aos impostos indirectos e taxas previstos na lei portuguesa, independentemente da lei que venha a ser aplicada ao contrato[17]. Ora, nos termos da última versão do Estatuto dos ISP, aprovada pelo Decreto-Lei n.º 289/2001, de 13 de Novembro, constitui fonte de receitas do ISP, entre outras, uma taxa paga pelas empresas de seguros, fixada nos termos da legislação em vigor[18]. Por outro lado, no que concerne as entidades gestoras de fundos de pensões,

---

[16] Cfr. artigos 2.º e 3.º do referido diploma legal. A Lei n.º 5/78, de 6 de Fevereiro veio, inicialmente, sujeitar as sociedades de seguros que exercessem a sua actividade em Portugal ao pagamento de uma taxa ao, então, Instituto Nacional de Seguros, fixada anualmente pelo Ministro das Finanças, até ao limite de 1% sobre a totalidade da receita processada.

[17] Cfr. artigo 173.º, n.º 1, do referido diploma legal.

[18] Cfr. artigo 30.º, n.º 1, alínea a) do Decreto-Lei n.º 289/2001.

tendo em consideração as funções de supervisão e coordenação dos referidos fundos acometidas ao ISP, também elas se encontram obrigadas ao pagamento de uma taxa a este Instituto, nos termos do artigo 33.º do Decreto-Lei n.º 415/91, de 25 de Outubro, em conjugação com os artigos 4.º e 30.º, número 1, alínea a), do Decreto-Lei n.º 289/2001, de 13 de Novembro e com o Decreto-Lei n.º 171/87, de 20 de Abril.

3.2. Incidência Objectiva

11. As empresas de seguros e as entidades gestoras de fundos de pensões autorizadas a exercer a sua actividade em Portugal encontram-se, pois, obrigadas a pagar ao ISP uma taxa, fixada, anualmente, por Portaria do Ministro das Finanças, tendo em conta proposta apresentada pelo ISP, elaborada com base na previsão do seu orçamento anual, incidente sobre a totalidade da receita processada, relativa aos prémios de seguro directamente subscritos pelas empresas de seguros, cujos contratos cubram riscos situados no território português. [19]

3.3. Incidência Subjectiva

12. Quanto à incidência subjectiva da taxa para o ISP, o artigo 2.º, do Decreto-Lei n.º 156/83, de 14 de Abril e o número 1 da Norma Regulamentar n.º 10/2001, de 22 de Novembro, na parte referente às empresas de seguro, identificam, com clareza, as empresas de seguros, sediadas ou não em Portugal, actuando em regime de estabelecimento ou em livre prestação de serviços, que operem em Portugal, como sendo os sujeitos passivos da relação tributária em causa, podendo revestir uma das seguintes formas: (i) sociedades anónimas, mútuas de seguros e sucursais de empresas de seguros com sede fora do território da Comunidade Europeia, a quem tenha sido concedida uma autorização administrativa para o exercício da actividade seguradora ou resseguradora, nos termos do Decreto-lei n.º 94-B/98, de 17 de Abril; (ii)

---

[19] Cfr. artigos 30.º, n.º 1, alínea a), do Decreto-Lei n.º 289/2001, de 13 de Novembro e 2.º do Decreto-Lei n.º 156/83, de 14 de Abril e n.º 2, alínea a), capítulo II, da Norma Regulamentar n.º 10/2001, de 22 de Novembro de 2001, emitida pelo ISP.

A PARAFISCALIDADE NA ACTIVIDADE SEGURADORA

sucursais de empresas de seguros com sede no território de outros Estados membros, desde que devidamente cumpridos os requisitos exigidos; e (iii) empresas de seguros públicas ou de capitais públicos, criadas nos termos da lei portuguesa[20] [21].

13. Por sua vez, no que respeita à incidência subjectiva da "taxa" devida pelas entidades gestoras de fundos de pensões ao ISP, dever-se-á referir que, de acordo com o previsto no Decreto-Lei n.º 171/87, de 20 de Abril, mais especificamente no seu artigo 1.º, número 1, e à semelhança do que acontece com a "taxa" devida pelas empresas de seguros ao referido Instituto, apenas as entidades gestoras de fundos de pensões autorizadas a exercer a sua actividade em Portugal se encontram obrigadas a pagar a mencionada taxa. Nos termos da legislação portuguesa, a constituição deste tipo de entidades depende de autorização do ISP, sendo que, para tal, as mesmas apenas se poderão constituir sob a forma de sociedades anónimas e terão obrigatoriamente de fixar a sua sede social e a sua administração principal e efectiva em território português[22] [23].

Ainda a propósito da determinação do sujeito passivo da relação tributária em causa, convém esclarecer que, nos termos do número 5, da Norma Regulamentar n.º 10/2001 do ISP, na eventualidade de uma transferência da gestão de um fundo de pensões, a entidade responsável pelo pagamento é a entidade gestora que se encontre a gerir o fundo de pensões na data em que aquele pagamento for devido.

---

[20] Cf. Artigo 7.º, n.º 1, do Decreto-Lei n.º 94-B/98, de 17 de Abril. A actividade seguradora poderá, ainda, ser exercida por empresas de seguros que adoptem a forma de sociedade europeia, nos termos da legislação que lhes for aplicável (cf. artigo 7.º, n.º 2, do referido diploma legal).

[21] Nos contratos celebrados em regime de co-seguro, compete a cada co-empresa de seguros o pagamento da taxa para o ISP referente à sua quota-parte (cf. Capítulo II, n.º 3, da Norma Regulamentar n.º 10/2001, emitida pelo ISP).

[22] Cf. Artigos 38.º e 39.º, do Decreto-Lei n.º 12/2006, de 20 de Janeiro, na redacção que lhe foi dada pelos Decretos-Lei n.ºs 180/2007, de 9 de Maio e 357-A/2007, de 31 de Outubro.

[23] No caso de fundos de pensões geridos, em conjunto, por várias entidades gestoras, compete a cada co-gestora efectuar o pagamento respeitante às contribuições recebidas (cf. Capítulo II, n.º 4, da Norma Regulamentar n.º 10/2001, emitida pelo ISP).

3.4. Isenções

14. Não encontramos isenções previstas, quer por lei, quer por regulamento, para esta taxa.

3.5. Base de Cálculo

15. Nos termos do Decreto-Lei n.º 156/83, de 14 de Abril, a taxa em apreço será calculada, no que respeita às empresas de seguros, com base na totalidade da receita processada, líquida de estornos e anulações, relativa aos prémios de seguro directamente subscritos pelas empresas de seguros

16. No caso das entidades gestoras de fundos de pensões, a taxa devida ao ISP possui igualmente uma base ad valorem e incide sobre a totalidade das contribuições efectuadas pelos associados e pelos participantes para os correspondentes fundos, sendo definida, anualmente, pelo Ministro das Finanças, com base em proposta apresentada pelo ISP.

17. A respeito do conceito de "prémios de seguro (...) subscritos pelas empresas", a que se refere o artigo 2.º do Decreto-Lei n.º 156/83, de 14 de Abril, cumpre salientar que o mesmo não está legalmente definido, a não ser que se entenda aqui aplicável o disposto na alínea a) do artigo 26.º do Decreto-Lei n.º 176/95, de 26 de Julho, com as alterações que lhe foram introduzidas pelos Decretos-Lei n.ºs 60/2004, de 22 de Março e 357-A/2007, de 31 de Outubro (diploma da "transparência"), fazendo-o corresponder ao(s) "prémio(s) bruto(s)", entendido(s), pela alínea n) do seu artigo 1.º, como sendo o "prémio comercial, acrescido das cargas relacionadas com emissão do contrato, tais como fraccionamento, custo de apólice, actas adicionais e certificados de seguro", correspondência que pode ser abusiva. Na verdade, o citado Decreto-Lei nº. 176/95 define tais conceitos (apenas) "para efeitos do presente diploma"[24], e não quis, expressamente, "afectar, nomeadamente, a base de incidência das receitas fiscais e parafiscais"[25].

---

[24] Cfr. artigo 1º do referido diploma legal.
[25] Cfr. parte final do respectivo preâmbulo.

A PARAFISCALIDADE NA ACTIVIDADE SEGURADORA

Por outro lado, tal «correspondência» é estabelecida para o disposto no Decreto-Lei nº. 17 555, de 5 de Novembro de 1929, com a alteração que lhe foi introduzida pelo Decreto-Lei nº. 156/83, de 14 de Maio – alteração, a que este último procedeu, ao artigo 21º daquele primeiro diploma –, ou seja, para a "taxa" (de 1,75%) a favor do Estado e não do ISP. Certo é, porém, ainda, que esta última «correspondência» não se entende, por, à data do citado Decreto-Lei n.º 176/95, de 26 de Julho, e pelo Decreto-Lei n.º 50/91, de 25 de Janeiro, já ter sido expressamente revogado o citado número 3, do artigo 21.º, do Decreto 17 555 e ter, também, já sido extinta, com efeitos a partir de Julho de 1991, a referida "taxa" – a favor do Estado – de 1,75 %, pelo que o único efeito útil daquela «correspondência» (porventura, por interpretação correctiva), e com as reservas assinaladas, é a de se aplicar à "taxa" a favor do ISP, cuja base de incidência é idêntica à da que existia a favor do Estado.

Por último, é de notar que a base de cálculo da taxa a favor do ISP – receita processada no âmbito da generalidade dos seguros directos subscritos por uma empresa de seguros ou contribuições efectuadas pelos associados e pelos participantes para os fundos de pensões – se encontra plenamente justificada, se tivermos em conta que são as empresas de seguros e as entidades gestoras de fundos de pensões quem mais beneficia do exercício por parte do ISP das funções de regulação, fiscalização e supervisão das actividades exercidas por cada um daqueles operadores. Deste modo, e tendo em consideração que as atribuições do ISP se concretizam ao nível da generalidade dos seguros directos e fundos de pensões, a aplicação da referida "taxa" apenas a ramos específicos de seguro directo ou a determinados fundos de pensões se justificaria, na medida em que implicaria um tratamento diferenciado entre os diferentes ramos de seguro directo ou entre os diversos fundos de pensões existentes.

3.6. Taxa

18. No que concerne ao montante da "taxa" em análise, deve ser já feita referência ao facto de o mesmo ser anualmente fixado por Portaria do Secretário de Estado do Tesouro e Finanças, nos termos da delegação de poderes efectuada pelo Ministro de Estado e das Finanças[26], para a generalidade, quer das

---

[26] Cf. Despacho n.º 17.827/2005 (2.ª série), de 27 de Julho de 2005, do Ministro de Estado e das Finanças, publicado no Diário da República, 2.ª série, de 19 de Agosto de 2005.

empresas de seguros e resseguros, quer das entidades gestoras de fundos de pensões, não podendo, contudo, ultrapassar os já referidos limites máximos definidos pelos Decretos-Leis n.ºs 156/83, de 14 de Abril e 171/87, de 20 de Abril, respectivamente.

Desde a criação do ISP, a evolução do valor da taxa devida ao ISP, pelas empresas de seguros e resseguros e pelas entidades gestoras de fundos de pensões, tem acompanhado, ao longo do tempo, as previsões de variação efectuadas pelo ISP e os "avanços e recuos" do mercado, sendo de assinalar uma progressiva, apesar de ligeira, diminuição do valor da referida "taxa".

Quadro 1: Evolução do valor da taxa a favor do ISP

	2000	2001	2002*	2003	2004	2005	2006	2007	2008	2009	2010	2011
Seguro (ramo «Vida»)	0,08	0,08	0,08	0,073	0,066	0,056	0,05	0,046	0,046	0,048	0,048	0,048
Seguro (restantes ramos)	0,33	0,33	0,33	0,297	0,282	0,257	0,25	0,23	0,23	0,242	0,242	0,242
Fundos de pensões	0,08	0,08	0,08	0,073	0,066	0,056	0,05	0,046	0,046	0,048	0,048	0,048

(Unidade: percentagem)

19. De acordo com a Portaria n.º 317/2011, de 30 de Dezembro, do Secretário de Estado do Tesouro e Finanças, a "taxa" a ser paga pelas empresas de seguros a favor do ISP, tendo em conta a proposta apresentada por este instituto, foi fixada, para o ano de 2012, em 0,048 %, sobre a receita processada relativamente aos seguros directos do ramo «Vida», e em 0,242 %, sobre a receita processada quanto aos seguros directos dos restantes ramos.

Por seu turno, e com base na mesma Portaria, a "taxa" a favor do ISP, foi fixada, para o ano de 2012, em 0,048 % sobre a totalidade das contribuições efectuadas pelos associados e pelos participantes para os correspondentes fundos de pensões.

3.7. Liquidação e Pagamento

20. Quanto ao modo de liquidação da taxa em análise, o procedimento a adoptar, quer por empresas de seguros e resseguros, quer por entidades gestoras de fundos de pensões, assume a forma de autoliquidação.

Assim, no respeitante à taxa sobre os prémios de seguro, o montante correspondente à aplicação das "taxa" devida sobre a receita dos prémios, nos termos do número 4 do Despacho Normativo n.º 121/83, de 3 de Maio, e do número 6, do Capítulo III, da Norma Regulamentar n.º 10/2001, do ISP, com as alterações decorrentes da Norma Regulamentar n.º 21/2008-R, de 31 de Dezembro, deverá a referida "taxa" ser paga, anualmente, em duas prestações, efectuadas durante os meses de Janeiro e Julho, devendo para o efeito ser preenchido e submetido o formulário disponibilizado no Portal ISPnet, que gera, para o efeito, a emissão de documento único de cobrança (DUC), que identifica o valor e as formas de pagamento a utilizar.

21. Quanto ao montante resultante da aplicação da "taxa" sobre as contribuições para fundos de pensões a pagar pelas entidades gestoras a favor do ISP, estabelecem, também, o n.º 3 do artigo 1.º, do Decreto-Lei n.º 171/87, de 20 de Abril e o n.º 7, Capítulo III, da Norma Regulamentar n.º 10/2001, emitida pelo ISP, com as alterações decorrentes da Norma Regulamentar n.º 21/2008-R, de 31 de Dezembro, que, para o efeito, deverá preencher-se e submeter formulário disponibilizado no Portal ISPnet, que gera a emissão de documento único de cobrança (DUC), que identifica o valor e as formas de pagamento a utilizar.

Nos dez dias seguintes ao pagamento, ainda que não tenha sido registada produção ou contribuições, conforme o caso, tanto as empresas de seguros, como as entidades gestoras de fundos de pensões, deverão enviar ao ISP os mapas modelo ISP1/2 e ISP FP, respectivamente, anexos à Norma Regulamentar n.º 10/2001, do ISP, devidamente preenchidos e certificados pela Caixa Geral de Depósitos.[27]

---

[27] Cfr. n.ºs 8 a 11 da Norma Regulamentar n.º 10/2001-R, emitida pelo ISP. Nos termos dos referidos mapas, são discriminados, relativamente a cada ramo de seguro e a cada fundo de pensão, o valor das receitas ou contribuições verificadas, respectivamente, assim como o valor a pagar ao ISP, resultante da aplicação da taxa em causa aos montantes apurados.

TRIBUTO A FAVOR DO INSTITUTO DE SEGUROS DE PORTUGAL

22. As dívidas resultantes do não pagamento daquele montante, devido sobre a receita dos prémios, pelas seguradoras, nos termos do artigo 4.º do citado Decreto-Lei n.º 156/83, de 14 de Abril, serão cobrados pelos serviços de justiça fiscal, servindo de título executivo uma certidão passada pelo Instituto de Seguros de Portugal, de acordo com o determinado nos artigos 37.º, alíneas c) e d), e 153.º a 156.º do Código de Processo das Contribuições e Impostos. Dado que, entretanto, o indicado Código de Processo das Contribuições e Impostos foi (expressamente) revogado pelo artigo 11.º do Decreto-Lei n.º 154/91, de 23 de Abril, que aprovou o Código de Processo Tributário, o qual, por sua vez, foi revogado pelo Decreto-Lei n.º 433/99, de 26 de Outubro, que aprovou o Código de Procedimento e de Processo Tributário, tal remissão deverá ser entendida como efectuada para as alíneas f) e j) do n.º 1, do artigo 10.º, a) do n.º 1, do artigo 148.º, 162.º e 163.º deste último.

3.8. Afectação

23. Nos termos do artigo 30.º do Decreto-Lei n.º 289/2001, o montante pago por seguradoras e entidades gestoras de fundos de pensões, resultante da aplicação da taxa em causa, nos termos referidos anteriormente, constitui receita do ISP, em geral, não se prevendo qual o tipo de despesas a que a mesma se encontre consignada.[28]

---

[28] O artigo 4.º do Decreto-Lei n.º 251/97, de 28 de Setembro, aprovou um novo estatuto orgânico do ISP (revogando o anterior, aprovado pelo Decreto-Lei n.º 302/82, de 30 de Julho, que substituiu) e que revogou o artigo 5.º do já citado Decreto-Lei n.º 156/83, de 14 de Abril, onde se previa (como, aliás, já desde, pelo menos, o artigo 5.º da Lei n.º 5/78, de 6 de Fevereiro, em relação ao Instituto Nacional de Seguros) que "após a aprovação das contas anuais do Instituto de Seguros de Portugal, será por este entregue ao Estado a diferença entre as receitas e despesas efectuadas". Em conformidade com a indicada revogação, o artigo 22.º, n.º 2, do referido Decreto-Lei n.º 251/97 (estatuto orgânico do ISP) veio prever a transição para o ano seguinte dos saldos apurados em cada exercício. Actualmente o artigo 30.º, n.º 2, do Decreto-Lei n.º 289/2001, de 13 de Novembro, que revogou e substitui o Decreto-Lei n.º 251/97, de 28 de Setembro, estabelece uma norma com o mesmo teor.

3.9. Jurisprudência

24. Não encontramos jurisprudência, nacional ou comunitária, nesta matéria.

4. TRIBUTO A FAVOR DO INSTITUTO NACIONAL DE EMERGÊNCIA MÉDICA

4.1. Direito Interno

25. Com a criação, pelo Decreto-Lei n.º 511/71, de 22 de Novembro, na redacção que lhe foi dada pelos Decretos-lei n.ºs 447/74, de 13 de Setembro, e 79/75, de 22 de Fevereiro, do Serviço Nacional de Ambulâncias, responsável pela coordenação dos primeiros socorros e transporte para hospitais dos sinistrados e doentes graves, no âmbito de um sistema nacional de alertas, ficou previsto que parte das receitas do referido Serviço viriam do pagamento, por parte das empresas de seguros, de um tributo a incidir sobre os prémios de seguros dos ramos vida, acidentes de trabalho, automóvel, responsabilidade civil e acidentes pessoais, que as mesmas cobrariam aos seus segurados no Continente.[29]

Mais tarde, o Decreto-Lei n.º 234/81, de 3 de Agosto, veio a criar o Instituto Nacional de Emergência Médica, responsável pela coordenação das actividades de emergência médica a executar pelas diversas entidades intervenientes no âmbito de um sistema integrado de emergência médica, determinando a futura extinção do Serviço Nacional de Ambulâncias e do Gabinete de Emergência Médica, entretanto criado para apresentar o estudo de um organismo coordenador de um sistema integrado de emergência médica. Nos termos do referido diploma legal, o esquema de receitas então definido pelo Decreto-Lei n.º 511/71, de 22 de Novembro, não foi alterado, nomeadamente no que toca à cobrança de um tributo no valor de 1%, a incidir sobre os prémios dos contratos de seguro.

Por força da entrada em vigor do Decreto-Lei n.º 171/87, de 20 de Abril, o "tributo" de 1%, referido anteriormente, passou a incidir, quanto ao ramo «Vida», apenas sobre os prémios ou contribuições relativos a seguros, em caso de morte, e respectivas coberturas complementares, e, quanto aos restan-

---

[29] Cfr. artigo 6.º, alínea a), do Decreto-Lei n.º 511/71, de 22 de Novembro.

TRIBUTO A FAVOR DO INSTITUTO NACIONAL DE EMERGÊNCIA MÉDICA

tes ramos, sobre os prémios ou contribuições relativos a seguros dos ramos «Doença», «Acidentes», «Veículos terrestres» e «Responsabilidade civil de veículos terrestres a motor».[30] Posteriormente, com a aprovação dos Estatutos do Instituto Nacional de Emergência Médica, publicados em anexo ao Decreto--Lei n.º 167/2003, de 29 de Julho, foi introduzida uma (ligeira) alteração relativamente aos contratos que estariam sujeitos ao pagamento de um tributo sobre o respectivo prémio, tendo ficado estabelecido que o mesmo incidiria apenas sobre os prémios dos contratos de seguros celebrados por entidades sediadas ou residentes no continente.[31]

Finalmente, em 2007, com a entrada em vigor do Decreto-Lei n.º 220/2007, de 29 de Maio, foi aprovada a Lei Orgânica do Instituto Nacional de Emergência Médica, I.P. (INEM, I.P.) e, consequentemente, revogado o Decreto-Lei n.º 167/2003, de 29 de Julho, transitando, no entanto, para o regime legal actual a possibilidade de aquele instituto gerar receita proveniente da aplicação, nos mesmos moldes, de tributo sobre os prémios dos contratos de seguros[32].

Não obstante, com a vigência da Norma Regulamentar n.º 21/2008-R, de 31 de Dezembro, a taxa a cobrar fixou-se em 2%, a incidir sobre os prémios dos contratos de seguro.

4.2. Incidência Objectiva

26. A base de incidência objectiva do tributo a favor do INEM, I.P. encontra--se expressamente determinada na alínea a) do número 2, do artigo 11.º do Decreto-Lei n.º 220/2007, de 29 de Maio, nos termos do qual, o tributo em causa incide sobre os prémios ou contribuições relativos a contratos de seguros, em caso de morte, do ramo «Vida» e respectivas coberturas complementares, e a contratos de seguros dos ramos «Doença», «Acidentes», «Veículos terrestres» e Responsabilidade civil de veículos terrestres a motor», celebrados por entidades sediadas ou residentes no continente.

---

[30] Cfr. artigo 3.º do referido diploma legal.
[31] Cfr. artigo 25.º, alínea b), do Decreto-Lei n.º 167/2003, de 29 de Julho.
[32] Cfr. artigo 11.º, n.º 2, alínea a), do Decreto-Lei n.º 220/2007, de 29 de Maio.

4.3. Incidência Subjectiva

27. Nos termos do artigo 14.º, n.º 1, do Decreto-Lei n.º 220/2007, de 29 de Maio, as empresas de seguros devem cobrar a percentagem prevista na alínea a) do número 2 do artigo 11.º [tributo a favor do INEM, I.P.], conjuntamente com o prémio ou contribuição, sendo responsáveis por essa cobrança perante o INEM, I.P.. Assim, por razões (muito provavelmente) de simplicidade, comodidade, economia e praticabilidade, o legislador continuou a impor às seguradoras – à semelhança do que já sucedia com o regime estabelecido pelos Decretos-Lei n.ºs 234/81, de 3 de Agosto e 167/2003, de 29 de Julho – , a liquidação e a cobrança do indicado tributo conjuntamente com os respectivos prémios de seguro.

28. Como se poderá, à partida, antever, existem essencialmente dois potenciais sujeitos passivos da relação tributária em causa: o segurado, que é quem suporta o encargo económico decorrente da aplicação do referido tributo, e a seguradora, responsável pela liquidação e pagamento do mesmo ao Estado.

Por um lado, poder-se-á entender que estamos perante o fenómeno (jurídico) da substituição tributária, através da qual a lei exige o pagamento do tributo às seguradoras – devedoras por débito alheio –, em substituição dos verdadeiros contribuintes – os segurados. Por outro lado e contrariamente, podemos inferir que o legislador se limitou a admitir a existência de uma mera repercussão tributária (económica), nos termos da qual se permite, por um lado, que o sacrifício patrimonial em que o tributo se traduz recaia sob uma determinada categoria de sujeitos, enquanto contribuintes de facto – os segurados – , e, por outro, que o dever de efectuar a prestação correspondente incumba a um terceiro, o verdadeiro contribuinte de direito – a seguradora.

Nota-se, desde logo, que a determinação da base subjectiva do tributo a favor do INEM, I.P. será determinante para a questão de saber se poderá, ou não, admitir-se que uma eventual execução por falta de pagamento do mesmo, por parte das seguradoras, possa reverter contra os segurados e se a estes é garantido o direito de se oporem e, até, reclamarem e impugnarem uma eventual liquidação, nos termos do Código de Procedimento e de Processo Tributário – enquanto sujeitos passivos, e não meros repercutidos – , ou mesmo, ainda, quem poderá ser responsabilizado pela violação das normas constantes do actual Regime Geral das Infracções Tributárias (RGIT, aprovado pela Lei

TRIBUTO A FAVOR DO INSTITUTO NACIONAL DE EMERGÊNCIA MÉDICA

15/2001, de 5 de Junho), designadamente, dos artigos 114.º («falta de entrega da prestação tributária») e 105.º («abuso de confiança»), que só vemos poderem ser as seguradoras, enquanto sujeitos passivos.

4.4. Isenções

29. Não encontramos isenções previstas, quer por lei, quer por regulamento, para este tributo.

4.5. Base de Cálculo

30. O tributo a favor do INEM incide sobre o valor bruto dos prémios ou contribuições relativos a contratos de seguros, em caso de morte, do ramo «Vida» e respectivas coberturas complementares, e a contratos de seguros dos ramos «Doença», «Acidentes», «Veículos terrestres» e «Responsabilidade civil de veículos terrestres a motor», celebrados por entidades sediadas ou residentes no Continente, actuando em regime de estabelecimento ou em livre prestação de serviços.

Nos termos do número 3, do Capítulo II, da Norma Regulamentar n.º 17/2001, de 22 de Novembro de 2001[33], além dos riscos compreendidos nos referidos ramos de seguro, deverão ser sujeitos ao tributo a favor do INEM, I.P. todos aqueles que, nos termos do artigo 127.º do Decreto-Lei n.º 94-B/98, de 17 de Abril, sejam acessórios de outros ramos.

Por seu lado, ao abrigo do número 4, do Capítulo II, da norma regulamentar referida anteriormente, o tributo a favor do INEM, I.P. deverá incidir sobre o valor dos prémios brutos, sendo que, no caso dos riscos acessórios, o mesmo incide sobre a parte do prémio bruto correspondente ao risco em causa.

---

[33] Apesar de a referida norma vir regulamentar certos aspectos do Decreto-Lei n.º 234/81, de 3 de Agosto, na redacção que lhe foi dada pelo Decreto-Lei n.º 171/87, de 20 de Abril, já revogado pelo Decreto-Lei n.º 167/2003, de 29 de Julho, o qual foi, por sua vez, revogado pelo actual Decreto-Lei n.º 220/2007, de 29 de Maio, a verdade é que o ISP não sentiu necessidade de emitir nova norma regulamentar em sua substituição, devendo, então, as remissões efectuadas ao abrigo da Norma Regulamentar n.º 17/2001 ser consideradas efectuadas para as disposições legais equivalentes do novo Decreto-Lei n.º 220/2007.

Por último, de acordo com o número 6, do Capítulo II, da norma regulamentar mencionada, nos contratos celebrados em regime de co-seguro, a empresa de seguros líder do contrato é responsável pelo pagamento da totalidade do valor cobrado a favor do INEM, I.P.

Convirá, ainda, referir que o facto de o tributo em apreço ser calculado com base nos prémios ou contribuições relativos aos contratos de seguro referidos supra – «Vida», em caso de morte e «Doença», «Acidentes», «Veículos terrestres» e «Responsabilidade civil de veículos terrestres a motor» – serve a finalidade que lhe subjaz, na medida em que é, precisamente, no âmbito dessas situações de risco, que o papel do INEM, I.P. – garantia de uma pronta e adequada prestação de cuidados de saúde a sinistrados ou vítimas de doença súbita – mais se justifica.

4.6. Taxa

31. No que concerne o montante do tributo em análise, o mesmo foi definido pelo Decreto-Lei n.º 511/71, de 22 de Novembro, tendo-se mantido, desde aí, inalterado. Como ficou já referido nos termos do artigo 11.º, número 2, alínea a), do Decreto-Lei n.º 220/2007, de 29 de Maio, nos termos do qual foi aprovada a Lei Orgânica do INEM, I.P., fixou-se o valor do tributo a favor do INEM, I.P. – 1%, todavia, com as alterações decorrentes da Norma Regulamentar n.º 21/2008-R, de 31 de Dezembro, a taxa a cobrar fixou-se em 2%, a incidir sobre os prémios dos contratos de seguro.

4.7. Liquidação e Pagamento

32. Nos termos do artigo 14.º, do Decreto-Lei n.º 220/2007, de 29 de Maio, apesar de o encargo do pagamento do valor correspondente à aplicação do tributo em apreço, sobre o valor do prémio ou contribuição, pertencer ao tomador do seguro, são as empresas de seguros que se encontram obrigadas, não só a cobrá-lo ao segurado, conjuntamente com o prémio ou contribuição – sendo responsáveis perante o INEM, I.P. por essa cobrança –, mas, também, a liquidar esse mesmo tributo. No regime anterior, no decurso do segundo mês posterior ao das referidas liquidações e cobranças, as empresas de seguros deviam transferir, para a conta aberta na Direcção-Geral do

TRIBUTO A FAVOR DO INSTITUTO NACIONAL DE EMERGÊNCIA MÉDICA

Tesouro e Finanças, em nome do INEM, I.P., o total mensal, sem qualquer dedução. Passados dez dias sobre o termo do prazo referido anteriormente, deviam as mesmas enviar ao INEM, I.P. uma relação das cobranças efectuadas por ramo de actividade, bem como a confirmação da data-valor da transferência.[34] Actualmente, considerando as alterações introduzidas pela Norma Regulamentar n.º 21/2008-R, de 31 de Dezembro, a liquidação em apreço deve ser efectuada através do preenchimento e submissão de formulário disponibilizado no Portal ISPnet e consequente emissão de DUC, que indica as formas e valores a pagar.

4.8. Afectação

33. Nos termos do artigo 11.º, número 2, do Decreto-Lei n.º 220/2007, de 29 de Maio, a receita do tributo em análise encontra-se consignada ao INEM, I.P. Por seu lado, de acordo com o artigo 12.º do Decreto-Lei n.º 220/2007, todas as receitas próprias do INEM, nas quais se incluem os montantes resultantes da aplicação da percentagem em apreço sobre o valor dos prémios ou contribuições já referidos, são consignadas à realização de despesas daquele Instituto, durante a execução do orçamento do ano que as mesmas respeitam, podendo os saldos não utilizados transitar para o ano seguinte.[35]

4.9. Jurisprudência

34. Não encontramos Jurisprudência, nem nacional, nem comunitária, sobre esta matéria.

---

[34] Cfr. Artigo 14.º, n.ºs 1 a 3, do Decreto-Lei n.º 220/2007, de 29 de Maio.

[35] Dentro dos serviços prestados aos segurados no âmbito do Sistema Integrado de Emergência Médica (SIEM), incluem-se a prestação de socorro pré-hospitalar, o transporte das vítimas para o hospital mais adequado, a recepção hospitalar e a adequada referenciação do doente ou sinistrado, a formação em emergência médica, o planeamento civil, a prevenção e a gestão da rede de telecomunicações de emergência médica.

A PARAFISCALIDADE NA ACTIVIDADE SEGURADORA

5. TRIBUTO A FAVOR DO FUNDO DE GARANTIA AUTOMÓVEL [36]

5.1. Direito Interno

35. Com a institucionalização do seguro obrigatório de responsabilidade civil automóvel – Decreto-Lei n.º 408/79, de 25 de Setembro – , surgiu a necessidade de instituir um fundo de garantia automóvel, de forma a acautelar os direitos dos lesados por acidentes ocorridos, em Portugal, com veículos sujeitos ao seguro obrigatório, naqueles casos em que o responsável era desconhecido ou não beneficiava de seguro válido ou eficaz ou havia sido declarada a falência do segurador. Neste propósito, foi instituído, no âmbito do Decreto Regulamentar n.º 58/79, de 25 de Setembro, o Fundo de Garantia Automóvel (FGA), integrado no Instituto Nacional de Seguros e financiado, em parte, pela cobrança de uma percentagem sobre os prémios simples de seguros directos automóvel processados no ano anterior.

Com a entrada em vigor do Decreto-Lei n.º 522/85, de 31 de Dezembro, o qual veio a revogar ambos os diplomas legais referidos, foram introduzidas algumas alterações quanto aos requisitos necessários para que fosse accionado o FGA, mantendo-se, no entanto, a possibilidade de financiamento do mesmo através do montante resultante da aplicação da taxa já referida anteriormente.

Alguns anos mais tarde, e depois de consubstanciadas diversas alterações ao citado Decreto-Lei n.º 522/85, de 31 de Dezembro – nomeadamente através dos Decretos-Leis n.ºs 122-A/86, de 30 de Maio, 433/86, de 31 de Dezembro, 81/78, de 20 de Fevereiro, 394/87, de 31 de Dezembro, 415/89, de 30 de Novembro, 122/92, de 2 de Julho, 18/93, de 23 de Janeiro, 358/93, de 14 de Outubro, 130/94, de 19 de Maio, 368/97, de 23 de Dezembro e 83/2006, de 3 de Maio – , o mesmo foi revogado pelo Decreto-Lei n.º 291/2007, de 21 de Agosto. Nos termos deste último diploma legal, ficaram previstos diversos tipos de contribuição para o FGA, resultantes da aplicação de percentagens específicas sobre prémios comerciais distintos.

---

[36] Correlacionado com esta contribuição encontra-se a "taxa" a favor dos Governos Civis, aplicável a todas as empresas de seguros, sediadas ou não em Portugal, actuando em regime de estabelecimento ou livre prestação de serviços, que explorem o ramo «Automóvel» em Portugal, incidente sobre o número de Cartas Verdes emitidas (cfr. Portaria n.º 403/86, de 26 de Julho, e Norma Regulamentar n.º 12/2001, do ISP.

5.2. Incidência Objectiva

36. O Decreto-Lei n.º 291/2007, de 21 de Agosto, define, no seu artigo 58.º, número 1, alíneas a) e b), a base de incidência objectiva dos mencionados tributos a favor do FGA, estabelecendo que os mesmos incidem, por um lado, sobre os prémios comerciais da cobertura obrigatória do seguro de responsabilidade civil automóvel, processados no ano anterior e, por outro, sobre os prémios comerciais de todos os contratos de «Seguro automóvel» processados no ano anterior.

5.3. Incidência Subjectiva

37. Nos termos do Decreto-Lei n.º 291/2007, de 21 de Agosto, o tomador do seguro deverá pagar o valor correspondente à aplicação de uma percentagem sobre os prémios comerciais referentes aos contratos de seguro identificados nas alíneas a) e b), do número 1, do artigo 58.º, do Decreto-Lei n.º 291/2007, de 21 de Agosto, ficando as empresas de seguros, sediadas ou não em Portugal, actuando em regime de estabelecimento ou em livre prestação de serviços e que explorem o ramo "Seguro automóvel" em Portugal, responsáveis perante o FGA pela cobrança ao segurado dos referidos tributos, em conjunto com o prémio comercial do seguro por si contratado.

38. Por se levantarem questões várias na determinação da base de incidência subjectiva dos tributos em apreço, idênticas àquelas que foram já colocadas, na parte correspondente, a propósito do tributo a favor do INEM, I.P., desde já se remete a análise dos mesmos para o que aí ficou dito. Deverá, contudo, assinalar-se que a própria evolução do regime aplicável ao tributo a favor do FGA parece adiantar uma possível solução, para a determinação mais fidedigna da sua base de incidência subjectiva. Ao contrário do que se encontrava previsto no Decreto-Lei n.º 522/85, de 31 de Dezembro – onde, para efeitos de cumprimento da obrigação de liquidação do referido tributo, as seguradoras estavam autorizadas a cobrar um adicional de igual montante aos seus segurados do ramo "Automóvel", calculado sobre os prémios simples (líquidos de adicionais) –, o regime legal actual, estabelecido no Decreto-Lei n.º 291/2007[37],

---

[37] Cfr. artigo 58.º, n.º 4, do citado Decreto-Lei n.º 291/2007.

A PARAFISCALIDADE NA ACTIVIDADE SEGURADORA

limita-se a impor – e esta é a palavra-chave – a liquidação e a cobrança do tributo – dos segurados – às entidades seguradoras, estatuindo que estas devem [e não estão autorizadas a] cobrar as contribuições previstas nas alíneas a) e b) do n.º 1 conjuntamente com o prémio de seguro, sendo responsáveis (...).

Parece, assim, que o legislador tributário optou, no que respeita a este tributo em particular, por abandonar um regime em que – ao permitir, expressamente, a cobrança do indicado adicional e ao indicar, explicitamente, que os sujeitos passivos (devedores) eram as (próprias) seguradoras, directamente responsáveis pela respectiva liquidação e pagamento[38] – admitia a existência de um mero fenómeno (económico) de repercussão sobre os segurados de um encargo financeiro decorrente da aplicação de uma determinada percentagem sobre determinados prémios de seguro, para consagrar um outro, em que impõe expressamente a cobrança dos segurados – verdadeiros sujeitos passivos – de um tributo a favor do FGA, assumindo as seguradoras, por razões de comodidade, segurança e economia, que tal técnica faculta, o papel de substitutas tributárias, de devedoras indirectas numa relação tributária estabelecida, afinal, juridicamente, entre o segurado – substituído – e a Administração Tributária.

5.4. Isenções

39. Não encontramos isenções previstas, quer por lei, quer por regulamento, para este tributo.

5.5. Base de Cálculo

40. No que concerne a base de cálculo dos tributos para o FGA, ela encontra-se definida, de forma clara, no Decreto-Lei n.º 291/2007, de 21 de Agosto, mais especificamente nas alíneas a) e b) do número 1 do seu artigo 58.º. De acordo com o mencionado preceito legal, constituem receitas do FGA, além de outras, o montante, a liquidar por cada seguradora, resultante, por um lado, da aplicação de uma percentagem sobre o montante total dos prémios comerciais processados, líquidos de estornos e anulações, da cobertura obrigatória do seguro de responsabilidade civil automóvel e, por outro, da aplicação de

[38] Cfr. artigo 27.º, n.ºs 1, alínea a), e 3 do Decreto-Lei n.º 522/85, de 31 de Dezembro.

TRIBUTO A FAVOR DO FUNDO DE GARANTIA AUTOMÓVEL

uma percentagem sobre os prémios comerciais processados, líquidos de estornos e anulações, de seguro directo, da modalidade e dos ramos incluídos sob a denominação "Seguro automóvel".

A Norma Regulamentar n.º 15/2007-R, de 25 de Outubro, emitida pelo ISP vem esclarecer aquilo que se deverá entender por prémios comerciais da cobertura obrigatória do seguro de responsabilidade civil, definindo-os como os valores correspondentes àquela cobertura contabilizados no ramo 43 (Responsabilidade Civil de Veículos Terrestres a Motor), a que se refere a Tabela 1 – Ramos «Não Vida» do plano de contas para as empresas de seguros. Por seu turno, ainda nos termos da referida Norma Regulamentar, consideram-se prémios comerciais do «Seguro automóvel», todos os prémios contabilizados no ramo "4 – Automóvel", a que se refere a Tabela 1 – Ramos Não Vida, do Plano de Contas, nomeadamente os constantes das modalidades "41 – Veículos Terrestres", "42 – Mercadorias Transportadas", "43 – Responsabilidade Civil de Veículos Terrestres a Motor" e "44 – Pessoas Transportadas".[39]

Como bem se entende, a base de cálculo de ambos os tributos mencionadas possui uma relação lógica com o propósito para o qual os mesmos foram definidos, uma vez que os segurados que subscrevem este tipo de seguros são aqueles que, à partida, mais contrapartidas retirarão de um fundo com as características do FGA.

5.6 Taxa

41. O montante dos tributos em apreço, representativos dos dois tipos de contribuições para o FGA, encontra-se actualmente fixado, no respeitante ao tributo correspondente à aplicação de uma percentagem sobre os prémios comerciais de cobertura obrigatória do seguro de responsabilidade civil automóvel, em 2,5 % ao ano, podendo, no entanto, vir a ser alterada por Portaria do Ministro de Estado e das Finanças, sob proposta do ISP.

No que concerne o tributo para o FGA, resultante da aplicação de uma percentagem sobre os prémios comerciais de todos os contratos de «Seguro automóvel», aquele montante é fixado com base na percentagem de 0,21 % ao ano, podendo igualmente ser alterado, mas apenas por despacho conjunto

---

[39] Cfr. artigo 3.º, n.º 4, da Norma Regulamentar 15/2007-R.

dos Ministros de Estado e das Finanças e da Administração Interna, sob proposta do ISP.[40]

5.7 Liquidação e Pagamento

42. Os montantes devidos pelas empresas de seguros ao FGA, cobrados ao segurado conjuntamente com o prémio de seguro, à semelhança do anterior regime previsto para o tributo a favor do INEM, eram pagos através de depósito em conta da Caixa Geral de Depósitos, denominada Instituto de Seguros de Portugal – FGA, no mês seguinte ao de cada trimestre civil de cobrança.[41] Actualmente, após a vigência da Norma Regulamentar n.º 21/2008-R, de 31 de Dezembro, a liquidação em apreço deve ser efectuada através do preenchimento e submissão de formulário disponibilizado no Portal ISPnet e consequente emissão de DUC, que indica as formas e valores a pagar.

De referir é, ainda, que, em caso de contratos celebrados em regime de co-seguro, será a empresa líder do contrato a responsável pelo pagamento da totalidade dos montantes acima referidos.

5.8. Afectação

43. Como ficou já esclarecido, a receita proveniente da aplicação das percentagens acima referidas encontra-se subjectivamente consignada ao FGA. No entanto, no que à consignação objectiva dessas receitas diz respeito, o Decreto-Lei n.º 220/2007, de 21 de Agosto, apenas prevê que as contribuições resultantes da aplicação da percentagem sobre os prémios comerciais de todos os contratos de «Seguro automóvel» sejam aplicadas no âmbito da prevenção rodoviária, não especificando qual o destino das contribuições resultantes da aplicação de a percentagem sobre os prémios comerciais de cobertura obrigatória do seguro de responsabilidade civil automóvel. Contudo, poder-se-á garantir, com relativa segurança, que este segundo tipo de contribuições visa garantir a participação dos próprios segurados nas despesas suportadas

---

[40] Cfr. Artigo 58.º, n.ºs 2 e 3, do Decreto-Lei n.º 220/2007, de 21 de Agosto.
[41] Artigo 58.º, n.ºs 4 e 6, do Decreto-Lei n.º 220/2007, de 21 de Agosto e artigo 4.º da Norma Regulamentar n.º 15/2007-R, de 25 de Outubro, emitida pelo ISP.

pelo FGA – das quais são também, de alguma forma, os principais potenciais interessados – decorrentes da satisfação, até ao limite mínimo do seguro obrigatório de responsabilidade civil automóvel, das indemnizações por danos causados por responsável desconhecido ou isento da obrigação de seguro em razão do veículo em si mesmo, ou por responsável incumpridor da obrigação de seguro de responsabilidade civil automóvel, nos termos dos artigos 48.º e seguintes, do Decreto-Lei n.º 291/2007, de 21 de Agosto.

5.9 Jurisprudência

44. Não encontramos Jurisprudência, nem nacional, nem comunitária, sobre esta matéria.

6. TRIBUTOS A FAVOR DO SERVIÇO NACIONAL DE BOMBEIROS E PROTECÇÃO CIVIL

6.1 Direito Interno

45. O Decreto-Lei n.º 388/78, de 9 de Dezembro, veio criar o Conselho Coordenador do Serviço Nacional de Bombeiros, tendo ficado previsto que o referido órgão seria financiado, de entre outras formas, pelo produto da colecta prevista no artigo 708.º do Código Administrativo, o qual estabelecia que as Câmaras Municipais que mantivessem ou subsidiassem o serviço de incêndios poderiam colectar os prédios urbanos que não beneficiassem de isenção definitiva de contribuição predial e os estabelecimentos comerciais ou industriais do concelho, quando uns e outros não estivessem seguros pelo seu valor em sociedades legalmente autorizadas. Por seu turno, nos seguros contra fogo, agrícola e pecuários, a (ex) Inspecção-Geral de Crédito e Seguros poderia cobrar, anualmente, das sociedades de seguros autorizadas, um tributo no montante de 6%, nos seguros contra fogo, e de 2%, nos seguros agrícolas e pecuários, sobre os prémios de seguro processados, líquidos de estornos e anulações.

Um ano mais tarde, a Lei n.º 10/79, de 20 de Março, veio alterar, por ratificação, o Decreto-Lei n.º 388/78, de 9 de Dezembro, tendo sido constituído o Serviço Nacional de Bombeiros (SNB), na dependência do Ministério da Administração Interna, responsável pela orientação e coordenação das

A PARAFISCALIDADE NA ACTIVIDADE SEGURADORA

actividades e serviços de socorro exercidos pelos corpos de bombeiros e pelo assegurar da sua articulação, em caso de emergência, com o Serviço Nacional de Protecção Civil. Como receitas do SNB constavam, entre outras, as resultantes da aplicação de um tributo no montante de 8%, incidente sobre os prémios de seguro contra fogo e um tributo no montante de 4%, a incidir sobre os seguros agrícola e pecuários.[42]

46. Posteriormente, em 1991, o artigo 37.º da Lei n.º 101/89, de 29 de Dezembro – Lei do Orçamento de Estado para 1990, veio a autorizar o Governo a legislar no sentido de alargar a base tributável do tributo para o SNB, tendo o Decreto-Lei n.º 97/91, de 2 Março, consubstanciado tal alteração. Nos termos do referido diploma, além dos tributos já existentes, incidentes sobre o valor dos prémios do seguro contra fogo e seguros agrícolas e pecuário, foi criado um outro, incidente sobre o valor dos prémios do seguro de transporte de mercadorias perigosas, incluindo o seguro das viaturas especificamente destinadas a este tipo de transporte.[43]

Já em 2003, com o Decreto-Lei n.º 49/2003, de 25 de Março, verificou-se uma alteração estrutural significativa, que levou à criação de um novo serviço de protecção civil e socorro, o Serviço Nacional de Bombeiros e Protecção Civil (SNBPC), em substituição do SNB e do Serviço Nacional de Protecção Civil.

6.2 Incidência Objectiva

47. A base de incidência objectiva dos tributos a favor do SNBPC é constituída pelos prémios dos seguros contra fogo e de transporte de mercadorias perigosas, incluindo o seguro de carga e o seguro das viaturas especificamente destinadas a este tipo de transporte e pelos prémios de seguros agrícolas e pecuários.[44]

---

[42] Cfr. artigo 5.º, n.º 1, alínea a), da Lei n.º 10/79, de 20 de Março.

[43] Cfr. artigo 5.º do Decreto-Lei n.º 388/78, de 9 de Dezembro, ratificado com alterações pela Lei n.º 10/79, de 20 de Março, na redacção que lhe foi dada pelo Decreto-Lei n.º 97/91, de 2 de Março.

[44] Cfr. artigo 5.º, n.º1, alíneas a) e b), do Decreto-Lei n.º 388/78, de 9 de Dezembro, ratificado com alterações pela Lei n.º 10/79, de 20 de Março, na redacção que lhe foi dada pelo Decreto--Lei n.º 97/91, de 2 de Março.

6.3. Incidência Subjectiva

48. À semelhança do que verifica em relação a outros tributos em análise no presente estudo, as empresas de seguros encontram-se obrigadas a cobrar também os tributos em apreço conjuntamente com os respectivos prémios de seguro, nos termos do número 2 do artigo 38.º do Decreto-Lei n.º 49/2003, de 25 de Março e do artigo 5.º do Decreto-Lei n.º 388/78, de 9 de Dezembro, alterado, por ratificação, pela Lei n.º 10/79, de 20 de Março, na nova redacção que lhe foi dada pelo Decreto-Lei n.º 97/91, de 2 de Março. Ora, a análise da incidência subjectiva destes tributos remete-se para supra, sem prejuízo de ser feita referência ao facto de, actualmente, essa questão se encontrar mais esclarecida, porquanto o legislador se refere a sujeitos passivos no artigo 2.º do Decreto-Lei n.º 97/91, preceito que deve dizer respeito, necessariamente, aos segurados, por serem, precisamente, estes – e não as entidades seguradoras – aqueles que podem "residir" nas regiões autónomas.

6.4. Isenções

49. Não encontramos isenções previstas, quer por lei, quer por regulamento, para estes tributos.

6.5. Base de Cálculo

50. A base de cálculo dos tributos a favor do SNBPC encontra-se definida na alínea h), do n.º 1, do artigo 38.º do Decreto-Lei n.º 49/2003, de 25 de Março, e nas alíneas a) e b) do artigo 5.º do Decreto-Lei n.º 388/78, de 9 de Dezembro, alterado, por ratificação, pela Lei n.º 10/79, de 20 de Março, na nova redacção que lhe foi dada pelo Decreto-Lei n.º 97/91, de 2 de Março. Assim, no que diz respeito aos seguros contra fogo e de transporte de mercadorias perigosas, incluindo o seguro de carga e o seguro das viaturas especificamente destinadas a este tipo de transporte, por um lado, e aos seguros agrícolas e pecuários, por outro, os tributos incidem sobre o valor dos respectivos prémios.

O tributo a favor do SNBPC é igualmente aplicável àqueles riscos que, nos termos do artigo 127.º do Decreto-Lei n.º 94-B/98, de 17 de Abril, sejam considerados riscos acessórios e aos riscos inseridos nos chamados seguros

A PARAFISCALIDADE NA ACTIVIDADE SEGURADORA

multirriscos (cfr. n.º 3, alíneas a) e b), do Capítulo II, da Norma Regulamentar n.º16/2001, de 22 de Novembro de 2001, emitida pelo ISP). [45] De referir é, ainda, que este tributo incide sobre o valor dos prémios brutos, devendo as empresas de seguros cobrar o mesmo conjuntamente com o respectivo prémio de seguro.[46] Mais: no seguro de colheitas, o tributo no montante de 6% incide também sobre o valor das bonificações, sendo o mesmo aplicável ao seguro pecuário.[47]

Por último, é de notar que, nos contratos celebrados em regime de co--seguro, a empresa de seguros líder do contrato é responsável pelo pagamento da totalidade do valor cobrado a favor do SNBPC.[48]

51. Convém referir que a definição da base de cálculo dos tributos em apreço, nos moldes atrás mencionados, demonstra coerência com a finalidade que subjaz aos mesmos, uma vez que, no sector segurador, é exactamente sobre aquelas áreas, em particular, que maior intervenção tem o SNBPC, na prossecução das suas atribuições.

6.6. Taxa

52. Nos termos do artigo 5.º do Decreto-Lei n.º 388/78, de 9 de Dezembro, ratificado com alterações pela Lei n.º 10/79, de 20 de Março, na nova redacção que lhe foi dada pelo Decreto-Lei n.º 97/91, de 2 de Março, em conjugação com a Norma Regulamentar n.º 16/2001, de 22 de Novembro de 2001, emitida pelo ISP, os montantes dos tributos a favor do (ex) SNB, incidentes sobre os prémios dos seguros contra fogo e de transporte de mercadorias perigosas, incluindo o seguro de carga e o seguro das viaturas especificamente destinadas a este tipo de transporte, e sobre os prémios de seguros agrícolas e pecuários foram fixados em 13% e 6%, respectivamente. De notar que, antes

---

[45] Nestes casos, a taxa a favor do SNBPC incide sobre a parte do prémio bruto correspondente ao risco em causa.

[46] Cfr. n.º 4, Capítulo II, da Norma Regulamentar n.º 16/2001, de 22 de Novembro de 2001, emitida pelo ISP.

[47] Cfr. n.º 6, Capítulo II, da Norma Regulamentar n.º 16/2001, de 22 de Novembro de 2001, emitida pelo ISP.

[48] Cfr. n.º 7, Capítulo II, da Norma Regulamentar n.º 16/2001, de 22 de Novembro de 2001, emitida pelo ISP.

da entrada em vigor do Decreto-Lei n.º 97/91, de 2 de Março, os montantes em causa se encontravam fixados em 8% sobre os prémios de seguro contra fogo e em 4% sobre os seguros agrícola e pecuários.[49]

6.7. Liquidação e Pagamento

53. Na sequência daquilo que ficou acima referido, as empresas seguradoras são responsáveis pela cobrança dos valores dos tributos a favor do SNBPC juntamente com o valor do prémio do seguro, devendo a liquidação em apreço deve ser efectuada através do preenchimento e submissão de formulário disponibilizado no Portal ISPnet e consequente emissão de DUC, que indica as formas e valores a pagar, considerando as alterações introduzidas pela Norma Regulamentar n.º 21/2008-R, de 31 de Dezembro.

6.8 Afectação

54. A lei dispõe que a receita resultante da aplicação das percentagens acima referidas se encontra consignada ao SNBPC (consignação subjectiva), para subsidiar os corpos de bombeiros (consignação objectiva).[50] O facto de o Decreto-Lei n.º 388/78, de 9 de Dezembro, ratificado com alterações pela Lei n.º 10/79, de 20 de Março, na nova redacção que lhe foi dada pelo Decreto-Lei n.º 97/91, de 2 de Março, ainda fazer referência ao, já extinto, SNB e aos serviços prestados pelos corpos de bombeiros, como sendo a entidade financiada pela receita resultante da aplicação das referidas percentagens e o serviço a cujas despesas aquele receita está consignada, obriga a que, actualmente, com a entrada em vigor do Decreto-Lei n.º 49/2003, de 25 de Março, essas mesmas referências se considerem feitas para o SNBPC e para os serviços (por este prestados) de orientação e coordenação das actividades e serviços de protecção e socorro de pessoas e bens exercidos, de orientação, coordenação e fiscalização das actividades exercidas pelos corpos de bombeiros e de orientação e coordenação de todas as actividades de protecção civil e socorro.

---

[49] Ver ponto 7.1 supra.

[50] Cfr. artigo 5.º, n.º 1, do Decreto-Lei n.º 388/78, de 9 de Dezembro, ratificado com alterações pela Lei n.º 10/79, de 20 de Março, na nova redacção que lhe foi dada pelo Decreto-Lei n.º 97/91, de 2 de Março.

6.9. Jurisprudência

55. Não encontramos Jurisprudência, nem nacional, nem comunitária, sobre esta matéria.

7. TRIBUTOS A FAVOR DO FUNDO DE ACIDENTES DE TRABALHO

7.1 Direito Nacional

56. A criação, no âmbito da actividade seguradora, do Fundo de Actualização de Pensões (FUNDAP) em 1979, através do Decreto-Lei n.º 240/79, de 25 de Julho[51], determinada pela incapacidade da Administração Pública em suportar a actualização das pensões por acidente de trabalho ou doença profissional efectuada pelos Decretos-Leis n.ºs 668/75, de 24 de Novembro e 456/77, de 2 de Novembro, veio a criar, por seu turno, as condições para que, de uma forma equitativa, fossem asseguradas as actualizações de pensões devidas por acidentes de trabalho. Ficou, desde logo, definido que o referido Fundo seria financiado pela receita resultante da aplicação de uma percentagem sobre os prémios dos seguros do ramo «acidentes de trabalho» (incluindo encargos), a cobrar pelas seguradoras aos segurados[52], bem como pela receita proveniente da aplicação de uma percentagem, suportada pelas seguradoras, sobre as reservas matemáticas do ramo acidentes de trabalho[53].

57. Mais tarde, o Decreto-Lei n.º 142/99, de 30 de Abril veio a determinar a substituição do FUNDAP pelo Fundo de Acidentes de Trabalho (FAT), dotado de autonomia financeira e administrativa, assumindo novas competências e

---

[51] Sucessivamente alterado pelo Decretos-Lei n.ºs 468/85, de 6 de Novembro e 388/89, de 9 de Novembro.

[52] Cfr. artigo 3.º, n.ºs 1, alínea a), 2 e 3, do Decreto-Lei n.º 240/79, de 25 de Julho e Norma Regulamentar n.º 24/79, de 30 de Agosto, do (ex) Instituto Nacional de Seguros.

[53] Cfr. artigo 3.º, n.ºs 1, alínea b), 2 e 4, do Decreto-Lei n.º 240/79, de 25 de Julho e Norma Regulamentar 24/79, de 30 de Agosto do (ex) Instituto Nacional de Seguros, e Despacho do Secretário de Estado do Tesouro n.º 161/85, de 23 de Agosto (publicado na II série do Diário da República, n.º 200, de 31 de Agosto de 1985).

TRIBUTOS A FAVOR DO FUNDO DE ACIDENTES DE TRABALHO

apresentando um leque mais alargado de garantias[54]. O financiamento deste Fundo era, então, feito através de uma percentagem a cobrar pelas empresas de seguros aos segurados sobre os salários considerados, sempre que fossem processados prémios da modalidade «Acidentes de Trabalho» e por meio da cobrança de uma percentagem a suportar pelas empresas de seguros, sobre o valor correspondente ao capital de remição das pensões em pagamento à data de 31 de Dezembro de cada ano.[55]

Mais recentemente, o Decreto-Lei n.º 185/2007, de 10 de Maio, veio a introduzir algumas alterações ao citado Decreto-Lei n.º 142/99, de 30 de Abril, nomeadamente no que respeita às receitas do FAT. Assim, o referido diploma veio prever, para além do que já se encontrava definido em sede de financiamento do dito Fundo, o alargamento do campo de incidência do tributo a suportar pelas empresas de seguros, nos termos do Decreto-Lei n.º 142/99, de 30 de Abril, determinando que o mesmo passaria a incidir, também, sobre o valor da provisão matemática das prestações suplementares por assistência de terceira pessoa, em pagamento à data de 31 de Dezembro de cada ano.[56]

Posteriormente, pretendeu-se, com a Norma Regulamentar n.º 8/2010-R, de 9 de Junho, um ajustamento do regime, e, bem assim, uma melhoria da eficiência do controlo dos fluxos financeiros entre as empresas de seguros e o FAT, no que se refere à receita resultante da aplicação da percentagem sobre os salários seguros.

7.2 Incidência Objectiva

58. Nos termos do artigo 3.º, n.º 1, alíneas a) e b), do Decreto-Lei n.º 142/99, na redacção dada pelo Decreto-Lei n.º 185/2007, os tributos cobrados pelas empresas aos seus segurados incidem objectivamente sobre os salários considerados, o capital de remição das pensões e a provisão matemática das prestações suplementares por assistência de terceira pessoa. Contudo, com a vigência da Norma Regulamentar n.º 8/2010-R, de 9 de Junho, estabeleceu-se quanto ao capital de remição e à referida provisão matemática que os tributos em apreço

---

[54] Cfr. artigo 1.º, n.º 1, alíneas a) a d) do Decreto-lei n.º 142/99, de 30 de Abril, com a redacção que lhe foi dada pelo Decreto-Lei n.º 185/2007, de 10 de Maio.

[55] Cfr. artigo 3.º, n.º 1, alíneas a) e b), do referido diploma legal.

[56] Cfr. artigo 2.º do Decreto-Lei n.º185/2007, de 10 de Maio.

incidem sobre: "O valor correspondente ao capital de remição das pensões em pagamento à data de 31 de Dezembro de cada ano, bem como o valor da provisão matemática das prestações suplementares por assistência de terceira pessoa em pagamento à data de 31 de Dezembro de cada ano, correspondentes às pensões e prestações tal como reportadas ao Instituto de Seguros de Portugal nos termos da Norma Regulamentar n.º 11/2007-R, de 26 de Julho, alterada pela Norma Regulamentar n.º 6/2010-R, de 20 de Maio."

7.3. Incidência Subjectiva

59. A determinação da incidência subjectiva dos tributos a favor do FAT terá necessariamente de ser feita em função dos três tipos de tributos actualmente existentes, ao abrigo do Decreto-Lei n.º 142/99, de 30 de Abril, na redacção que lhe foi dada pelo Decreto-Lei n.º 185/2007, de 10 de Maio. Assim, no que diz respeito ao tributo incidente sobre o valor correspondente ao capital de remição das pensões em pagamento à data de 31 de Dezembro de cada ano, bem como sobre o valor da provisão matemática das prestações suplementares por assistência de terceira pessoa em pagamento à data de 31 de Dezembro de cada ano, os termos da lei são claros, no sentido de permitirem concluir que serão as próprias empresas de seguros os sujeitos passivos da relação tributária emergente.

No que concerne o tributo incidente sobre os salários seguros, sempre que sejam processados prémios da modalidade "Acidentes de Trabalho", o facto de as seguradoras se encontrarem obrigadas a cobrar directamente ao segurado o referido tributo, faz surgir, mais uma vez e nos mesmos termos, a dúvida sobre quem será o sujeito passivo da relação tributária em causa.

Por se tratar da mesma situação fáctica, remete-se mais uma vez para a análise supra desta questão.

7.4. Isenções

60. Não encontramos isenções previstas, quer por lei, quer por regulamento, para este tributo.

TRIBUTOS A FAVOR DO FUNDO DE ACIDENTES DE TRABALHO

7.5. Base de Cálculo

61. A base de cálculo dos tributos a favor do FAT encontra-se expressamente fixada no número 1 do artigo 3.º do Decreto-Lei n.º 142/99, de 30 de Abril, com as alterações introduzidas pelo Decreto-Lei n.º 185/2007, de 10 de Maio e nas alíneas a) e b), do número 1, do artigo 3.º da Norma Regulamentar n.º 12/2007-R, de 26 de Julho, emitida pelo ISP: o cálculo dos referidos tributos deverá ser feito, por um lado, com base nos salários seguros, sempre que sejam processados prémios da modalidade "Acidentes de Trabalho" e, por outro, com base no "valor correspondente ao capital de remição das pensões em pagamento à data de 31 de Dezembro de cada ano, bem como o valor da provisão matemática das prestações suplementares por assistência de terceira pessoa em pagamento à data de 31 de Dezembro de cada ano, correspondentes às pensões e prestações tal como reportadas ao Instituto de Seguros de Portugal, nos termos da Norma Regulamentar n.º 11/2007-R, de 26 de Julho, alterada pela Norma Regulamentar n.º 6/2010-R, de 20 de Maio".[57]

Para efeitos de cálculo dos referidos tributos, devem considerar-se abrangidos os salários seguros, os capitais de remição de pensões e as provisões matemáticas das prestações suplementares por assistência de terceira pessoa, referentes a contratos de seguros de acidentes em serviço.[58]

Nos seguros por área, os salários a considerar para efeitos de cálculo das percentagens acima referidas são obtidos pelo quociente entre o prémio comercial do contrato e a taxa da tarifa utilizada pela entidade seguradora aplicável à actividade em questão, ou, quando for abrangida mais do que uma actividade, a média das respectivas taxas.[59]

7.6. Taxa

62. Os montantes dos tributos em causa, são fixados, anualmente, por Portaria do Ministro das Finanças, sob proposta do ISP, ouvida a comissão de

---

[57] Considerando as alterações introduzidas pela Norma Regulamentar n.º 8/2010-R, de 9 de Junho.

[58] Cfr. artigo 3.º, n.º 3, do Decreto-Lei n.º142/99, de 30 de Abril, na redacção dada pelo Decreto-Lei n.º 185/2007, de 10 de Maio.

[59] Cfr. artigo 3.º, n.º 4, da Norma Regulamentar n.º 12/2007-R, de 26 de Julho.

A PARAFISCALIDADE NA ACTIVIDADE SEGURADORA

acompanhamento do Fundo de Acidentes de Trabalho[60]. Desde o ano de 2002, que o montante do tributo incidente sobre o valor de remição das pensões, em pagamento à data de 31 de Dezembro de cada ano, bem como sobre o valor da provisão matemática das prestações suplementares por assistência de terceira pessoa, em pagamento à data de 31 de Dezembro de cada ano, se encontra fixado em 0,85% e o montante do tributo sobre os salários seguros em 0,15%.

7.7. Liquidação e Pagamento

63. Actualmente, após a vigência da Norma Regulamentar n.º 21/2008-R, de 31 de Dezembro, a liquidação do tributo em análise deve ser efectuada através do preenchimento e submissão de formulário disponibilizado no Portal ISPnet e consequente emissão de DUC, que indica as formas e valores a pagar. Anteriormente, as empresas de seguros deviam depositar, até ao final de cada mês, o quantitativo global referente à percentagem incluída nos recibos cobrados no mês anterior, líquido de estornos e anulações, referentes ao mesmo mês, em conta da Caixa Geral de Depósitos, denominada Instituto de Seguros de Portugal – FAT.[61]

No que respeita ao montante correspondente à aplicação das percentagens referentes aos tributos a favor do FAT que incidem sobre o valor do capital de remição das pensões, em pagamento à data de 31 de Dezembro de cada ano, e sobre o valor da provisão matemática das prestações suplementares por assistência de terceira pessoa, em pagamento até à data de 31 de Dezembro de cada ano, o mesmo deverá ser depositado pelas seguradoras na conta já acima referida, até 30 de Junho do ano seguinte.[62]

Nos contratos de co-seguro, a entidade seguradora líder do contrato é responsável pelo pagamento da totalidade do valor cobrado a favor do FAT.[63]

---

[60] Cfr. artigo 3.º, n.º 2, do Decreto-Lei n.º 142/99, de 30 de Abril.
[61] Cfr. artigo 4.º, n.º 1, da Norma Regulamentar n.º 12/2007-R, de 26 de Julho.
[62] Cfr. artigo 4.º, n.º 2, da Norma Regulamentar n.º 12/2007-R, de 26 de Julho.
[63] Cfr. artigo 4.º, n.º 3, da Norma Regulamentar n.º 12/2007-R, de 26 de Julho.

TRIBUTOS A FAVOR DO S. I. DE PROTECÇÃO CONTRA AS ALEATORIEDADES CLIMÁTICAS

7.8. Afectação

64. O artigo 3.º do Decreto-Lei n.º 142/99, na redacção dada pelo Decreto-Lei n.º 185/2007, não deixa grande margem para dúvidas quanto à consignação subjectiva da receita resultante da aplicação das percentagens acima referidas, ao prever que uma das formas de financiamento do FAT consiste, exactamente, na percepção de receitas provenientes das mesmas. Por outro lado, apesar de ser legítimo que as receitas do FAT, provenientes da cobrança das percentagens em apreço, sejam destinadas a cobertura dos encargos financeiros suportados por este Fundo, no âmbito do exercício das suas competências, nomeadamente, reembolsos de diversa ordem, garantia do pagamento das prestações devidas por acidentes de trabalho, sempre que as seguradoras não o possam fazer, por motivos de incapacidade económica e garantia do pagamento do prémio do seguro de acidentes de trabalho das empresas que, no âmbito de um processo de recuperação, se encontrem impossibilitadas de o fazer, a verdade é que a lei é omissa quanto à consignação objectiva dos referidos montantes.[64]

7.9 Jurisprudência

65. Não encontramos Jurisprudência, nem nacional, nem comunitária, sobre esta matéria.

8. TRIBUTOS A FAVOR DO SISTEMA INTEGRADO DE PROTECÇÃO CONTRA AS ALEATORIEDADES CLIMÁTICAS

8.1. Direito Nacional

66. O Fundo de Compensação do Seguro de Colheitas (FCSC) foi criado pelo Decreto-Lei n.º 395/79, de 21 de Setembro, e, posteriormente, substituído pelo Decreto-Lei n.º 283/90, de 18 de Setembro, nos termos do qual

---

[64] Cfr. artigo 1.º, do Decreto-Lei n.º 142/99, de 30 de Abril, na redacção que lhe foi dada pelo Decreto-Lei n.º 185/2007, de 10 de Maio.

A PARAFISCALIDADE NA ACTIVIDADE SEGURADORA

revertia para o referido FCSC a receita resultante da aplicação dos tributos nos montantes de 10 %, sobre a totalidade dos prémios simples da modalidade agrícola – colheitas, do ramo classificado na alínea n.º 9, do artigo 1.º do Decreto-Lei n.º 85/86, de 7 de Maio (que procedeu à classificação dos riscos por ramos) [65] [66]e sobre os prémios simples correspondentes aos contratos do seguro de colheitas celebrados sem intervenção de mediador[67].

Com a publicação do Decreto-Lei n.º 253/91, de 18 de Julho, foi extinto o Fundo de Compensação do Seguro de Colheitas e criado um Fundo que passou a assumir a universalidade dos seus direitos e obrigações, com excepção das responsabilidades financeiras que foram transferidas para a Direcção--Geral do Tesouro.

Mais tarde, tendo em vista a redinamização do seguro de colheitas, foi criado um Sistema Integrado de Protecção contra as Aleatoriedades Climáticas (SIPAC), inicialmente previsto pelo Decreto-Lei n.º 326/95, de 5 de Dezembro, que, no entanto, nunca chegou a entrar em vigor, sendo substituído pelo Decreto-Lei n.º 20/96, de 19 de Março. Tal diploma legal revogou, igualmente, os acima referidos Decretos-Lei n.ºs 283/90 e 253/91.[68]

67. A regulamentação do SIPAC, com efeitos a partir de 1 de Janeiro de 1997, constava, inicialmente, da Portaria n.º 430/97, de 1 de Julho, que havia revogado a Portaria 90/96, de 25 de Março, com as alterações nela introduzidas pela Portaria n.º 269/96, de 19 de Junho. Mais tarde, a Portaria n.º 388/99, de 27 de Maio, alterada, por sua vez, pelas Portarias n.ºs 47/2000, de 3 de Fevereiro, 207/2000, de 6 de Abril, 282/2001, de 29 de Março e 293-A/2002, de 18 de Março, veio revogar a Portaria n.º 430/97, de 1 de Julho, tendo esta vindo a ser revogada, por sua vez, pela Portaria n.º 907/2004, de 26 de Julho, alterada pela Portaria 395/2005, de 7 de Abril, a qual se mantém hoje em vigor. Aí são definidas as regras respeitantes à atribuição das bonificações dos prémios de seguro de colheitas, às especificidades técnicas deste seguro, à intervenção do fundo de calamidades e à actuação do mecanismo de compensação de sinis-

---

[65] Cfr. artigo 13.º, n.º 1, alínea b), do Decreto-Lei n.º 283/90, de 18 de Setembro.

[66] Contudo, as seguradoras podiam ficar dispensadas do pagamento desta contribuição, caso renunciassem ao benefício da compensação por sinistralidade referido na alínea b), do n.º 1 do artigo 10.º do Decreto-Lei n.º 283/90, de 18 de Setembro.

[67] Cfr. artigo 13.º, n.º 1, alínea c), do Decreto-Lei n.º 283/90, de 18 de Setembro.

[68] Contudo, não revogou os decretos legislativos regionais sobre a matéria.

TRIBUTOS A FAVOR DO S. I. DE PROTECÇÃO CONTRA AS ALEATORIEDADES CLIMÁTICAS

tralidade, competindo ao IFAP, I.P. (ex IFADAP) (Instituto de Financiamento da Agricultura e Pescas, I.P.)[69], nos termos do artigo 12.º do citado Decreto-Lei n.º 20/96, a coordenação global do sistema e a sua gestão técnica e financeira.

68. O SIPAC é constituído por três componentes: seguro de colherias, fundo de calamidades e compensação de sinistralidade, sendo os encargos do fundo de calamidades e os encargos com a compensação de sinistralidade financiados pelas contribuições dos agricultores e das seguradoras[70], respectivamente, nos termos de portaria conjunta dos Ministros das Finanças e da Agricultura, do Desenvolvimento Rural e das Pescas.[71]

O fundo de calamidades[72] visa compensar os agricultores pelos sinistros provocados por riscos não passíveis de cobertura no âmbito do seguro de colheitas, nos casos em que seja declarada oficialmente a situação de calamidade, ao passo que o mecanismo de compensação de sinistralidade[73] é

---

[69] O IFADAP – Instituto de Financiamento e Apoio ao Desenvolvimento da Agricultura e Pescas é o organismo do Estado Português autoridade de pagamento da Secção Orientação do FEOGA (Fundo Europeu de Orientação e Garantia Agrícola) para o sector da agricultura e do IFOP (Instrumento Financeiro de Orientação das Pescas) para o sector das pescas. Desempenha, também, funções de organismo pagador das ajudas do FEOGA – Garantia relativas ao Regime de Apoio à Reconversão e Reestruturação da Vinha (VITIS), do programa "Pesca" a favor das regiões dos Açores e Madeira e, ainda, das medidas Reforma Antecipada e Florestação de Terras Agrícolas inseridas no Plano de Desenvolvimento Rural (Continente e Regiões Autónomas) (http://www.ifadap.min-agricultura.pt/index.html). Actualmente, o IFADAP, cujos estatutos foram aprovados pelo Decreto-Lei n.º 414/93, de 23 de Dezembro, foi objecto de fusão, sendo as suas atribuições integradas no Instituto de Financiamento da Agricultura e Pescas, I.P., na Inspecção-Geral da Agricultura e Pescas e no Gabinete de Planeamento e Políticas (cfr. artigo 21.º, n.º 2, alínea f), do Decreto-Lei n.º 209/2006, de 27 de Outubro).

[70] Cfr. artigo 10.º, n.ºs 3 e 4 do Decreto-Lei n.º 20/96, de 19 de Março.

[71] Cfr. artigo 18.º, alíneas d) e e) do Decreto-Lei n.º 20/96, de 19 de Março e Portaria n.º 430/97, de 1 de Julho.

[72] Apenas podem beneficiar dos apoios a criar no âmbito do fundo de calamidades os agricultores que, cumulativamente, tenham efectuado o seguro de colheitas (que deverá incluir, pelo menos, os riscos de cobertura base e abranger a cultura ou plantação atingida por calamidade) e realizado o pagamento da contribuição para o tal fundo (cfr. artigo 7.º, do Decreto-Lei n.º 20/96, de 19 de Março, com a redacção que lhe foi dada pelo Decreto-Lei n.º 23/2000, de 2 de Março).

[73] A adesão ao mecanismo de compensação de sinistralidade é facultativa. As empresas de seguros que não pretendam, em determinado ano, aderir ao mecanismo de compensação de sinistralidade deverão manifestar formalmente essa intenção ao IFAP, I.P., até dia 31 de

A PARAFISCALIDADE NA ACTIVIDADE SEGURADORA

destinado a compensar as empresas de seguros pelo valor das indemnizações decorrentes de sinistros verificados no âmbito do seguro de colheitas, na parte em que excedam, em cada ano civil, uma percentagem do valor dos prémios processados[74].

8.2. Incidência Objectiva

69. No que concerne a incidência objectiva dos tributos a favor do IFAP, convém referir que a mesma se encontra definida na Portaria n.º 907/2004, de 26 de Julho, mais especificamente nos seus números 4, subalínea ii), e 9 do Capítulo II, no que concerne ao tributo cobrado como forma de contribuição para o fundo de calamidades, e no número 5 do Capítulo III, no respeitante ao tributo cobrado como forma de contribuição devida pela adesão ao mecanismo de compensação de sinistralidade.

Assim, quanto ao fundo de calamidades, a contribuição para o mesmo, cobrada conjuntamente com o prémio de seguro de colheitas, será calculada com base numa percentagem incidente sobre o valor seguro. Pela adesão ao mecanismo de compensação de sinistralidade, será, então, devida uma contribuição calculada na base de uma percentagem a incidir sobre o valor dos prémios processados em diferentes regiões do país.

8.3. Incidência Subjectiva

70. A propósito da base de incidência subjectiva dos tributos em causa, a lei, ao contrário do que sucede relativamente aos tributos analisados anteriormente, define claramente quem são os sujeitos passivos das relações tributárias em causa. Por um lado, tanto o número 3, do artigo 10.º do Decreto-Lei n.º 20/96, como a subalínea ii), do número 4, do Capítulo II da Portaria n.º 907/2004 estabelecem que os encargos do fundo de calamidades são financiados, de entre

---

Dezembro do ano anterior (cfr. n..ºs 3 e 4, da Portaria n.º 907/2004, de 26 de Julho, com as alterações que lhe foram introduzidas pela Portaria 395/2005, de 7 de Abril, e o artigo 5.º, alínea a), do Decreto-Lei n.º 209/2006, de 27 de Outubro).

[74] Essa percentagem pode ser de 110% (regiões A,B e C), de 80% (região D) ou de 65% (região E) (cfr. alínea a), do n.º 2, do Capítulo III, da Portaria 907/2004, de 26 de Julho, com as alterações que lhe foram introduzidas pela Portaria 395/2005, de 7 de Abril, e, na parte que respeita à classificação das regiões, ver Capítulo I do referida Portaria).

TRIBUTOS A FAVOR DO S. I. DE PROTECÇÃO CONTRA AS ALEATORIEDADES CLIMÁTICAS

outras formas, pelas contribuições dos agricultores, prevendo que as mesmas sejam cobradas pelas seguradoras (e, portanto, pagas pelos segurados) conjuntamente com o prémio do seguro de colheitas. Por outro lado, quer o número 4, do artigo 10.º, do Decreto-Lei n.º 20/96, quer o número 5, do capítulo III, da Portaria n.º 907/2004, definem que os encargos com a compensação de sinistralidade serão financiados, inclusivamente, pelas contribuições das seguradoras, correspondentes a uma percentagem do valor dos prémios processados e que, pela adesão ao correspondente mecanismo de compensação de sinistralidade, as seguradoras ficam obrigadas a efectuar uma contribuição.

8.4. Isenções

71. Não encontramos isenções previstas, quer por lei, quer por regulamento, para estes tributos.

8.5. Base de cálculo

72. No que concerne o tributo a favor do IFAP, a suportar pelos agricultores, devido caso estes queiram beneficiar do fundo de calamidades, o mesmo será, como se viu, cobrado conjuntamente com o prémio de seguro de colheitas e calculado por aplicação de uma determinada percentagem sobre o valor do capital seguro, prevista no número 9, do Capítulo II, da Portaria n.º 907/2004, de 1 de Julho, com as alterações que lhe foram introduzidas pela Portaria n.º 395/2005, de 7 de Abril.

Quanto ao tributo a favor do IFAP, a suportar pelas entidades seguradoras, devido pela adesão ao mecanismo de compensação de sinistralidade, o mesmo deverá corresponder a uma percentagem do valor dos prémios totais, incluindo o valor das bonificações, líquidos de estornos e anulações e deduzidos os impostos e taxas, processados no ramo de seguro em questão, diferenciada por região, de acordo com a classificação efectuada no Capítulo I da Portaria n.º 907/2004, de 26 de Julho, com as alterações que lhe foram introduzidas pela Portaria n.º 395/2005, de 7 de Abril.[75]

---

[75] Não deverão ser englobados os prémios referentes aos riscos contratados ao abrigo do n.º 6, Secção II, do Capítulo I, da Portaria n.º907/2004, de 26 de Junho, com as alterações que lhe foram introduzidas pela Portaria n.º 395/2005, de 7 de Abril.

A PARAFISCALIDADE NA ACTIVIDADE SEGURADORA

8.6. Taxa

73. Prevê o número 9 do Capítulo II da Portaria n.º 907/2004, de 26 de Julho, com as alterações que lhe foram introduzidas pela Portaria n.º 395/2005, de 7 de Abril, que o tributo para o fundo de calamidades, suportado por agricultores, condição *sine qua non* para estes beneficiarem das medidas de apoio a criar no âmbito do referido fundo, será calculado por aplicação de uma percentagem no montante de 0,2% do valor seguro.

Por outro lado, o mesmo diploma legal, no seu número 5 do Capítulo III estabelece que a adesão ao mecanismo de compensação da sinistralidade, destinado a compensar as seguradoras pelo excesso de sinistralidade que ocorra durante o exercício da sua actividade, será feita, globalmente, para a totalidade das regiões e implicará, necessariamente, o pagamento de um tributo, calculado com base numa percentagem do valor dos prémios totais – incluindo o valor das bonificações, líquidos de estornos e anulações e deduzidos os impostos e taxas – processados no ramo de seguro em questão[76], sendo diferenciado por região, nos seguintes termos: a contribuição correspondente às regiões A, B e C será equivalente a 6,3 % da totalidade dos prémios processados nestas regiões; na região D, a contribuição será equivalente a 9 % da totalidade dos prémios processados na região; na região E, a contribuição será equivalente a 10,8 % da totalidade dos prémios processados na região.

74. Com a Portaria n.º 90/96, de 25 de Março, na redacção dada pela Portaria n.º 269/96, de 19 de Junho, os valores das contribuições para o fundo de calamidades eram calculados com base num tributo no montante de 5 % do valor do prémio da cobertura base, deduzidos os impostos, ao passo que, para o cálculo das contribuições para o mecanismo de compensação de sinistralidade, ficaram definidos os seguintes montantes: 7 % da totalidade dos prémios processados nas regiões A, B e C; 10 % da totalidade dos prémios processados na região D; e 12 % da totalidade dos prémios processados na região E.

Posteriormente, a Portaria n.º 430/97, de 1 de Julho, veio alterar os valores dos tributos referidos anteriormente, estabelecendo, para o fundo de calamidades, a obrigação de pagamento de uma contribuição, calculada por aplicação das seguintes percentagens sobre o valor do capital seguro:

[76] Vd. nota n.º 62.

TRIBUTOS A FAVOR DO S. I. DE PROTECÇÃO CONTRA AS ALEATORIEDADES CLIMÁTICAS

Quadro 2: Percentagens

Regiões	Culturas*				
	I	II	III	IV	V
A....................	0,06	0,07	0,09	0,06	0,05
B....................	0,06	0,08	0,10	0,09	0,05
C....................	0,08	0,10	0,24	0,20	0,05
D....................	0,09	0,13	0,28	0,39	0,05
E....................	0,17	0,20	0,34	0,41	0,05

(*) Entende-se por:

I – cereais, linho, lúpulo, oleaginosas arvenses, leguminosas para grão, cebola, cenoura, alface, feijão--verde, alho, ervilha, beterraba hortícola e culturas em regime de forçagem;

II – tomate, pimento, melão, meloa, melancia, abóbora, beterraba açucareira, tabaco, azeitona para conserva, batata, castanha e azeitona para azeite;

III – uva, figo, actinídea (Kiwi) e avelã;

IV – pomóideas, prunóideas, noz e amêndoa;

V – citrinos.

(Unidade: percentagem)

Com a Portaria n.º 388/99, de 27 de Maio, alterada, entretanto, pelas Portarias n.ºs 47/2000, de 3 de Fevereiro, 207/2000, de 6 de Abril, 282/2001, de 29 de Março e 293-A/2002, de 18 de Março, os valores das contribuições para o fundo de calamidades eram calculados com base numa percentagem de 0,2 % do valor seguro, ao passo que, para o cálculo das contribuições para o mecanismo de compensação de sinistralidade, ficavam definidas as seguintes percentagens: 6,3 % da totalidade dos prémios processados nas regiões A, B e C; 9 % da totalidade dos prémios processados na região D; e 10,8 % da totalidade dos prémios processados na região E.

A Portaria n.º 388/99, de 27 de Maio, com as sucessivas alterações que entretanto sofreu, veio a ser revogada, finalmente, pela Portaria n.º 907/2004, de 26 de Julho, a qual foi alterada, por sua vez, pela Portaria 395/2005, de 7 de Abril, tendo-se mantido, contudo, até aos dias de hoje, os valores das percentagens estabelecidos por aquela Portaria n.º 388/99, de 27 de Maio.

8.7. Liquidação e Pagamento

75. Como ficou já referido anteriormente, as contribuições dos agricultores, devidas no âmbito do fundo de calamidades, são cobradas pelas seguradoras, conjuntamente com o prémio de seguro de colheitas, nos termos do número 9 do Capítulo II da Portaria n.º 907/2004, de 26 de Julho, com as alterações que lhe foram introduzidas pela Portaria n.º 395/2005, de 7 de Abril. Em seguida, contra a entrega ao IFAP, I.P. do recibo do prémio do seguro, do qual deverá constar a liquidação do tributo com base no qual aquela contribuição tenha sido calculada, a empresa de seguros recebe do Estado, a título de retribuição pelos serviços prestados no âmbito do fundo de calamidades, uma remuneração, equivalente a 10 % da receita cobrada para o este fundo, relativa a contratos em que o tomador do seguro haja efectuado a contribuição para o mesmo[77].

Por seu turno, nos termos do número 2 do artigo 11.º do Decreto-Lei n.º 20/96, de 19 de Março, as contribuições das empresas de seguros, devidas pela adesão ao mecanismo de compensação de sinistralidade, deverão ser entregues pelas mesmas ao IFAP, I.P..

8.8 Afectação

76. A receita resultante da aplicação das percentagens nos termos acima identificados, entregue ao IFAP, I.P., enquanto entidade responsável pela coordenação global e gestão técnica e financeira do SIPAC, encontra-se consignada, quer ao fundo de calamidades, quer ao mecanismo de compensação de sinistralidade (consignação subjectiva), destinando-se a mesma a cobrir os encargos decorrentes de ambos os mecanismos de compensação (consignação objectiva).[78]

---

[77] Cfr. artigo 11.º, n.º 2, do Decreto-Lei n.º 20/96, de 19 de Março e n.º 10, Capítulo II, da Portaria n.º 907/2004, de 26 de Julho, com as alterações que lhe foram introduzidas pela Portaria n.º 395/2005, de 7 de Abril.

[78] Cfr. artigos 10.º, n.ºs 3 e 4, 11.º, n.º 2, e 12.º do Decreto-Lei n.º 20/96, de 19 de Março.

OBSERVAÇÕES

8.9 Jurisprudência

77. Não encontramos Jurisprudência, nem nacional, nem comunitária, sobre esta matéria.

9. OBSERVAÇÕES

78. Pela análise do que ficou dito a respeito de cada um dos tributos acima referidos, fica claro que o legislador optou claramente por denominar os mesmos, quer como taxa, no caso do tributo a favor do ISP, quer como percentagem ou como mera contribuição, não ficando claro, desde logo, o porquê de tal distinção, visto tratar-se, tudo indica, de tributos com características muito idênticas e, na maior parte dos casos, em tudo semelhantes àquelas que caracterizam o imposto.

De facto, os referidos tributos, a favor dos organismos acima indicados, parecem assumir a natureza de verdadeiros impostos, por não se vislumbrar contrapartida individual, concreta e específica (ausência de vínculo sinalagmático), em razão da prestação paga, que possa ser exigida pelo sujeito passivo da respectiva relação tributária – mesmo que este seja o segurado –, pois não é quem paga tal montante quem, directa e especificamente, beneficia das prestações dos mesmos (o que talvez devesse justificar que muitas dessas receitas fossem substituídas por dotação orçamental), pelo que a forma de previsão e exigência de tais tributos, bem como da possibilidade e fixação do seu montante (v.g. por mera portaria), é de duvidosa constitucionalidade, por desrespeito da reserva de lei formal constitucionalmente prevista.

LEGISLAÇÃO

LEGISLAÇÃO

Acesso à Actividade Seguradora e Resseguradora

Decreto-Lei nº 2/2009, de 5 de Janeiro

O presente decreto-lei transpõe para a ordem jurídica nacional a Directiva n.º 2005/68/CE, do Parlamento Europeu e do Conselho, de 16 de Novembro de 2005, relativa ao resseguro. Até à aprovação desta directiva, a legislação comunitária aplicável ao resseguro limitava-se à supressão das restrições à liberdade de estabelecimento e à livre prestação de serviços em matéria de resseguro e retrocessão – Directiva n.º 64/225/CEE, do Conselho, de 25 de Fevereiro.

Ao contrário da actividade das empresas de seguro directo (incluindo a actividade acessória de resseguro que as mesmas desenvolvam) que beneficia de um regime largamente harmonizado, que possibilita o reconhecimento mútuo e o funcionamento de um sistema de «passaporte comunitário», a regulação da actividade de resseguro exercida por empresas especializadas permaneceu até à Directiva n.º 2005/68/CE na esfera dos legisladores nacionais.

O reconhecimento da relevância da actividade de resseguro, por facultar a redistribuição dos riscos à escala internacional, permitir o aumento da capacidade de subscrição de contratos de seguro e a redução de custos de capital, bem como pela função essencial que desempenha na solidez e estabilidade financeira do mercado de seguro directo e no sistema financeiro em geral, determinou que o legislador comunitário identificasse a necessidade de um regime harmonizado aplicável ao resseguro.

Para o efeito, a Directiva n.º 2005/68/CE, seguindo a estrutura das Directivas relativas ao seguro directo, garante a harmonização das regras de acesso e de exercício da actividade de resseguro, necessária para o reconhecimento mútuo das autorizações e do sistema de supervisão prudencial, de modo a fundar um sistema de «autorização única» válida em toda a União Europeia e a aplicação do princípio da supervisão pelo Estado membro de origem.

Contrariamente ao que sucedia em alguns Estados membros da União Europeia, a legislação portuguesa vigente regulava já a actividade de resseguro exercida por empresas especializadas, pelo que a transposição da Directiva n.º 2005/68/CE

A PARAFISCALIDADE NA ACTIVIDADE SEGURADORA

não representa uma modificação substancial de filosofia, uma vez que o cerne do regime que dela resulta já antes lhe era aplicável. Não obstante, porque a metodologia adoptada residia numa extensão às empresas de resseguros do regime aplicável às empresas de seguro directo por via de um alargamento do conceito, cumpre agora autonomizar os conceitos, por forma a consagrar algumas especificidades de regime.

Às empresas de resseguros com sede em Portugal e às sucursais de empresas de resseguros com sede fora do território da União Europeia é aplicável, com as devidas adaptações, o regime previsto para as empresas de seguro directo em matéria de autorização, estabelecimento, controlo dos detentores de participações qualificadas, requisitos de qualificação profissional e idoneidade (fit and proper) dos órgãos de administração e fiscalização, garantias prudenciais, fiscalização das garantias financeiras, insuficiências das mesmas, poderes de supervisão, sigilo profissional e troca de informações entre autoridades competentes, supervisão complementar de empresas que fazem parte de um grupo segurador e regime sancionatório.

No que respeita às especificidades do regime aplicável às empresas de resseguros, por confronto com o regime comum às empresas de seguro directo, anotam-se, essencialmente, as seguintes:

i) O objecto das empresas de resseguros compreende as actividades de resseguro e operações conexas, nestas se incluindo a prestação de serviços de consultoria em matéria estatística ou actuarial, a análise ou pesquisa de riscos, e ainda o exercício de funções de gestão de participações sociais e o exercício de actividades do sector financeiro, desde que derivada das actividades de resseguro;

ii) Ao invés de ser conferida ramo a ramo, a autorização é concedida para actividades de resseguro dos ramos «Não vida», actividades de resseguro do ramo «Vida» ou todos os tipos de actividades de resseguro;

iii) As formalidades necessárias à livre prestação de serviços reduzem-se a uma notificação ao Instituto de Seguros de Portugal da empresa de resseguros com sede em Portugal que pretenda iniciar o exercício das suas actividades em livre prestação no território de outro ou outros Estados membros;

iv) Na definição dos activos destinados a cobrir as provisões técnicas, adopta-se um regime menos prescritivo do que o previsto para as empresas de seguros, baseado em princípios (prudent person approach) e não em regras detalhadas;

v) A margem de solvência exigida para as empresas de resseguro, mesmo no que se refere ao ramo «Vida» é determinada de acordo com as regras fixadas para o cálculo da margem de solvência exigida para o resseguro do ramo «Não vida». Não obstante e conforme opção conferida pela Directiva, aplica-se o regime fixado para o ramo «Vida» a determinados seguros e operações do ramo «Vida» quando ligados a fundos de investimento ou com participações nos resultados, rendas, operações de capitalização e operações de gestão de fundos colectivos de reforma.

Sendo o resseguro uma actividade de cariz internacional, assume particular relevo a regulação da actividade de resseguro ou retrocessão de riscos de cedente cuja sede social se encontre localizada em Portugal, quando o respectivo cessionário se encontre sediado em território fora da União Europeia.

DECRETO-LEI Nº 2/2009, DE 05-01

Tratando-se de matéria relativamente à qual a Directiva confere plena liberdade aos Estados membros – apenas com a condição de não aplicarem a empresas de resseguros com administração central em território fora da União Europeia disposições que resultem num tratamento mais favorável do que o concedido a empresas de resseguros com administração central nesse Estado membro – opta-se por admitir a constituição de filiais e de sucursais de empresas de resseguros sediadas em países terceiros, em termos paralelos aos previstos para a constituição de filiais e de sucursais de empresas de seguro directo.

Admite-se, ainda, que a actividade de resseguro possa ser exercida por empresas de seguros ou de resseguros sediadas em território fora da União Europeia que embora não estabelecidas em Portugal, estejam, no respectivo país de origem, autorizadas a exercer a actividade resseguradora. No entanto, as que estejam sediadas em países com os quais não tenha sido concluído acordo pela União Europeia sobre o exercício de supervisão, estarão sujeitas à constituição de garantias no que se refere aos créditos sobre estes resseguradores, nos termos a fixar por norma regulamentar do Instituto de Seguros de Portugal.

Adicionalmente, em resultado do regime introduzido para as empresas de resseguro, houve necessidade de introduzir alguns ajustamentos às directivas relativas ao seguro directo, que pelo presente decreto-lei são igualmente transpostas, designadamente no que refere às obrigações de consulta às autoridades de supervisão competentes, em matéria de participações qualificadas, e na determinação da margem de solvência exigida.

Neste domínio deve sublinhar-se a introdução da regra de acordo com a qual não pode ser recusado um contrato de resseguro celebrado por uma empresa de seguros sediada em Portugal com uma empresa de seguros ou de resseguros autorizada na União Europeia, por razões directamente relacionadas com a solidez financeira dessa empresa de seguros ou de resseguros.

De referir ainda que é estendido às empresas de seguros do ramo «Vida» o regime de determinação da margem de solvência previsto para as empresas de resseguros, e às empresas de seguros dos ramos «Não vida» o limite mínimo do fundo de garantia das empresas de resseguros, quando as respectivas actividades de resseguro representem uma parcela significativa no conjunto das suas actividades.

Aproveita-se a oportunidade legislativa para introduzir alguns princípios em matéria de conduta de mercado e alguns ajustamentos em matéria de sistema de governo, em linha com os Insurance Core Principles emitidos pela International Association of Insurance Supervisors (IAIS) e antecipando, quanto a alguns deles, o regime que resultará pós-Directiva Solvência II. De referir que algumas destas intervenções legislativas correspondem ao teor de recomendações que o Fundo Monetário Internacional apresentou no âmbito do Financial Sector Assessment Program (vulgo FSAP) realizado em 2006 com incidência no sector financeiro e respectiva supervisão. Assim sucede, com as exigências de qualificação adequada e idoneidade aos directores de topo, de elaboração e monitorização de um código de conduta ética, de instituição de uma função responsável pela gestão das reclamações dos clientes e de definição de uma política de prevenção, detecção e reporte de situações de fraude nos seguros.

A PARAFISCALIDADE NA ACTIVIDADE SEGURADORA

Ainda em matéria de conduta de mercado, e à semelhança do já previsto para os fundos de pensões abertos, introduz-se a figura do provedor do cliente ao qual competirá apreciar as reclamações que lhe sejam apresentadas pelos clientes das empresas de seguros, desde que as mesmas não tenham sido resolvidas no âmbito da função responsável pela gestão das reclamações.

Outras alterações são resultado dos esforços de convergência normativa no seio do Conselho Nacional de Supervisores Financeiros no âmbito do exercício de better regulation" anotando-se como resultado desta fonte as alterações em sede de qualificação adequada e idoneidade dos membros dos órgãos de administração e fiscalização e a introdução de uma regra sobre acumulação de cargos.

Procede-se ainda à actualização de terminologia e de remissões legislativas.

Foi promovida a audição ao Conselho Nacional do Consumo.

Foram ouvidos, a título facultativo, o Instituto de Seguros de Portugal, a Associação Portuguesa de Seguradores, o Banco de Portugal e a Comissão de Mercado de Valores Mobiliários.

Assim:

Nos termos da alínea *a)* do n.º 1 do artigo 198.º da Constituição, o Governo decreta o seguinte:

ARTIGO 1.º
Objecto

1 – O presente decreto-lei transpõe para a ordem jurídica nacional a Directiva n.º 2005/68/CE, do Parlamento Europeu e do Conselho, de 16 de Novembro de 2005, relativa ao resseguro e que altera as Directivas n.ºˢ 73/239/CEE e 92/49/CEE, do Conselho, bem como as Directivas n.ºˢ 98/78/CE e 2002/83/CE, do Parlamento Europeu e do Conselho.

2 – O presente decreto-lei procede ainda à revisão pontual do regime jurídico do acesso e exercício da actividade seguradora e resseguradora, em particular quanto às matérias relativas ao sistema de governo e conduta de mercado.

ARTIGO 2.º
Alteração ao Decreto-Lei n.º 94-B/98, de 17 de Abril

Os artigos 1.º, 2.º, 4.º a 8.º, 10.º, 14.º, 15.º, 35.º, 37.º, 44.º, 51.º, 52.º, 54.º, 68.º, 93.º, 94.º, 96.º a 99.º, 102.º, 103.º, 105.º, 105.º-A, 106.º, 120.º-I, 124.º, 153.º a 157.º, 157.º-A a 157.º-D, 158.º a 161.º, 166.º, 170.º, 172.º, 172.º-A a 172.º-H, 173.º, 201.º, 236.º a 238.º e 242.º do Decreto-Lei n.º 94-B/98, de 17 de Abril, republicado pelo Decreto-Lei n.º 251/2003, de 14 de Outubro, e alterado pelos Decretos-Leis n.ºˢ 76-A/2006, de 29 de Março, 145/2006, de 31 de Julho, 291/2007, de 21 de Agosto, 357-A/2007, de 31 de Outubro, 72/2008, de 16 de Abril, e 211-A/2008, de 3 de Novembro, passam a ter a seguinte redacção:

(...)

DECRETO-LEI Nº 2/2009, DE 05-01

ARTIGO 3.º
Aditamento ao Decreto-Lei n.º 94-B/98, de 17 de Abril

Ao Decreto-Lei n.º 94-B/98, de 17 de Abril, republicado pelo Decreto-Lei n.º 251/2003, de 14 de Outubro, e alterado pelos Decretos-Leis n.ºs 76-A/2006, de 29 de Março, 145/2006, de 31 de Julho, 291/2007, de 21 de Agosto, 357-A/2007, de 31 de Outubro, 72/2008, de 16 de Abril, e 211-A/2008, de 3 de Novembro, são aditados os artigos 38.º-A, 51.º-A, 58.º-A a 58.º-E, 67.º-A, 122.º-D a 122.º-O, 131.º-C a 131.º-F, 151.º-A e 155.º-A com a seguinte redacção:

(...)

ARTIGO 4.º
Alteração à organização sistemática do Decreto-Lei n.º 94-B/98, de 17 de Abril

1 – O título II do Decreto-Lei n.º 94-B/98, de 17 de Abril, passa a ter a seguinte epígrafe: «Condições de acesso à actividade seguradora e resseguradora».

2 – A secção IV do capítulo I do título II do Decreto-Lei n.º 94-B/98, de 17 de Abril, passa a ter a seguinte epígrafe: «Estabelecimento no território de outros Estados membros de sucursais de empresas de seguros com sede em Portugal».

3 – A secção V do capítulo I do título II do Decreto-Lei n.º 94-B/98, de 17 de Abril, passa a ter a seguinte epígrafe: «Estabelecimento em Portugal de sucursais de empresas de seguros com sede no território de outros Estados membros».

4 – A secção VI do capítulo I do título II do Decreto-Lei n.º 94-B/98, de 17 de Abril, passa a ter a seguinte epígrafe: «Estabelecimento em Portugal de sucursais de empresas de seguros com sede fora do território da União Europeia».

5 – Ao capítulo I do título II do Decreto-Lei n.º 94-B/98, de 17 de Abril, é aditada a secção XI, com a epígrafe «Condições de acesso de empresas de resseguros», abrangendo os artigos 58.º-A a 58.º- E.

6 – A secção I do capítulo II do título II do Decreto-Lei n.º 94-B/98, de 17 de Abril, passa a ter a seguinte epígrafe: «Livre prestação de serviços no território de outros Estados membros por empresas de seguros com sede em Portugal».

7 – A secção II do capítulo II do título II do Decreto-Lei n.º 94-B/98, de 17 de Abril, passa a ter a seguinte epígrafe: «Livre prestação de serviços em Portugal por empresas de seguros com sede no território de outros Estados membros».

8 – Ao capítulo II do título II do Decreto-Lei n.º 94-B/98, de 17 de Abril, é aditada a secção III, com a epígrafe «Livre prestação de serviços no território de outros Estados membros por empresas de resseguros com sede em Portugal» e abrangendo o artigo 67.º-A.

9 – O título III do Decreto-Lei n.º 94-B/98, de 17 de Abril, passa a ter a seguinte epígrafe: «Condições de exercício da actividade seguradora e resseguradora».

10 – O capítulo I do título III do Decreto-Lei n.º 94-B/98, de 17 de Abril, passa a ter a seguinte epígrafe: «Garantias prudenciais das empresas de seguros».

11 – A secção VII do capítulo I do título III do Decreto-Lei n.º 94-B/98, de 17 de Abril, passa a ter a seguinte epígrafe: «Sistema de governo».

A PARAFISCALIDADE NA ACTIVIDADE SEGURADORA

12 – É aditado ao título III do Decreto-Lei n.º 94-B/98, de 17 de Abril, o capítulo II com a seguinte epígrafe: «Garantias prudenciais das empresas de resseguros», abrangendo os artigos 122.º-F a 122.º-O, sendo renumerados os restantes capítulos.

13 – O capítulo III do título III do Decreto-Lei n.º 94-B/98, de 17 de Abril, passa a ter a seguinte epígrafe: «Ramos de seguros, supervisão de contratos e tarifas e conduta de mercado».

14 – É aditada ao capítulo III do título III do Decreto-Lei n.º 94-B/98, de 17 de Abril, a secção I com a epígrafe: «Ramos de seguros», abrangendo os artigos 123.º a 128.º

15 – É aditada ao capítulo III do título III do Decreto-Lei n.º 94-B/98, de 17 de Abril, a secção II com a epígrafe: «Supervisão de contratos e tarifas», abrangendo os artigos 129.º a 131.º

16 – É aditada ao capítulo III do título III do Decreto-Lei n.º 94-B/98, de 17 de Abril, a secção III com a epígrafe: «Conduta de mercado», abrangendo os artigos 131.º-A a 131.º-E.

17 – É aditada ao capítulo V do título III do Decreto-Lei n.º 94-B/98, de 17 de Abril, a secção I com a epígrafe «Transferência de carteira de seguros», abrangendo os artigos 148.º a 155.º

18 – É aditada ao capítulo V do título III do Decreto-Lei n.º 94-B/98, de 17 de Abril, a secção II com a epígrafe «Transferência de carteira de resseguros», abrangendo o artigo 155.º-A.

19 – A secção IV do capítulo VI do título III do Decreto-Lei n.º 94-B/98, de 17 de Abril, passa a ter a seguinte epígrafe: «Empresas de seguros ou de resseguros com sede no território de outros Estados membros».

20 – A secção V do capítulo VI do título III do Decreto-Lei n.º 94-B/98, de 17 de Abril, passa a ter a seguinte epígrafe: «Supervisão complementar de empresas de seguros ou de resseguros com sede em Portugal».

ARTIGO 5.º
Direitos adquiridos pelas empresas de resseguros existentes

As empresas de resseguros sediadas em território português que tenham sido autorizadas ou às quais tenha sido conferido o direito de exercer actividades de resseguro nos termos da legislação nacional antes de 10 de Dezembro de 2005, são consideradas autorizadas para efeitos do disposto na alínea *c)* do n.º 1 do artigo 2.º do Decreto-Lei n.º 94-B/98, de 17 de Abril, com as alterações introduzidas pelo presente decreto-lei, ficando sujeitas ao respectivo regime.

ARTIGO 6.º
Forma jurídica das mútuas de seguros

As mútuas de seguros autorizadas à data da publicação do Decreto-Lei n.º 102/94, de 20 de Abril, podem manter a forma jurídica que adoptavam nessa data.

DECRETO-LEI Nº 2/2009, DE 05-01

ARTIGO 7.º
Requerimentos pendentes

Aos requerimentos pendentes à data de publicação do presente diploma são aplicáveis as disposições da redacção em vigor do Decreto-Lei n.º 94-B/98, de 17 de Abril, com as alterações introduzidas pelo presente decreto-lei.

ARTIGO 8.º
Norma revogatória

São revogados os seguintes diplomas:

a) Decreto-Lei n.º 165/81, de 19 de Junho;
b) Decreto-Lei n.º 381/93, de 18 de Novembro.

ARTIGO 9.º
Republicação

É republicado, em anexo, que faz parte integrante do presente decreto-lei, o Decreto-Lei n.º 94-B/98, de 17 de Abril, com a redacção actual.

ARTIGO 10.º
Entrada em vigor

O presente decreto-lei entra em vigor no dia seguinte ao da sua publicação, com excepção dos artigos 122.º-D e 122.º-E, do n.º 2 do artigo 131.º-C, e dos artigos 131.º-D a 131.º-F, que entram em vigor no dia 1 de Março de 2009.

Visto e aprovado em Conselho de Ministros de 28 de Agosto de 2008. – José Sócrates Carvalho Pinto de Sousa – Luís Filipe Marques Amado – Fernando Teixeira dos Santos.

Promulgado em 21 de Outubro de 2008.

Publique-se.

O Presidente da República, Aníbal Cavaco Silva.

Referendado em 23 de Outubro de 2008.

O Primeiro-Ministro, José Sócrates Carvalho Pinto de Sousa.

Decreto-Lei n.º 94-B/98, de 17 de Abril*

TÍTULO I
Disposições gerais

ARTIGO 1.º
Âmbito do diploma

1 – O presente diploma regula as condições de acesso e de exercício da actividade seguradora e resseguradora no território da União Europeia, incluindo a exercida no âmbito institucional das zonas francas, com excepção do seguro de crédito por conta ou com a garantia do Estado, por empresas de seguros ou de resseguros com sede social em Portugal, bem como as condições de acesso e de exercício da actividade seguradora e resseguradora em território português, por empresas de seguros ou de resseguros sediadas em outros Estados membros.

2 – As regras do presente diploma referentes a empresas de seguros ou de resseguros sediadas em outros Estados membros aplicam-se às empresas de seguros ou de resseguros sediadas em Estados que tenham celebrado acordos de associação com a União Europeia, regularmente ratificados ou aprovados pelo Estado Português, nos precisos termos desses acordos.

3 – O presente diploma regula ainda as condições de acesso e de exercício da actividade seguradora e resseguradora em território português por sucursais de empresas de seguros ou de resseguros com sede social fora do território da União Europeia.

4 – O presente diploma aplica-se ainda ao acesso e exercício da actividade seguradora e resseguradora no território de Estados não membros da União Europeia por sucursais de empresas de seguros ou de resseguros com sede em Portugal.

---

* Texto integral de acordo com a republicação do Decreto-Lei n.º 2/2009, de 5 de Janeiro.

A PARAFISCALIDADE NA ACTIVIDADE SEGURADORA

ARTIGO 2.º
Definições

1 – Para efeitos do presente diploma, considera-se:

a) «Estado membro» qualquer Estado que seja membro da União Europeia, bem como os Estados que são partes contratantes em acordos de associação com a União Europeia, regularmente ratificados ou aprovados pelo Estado Português, nos precisos termos desses acordos;

b) «Empresa de seguros», adiante também designada por seguradora, qualquer empresa que tenha recebido uma autorização administrativa para o exercício da actividade seguradora e resseguradora;

c) «Empresa de resseguros», adiante também designada por resseguradora, qualquer empresa que tenha recebido uma autorização administrativa para o exercício da actividade resseguradora;

d) «Sucursal» qualquer agência, sucursal, delegação ou outra forma local de representação de uma empresa de seguros ou de resseguros, sendo como tal considerada qualquer presença permanente de uma empresa em território da União Europeia, mesmo que essa presença, não tendo assumido a forma de uma sucursal ou agência, se exerça através de um simples escritório gerido por pessoal da própria empresa, ou de uma pessoa independente mas mandatada para agir permanentemente em nome da empresa como o faria uma agência;

e) «Compromisso» qualquer compromisso que se concretize em alguma das formas de seguros ou de operações previstas no artigo 124.º;

f) «Estado membro de origem» o Estado membro onde se situa a sede social da empresa de seguros que cobre o risco ou que assume o compromisso ou a sede social da empresa de resseguros;

g) «Estado membro da sucursal» o Estado membro onde se situa a sucursal da empresa de seguros que cobre o risco ou que assume o compromisso ou a sucursal da empresa de resseguros;

h) «Estado membro da prestação de serviços» o Estado membro em que se situa o risco ou o Estado membro do compromisso, sempre que o risco seja coberto ou o compromisso assumido por uma empresa de seguros ou uma sucursal situada noutro Estado membro;

i) «Estado membro de acolhimento» o Estado membro em que uma empresa de resseguros dispõe de uma sucursal ou presta serviços;

j) «Estado membro onde o risco se situa»:

i) O Estado membro onde se encontrem os bens, sempre que o seguro respeite quer a imóveis quer a imóveis e seu conteúdo, na medida em que este último estiver coberto pela mesma apólice de seguro;

ii) O Estado membro em que o veículo se encontra matriculado, sempre que o seguro respeite a veículos de qualquer tipo;

iii) O Estado membro em que o tomador tiver subscrito o contrato, no caso de um contrato de duração igual ou inferior a quatro meses relativo a riscos ocorridos durante uma viagem ou fora do seu domicílio habitual, qualquer que seja o ramo em questão;

iv) O Estado membro onde o tomador tenha a sua residência habitual ou, se este for uma pessoa colectiva, o Estado membro onde se situa o respectivo estabelecimento a que o contrato se refere, nos casos não referidos nos números anteriores;

l) «Estado membro do compromisso» o Estado membro onde o tomador reside habitualmente ou, caso se trate de uma pessoa colectiva, o Estado membro onde está situado o estabelecimento da pessoa colectiva a que o contrato ou operação respeitam;

m) «Livre prestação de serviços» a operação pela qual uma empresa de seguros cobre ou assume, a partir da sua sede social ou de um estabelecimento situado no território de um Estado membro, um risco ou um compromisso situado ou assumido no território de um outro Estado membro;

n) «Autoridades competentes» as autoridades nacionais que exercem, por força da lei ou regulamentação, a supervisão das empresas de seguros ou de resseguros;

o) «Mercado regulamentado» um mercado financeiro nacional funcionando regularmente e nas condições legalmente definidas ou um mercado situado noutro Estado membro ou num país terceiro, desde que satisfaça essas mesmas exigências e tenha sido reconhecido como tal pela entidade competente do Estado membro de origem, e os instrumentos financeiros nele negociados sejam de qualidade comparável à dos instrumentos negociados num mercado regulamentado nacional;

p) «Resseguro» a actividade que consiste na aceitação de riscos cedidos por uma empresa de seguros ou de resseguros;

q) «Empresa de resseguros cativa» uma empresa de resseguros, propriedade de uma instituição não financeira ou de instituição do sector financeiro que não seja uma empresa de seguros ou de resseguros ou um grupo de empresas de seguros ou de resseguros ao qual se aplique o regime de supervisão complementar, cujo objecto consista em fornecer uma cobertura através de resseguro exclusivamente aos riscos da empresa ou empresas a que pertence ou da empresa ou empresas do grupo em que se integra;

r) «Entidade com objecto específico de titularização de riscos de seguros (special purpose vehicle)», uma entidade colectiva, com ou sem personalidade jurídica, que não seja uma empresa de seguros ou de resseguros, que assume riscos de empresas de seguros ou de resseguros e financia integralmente os riscos das posições assumidas através do produto da emissão de dívida ou de outro mecanismo de financiamento em que os direitos de reembolso dos emissores dessa dívida ou mecanismo de financiamento estão subordinados às obrigações de resseguro da entidade colectiva;

s) «Resseguro finito», o resseguro em que o potencial explícito de perda máxima, expresso em risco económico máximo transferido, decorrente da transferência de um risco de subscrição e de um risco temporal significativos, excede, num montante limitado mas significativo, o prémio devido durante a vigência do contrato, juntamente com, pelo menos, uma das seguintes características:

i) Consideração explícita e substancial do valor temporal do dinheiro;

ii) Disposições contratuais destinadas a moderar no tempo o equilíbrio da experiência económica entre as partes, a fim de atingir as transferências de risco pretendidas.

2 – Para efeitos do disposto na alínea *o)* do número anterior, consideram-se condições legalmente definidas:

a) As condições de funcionamento;
b) As condições de acesso;
c) As condições de admissão à cotação oficial de valores mobiliários numa bolsa de valores, quando for caso disso;
d) As condições exigíveis para que os instrumentos financeiros possam ser efectivamente transaccionados nesse mercado, noutras circunstâncias que não as previstas na alínea anterior.

3 – Para os efeitos do presente diploma, são considerados grandes riscos:

a) Os riscos que respeitem aos ramos de seguro referidos nos n.ᵒˢ 4), 5), 6), 7), 11) e 12) do artigo 123.º;
b) Os riscos que respeitem aos ramos de seguro referidos nos n.ᵒˢ 14) e 15) do artigo 123.º, sempre que o tomador exerça a título profissional uma actividade industrial, comercial ou liberal e o risco, se reporte a essa actividade;
c) Os riscos que respeitem aos ramos de seguro referidos nos n.ᵒˢ 3), 8), 9), 10), 13) e 16) do artigo 123.º, de acordo com o critério referido no número seguinte.

4 – Os riscos referidos na alínea *c)* do número anterior só são considerados grandes riscos desde que, relativamente ao tomador, sejam excedidos dois dos seguintes valores:

a) Total do balanço – 6,2 milhões de euros;
b) Montante líquido do volume de negócios – 12,8 milhões de euros;
c) Número médio de empregados durante o último exercício – 250.

5 – No caso de o tomador estar integrado num conjunto de empresas para o qual sejam elaboradas contas consolidadas, os valores referidos no número anterior são aplicados com base nessas contas.

6 – São considerados riscos de massa os riscos não abrangidos pelos n.ᵒˢ 3 e 4 do presente artigo.

ARTIGO 3.º
Outras definições

Para efeitos do presente diploma, considera-se ainda:

1) «Relação de controlo ou de domínio» a relação que se dá entre uma pessoa singular ou colectiva e uma sociedade quando:

a) Se verifique alguma das seguintes situações:

i) Deter a pessoa singular ou colectiva em causa a maioria dos direitos de voto;
ii) Ser sócio da sociedade e ter o direito de designar ou de destituir mais de metade dos membros do órgão de administração ou do órgão de fiscalização;

iii) Poder exercer influência dominante sobre a sociedade, por força de contrato ou de cláusula dos estatutos desta;

iv) Ser sócio da sociedade e controlar por si só, em virtude de acordo concluído com outros sócios desta, a maioria dos direitos de voto;

v) Poder exercer ou exercer efectivamente, influência dominante ou controlo sobre a sociedade;

vi) No caso de pessoa colectiva, gerir a sociedade como se ambas constituíssem uma única entidade;

b) Se considere, para efeitos da aplicação das subalíneas *i)*, *ii)* e *iv)* da alínea anterior, que:

i) Aos direitos de voto, de designação ou de destituição do participante equiparam-se os direitos de qualquer outra sociedade dependente do dominante ou que com este se encontre numa relação de grupo, bem como os de qualquer pessoa que actue em nome próprio mas por conta do dominante ou de qualquer outra das referidas sociedades;

ii) Dos direitos indicados na subalínea anterior deduzem-se os direitos relativos às acções detidas por conta de pessoa que não seja o dominante ou outra das referidas sociedades, ou relativos às acções detidas em garantia, desde que, neste último caso, tais direitos sejam exercidos em conformidade com as instruções recebidas, ou a posse das acções seja operação corrente da empresa detentora em matéria de empréstimos e os direitos de voto sejam exercidos no interesse do prestador da garantia;

c) Para efeitos da aplicação das subalíneas *i)* e *iv)* da alínea *a)*, deverão ser deduzidos à totalidade dos direitos de voto correspondentes ao capital da sociedade dependente os direitos de voto relativos à participação detida por esta sociedade, por uma sua filial ou por uma pessoa em nome próprio mas por conta de qualquer destas sociedades;

2) 'Participação qualificada' a participação directa ou indirecta que represente percentagem não inferior a 10 % do capital ou dos direitos de voto da instituição participada ou que, por qualquer motivo, possibilite exercer influência significativa na gestão da instituição participada, sendo aplicável ao cômputo dos direitos de voto o disposto nos artigos 3.º-A e 3.º-B;

3) 'Empresa mãe' a pessoa colectiva que se encontra relativamente a outra pessoa colectiva numa relação de controlo ou de domínio prevista no n.º 1);

4) 'Filial' a pessoa colectiva relativamente à qual outra pessoa colectiva, designada por empresa mãe, se encontra numa relação de controlo ou de domínio prevista no n.º 1), considerando-se que a filial de uma filial é igualmente filial de uma empresa mãe de que ambas dependem;

5) «Relação de proximidade», também designada por grupo, situação em que duas ou mais pessoas singulares ou colectivas se encontrem ligadas através de:

a) Uma participação, ou seja, o facto de uma deter na outra, directamente ou através de uma relação de controlo, 20 % ou mais dos direitos de voto ou do capital; ou

A PARAFISCALIDADE NA ACTIVIDADE SEGURADORA

b) Uma relação de controlo, ou seja, a relação existente entre uma empresa mãe e uma filial, tal como prevista nos n.ᵒˢ 3) e 4) do presente artigo, ou uma relação da mesma natureza entre qualquer pessoa singular ou colectiva e uma empresa;

6) Constitui também relação de proximidade entre duas ou mais pessoas singulares ou colectivas a situação em que essas pessoas se encontrem ligadas de modo duradouro a uma mesma entidade através de uma relação de controlo.

(Redacção dada pelo Decreto-Lei n.º 52/2010, de 26-05)

ARTIGO 3.º-A
Imputação de direitos de voto

1 – Para efeitos do disposto no n.º 2 do artigo 3.º, no cômputo das participações qualificadas consideram-se, além dos inerentes às acções de que o participante tenha a titularidade ou o usufruto, os direitos de voto:

a) Detidos por terceiros em nome próprio, mas por conta do participante;
b) Detidos por sociedade que com o participante se encontre em relação de domínio ou de grupo;
c) Detidos por titulares do direito de voto com os quais o participante tenha celebrado acordo para o seu exercício, salvo se, pelo mesmo acordo, estiver vinculado a seguir instruções de terceiro;
d) Detidos, se o participante for uma sociedade, pelos membros dos seus órgãos de administração e de fiscalização;
e) Que o participante possa adquirir em virtude de acordo celebrado com os respectivos titulares;
f) Inerentes a acções detidas em garantia pelo participante ou por este administradas ou depositadas junto dele, se os direitos de voto lhe tiverem sido atribuídos;
g) Detidos por titulares do direito de voto que tenham conferido ao participante poderes discricionários para o seu exercício;
h) Detidos por pessoas que tenham celebrado algum acordo com o participante que vise adquirir o domínio da sociedade ou frustrar a alteração de domínio ou que, de outro modo, constitua um instrumento de exercício concertado de influência sobre a sociedade participada;
i) Imputáveis a qualquer das pessoas referidas numa das alíneas anteriores por aplicação, com as devidas adaptações, de critério constante de alguma das outras alíneas.

2 – Para efeitos do disposto na alínea b) do número anterior, não se consideram imputáveis à sociedade que exerça domínio sobre entidade gestora de fundo de investimento, sobre entidade gestora de fundo de pensões, sobre entidade gestora de fundo de capital de risco ou sobre intermediário financeiro autorizado a prestar o serviço de gestão de carteiras por conta de outrem e às sociedades associadas de fundos de pensões os direitos de voto inerentes a acções de empresas de seguros ou resseguros integrantes de fundos ou carteiras geridas, desde que a entidade gestora

ou o intermediário financeiro exerça os direitos de voto de modo independente da sociedade dominante ou das sociedades associadas.

3 – Para efeitos da alínea h) do n.º 1, presume-se serem instrumento de exercício concertado de influência os acordos relativos à transmissibilidade das acções representativas do capital social da sociedade participada.

4 – A presunção referida no número anterior pode ser ilidida perante o Instituto de Seguros de Portugal, mediante prova de que a relação estabelecida com o participante é independente da influência, efectiva ou potencial, sobre a sociedade participada.

5 – Para efeitos do disposto no n.º 1, os direitos de voto são calculados com base na totalidade das acções com direitos de voto, não relevando para o cálculo a suspensão do respectivo exercício.

6 – No cômputo das participações qualificadas não são considerados:

a) Os direitos de voto detidos por empresas de investimento ou instituições de crédito em resultado da tomada firme ou da colocação com garantia de instrumentos financeiros, desde que os direitos de voto não sejam exercidos ou de outra forma utilizados para intervir na gestão da sociedade e sejam cedidos no prazo de um ano a contar da aquisição;

b) As acções transaccionadas exclusivamente para efeitos de operações de compensação e de liquidação no âmbito do ciclo curto e habitual de liquidação, aplicando-se para este efeito o disposto no n.º 2 do artigo 16.º-A e no n.º 1 do artigo 18.º, ambos do Código dos Valores Mobiliários;

c) As acções detidas por entidades de custódia, actuando nessa qualidade, desde que estas entidades apenas possam exercer os direitos de voto associados às acções sob instruções comunicadas por escrito ou por meios electrónicos;

d) As participações de intermediário financeiro actuando como criador de mercado que atinjam ou ultrapassem 5 % dos direitos de voto correspondentes ao capital social, desde que aquele não intervenha na gestão da instituição participada, nem o influencie a adquirir essas acções ou a apoiar o seu preço.

(Aditado pelo Decreto-Lei n.º 52/2010, de 26-05)

ARTIGO 3.º-B
Imputação de direitos de voto relativos a acções integrantes de organismos de investimento colectivo, de fundos de pensões ou de carteiras

1 – Para efeitos do disposto no n.º 2 do artigo anterior, a sociedade que exerça domínio sobre a entidade gestora ou sobre o intermediário financeiro e as sociedades associadas de fundos de pensões beneficiam da derrogação de imputação agregada de direitos de voto se:

a) Não interferirem através de instruções, directas ou indirectas, sobre o exercício dos direitos de voto inerentes às acções integrantes do fundo de investimento, do fundo de pensões, do fundo de capital de risco ou da carteira;

b) A entidade gestora ou o intermediário revelar autonomia dos processos de decisão no exercício do direito de voto.

2 – Para beneficiar da derrogação de imputação agregada de direitos de voto, a sociedade que exerça domínio sobre a entidade gestora ou sobre o intermediário financeiro deve:

a) Enviar ao Instituto de Seguros de Portugal a lista actualizada de todas as entidades gestoras e intermediários financeiros sob relação de domínio e, no caso de entidades sujeitas a lei pessoal estrangeira, indicar as respectivas autoridades de supervisão;

b) Enviar ao Instituto de Seguros de Portugal uma declaração fundamentada, referente a cada entidade gestora ou intermediário financeiro, de que cumpre o disposto no número anterior;

c) Demonstrar ao Instituto de Seguros de Portugal, a seu pedido, que as estruturas organizacionais das entidades relevantes asseguram o exercício independente do direito de voto, que as pessoas que exercem os direitos de voto agem independentemente e que existe um mandato escrito e claro que, nos casos em que a sociedade dominante recebe serviços prestados pela entidade dominada ou detém participações directas em activos por esta geridos, fixa a relação contratual das partes em consonância com as condições normais de mercado para situações similares.

3 – Para efeitos da alínea c) do número anterior, as entidades relevantes devem adoptar, no mínimo, políticas e procedimentos escritos que impeçam, em termos adequados, o acesso a informação relativa ao exercício dos direitos de voto.

4 – Para beneficiar da derrogação de imputação agregada de direitos de voto, as sociedades associadas de fundos de pensões devem enviar ao Instituto de Seguros de Portugal uma declaração fundamentada de que cumprem o disposto no n.º 1.

5 – Caso a imputação fique a dever-se à detenção de instrumentos financeiros que confiram ao participante o direito à aquisição, exclusivamente por sua iniciativa, por força de acordo, de acções com direitos de voto, já emitidas por emitente cujas acções estejam admitidas à negociação em mercado regulamentado, basta, para efeitos do n.º 2, que a sociedade aí referida envie ao Instituto de Seguros de Portugal a informação prevista na alínea a) desse número.

6 – Para efeitos do disposto no n.º 1:

a) Consideram-se instruções directas as dadas pela sociedade dominante ou outra entidade por esta dominada que precise o modo como são exercidos os direitos de voto em casos concretos;

b) Consideram-se instruções indirectas as que, em geral ou particular, independentemente da sua forma, são transmitidas pela sociedade dominante ou qualquer entidade por esta dominada e limitam a margem de discricionariedade da entidade gestora, intermediário financeiro e sociedade associada de fundos de pensões relativamente ao exercício dos direitos de voto de modo a servir interesses empresariais específicos da sociedade dominante ou de outra entidade por esta dominada.

DECRETO-LEI N.º 94-B/98, DE 17-04

7 – Logo que, nos termos do n.º 1, considere não provada a independência da entidade gestora ou do intermediário financeiro que envolva uma participação qualificada em empresa de seguros ou resseguros, e sem prejuízo das consequências sancionatórias que ao caso caibam, o Instituto de Seguros de Portugal notifica deste facto a sociedade que exerça domínio sobre a entidade gestora ou sobre o intermediário financeiro e as sociedades associadas de fundos de pensões e, ainda, o órgão de administração da sociedade participada.

8 – A declaração do Instituto de Seguros de Portugal prevista no número anterior implica a imputação à sociedade dominante de todos os direitos de voto inerentes às acções que integrem o fundo de investimento, o fundo de pensões, o fundo de capital de risco ou a carteira, com as respectivas consequências, enquanto não seja demonstrada a independência da entidade gestora ou do intermediário financeiro.

9 – A emissão da notificação prevista no n.º 7 pelo Instituto de Seguros de Portugal é precedida de consulta prévia à Comissão do Mercado de Valores Mobiliários sempre que se refira a direitos de voto inerentes a acções de sociedades abertas ou detidas por organismos de investimento colectivo, ou ainda integradas em carteiras de instrumentos financeiros, no âmbito de contrato de gestão de carteiras.

(Aditado pelo Decreto-Lei n.º 52/2010, de 26-05)

ARTIGO 4.º
Exclusões

1 – O presente diploma não se aplica às mútuas de seguros de gado que apresentem, cumulativamente, as seguintes características:

a) Estatuto que preveja a possibilidade de proceder a reforços de quotizações ou à redução das suas prestações;

b) Actividade que apenas respeite à cobertura de riscos inerentes ao seguro pecuário;

c) Montante anual de quotizações e ou prémios não superior a € 5 000 000.

2 – O presente diploma não é igualmente aplicável às sociedades de assistência que apresentem, cumulativamente, as seguintes características:

a) Exercício da actividade restrito ao ramo de seguro referido no n.º 18) do artigo 123.º, com carácter puramente local e limitado a prestações em espécie;

b) Montante anual das receitas processadas não superior a € 200 000.

3 – O presente diploma não é ainda aplicável à actividade de resseguro exercida ou integralmente garantida pelo Governo Português ou pelo Governo de outro Estado membro quando actue, por razões de interesse público relevante, na qualidade de segurador de último recurso, designadamente quando tal intervenção é exigida face a uma situação do mercado em que é inviável a obtenção de uma cobertura comercial adequada.

ARTIGO 5.º
Exercício do resseguro e entidades com objecto específico de titularização de riscos de seguros

1 – Sem prejuízo do disposto no artigo 7.º, a actividade de resseguro em Portugal pode ser exercida por empresas de seguros ou de resseguros com sede em território fora da União Europeia que não se encontrando estabelecidas em Portugal, estejam, no respectivo país de origem, autorizadas a exercer a actividade de resseguro.

2 – A actividade de resseguro em Portugal exercida por empresas de seguros ou de resseguros com sede em território fora da União Europeia com o qual não tenha sido concluído acordo pela União Europeia sobre o exercício de supervisão, está sujeita à constituição de garantias, nos termos a fixar por norma regulamentar do Instituto de Seguros de Portugal.

3 – Às empresas de resseguros com sede em Portugal e às sucursais de empresas de resseguros com sede fora do território da União Europeia é aplicável o título I, as secções I e XI do capítulo I e a secção III do capítulo II do título II, o capítulo II, a secção II do capítulo V e as secções I, I-A, II, IV e V do capítulo VI do título III, e os títulos VI e VII do presente diploma.

4 – O regime aplicável à actividade de resseguro é extensivo à actividade de prestação de garantia de cobertura de riscos, por empresa de resseguros, a um fundo de pensões, não se aplicando à actividade de resseguro a fundos de pensões que não configurem uma instituição de realização de planos de pensões profissionais as regras referentes ao exercício de actividade transfronteiras.

5 – O Instituto de Seguros de Portugal pode estabelecer, através de norma regulamentar:

a) Um conjunto de condições mínimas a incluir nos contratos de resseguro finito;

b) Requisitos em matéria de contabilidade e informação relativa a actividades de resseguro finito.

6 – As condições de acesso e de exercício de uma entidade com objecto específico de titularização de riscos de seguros que se pretenda estabelecer em Portugal são estabelecidas em regime especial.

ARTIGO 6.º
Supervisão

1 – O exercício da actividade seguradora e resseguradora pelas empresas de seguros ou de resseguros referidas no artigo 1.º e equiparadas fica sujeito à supervisão do Instituto de Seguros de Portugal, nos termos legal e regulamentares fixados.

2 – O disposto no número anterior não prejudica os poderes de supervisão relativos a contratos de seguro ligados a fundos de investimento atribuídos à Comissão do Mercado de Valores Mobiliários.

TÍTULO II
Condições de acesso à actividade seguradora e resseguradora

CAPÍTULO I
Do estabelecimento

SECÇÃO I
Disposições gerais

ARTIGO 7.º
Entidades que podem exercer a actividade seguradora ou resseguradora

1 – Sem prejuízo do artigo 5.º, a actividade seguradora ou resseguradora em Portugal só pode ser exercida por:

a) Sociedades anónimas, autorizadas nos termos do presente diploma;

b) Mútuas de seguros ou de resseguros, autorizadas nos termos do presente diploma;

c) Sucursais de empresas de seguros com sede no território de outros Estados membros, desde que devidamente cumpridos os requisitos exigidos ou sucursais de empresas de resseguros com sede no território de outros Estados membros;

d) Sucursais de empresas de seguros ou de resseguros com sede fora do território da União Europeia, autorizadas nos termos do presente diploma;

e) Empresas de seguros ou empresas de resseguros públicas ou de capitais públicos, criadas nos termos da lei portuguesa, desde que tenham por objecto a realização de operações de seguro ou de resseguro em condições equivalentes às das empresas de direito privado.

2 – A actividade seguradora ou resseguradora pode também ser exercida por empresas de seguros ou de resseguros que adoptem a forma de sociedade europeia, nos termos da legislação que lhes for aplicável.

3 – As sociedades de assistência que sejam, nos termos do presente diploma, assimiladas a empresas de seguros devem revestir a forma de sociedade anónima.

ARTIGO 8.º
Objecto

1 – As empresas de seguros referidas nos n.ᵒˢ 1 e 2 do artigo anterior são instituições financeiras que têm por objecto exclusivo o exercício da actividade de seguro directo e de resseguro, podendo ainda exercer actividades conexas ou complementares da de seguro ou resseguro, nomeadamente no que respeita a actos e contratos relativos a salvados, à reedificação e reparação de prédios, à reparação de veículos, à manutenção de postos clínicos e à aplicação de provisões, reservas e capitais.

2 – As empresas de seguros devidamente autorizadas para a exploração, de entre outros, do ramo previsto no n.º 18) do artigo 123.º podem ainda apresentar e ou subs-

A PARAFISCALIDADE NA ACTIVIDADE SEGURADORA

crever contratos de seguro relativos a produtos de assistência que são geridos por sociedades de assistência.

3 – Sem prejuízo do disposto no n.º 2 do artigo 4.º, são equiparadas, para todos os efeitos, a empresas de seguros as sociedades de assistência que tenham por objecto a assunção da responsabilidade financeira e ou gestão do risco de assistência, quer os respectivos contratos que garantem esse risco sejam subscritos pela própria sociedade de assistência, quer sejam subscritos por intermédio de uma ou mais empresas de seguros.

4 – As empresas de resseguros referidas nos n.ºs 1 e 2 do artigo anterior são instituições financeiras que têm por objecto exclusivo o exercício da actividade de resseguro e actividades conexas, nomeadamente a prestação aos clientes de serviços de consultoria em matéria estatística ou actuarial, a análise ou pesquisa de riscos, o exercício de funções de gestão de participações sociais e actividades relacionadas com actividades do sector financeiro.

ARTIGO 9.º
Exploração cumulativa dos ramos «Vida» e «Não vida»

1 – A actividade de seguro directo e de resseguro do ramo «Vida» pode ser exercida cumulativamente apenas com a de seguro directo e resseguro dos ramos «Não vida» referidos nos n.ºs 1) e 2) do artigo 123.º

2 – As empresas de seguros autorizadas a exercer cumulativamente as actividades referidas no número anterior, bem como as empresas referidas no artigo 240.º, devem adoptar uma gestão distinta para cada uma dessas actividades.

3 – A gestão distinta prevista no número anterior deve ser organizada de modo que a actividade de seguro do ramo «Vida» e a de seguro dos ramos «Não vida» fiquem separadas, a fim de que:

a) Não possam ser causados, directa ou indirectamente, quaisquer prejuízos aos interesses respectivos dos tomadores de seguro, segurados e beneficiários de «Vida» e «Não vida»;

b) Os lucros resultantes da exploração do ramo «Vida» revertam a favor dos segurados e beneficiários do «Vida», como se a empresa apenas explorasse o ramo «Vida»;

c) As garantias financeiras exigidas e correspondentes a cada uma actividades não sejam suportadas pela outra actividade.

4 – As empresas de seguros podem, depois de satisfeitas as garantias financeiras, nos termos da alínea *c)* do número anterior, e mediante comunicação prévia ao Instituto de Seguros de Portugal, utilizar, para qualquer das duas actividades, os elementos referidos nos n.ºs 1 e 2 dos artigos 96.º e 98.º que, realizadas as competentes deduções, se encontrem ainda disponíveis.

5 – Em caso de insuficiência de uma das margens de solvência, aplicar-se-ão à actividade deficitária as medidas previstas para tal situação, independentemente da situação da outra actividade, podendo essas medidas incluir a autorização para uma transferência de elementos da margem de solvência disponível de uma actividade para a outra.

DECRETO-LEI N.º 94-B/98, DE 17-04

6 – A contabilidade deve ser organizada de modo que os resultados decorrentes do exercício de cada uma das actividades se apresentem inequívoca e completamente separados.

ARTIGO 10.º
Âmbito da autorização

1 – A autorização para o exercício da actividade seguradora e resseguradora é concedida, em relação às empresas referidas nas alíneas *a)*, *b)* e *e)* do n.º 1 do artigo 7.º, para todo o território da União Europeia.

2 – A autorização inicial das empresas de seguros é concedida ramo a ramo, abrangendo, salvo se a requerente apenas pretender cobrir alguns riscos ou modalidades, a totalidade do ramo, tanto para o seguro directo como para o resseguro, admitindo-se, no entanto, a sua concessão para um grupo de ramos, desde que devidamente identificados nos termos do artigo 128.º

3 – A autorização inicial das empresas de resseguros é concedida para actividades de resseguro dos ramos «Não vida», actividades de resseguro do ramo «Vida», ou todos os tipos de actividades de resseguro.

4 – A autorização posterior para a exploração de novos ramos ou modalidades far-se-á nos termos legais e regulamentares em vigor.

5 – As sociedades de assistência apenas podem explorar o ramo previsto no n.º 18) do artigo 123.º

ARTIGO 10.º-A
Registo no Instituto de Seguros de Portugal

1 – Nos termos de norma a emitir pelo Instituto de Seguros de Portugal, este manterá em registo a identificação e a indicação das vicissitudes ocorridas relativamente às entidades previstas no artigo 7.º

2 – A norma prevista no número anterior, para lá de determinar os elementos a registar, bem como os respectivos moldes, deve ainda prever, designadamente:

a) Os termos da obrigação de envio, pelas entidades em causa, dos documentos que suportam os elementos a registar;

b) As formas de publicidade dos dados registados.

SECÇÃO II
Sociedades anónimas de seguros

ARTIGO 11.º
Constituição, denominação e legislação aplicável

1 – O disposto na presente secção aplica-se à constituição de empresas de seguros ou equiparadas que revistam a natureza de sociedades anónimas.

2 – Da denominação da sociedade deve constar uma expressão da qual resulte inequivocamente que o seu objecto é o exercício da actividade seguradora ou da actividade de assistência, consoante os casos.

3 – As sociedades anónimas referidas no n.º 1 regem-se pelo presente diploma e, subsidiariamente, pelo Código das Sociedades Comerciais e demais legislação complementar em tudo o que não contrarie este decreto-lei ou quaisquer outras disposições legais específicas da actividade seguradora.

ARTIGO 12.º
Autorização específica e prévia

1 – A constituição das sociedades referidas no n.º 1 do artigo anterior depende de autorização do Instituto de Seguros de Portugal.

2 – A autorização é sempre precedida de parecer do respectivo Governo Regional, quando se trate da constituição de sociedade com sede numa Região Autónoma.

ARTIGO 13.º
Condições e critérios para a concessão da autorização

1 – Sem prejuízo do disposto no número seguinte, a autorização só pode ser concedida desde que todos os accionistas iniciais da sociedade se obriguem a:

a) Adoptar a forma de sociedade anónima;

b) Dotar a sociedade com capital social não inferior ao mínimo estabelecido no artigo 40.º, devendo, na data do acto da constituição, encontrar-se realizado o referido montante mínimo sendo o restante, se o houver, realizado no prazo de seis meses a contar daquela data.

2 – A concessão de autorização depende ainda da verificação dos seguintes requisitos:

a) Aptidão dos accionistas detentores de uma participação qualificada para garantir a gestão sã e prudente da sociedade, directa ou indirectamente, nos termos do artigo 50.º;

b) Adequação e suficiência de meios humanos aos objectivos a atingir;

c) Adequação e suficiência de meios técnicos e recursos financeiros relativamente aos ramos de seguro que se pretende explorar;

d) Localização em Portugal da administração central da empresa de seguros;

e) Sempre que existam relações de proximidade entre a empresa e outras pessoas singulares ou colectivas:

i) Inexistência de entraves, resultantes das referidas relações de proximidade, ao exercício das funções de supervisão;

ii) Inexistência de entraves ao exercício das funções de supervisão fundadas em disposições legislativas, regulamentares ou administrativas de um país terceiro a que estejam sujeitas uma ou mais pessoas singulares ou colectivas com as quais a empresa tenha relações de proximidade;

DECRETO-LEI N.º 94-B/98, DE 17-04

f) Relativamente às empresas de seguros que pretendam cobrir riscos do ramo 'Responsabilidade civil de veículos terrestres a motor com excepção da responsabilidade do transportador', designação, em cada um dos demais Estados membros, de um representante para o tratamento e a regularização, no país de residência da vítima, dos sinistros ocorridos num Estado distinto do da residência desta ('representante para sinistros').

ARTIGO 14.º
Instrução do requerimento

1 – O requerimento de autorização é dirigido ao Instituto de Seguros de Portugal e instruído com os seguintes elementos:

a) Acta da reunião em que foi deliberada a constituição da sociedade;

b) Projecto de contrato de sociedade ou de estatutos;

c) Identificação dos accionistas iniciais, titulares de participação directa ou indirecta, sejam pessoas singulares ou colectivas, com especificação do capital social e dos direitos de voto correspondentes a cada participação;

d) Acta do órgão social competente dos accionistas que revistam a natureza de pessoas colectivas deliberando a participação na empresa de seguros;

e) Certificado do registo criminal dos accionistas iniciais, quando pessoas singulares, e dos respectivos administradores, directores ou gerentes, quando pessoas colectivas;

f) Declaração de que nem os accionistas iniciais nem as sociedades ou empresas cuja gestão tenham assegurado ou de que tenham sido administradores, directores ou gerentes foram declarados em estado de insolvência ou falência, tendo nas mesmas sociedades ou empresas exercido sempre uma gestão sã e prudente;

g) Informações detalhadas relativas à estrutura do grupo que permitam verificar os requisitos previstos na alínea *e)* do n.º 2 do artigo anterior.

2 – O certificado referido na alínea e) pode ser, em relação a cidadãos estrangeiros, substituído por documento equivalente emitido há menos de 90 dias.

3 – O requerimento de autorização é ainda instruído com um programa de actividades, que incluirá, pelo menos, os seguintes elementos:

a) Natureza dos riscos a cobrir ou dos compromissos a assumir, com a indicação do ramo ou ramos, modalidades, seguros ou operações a explorar;

b) No caso de se pretender explorar o ramo «Vida» e para supervisionar a observância das disposições aplicáveis em matéria de princípios actuariais, as bases técnicas e elementos a utilizar no cálculo das tarifas, das prestações, das contribuições e das provisões técnicas, tendo em atenção as normas regulamentares sobre a matéria, ainda que esta comunicação não constitua condição prévia de autorização para o exercício da actividade da empresa;

c) Princípios orientadores do resseguro que se propõe seguir;

d) Elementos que constituem o fundo mínimo de garantia;

A PARAFISCALIDADE NA ACTIVIDADE SEGURADORA

e) Estrutura orgânica da empresa, com especificação dos meios técnicos, financeiros, bem como dos meios directos e indirectos de pessoal e material a utilizar, nomeadamente no que concerne à qualificação das equipas médicas e à qualidade de equipamentos de que dispõem;

f) Estrutura médico-hospitalar a utilizar;

g) Previsão das despesas de instalação dos serviços administrativos e da rede comercial, bem como dos meios financeiros necessários;

h) Para cada um dos três primeiros exercícios sociais:

I) Balanço e conta de ganhos e perdas previsionais, com informação separada, pelo menos, para as seguintes rubricas:

i) Capital social subscrito e realizado, despesas de constituição e instalação, investimentos e provisões técnicas de seguro directo, resseguro aceite e resseguro cedido;

ii) Prémios, proveitos dos investimentos, custos com sinistros e variações das provisões técnicas, tanto para o seguro directo como para o resseguro aceite e cedido;

iii) Custos de aquisição, explicitando as comissões, e custos administrativos;

II) Previsão do número de trabalhadores e respectiva massa salarial;

III) Previsão da demonstração dos fluxos de caixa;

IV) Previsão dos meios financeiros necessários à representação das provisões técnicas;

V) Previsão da margem de solvência e dos meios financeiros necessários à sua cobertura, em conformidade com as disposições legais em vigor;

i) Nome e endereço do representante para sinistros previsto na alínea *f)* do n.º 2 do artigo anterior, o qual deve preencher os requisitos previstos na lei do seguro de responsabilidade civil automóvel.

4 – As hipóteses e os pressupostos em que se baseia a elaboração das projecções incluídas no programa previsto no número anterior serão devida e especificamente fundamentadas.

5 – Quando no capital da empresa de seguros participem pessoas, singulares ou colectivas, nacionais de países não pertencentes à União Europeia, o requerimento de autorização é ainda instruído, relativamente aos accionistas iniciais que sejam pessoas colectivas, com uma memória explicativa da actividade no âmbito internacional e, nomeadamente, nas relações seguradoras, resseguradoras ou de outro tipo mantidas com empresas ou entidades portuguesas.

6 – Todos os documentos destinados a instruir o pedido de autorização devem ser apresentados nos termos do Decreto-Lei n.º 135/99, de 22 de Abril, e redigidos em português ou devidamente traduzidos e legalizados, salvo dispensa expressa do Instituto de Seguros de Portugal.

7 – Os requerentes devem designar quem os representa perante as autoridades encarregadas de apreciar o processo de autorização e indicar os técnicos, nomeadamente o actuário, o financeiro e o jurista, responsáveis, respectivamente, pelas partes técnica, financeira e jurídica do processo.

DECRETO-LEI N.º 94-B/98, DE 17-04

8 – Relativamente aos técnicos referidos no número anterior, devem os reque-rentes apresentar os respectivos currículos profissionais.

9 – A instrução do processo deve incluir ainda um parecer de um actuário, que cumpra os requisitos aplicáveis ao actuário responsável, sobre a adequação das tari-fas, das provisões técnicas e do resseguro.

ARTIGO 15.º
Apreciação do processo de autorização

1 – Caso o requerimento não se encontre em conformidade com o disposto nos artigos anteriores, o Instituto de Seguros de Portugal deve informar o representante dos requerentes das irregularidades detectadas, o qual dispõe de um prazo de 30 dias para as suprir, sob pena de caducidade e arquivamento do pedido findo esse prazo.

2 – O Instituto de Seguros de Portugal pode solicitar quaisquer esclarecimentos ou elementos adicionais que considere úteis ou necessários para a análise do pro-cesso, nomeadamente os que carecer para verificar a aptidão dos accionistas refe-rida na alínea a) do n.º 2 do artigo 13.º, bem como levar a efeito as averiguações que considere necessárias.

3 – Na decisão da conformidade do requerimento com o disposto no presente diploma, a efectuar no prazo máximo de 90 dias a contar da data em que, nos termos dos números anteriores, aquele se encontre correcta e completamente instruído, o Instituto de Seguros de Portugal deve pronunciar-se, nomeadamente, sobre a ade-quação dos elementos de informação nele constantes com a actividade que a empresa se propõe realizar.

4 – O Instituto de Seguros de Portugal consulta a autoridade de supervisão do Estado membro envolvido responsável pela supervisão da empresa de seguros, empresa de resseguros, instituição de crédito ou empresa de investimento previa-mente à concessão de uma autorização a uma empresa de seguros que seja:

a) Uma filial de uma empresa de seguros, de uma empresa de resseguros, de uma instituição de crédito ou de uma empresa de investimento autorizada noutro Estado membro; ou

b) Uma filial da empresa-mãe de uma empresa de seguros, de uma empresa de resseguros, de uma instituição de crédito ou de uma empresa de investimento auto-rizada noutro Estado membro; ou

c) Controlada pela mesma pessoa singular ou colectiva que controla uma empresa de seguros, uma empresa de resseguros, uma instituição de crédito ou uma empresa de investimento autorizada noutro Estado membro.

5 – O Instituto de Seguros de Portugal consulta o Banco de Portugal previamente à concessão de uma autorização a uma empresa de seguros que seja:

a) Uma filial de uma instituição de crédito ou de uma empresa de investimento autorizada em Portugal; ou

b) Uma filial da empresa-mãe de uma instituição de crédito ou de uma empresa de investimento autorizada em Portugal; ou

A PARAFISCALIDADE NA ACTIVIDADE SEGURADORA

c) Controlada pela mesma pessoa singular ou colectiva que controla uma instituição de crédito ou uma empresa de investimento autorizada em Portugal.

6 – O Banco de Portugal dispõe de um prazo de dois meses para efeitos da consulta prevista no número anterior.

7 – Nos termos dos n.ᵒˢ 4 e 5, o Instituto de Seguros de Portugal consulta as autoridades de supervisão, designadamente para efeitos de avaliação da adequação dos accionistas para garantir a gestão sã e prudente da empresa e quanto a matérias que sejam de interesse para a concessão da autorização.

8 – Nos casos previstos no n.º 2 do artigo 12.º, o processo será submetido a parecer do respectivo Governo Regional, que terá um prazo de 30 dias para o enviar ao Instituto de Seguros de Portugal, findo o qual se considera favorável o parecer.

ARTIGO 16.º
Notificação da decisão

1 – A decisão deve ser notificada aos interessados no prazo de 6 meses a contar da recepção do requerimento ou, se for o caso, a contar da recepção das informações complementares solicitadas aos requerentes, mas nunca depois de decorridos 12 meses sobre a data da entrega inicial do pedido.

2 – A falta de notificação nos prazos referidos no número anterior constitui presunção de indeferimento tácito.

ARTIGO 17.º
Caducidade da autorização

1 – A autorização caduca se os requerentes a ela expressamente renunciarem, bem como se a empresa de seguros não se constituir formalmente no prazo de 6 meses ou não der início à sua actividade no prazo de 12 meses contados a partir da data da publicação da autorização.

2 – Compete ao Instituto de Seguros de Portugal a verificação da constituição formal e do início da actividade dentro dos prazos referidos no número anterior.

ARTIGO 18.º
Cumprimento do programa de actividade

1 – Durante os três exercícios sociais que são objecto das previsões referidas na alínea *h*) do n.º 3 do artigo 14.º, a empresa de seguros deve apresentar, anualmente, ao Instituto de Seguros de Portugal, um relatório circunstanciado sobre a execução do programa de actividades.

2 – Se se verificar desequilíbrio na situação financeira da empresa, o Instituto de Seguros de Portugal imporá medidas de reforço das respectivas garantias financeiras, cujo incumprimento pode determinar a revogação da autorização.

3 – Estão sujeitos a autorização prévia do Instituto de Seguros de Portugal os projectos de alteração do programa de actividades referido no n.º 3 do artigo 14.º,

DECRETO-LEI N.º 94-B/98, DE 17-04

sendo-lhes igualmente aplicáveis, com as devidas adaptações, as demais condições que impendem sobre o programa.

4 – Nos casos previstos no número anterior, o Instituto de Seguros de Portugal pronunciar-se-á no prazo de 15 dias após a comunicação.

ARTIGO 19.º
Revogação da autorização

1 – A autorização pode ser revogada, no todo ou em parte, sem prejuízo do disposto sobre as sanções aplicáveis às infracções da actividade seguradora ou sobre a inexistência ou insuficiência de garantias financeiras mínimas, quando se verifique alguma das seguintes situações:

a) Ter sido obtida por meio de falsas declarações ou outros meios ilícitos, independentemente das sanções penais que ao caso couberem;

b) A empresa de seguros cessar ou reduzir significativamente a actividade por período superior a seis meses;

c) Deixar de se verificar alguma das condições de acesso e de exercício da actividade seguradora exigidas no presente diploma;

d) Irregularidades graves na administração, organização contabilística ou fiscalização interna da empresa, por modo a pôr em risco os interesses dos segurados ou as condições normais de funcionamento do mercado segurador;

e) Os capitais próprios da empresa atingirem, na sua totalidade, um valor inferior a metade dos valores indicados no artigo 40.º para o capital social e, simultaneamente, não cobrirem a margem de solvência exigida à empresa;

f) Não ser efectuada a comunicação ou ser recusada a designação de qualquer membro da administração ou fiscalização, nos termos do artigo 54.º;

g) Não ser requerida ou não ser concedida a autorização prevista no n.º 3 do artigo 18.º ou ser retirada a aprovação do programa de actividades, nos termos do mesmo preceito;

h) A empresa violar as leis ou os regulamentos que disciplinam a sua actividade, por modo a pôr em risco os interesses dos segurados ou as condições normais de funcionamento do mercado segurador.

2 – Ocorre redução significativa da actividade, para efeitos da alínea *b)* do número anterior, sempre que se verifique uma diminuição de pelo menos 50 % do volume de prémios, que não esteja estrategicamente programada nem tenha sido imposta pela autoridade competente, e que ponha em risco os interesses dos segurados e terceiros.

3 – Os factos previstos na alínea *f)* do n.º 1 não constituem fundamento de revogação se, no prazo estabelecido pelo Instituto de Seguros de Portugal, a empresa tiver procedido à comunicação ou à designação de outro administrador que seja aceite.

A PARAFISCALIDADE NA ACTIVIDADE SEGURADORA

ARTIGO 20.º
Competência e forma de revogação

1 – A revogação da autorização, ouvida, se for o caso, a entidade referida no n.º 2 do artigo 12.º, é da competência do Instituto de Seguros de Portugal.

2 – A decisão de revogação deve ser fundamentada e notificada à empresa de seguros.

3 – Quando a empresa se dedique à comercialização de contratos de seguro ligados a fundos de investimento, a decisão de revogação é precedida de parecer da Comissão do Mercado de Valores Mobiliários.

4 – O Instituto de Seguros de Portugal tomará as providências necessárias para o encerramento dos estabelecimentos da empresa.

5 – A revogação total da autorização implica dissolução e liquidação da sociedade.

6 – No recurso interposto da decisão de revogação presume-se, até prova em contrário, que a suspensão da eficácia determina grave lesão do interesse público.

ARTIGO 21.º
Abertura de representações fora do território da União Europeia

1 – A abertura de agências, sucursais ou quaisquer outras formas de representação fora do território da União Europeia por empresas de seguros constituídas nos termos da presente secção depende de autorização prévia do Instituto de Seguros de Portugal.

2 – É aplicável, com as devidas adaptações, o disposto nos artigos 24.º e 29.º

SECÇÃO III
Mútuas de seguros

ARTIGO 22.º
Constituição, forma, objecto e legislação aplicável

As mútuas de seguros revestem a forma de sociedade cooperativa de responsabilidade limitada, constituída por documento particular, salvo se forma mais solene for exigida para a transmissão dos bens que representam o seu capital inicial, regendo-se pelo disposto no presente decreto-lei e, subsidiariamente, pelo disposto no Código Cooperativo e demais legislação complementar em tudo o que não contrarie o presente decreto-lei ou outras disposições específicas da actividade seguradora.

ARTIGO 23.º
Normas aplicáveis

1 – À constituição das mútuas de seguros aplica-se, sem prejuízo do disposto no número seguinte, o previsto no n.º 2 do artigo 11.º, no artigo 12.º, na alínea *b)* do n.º 1 e no n.º 2 do artigo 13.º e nos artigos 14.º a 20.º, com as necessárias adaptações.

2 – Para efeito de constituição de mútuas de seguros, o disposto nas alíneas *c)* a *f)* do n.º 1 do artigo 14.º apenas é obrigatório em relação aos 10 membros fundadores que irão subscrever o maior número de títulos de capital.

SECÇÃO IV
Estabelecimento no território de outros Estados membros de sucursais de empresas de seguros com sede em Portugal

ARTIGO 24.º
Notificação

As empresas de seguros com sede em Portugal que pretendam estabelecer uma sucursal no território de um outro Estado membro da União Europeia devem notificar esse facto ao Instituto de Seguros de Portugal, especificando os seguintes elementos:

a) Estado membro em cujo território pretendam estabelecer a sucursal;

b) Programa de actividades, nos termos dos n.ºˢ 3 e 4 do artigo 14.º, com as devidas adaptações;

c) Endereço, no Estado membro da sucursal, onde os documentos lhes podem ser reclamados e entregues, entendendo-se que para o mencionado endereço deverão ser enviadas todas as comunicações dirigidas ao mandatário geral da sucursal;

d) Nome e endereço do mandatário geral da sucursal, que deve ter poderes bastantes para obrigar a empresa de seguros perante terceiros e para a representar perante as autoridades e os tribunais do Estado membro da sucursal;

e) Declaração comprovativa de que a empresa se tornou membro do gabinete nacional e do fundo nacional de garantia do Estado membro da sucursal, caso pretenda cobrir por intermédio da sua sucursal os riscos referidos no n.º 10) do artigo 123.º, excluindo a responsabilidade do transportador.

ARTIGO 25.º
Comunicação

1 – O Instituto de Seguros de Portugal comunica os elementos referidos no artigo anterior à autoridade competente do Estado membro da sucursal no prazo de três meses a contar da recepção dos mesmos, certificando igualmente que a empresa de seguros dispõe do mínimo da margem de solvência, calculada nos termos do presente diploma.

2 – O Instituto de Seguros de Portugal informará simultaneamente a empresa interessada da comunicação referida no número anterior.

ARTIGO 26.º
Recusa de comunicação

1 – O Instituto de Seguros de Portugal não procede à comunicação referida no artigo anterior sempre que tenha dúvidas fundadas sobre:

A PARAFISCALIDADE NA ACTIVIDADE SEGURADORA

a) A adequação das estruturas administrativas da empresa de seguros;

b) A situação financeira da empresa de seguros, designadamente nos casos em que tenha sido solicitado um plano de reequilíbrio da situação financeira em conformidade com o disposto no artigo 108.º-A e enquanto entender que os direitos dos segurados e beneficiários dos contratos de seguro se encontram em risco;

c) A idoneidade e qualificações ou experiência profissionais dos dirigentes responsáveis e do mandatário geral.

2 – O Instituto de Seguros de Portugal notifica a empresa interessada da recusa de comunicação, no prazo de três meses após a recepção dos elementos referidos no artigo 24.º, fundamentando a recusa.

ARTIGO 27.º
Recurso

Da recusa de comunicação ou da falta de resposta do Instituto de Seguros de Portugal cabe, no prazo de 10 dias a contar do termo do prazo de três meses previsto no n.º 1 do artigo 25.º ou da notificação de recusa prevista no n.º 2 do artigo 26.º, recurso para o Ministro das Finanças, cuja decisão admite recurso contencioso, nos termos gerais.

ARTIGO 28.º
Início de actividade

As sucursais referidas na presente secção podem estabelecer-se e iniciar as suas actividades a partir da recepção da comunicação para o efeito emitida pela autoridade competente do Estado membro da sucursal ou, em caso de silêncio desta, decorrido um prazo de dois meses contado a partir da data da recepção da informação referida no n.º 2 do artigo 25.º

ARTIGO 29.º
Alterações

Em caso de alteração do conteúdo dos elementos referidos nas alíneas *b)* a *e)* do artigo 24.º, a empresa de seguros, pelo menos um mês antes de proceder a essa alteração, deverá notificá-la ao Instituto de Seguros de Portugal e às autoridades competentes do Estado membro da sucursal, para efeitos do disposto nos artigos 25.º a 27.º e 28.º, respectivamente.

SECÇÃO V
Estabelecimento em Portugal de sucursais de empresas de seguros com sede no território de outros Estados membros

ARTIGO 30.º
Comunicação

1 – A actividade, em território português, de empresas de seguros com sede em outro Estado membro deve obedecer às condições de exercício da actividade seguradora e resseguradora estabelecidas para as empresas com sede em Portugal.

2 – Após a comunicação pela autoridade competente do Estado membro da sede social de uma empresa de seguros de que esta pretende exercer o direito de estabelecimento em território português mediante a criação de uma sucursal, o Instituto de Seguros de Portugal informa aquela autoridade, se for caso disso, no prazo de dois meses a contar da data da recepção daquela comunicação, das condições fundadas em razões de interesse geral a que deve obedecer o exercício da actividade seguradora por essa sucursal.

ARTIGO 31.º
Início de actividade

1 – Dentro do prazo a que se refere o artigo anterior, o Instituto de Seguros de Portugal poderá comunicar à empresa interessada que esta se encontra em condições de iniciar as suas actividades.

2 – Decorrido o mesmo prazo, em caso de silêncio do Instituto de Seguros de Portugal, a empresa poderá iniciar as suas actividades.

ARTIGO 32.º
Alteração das condições

Em caso de alteração das condições comunicadas ao abrigo do artigo 30.º, a empresa de seguros, pelo menos 30 dias antes de proceder a essa alteração, deverá notificá-la ao Instituto de Seguros de Portugal, para efeitos do disposto no artigo anterior.

ARTIGO 33.º
Contribuição obrigatória

As empresas de seguros estabelecidas em Portugal, nos termos da presente secção, devem filiar-se e contribuir, nas mesmas condições das empresas autorizadas ao abrigo deste diploma, para qualquer regime destinado a assegurar o pagamento de indemnizações a segurados e terceiros lesados, nomeadamente quanto aos riscos referidos na alínea a) do n.º 1) e no n.º 10) do artigo 123.º, excluindo a responsabilidade do transportador, assegurando as contribuições legalmente previstas para o Fundo de Acidentes de Trabalho (FAT) e para o Fundo de Garantia Automóvel (FGA).

SECÇÃO VI
Estabelecimento em Portugal de sucursais de empresas de seguros com sede fora do território da União Europeia

ARTIGO 34.º
Autorização específica e prévia

1 – O estabelecimento em Portugal de sucursais de empresas de seguros com sede fora do território da União Europeia depende de autorização a conceder caso a caso por despacho do Ministro das Finanças.

2 – O Ministro das Finanças pode delegar no conselho directivo do Instituto de Seguros de Portugal, por portaria, a competência a que se refere o número anterior.

3 – A autorização referida no n.º 1, concedida para todo o território português, é sempre precedida de parecer do Instituto de Seguros de Portugal, sendo-lhe aplicável o n.º 2 do artigo 12.º

4 – As empresas de seguros que no país da sua sede social pratiquem cumulativamente a actividade de seguros dos ramos «Não vida» e «Vida» apenas podem ser autorizadas a estabelecer em Portugal sucursais para a exploração de seguros dos ramos «Não vida».

5 – As sucursais apenas podem ser autorizadas a explorar os ramos e modalidades para os quais a empresa se encontra autorizada no país onde tem a sua sede social.

6 – A autorização para a abertura de sucursais das empresas de seguros referidas no n.º 1 só pode ser concedida em relação a empresas de seguros que se encontrem constituídas há mais de cinco anos.

ARTIGO 35.º
Instrução do requerimento

1 – As empresas de seguros com sede fora do território da União Europeia que pretendam autorização para a abertura em Portugal de uma sucursal devem apresentar ao Instituto de Seguros de Portugal, e dirigido ao Ministro das Finanças, um requerimento instruído com os seguintes elementos:

a) Exposição fundamentada das razões justificativas do estabelecimento da empresa de seguros em Portugal;

b) Memória explicativa da actividade da requerente no âmbito internacional e, nomeadamente, nas relações com o mercado segurador português;

c) Estatutos;

d) Lista dos seus administradores, devidamente identificados;

e) Balanços e contas de exploração e de ganhos e perdas relativamente aos três últimos exercícios;

f) Certificado, emitido há menos de 90 dias pela autoridade competente do país da sede, atestando que se encontra legalmente constituída e funciona de acordo com as disposições legais em vigor, bem como atestando os ramos e modalidades que se encontra autorizada a explorar.

DECRETO-LEI N.º 94-B/98, DE 17-04

2 – O requerimento de autorização será ainda instruído com um programa de actividades, que incluirá, pelo menos, os seguintes elementos:

a) Natureza dos riscos a cobrir ou dos compromissos a assumir, com a indicação do ramo ou ramos, modalidades, seguros ou operações a explorar;

b) No caso de se pretender explorar o ramo «Vida», e para supervisionar a observância das disposições aplicáveis em matéria de princípios actuariais, as bases técnicas e elementos a utilizar no cálculo das tarifas, das prestações, das contribuições e das provisões técnicas, tendo em atenção as normas regulamentares sobre a matéria, ainda que esta comunicação não constitua condição de autorização para o exercício da actividade seguradora;

c) Princípios orientadores do resseguro que se propõe seguir;

d) Elementos que constituem o fundo mínimo de garantia;

e) Especificação dos meios técnicos, financeiros e, ainda, dos meios directos e indirectos de pessoal e material a utilizar, nomeadamente no que concerne à qualificação das equipas médicas e à qualidade de equipamentos de que dispõem, quando seja o caso;

f) Estrutura médico-hospitalar a utilizar;

g) Previsão das despesas de instalação dos serviços administrativos e da rede comercial, bem como dos meios financeiros necessários;

h) Para cada um dos três primeiros exercícios sociais:

I) Balanço e conta de ganhos e perdas previsionais, com informação separada, pelo menos, para as seguintes rubricas:

i) Capital social subscrito e realizado, despesas de constituição e instalação, investimentos e provisões técnicas de seguro directo, resseguro aceite e resseguro cedido;

ii) Prémios, proveitos dos investimentos, custos com sinistros e variações das provisões técnicas, tanto para o seguro directo como para o resseguro aceite e cedido;

iii) Custos de aquisição, explicitando as comissões, e custos administrativos;

II) Previsão do número de trabalhadores ao seu serviço em Portugal e respectiva massa salarial;

III) Previsão da demonstração de fluxos de caixa;

IV) Previsão dos meios financeiros necessários à representação das provisões técnicas;

V) Previsão da margem de solvência e dos meios financeiros necessários à sua cobertura, em conformidade com as disposições legais em vigor;

VI) Previsão de outros meios financeiros destinados a garantir os compromissos assumidos em Portugal;

i) Declaração de compromisso de que, no momento da abertura, a sucursal satisfará os seguintes requisitos:

I) Existência de um escritório em Portugal;

II) Nomeação de um mandatário geral, em conformidade com o disposto no artigo 37.º;

A PARAFISCALIDADE NA ACTIVIDADE SEGURADORA

III) Disponibilidade em Portugal de activos de valor pelo menos igual ao mínimo do fundo de garantia legalmente estabelecido para as sucursais de empresas de seguros estrangeiras;

IV) Depósito, a título de caucionamento, de uma importância correspondente a metade do valor mínimo do fundo de garantia legalmente estabelecido para as sucursais de empresas de seguros estrangeiras;

j) No caso de se pretender cobrir riscos do ramo «Responsabilidade civil de veículos terrestres a motor com excepção da responsabilidade do transportador», nome e endereço do representante designado em cada um dos demais Estados membros para o tratamento e a regularização no país de residência da vítima dos sinistros ocorridos num Estado distinto do da residência desta.

3 – O disposto nas alíneas *h)* e *i)* do n.º 2 não prejudica a possibilidade de a empresa de seguros, logo no momento do pedido de autorização para a abertura da sucursal, poder solicitar a concessão dos benefícios previstos no artigo 108.º

4 – À instrução do pedido de autorização é aplicável, com as necessárias adaptações, o disposto nos n.ºs 4 e 6 a 9 do artigo 14.º

ARTIGO 36.º
Apreciação do processo de autorização

1 – Caso o requerimento não se encontre em conformidade com o disposto no artigo anterior, o Instituto de Seguros de Portugal deve informar o representante da requerente das irregularidades detectadas, o qual dispõe de um prazo de 30 dias para as suprir, sob pena de caducidade e arquivamento do pedido findo esse prazo.

2 – O Instituto de Seguros de Portugal pode solicitar quaisquer esclarecimentos ou elementos adicionais que considere úteis ou necessários para a análise do processo.

3 – O Instituto de Seguros de Portugal deve apresentar o seu parecer final sobre a conformidade do requerimento com o disposto no presente diploma, pronunciando-se, nomeadamente, sobre a adequação dos elementos de informação nele constantes com a actividade que a empresa se propõe realizar, no prazo máximo de 90 dias a contar da data em que, nos termos dos números anteriores, o requerimento se encontre correcta e completamente instruído.

4 – Nos casos previstos no n.º 2 do artigo 12.º, o processo, acompanhado do parecer referido no número anterior, é enviado pelo Instituto de Seguros de Portugal ao respectivo Governo Regional, que lho devolverá, juntamente com o seu parecer, no prazo máximo de 30 dias, findo o qual se considera favorável o parecer.

ARTIGO 37.º
Mandatário geral

1 – Quando o mandatário geral for uma pessoa singular, a empresa de seguros designará também o respectivo substituto, devendo ambos preencher os seguintes requisitos:

DECRETO-LEI N.º 94-B/98, DE 17-04

a) Terem residência habitual em Portugal;
b) Satisfazerem o disposto nos artigos 51.º e 54.º;
c) [Revogada]

2 – Quando o mandatário geral for uma pessoa colectiva, esta deve:

a) Ser constituída nos termos da lei portuguesa;
b) Ter por objecto social exclusivo a representação de seguradoras estrangeiras;
c) Ter sede principal e efectiva da administração em Portugal;
d) Designar uma pessoa singular para a representar e o respectivo substituto, devendo ambos preencher os requisitos estabelecidos no n.º 1.

3 – O mandatário geral e, quando este for uma pessoa singular, o respectivo substituto devem dispor dos poderes necessários para, em representação e por conta da empresa de seguros, celebrarem contratos de seguro, resseguro e contratos de trabalho, assumindo os compromissos deles decorrentes, bem como para a representarem judicial e extrajudicialmente.

4 – A empresa de seguros não pode revogar o mandato sem designar simultaneamente novo mandatário.

5 – Em caso de falência do mandatário geral ou de morte da pessoa que o representa ou do mandatário geral pessoa singular ou dos respectivos substitutos, a regularização da situação deve ocorrer no prazo máximo de 15 dias.

ARTIGO 38.º
Caducidade da autorização e cumprimento do programa de actividades

Às sucursais a que se refere a presente secção aplica-se, com as necessárias adaptações, o disposto nos artigos 17.º e 18.º

ARTIGO 38.º-A
Regime especial aplicável às empresas de seguros com sede na Suíça

1 – O estabelecimento em Portugal de sucursais de empresas de seguros com sede na Suíça, para a exploração de seguros dos ramos "Não vida" depende de autorização a conceder pelo Instituto de Seguros de Portugal.

2 – As empresas de seguros referidas no número anterior que pretendam autorização para a abertura em Portugal de uma sucursal devem apresentar ao Instituto de Seguros de Portugal um requerimento instruído com os elementos referidos nas alíneas c) a e) do n.º 1, alíneas a), c), e) a g), e dos pontos ii) e iii) da subalínea a) e das subalíneas b) a d) da alínea h), das subalíneas a) e b) da alínea i) e da alínea j) do n.º 2 e do n.º 4 do artigo 35.º

3 – As empresas de seguros devem, ainda, apresentar um certificado emitido pela autoridade competente do país da sede atestando que:

a) Se encontra legalmente constituída, tendo por objecto social exclusivo o exercício da actividade de seguro directo e de resseguro, e actividades conexas ou complementares;

b) Os ramos que se encontra autorizada a explorar e os riscos que efectivamente cobre;

c) Dispõe, em relação aos ramos que pretende explorar em Portugal, do fundo de garantia mínimo e da margem de solvência adequada;

d) Dispõe dos meios financeiros para fazer face às despesas de instalação de serviços administrativos e da rede de produção.

4 – O programa de actividades apresentado nos termos do n.º 2 é remetido pelo Instituto de Seguros de Portugal, acompanhado das observações que resultem da sua análise, à autoridade competente do país da sede, que se pronuncia no prazo máximo de 3 meses, findo o qual se considera favorável o respectivo parecer.

5 – Às sucursais previstas no presente artigo não se aplicam os requisitos relativos à margem de solvência e fundo de garantia estabelecidas no presente diploma, aplicando-se o regime estabelecido no país da sede para as respectivas garantias financeiras.

6 – A revogação da autorização das sucursais previstas no presente artigo é da competência do Instituto de Seguros de Portugal, ouvida a autoridade competente do país da sede.

7 – No que não estiver regulado especialmente é aplicável o regime geral, com exclusão do disposto no n.º 6 do artigo 34.º

ARTIGO 39.º
Revogação da autorização

1 – A autorização pode ser revogada, no todo ou em parte, pelo Ministro das Finanças, ou, existindo delegação, pelo Instituto de Seguros de Portugal, sem prejuízo do disposto no presente diploma em matéria de sanções aplicáveis a infracções ou às consequências da insuficiência de garantias financeiras mínimas, nas seguintes circunstâncias:

a) Nos termos das alíneas *a)*, *b)* e *c)* do n.º 1 do artigo 19.º;

b) No caso de inobservância do disposto no artigo 37.º;

c) Não ser requerida ou não ser concedida a autorização prevista no n.º 3 do artigo 18.º ou ser retirada a aprovação do programa de actividades nos termos do mesmo preceito;

d) Ocorrerem irregularidades graves na gestão, organização contabilística ou fiscalização interna da sucursal, por modo a pôr em risco os interesses dos segurados ou as condições normais de funcionamento do mercado segurador;

e) Ser revogada pelas autoridades do país da sede da empresa a autorização de que depende o exercício da actividade;

f) A sucursal violar as leis ou os regulamentos que disciplinam a sua actividade, por modo a pôr em risco os interesses dos segurados ou as condições normais de funcionamento do mercado segurador.

DECRETO-LEI N.º 94-B/98, DE 17-04

2 – À revogação da autorização das sucursais a que se refere a presente secção aplica-se, com as devidas adaptações, o previsto para a revogação da autorização das empresas de seguros com sede em Portugal.

SECÇÃO VII
Capital e reservas

ARTIGO 40.º
Capitais mínimos

1 – O capital social mínimo, inteiramente realizado, para constituição de sociedades anónimas de seguros é de:

a) € 2 500 000, no caso de explorar apenas um dos seguintes ramos: «Doença», «Protecção jurídica» ou «Assistência»;

b) € 7 500 000, no caso de explorar mais de um dos ramos referidos na alínea anterior ou qualquer outro ou outros ramos de seguros «Não vida»;

c) € 7 500 000, no caso de explorar o ramo «Vida»;

d) € 15 000 000, no caso de explorar cumulativamente o ramo «Vida» com um ramo ou ramos «Não vida».

2 – O capital social mínimo, inteiramente realizado, para constituição de sociedades de assistência é de € 2 500 000.

3 – O capital mínimo, inteiramente realizado, para constituição de mútuas de seguros é de € 3 750 000.

ARTIGO 41.º
Acções

São obrigatoriamente nominativas ou ao portador registadas as acções representativas do capital social das sociedades anónimas de seguros.

ARTIGO 42.º
Reserva legal

Um montante não inferior a 10 % dos lucros líquidos apurados em cada exercício pelas sociedades anónimas e mútuas de seguros deve ser destinado à formação da reserva legal, até à concorrência do capital social.

SECÇÃO VIII
Controlo dos detentores de participações qualificadas em empresas de seguros

ARTIGO 43.º
Comunicação prévia

1 – Qualquer pessoa, singular ou colectiva, ou entidade legalmente equiparada que, directa ou indirectamente, pretenda deter participação qualificada em empresa

A PARAFISCALIDADE NA ACTIVIDADE SEGURADORA

de seguros, ou que pretenda aumentar participação qualificada por si já detida, de tal modo que a percentagem de direitos de voto ou de capital atinja ou ultrapasse qualquer dos limiares de 20 %, um terço ou 50 %, ou de tal modo que a empresa se transforme em sua filial, deve comunicar previamente ao Instituto de Seguros de Portugal o seu projecto de aquisição.

2 – A comunicação deve ser feita sempre que da iniciativa ou do conjunto de iniciativas projectadas pela pessoa em causa possa resultar qualquer das situações previstas no número anterior, ainda que o resultado não se encontre previamente garantido.

3 – O Instituto de Seguros de Portugal estabelece, por norma regulamentar, os elementos e informações que devem acompanhar a comunicação referida no n.º 1.

4 – O Instituto de Seguros de Portugal notifica ao requerente, por escrito, da recepção da comunicação prevista no n.º 1 e a data do termo do prazo de apreciação, no prazo de dois dias úteis a contar da data de recepção da referida comunicação.

5 – Se a comunicação prevista no n.º 1 não estiver instruída com os elementos e informações que a devem acompanhar, o Instituto de Seguros de Portugal notifica por escrito o requerente dos elementos em falta, no prazo de dois dias úteis a contar da data de recepção da referida comunicação.

(Redacção dada pelo Decreto-Lei n.º 52/2010, de 26-05)

ARTIGO 44.º
Apreciação

1 – O Instituto de Seguros de Portugal pode:

a) Opor-se ao projecto, se não considerar demonstrado que a pessoa em causa reúne condições que garantam uma gestão sã e prudente da empresa de seguros ou se a informação prestada for incompleta;

b) Não se opor ao projecto, se considerar demonstrado que a pessoa em causa reúne condições que garantam uma gestão sã e prudente da empresa de seguros.

2 – Quando não deduza oposição, o Instituto de Seguros de Portugal pode fixar um prazo razoável para a realização do projecto comunicado.

3 – O Instituto de Seguros de Portugal pode solicitar ao requerente elementos e informações complementares, bem como realizar as averiguações que considere necessárias.

4 – A decisão de oposição ou de não oposição é notificada ao requerente no prazo de 60 dias úteis a contar da notificação prevista no n.º 4 do artigo anterior.

5 – O pedido de elementos ou informações complementares apresentado pelo Instituto de Seguros de Portugal por escrito e até ao 50.º dia útil do prazo previsto no número anterior suspende o prazo de apreciação entre a data do pedido e a data de recepção da resposta do requerente.

6 – A suspensão do prazo de apreciação prevista no número anterior não pode exceder:

DECRETO-LEI N.º 94-B/98, DE 17-04

a) 30 dias úteis, no caso de o requerente ter domicílio ou sede fora do território da União Europeia ou estar sujeito a regulamentação não comunitária, bem como no caso de o requerente não estar sujeito a supervisão ao abrigo da Directiva n.º 85/611/ CEE, do Conselho, de 20 de Dezembro, da Directiva n.º 92/49/CEE, do Conselho, de 18 de Junho, da Directiva n.º 2002/83/CE, do Parlamento Europeu e do Conselho, de 5 de Novembro, da Directiva n.º 2004/39/CE, do Parlamento Europeu e do Conselho, de 21 de Abril, da Directiva n.º 2005/68/CE, do Parlamento Europeu e do Conselho, de 16 de Novembro, e da Directiva n.º 2006/48/CE, do Parlamento Europeu e do Conselho, de 14 de Junho; ou

b) 20 dias úteis, nos restantes casos.

7 – No prazo de dois dias úteis a contar da respectiva recepção, o Instituto de Seguros de Portugal notifica o requerente da recepção dos elementos e informações solicitados ao abrigo do n.º 5 e da nova data do termo do prazo de apreciação.

8 – Caso decida opor-se ao projecto, o Instituto de Seguros de Portugal:

a) Notifica o requerente por escrito da sua decisão e das razões que a fundamentam, no prazo de dois dias úteis a contar da data da decisão e antes do termo do prazo previsto no n.º 4;

b) Pode divulgar ao público as razões que fundamentam a oposição, por sua iniciativa ou a pedido do requerente.

9 – Sem prejuízo do disposto nos n.ºs 5 e 6, considera-se que o Instituto de Seguros de Portugal não se opõe ao projecto caso não se pronuncie no prazo previsto no n.º 4.

10 – Na decisão do Instituto de Seguros de Portugal devem ser indicadas as eventuais observações ou reservas expressas pela autoridade competente no âmbito do processo de cooperação previsto no artigo seguinte.

(Redacção dada pelo Decreto-Lei n.º 52/2010, de 26-05)

ARTIGO 44.º-A
Cooperação

1 – O Instituto de Seguros de Portugal solicita o parecer da autoridade competente do Estado membro de origem, caso o requerente corresponda a um dos seguintes tipos de entidades:

a) Instituição de crédito, empresa de seguros, empresa de resseguros, empresa de investimento ou entidade gestora de organismos de investimento colectivo em valores mobiliários na acepção do n.º 2 do artigo 1.º-A da Directiva n.º 85/611/CEE, do Conselho, de 20 de Dezembro, autorizada noutro Estado membro;

b) Empresa mãe de uma entidade referida na alínea anterior;

c) Pessoa singular ou colectiva, que controla uma entidade referida na alínea *a)*.

2 – A decisão do Instituto de Seguros de Portugal é precedida de parecer do Banco de Portugal ou da Comissão do Mercado de Valores Mobiliários, caso o requerente corresponda a um dos tipos de entidades previstas no número anterior, autorizadas

A PARAFISCALIDADE NA ACTIVIDADE SEGURADORA

em Portugal pelo Banco de Portugal ou pela Comissão do Mercado de Valores Mobiliários, respectivamente.

3 – A pedido das autoridades competentes de outros Estados membros, o Instituto de Seguros de Portugal comunica as informações essenciais à apreciação de projectos de aquisição e, caso sejam solicitadas, outras informações relevantes.

(Aditado pelo Decreto-Lei n.º 52/2010, de 26-05)

ARTIGO 45.º
Comunicação subsequente

Sem prejuízo da comunicação prevista no n.º 1 do artigo 43.º, os factos de que resulte, directa ou indirectamente, a detenção de uma participação qualificada numa empresa de seguros, ou o seu aumento nos termos do disposto no n.º 1 do artigo 43.º, devem ser notificados pelo interessado, no prazo de 15 dias a contar da data em que os mesmos factos se verificarem, ao Instituto de Seguros de Portugal e à empresa de seguros em causa.

ARTIGO 46.º
Inibição do exercício de direitos de voto

1 – Sem prejuízo de outras sanções aplicáveis, a aquisição ou o aumento de participação qualificada determina a inibição do exercício dos direitos de voto que, nos termos da alínea 2) do artigo 3.º, se devam considerar como integrando a participação qualificada, na quantidade necessária para que não seja atingido ou ultrapassado o mais baixo dos limiares estabelecidos no n.º 1 do artigo 43.º que haja sido atingido ou ultrapassado por força da aquisição ou aumento, desde que se verifique alguma das seguintes situações:

a) Não ter o interessado cumprido a obrigação de comunicação prevista no n.º 1 do artigo 43.º;

b) Ter o interessado adquirido ou aumentado participação qualificada depois de ter procedido à comunicação referida no n.º 1 do artigo 43.º, mas antes de o Instituto de Seguros de Portugal se ter pronunciado nos termos do n.º 1 do artigo 44.º;

c) Ter-se o Instituto de Seguros de Portugal oposto ao projecto de aquisição ou de aumento de participação comunicado.

2 – Quando tenha conhecimento de algum dos factos referidos no número anterior, o Instituto de Seguros de Portugal dará conhecimento deles e da consequente inibição ao órgão de administração da empresa de seguros.

3 – O órgão de administração da empresa de seguros que haja recebido a comunicação referida no número anterior deve transmiti-la a todas as assembleias gerais de accionistas que reúnam enquanto se mantiver a inibição.

4 – Se forem exercidos direitos de voto que se encontrem inibidos, serão registados em acta, no sentido em que os mesmos sejam exercidos.

DECRETO-LEI N.º 94-B/98, DE 17-04

5 – A deliberação em que sejam exercidos direitos de voto que se encontrem inibidos, nos termos do n.º 1, é anulável, salvo se se demonstrar que a deliberação teria sido tomada e teria sido idêntica ainda que os direitos não tivessem sido exercidos.

6 – A anulabilidade pode ser arguida nos termos gerais ou ainda pelo Instituto de Seguros de Portugal.

ARTIGO 47.º
Cessação da inibição

Em caso de não cumprimento da obrigação de comunicação prevista no n.º 1 do artigo 43.º, cessa a inibição se o interessado proceder posteriormente à comunicação em falta e o Instituto de Seguros de Portugal não deduzir oposição.

ARTIGO 48.º
Diminuição da participação

1 – Qualquer pessoa, singular ou colectiva, ou entidade legalmente equiparada, que pretenda deixar de deter, directa ou indirectamente, uma participação qualificada numa empresa de seguros ou que pretenda diminuir essa participação de tal modo que a percentagem de direitos de voto ou de partes de capital por ela detida desça de um nível inferior aos limiares de 20 %, um terço ou 50 %, ou que a empresa deixe de ser sua filial, deve informar previamente desses factos o Instituto de Seguros de Portugal e comunicar-lhe o novo montante da sua participação.

2 – É aplicável, com as devidas adaptações, o disposto no artigo 43.º

ARTIGO 49.º
Comunicação pelas empresas de seguros

1 – As empresas de seguros comunicam ao Instituto de Seguros de Portugal, logo que delas tenham conhecimento, as alterações a que se referem os artigos 43.º e 48.º

2 – Uma vez por ano, até ao final do mês em que se realizar a reunião ordinária da assembleia geral, as empresas de seguros comunicam igualmente ao Instituto de Seguros de Portugal a identidade dos detentores de participações qualificadas, com especificação do capital social e dos direitos de voto correspondentes a cada participação.

ARTIGO 50.º
Gestão sã e prudente

Para efeitos do disposto no n.º 1 do artigo 44.º, na apreciação das condições que garantam uma gestão sã e prudente da empresa de seguros, o Instituto de Seguros de Portugal tem em conta a adequação e influência provável do requerente na instituição em causa e a solidez financeira do projecto de aquisição em função dos seguintes critérios:

A PARAFISCALIDADE NA ACTIVIDADE SEGURADORA

a) Idoneidade do requerente, tendo especialmente em consideração o disposto no n.º 2 do artigo 51.º, se se tratar de uma pessoa singular;

b) Idoneidade e qualificação profissional dos membros dos órgãos de administração da empresa de seguros, a designar em resultado da aquisição, nos termos dos artigos 51.º e 51.º-A;

c) Solidez financeira do requerente, designadamente em função do tipo de actividade exercida ou a exercer na empresa de seguros;

d) Capacidade da empresa de seguros para cumprir de forma continuada os requisitos prudenciais aplicáveis, tendo especialmente em consideração, caso integre um grupo, a existência de uma estrutura que permita o exercício de uma supervisão efectiva, a troca eficaz de informações entre as autoridades competentes e a determinação da repartição de responsabilidades entre as mesmas;

e) Existência de razões suficientes para suspeitar que teve lugar, está em curso ou foi tentada uma operação susceptível de configurar a prática de actos de branqueamento de capitais ou de financiamento do terrorismo, na acepção do artigo 1.º da Directiva n.º 2005/60/CE, do Parlamento e do Conselho, de 26 de Outubro, relacionada com a aquisição projectada ou que a aquisição projectada pode aumentar o respectivo risco de ocorrência;

f) (Revogada.)

SECÇÃO IX
Administração e fiscalização

ARTIGO 51.º
Composição dos órgãos sociais

1 – Os membros dos órgãos de administração e fiscalização das sociedades anónimas e das mútuas de seguros, incluindo os que integrem o conselho geral e de supervisão e os administradores não executivos, devem preencher os seguintes requisitos:

a) Qualificação adequada, nomeadamente através de experiência profissional ou de habilitação académica;

b) Idoneidade.

2 – Entre outras circunstâncias atendíveis, considera-se indiciador de falta de idoneidade:

a) A condenação, em Portugal ou no estrangeiro, por crime de furto, abuso de confiança, roubo, burla, extorsão, infidelidade, abuso de cartão de garantia ou de crédito, emissão de cheques sem provisão, usura, insolvência dolosa, insolvência negligente, frustração de créditos, favorecimento de credores, apropriação ilegítima de bens do sector público ou cooperativo, administração danosa em unidade económica do sector público ou cooperativo, falsificação, falsidade, suborno, corrupção, branqueamento de capitais, recepção não autorizada de depósitos ou outros fundos reembolsáveis, prática ilícita de actos ou operações de seguros, de resseguros ou de gestão de fundos de pensões, abuso de informação, manipulação do mercado de valores mobiliários ou pelos crimes previstos no Código das Sociedades Comerciais;

b) A declaração de insolvência do membro do órgão social ou a declaração de insolvência de empresa por ele dominada ou de que tenha sido administrador, director, ou gerente, num e noutro caso, por sentença nacional ou estrangeira;

c) A condenação, em Portugal ou no estrangeiro, pela prática de infracções às regras legais ou regulamentares que regem a actividade das instituições de crédito, sociedades financeiras ou instituições financeiras, das entidades gestoras de fundos de pensões e do mercado de valores mobiliários, bem como a actividade seguradora ou resseguradora e a actividade de mediação de seguros ou de resseguros.

3 – Para efeitos do presente artigo, considera-se verificada a idoneidade dos membros dos órgãos de administração e fiscalização que se encontrem registados junto do Banco de Portugal ou da Comissão do Mercado de Valores Mobiliários, quando esse registo esteja sujeito a condições de idoneidade, a menos que factos supervenientes à data do referido registo conduzam o Instituto de Seguros de Portugal a pronunciar-se em sentido contrário.

4 – Presume-se existir qualificação adequada através de experiência profissional quando a pessoa em causa tenha previamente exercido, com competência, funções de responsabilidade no domínio financeiro e técnico, devendo a duração dessa experiência, bem como a natureza e grau de responsabilidade das funções antes exercidas, estar em consonância com as características e dimensão da empresa de seguros.

5 – O Instituto de Seguros de Portugal, para efeitos da verificação dos requisitos previstos no presente artigo, consulta as autoridades de supervisão competentes nos casos previstos nos n.ºˢ 4 e 5 do artigo 15.º e o Banco de Portugal ou a Comissão do Mercado de Valores Mobiliários sempre que a pessoa em causa esteja registada junto dessas autoridades.

6 – [Revogado]

7 – [Revogado]

8 – No caso de serem eleitos ou designados para os órgãos de administração ou de fiscalização pessoas colectivas, as pessoas por estas designadas para o exercício da função devem cumprir o disposto no presente artigo.

ARTIGO 51.º-A
Acumulação de cargos

1 – O Instituto de Seguros de Portugal pode opor-se a que os membros dos órgãos de administração das sociedades anónimas e das mútuas de seguros exerçam funções de administração noutras sociedades, caso entenda que a acumulação é susceptível de prejudicar o exercício das funções que o interessado já desempenhe, nomeadamente por existirem riscos graves de conflito de interesses, ou, tratando-se de pessoas que exerçam funções executivas, por não se verificar disponibilidade suficiente para o exercício do cargo.

2 – O disposto no número anterior não se aplica ao exercício cumulativo de funções de administração em sociedades que se encontrem em relação de domínio ou de grupo.

SECÇÃO X
Disposições diversas

ARTIGO 52.º
Alteração dos estatutos de empresas de seguros

1 – As seguintes alterações aos estatutos das empresas de seguros carecem de autorização prévia do Instituto de Seguros de Portugal, aplicando-se, com as necessárias adaptações, o estabelecido no artigo 15.º:

a) Firma ou denominação;
b) Objecto;
c) Capital social, quando se trate de redução;
d) Criação de categorias de acções ou alteração das categorias existentes;
e) Estrutura da administração ou de fiscalização;
f) Limitação dos poderes dos órgãos de administração ou de fiscalização;
g) Dissolução.

2 – As restantes alterações estatutárias não carecem de autorização prévia, devendo, porém, ser comunicadas ao Instituto de Seguros de Portugal no prazo de cinco dias, após a respectiva aprovação.

ARTIGO 53.º
Alterações aos estatutos ou nos órgãos de administração de empresas de seguros estrangeiras

As modificações que se verifiquem nos estatutos ou no órgão de administração de uma empresa de seguros estrangeira que, nos termos da secção VI do capítulo I do título II do presente diploma, tenha obtido autorização para a instalação em Portugal de uma sucursal devem, no prazo máximo de 60 dias a partir do momento em que tiverem ocorrido, ser comunicadas ao Instituto de Seguros de Portugal, aplicando-se o disposto no n.º 6 do artigo 14.º

ARTIGO 54.º
Comunicação da composição dos órgãos sociais

1 – O registo dos membros dos órgãos de administração e fiscalização, incluindo os que integrem o conselho geral e de supervisão e os administradores não executivos, deve ser solicitado ao Instituto de Seguros de Portugal, no prazo de 15 dias após a designação, mediante requerimento da sociedade ou dos interessados, juntamente com as provas de que se encontram preenchidos os requisitos definidos no artigo 51.º e, caso aplicável, no artigo 51.º-A.

DECRETO-LEI N.º 94-B/98, DE 17-04

2 – Poderão a sociedade ou os interessados solicitar o registo provisório antes da designação, devendo a conversão do registo em definitivo ser requerida no prazo de 30 dias a contar da designação, sob pena de caducidade.

3 – Em caso de recondução, será esta averbada no registo, a requerimento da sociedade ou dos interessados.

4 – A recusa do registo com fundamento em falta de algum dos requisitos definidos no artigo 51.º e, caso aplicável, no artigo 51.º-A, é comunicada aos interessados e à sociedade, a qual adopta as medidas adequadas para que aqueles cessem imediatamente funções.

5 – A recusa de registo atingirá apenas as pessoas a quem não tenham sido reconhecidas as qualidades necessárias, a menos que tal circunstância respeite à maioria dos membros do órgão em causa, ou que, por outro modo, deixem de estar preenchidas as exigências legais ou estatutárias para o normal funcionamento do órgão, caso em que o Instituto de Seguros de Portugal fixará prazo para que seja regularizada a situação.

6 – Não sendo regularizada a situação no prazo fixado, poderá ser revogada a autorização, nos termos do artigo 19.º, n.º 1, alínea *f*).

7 – O Instituto de Seguros de Portugal deve, no prazo de 15 dias, após a recepção das respostas às consultas que deve realizar, analisar os documentos recebidos em cumprimento do disposto nos números anteriores.

8 – Sem prejuízo do que resulte de outras disposições legais aplicáveis, a falta de registo não determina, por si só, invalidade dos actos praticados pela pessoa em causa no exercício das suas funções.

9 – O disposto no presente artigo aplica-se, com as necessárias adaptações, aos mandatários gerais, tendo em atenção os requisitos definidos no artigo 37.º e, bem assim, o previsto no n.º 1 do artigo 39.º

10 – A falta superveniente de preenchimento de um dos requisitos definidos nos artigos 51.º e 51.ºA constitui fundamento de cancelamento do registo.

ARTIGO 55.º
Registo de acordos parassociais

1 – Os acordos parassociais entre accionistas de empresas de seguros sujeitas à supervisão do Instituto de Seguros de Portugal, relativos ao exercício do direito de voto, devem ser registados no Instituto de Seguros de Portugal, sob pena de ineficácia.

2 – O registo referido no número anterior pode ser requerido por qualquer das partes do acordo até 15 dias antes da assembleia em que se pretenda exercer os direitos de voto que são objecto do acordo.

ARTIGO 56.º
Mudança de sede ou de escritório

As alterações, incluindo o encerramento, dos locais dos escritórios das sucursais autorizadas nos termos da secção VI do presente capítulo devem ser previamente comunicadas ao Instituto de Seguros de Portugal, salvo se a mudança se realizar den-

A PARAFISCALIDADE NA ACTIVIDADE SEGURADORA

tro do mesmo concelho ou para concelho limítrofe, caso em que poderá ser comunicada no prazo de cinco dias após a ocorrência.

ARTIGO 57.º
Abertura de representações em Portugal

A abertura em Portugal de sucursais, delegações, agências ou escritórios pelas empresas de seguros autorizadas nos termos das secções II, III e VI do presente capítulo depende da existência de garantias financeiras suficientes, nos termos legais e regulamentares em vigor.

ARTIGO 58.º
Uso ilegal de denominação

1 – É vedado a qualquer entidade não autorizada para o exercício da actividade seguradora, quer a inclusão na respectiva denominação, quer o simples uso no exercício da sua actividade, do título ou das palavras «empresa de seguros», «seguradora», «segurador», «companhia de seguros», «sociedade de seguros» ou outros que sugiram a ideia do exercício da actividade seguradora.

2 – O uso das referidas expressões, ou equivalentes, por qualquer das entidades autorizadas não deve induzir em erro quanto ao âmbito da actividade que podem exercer.

SECÇÃO XI
Condições de acesso de empresas de resseguros

ARTIGO 58.º-A
Estabelecimento de empresas de resseguros

1 – Ao estabelecimento em território português de empresas de resseguros com sede em Portugal é aplicável, com as devidas adaptações e com as especificidade dos n.ºˢ 2 a 5, o regime previsto nos artigos 11.º e 12.º, nos n.º 1 e alíneas *a)* a *e)* do n.º 2 do artigo 13.º, nos n.ºˢ 1, 2, e 5 a 9 do artigo 14.º, nos artigos 15.º a 23.º e nos artigos 41.º e 42.º

2 – O capital mínimo a que se refere a alínea *b)* do n.º 1 do artigo 13.º corresponde, no que se refere à autorização para a constituição de uma empresa de resseguros a:

a) € 7 500 000, no caso de sociedades anónimas que pretendem exercer actividades de resseguro do ramo «Não vida» ou actividades de resseguro do ramo «Vida»;

b) € 15 000 000, no caso de sociedades anónimas que pretendem exercer todos os tipos de actividades de resseguro;

c) € 3 750 000, no caso de mútuas de resseguros, independentemente do tipo de actividade de resseguro que pretendem exercer.

3 – O requerimento de autorização é instruído com um programa de actividades que inclui, pelo menos, os seguintes elementos:

DECRETO-LEI N.º 94-B/98, DE 17-04

a) Indicação do ramo ou ramos dos riscos que a empresa se propõe cobrir;

b) Tipos de acordos em matéria de resseguros que a empresa tenciona concluir com empresas cedentes;

c) Os princípios orientadores da retrocessão que se propõe seguir;

d) Elementos que constituem o fundo mínimo de garantia;

e) Estrutura orgânica da empresa, com especificação dos meios técnicos e financeiros;

f) Previsão das despesas de instalação dos serviços administrativos e da rede comercial, bem como dos meios financeiros necessários.

4 – O programa de actividades referido no número anterior inclui ainda para cada um dos três primeiros exercícios sociais:

a) Balanço e conta de ganhos e perdas previsionais, com informação separada, pelo menos, para as seguintes rubricas:

i) Capital social subscrito e realizado, despesas de constituição e instalação, investimentos e provisões técnicas de resseguro aceite e resseguro cedido;

ii) Prémios, proveitos dos investimentos, custos com sinistros e variações das provisões técnicas para o resseguro aceite e cedido;

iii) Custos de aquisição, explicitando as comissões, e custos administrativos;

b) Previsão do número de trabalhadores e respectiva massa salarial;

c) Previsão da demonstração dos fluxos de caixa;

d) Previsão dos meios financeiros necessários à representação das provisões técnicas;

e) Previsão da margem de solvência e dos meios financeiros necessários à sua cobertura, em conformidade com as disposições legais em vigor

5 – As hipóteses e os pressupostos em que se baseia a elaboração das projecções incluídas no programa previsto nos n.os 3 e 4 são devida e especificamente fundamentadas.

6 – Ao estabelecimento no território de outros Estados membros de sucursais de empresas de resseguros com sede em Portugal é aplicável, com as devidas adaptações, o regime previsto nas alíneas *a), c)* e *d)* do artigo 24.º, bem como nos n.os 3 a 5.

7 – Ao estabelecimento no território português de sucursais de empresas de resseguros com sede fora do território da União Europeia é aplicável, com as devidas adaptações, o regime previsto nos n.os 1 a 3, 5 e 6 do artigo 34.º, no n.º 1, na alínea *i)* do n.º 2 e no n.º 4 do artigo 35.º, nos artigos 36.º a 39.º, bem como nos n.os 3 a 5.

ARTIGO 58.º-B
Controlo dos detentores de participações qualificadas em empresas de resseguros

Ao controlo dos detentores de participações qualificadas em empresas de resseguros é aplicável, com as devidas adaptações, o regime previsto nos artigos 43.º a 50.º

ARTIGO 58.º-C
Administração e fiscalização de empresas de resseguros

Aos membros dos órgãos de administração e fiscalização de empresas de resseguros é aplicável, com as devidas adaptações, o regime previsto no artigo 51.º e 51.º-A.

ARTIGO 58.º-D
Comunicações subsequentes e registo

São aplicáveis às empresas de resseguros, com as devidas adaptações, as disposições sobre comunicações subsequentes e registo previstas nos artigos 52.º a 57.º

ARTIGO 58.º-E
Uso ilegal de denominação no âmbito da actividade resseguradora

1 – É vedado a qualquer entidade não autorizada para o exercício exclusivo da actividade resseguradora, quer a inclusão na respectiva denominação, quer o simples uso no exercício da sua actividade, do título ou das palavras «empresa de resseguros», «resseguradora», «ressegurador», «companhia de resseguros», «sociedade de resseguros» ou outros que sugiram a ideia do exercício da actividade resseguradora.

2 – É aplicável o disposto no n.º 2 do artigo 58.º

CAPÍTULO II
Da livre prestação de serviços

SECÇÃO I
Livre prestação de serviços no território de outros Estados membros por empresas de seguros com sede em Portugal

ARTIGO 59.º
Notificação

As empresas de seguros com sede em Portugal que pretendam exercer, pela primeira vez, as suas actividades em livre prestação de serviços no território de outro ou outros Estados membros devem notificar previamente o Instituto de Seguros de Portugal, indicando a natureza dos riscos ou compromissos que se propõem cobrir ou assumir.

ARTIGO 60.º
Comunicação

1 – O Instituto de Seguros de Portugal comunica e envia, no prazo de um mês a contar da data da notificação referida no artigo anterior, às autoridades competentes do Estado membro ou dos Estados membros em cujo território a empresa pretende exercer as suas actividades em livre prestação de serviços as seguintes informações e elementos:

a) Uma declaração certificando que a empresa dispõe do mínimo da margem de solvência, calculada nos termos do presente diploma;

b) Os ramos que a empresa está autorizada a explorar;

c) A natureza dos riscos ou compromissos que a empresa se propõe cobrir ou assumir no Estado membro da prestação de serviços.

2 – A comunicação referida no número anterior é notificada pelo Instituto de Seguros de Portugal, em simultâneo, à empresa interessada.

3 – O Instituto de Seguros de Portugal não procede à comunicação referida no n.º 1 sempre que tenha dúvidas fundadas sobre a situação financeira da empresa de seguros, designadamente nos casos em que tenha sido solicitado um plano de reequilíbrio da situação financeira em conformidade com o disposto no artigo 108.º-A e enquanto entender que os direitos dos segurados e beneficiários dos contratos de seguro se encontram em risco.

ARTIGO 61.º
Recusa de comunicação

No caso de o Instituto de Seguros de Portugal não efectuar a comunicação referida no n.º 1 do artigo anterior, deverá, no prazo ali referido, notificar a empresa interessada, fundamentando a recusa de comunicação.

ARTIGO 62.º
Recurso

Da recusa de comunicação a que se refere o artigo anterior cabe, no prazo de 10 dias, recurso para o Ministro das Finanças, cuja decisão admite recurso contencioso, nos termos gerais.

ARTIGO 63.º
Início de actividade

A empresa de seguros pode iniciar a sua actividade em livre prestação de serviços a partir da data em que for comprovadamente notificada, nos termos do n.º 2 do artigo 60.º

ARTIGO 64.º
Alterações

As alterações do conteúdo da notificação referida no artigo 59.º regulam-se pelas disposições aplicáveis da presente secção.

SECÇÃO II
Livre prestação de serviços em Portugal por empresas de seguros com sede no território de outros Estados membros

ARTIGO 65.º
Contribuição obrigatória

As empresas de seguros que operem em Portugal em livre prestação de serviços devem vincular-se e contribuir nas mesmas condições das empresas autorizadas, ao abrigo deste diploma, para qualquer regime destinado a assegurar o pagamento de indemnizações a segurados e terceiros lesados, nomeadamente quanto aos riscos referidos nos n.º 1), alínea *a*), e 10), excluindo a responsabilidade do transportador, do artigo 123.º, assegurando as contribuições legalmente previstas para o FAT e para o FGA.

ARTIGO 66.º
Representante

1 – As empresas de seguros que pretendam cobrir, em livre prestação de serviços, no território português, riscos cuja cobertura seja obrigatória, nos termos da lei, deverão comunicar ao Instituto de Seguros de Portugal o nome e a morada de um representante residente habitualmente em Portugal que reúna todas as informações necessárias relacionadas com os processos de indemnização e a quem devem ser conferidos poderes suficientes para representar a empresa junto dos sinistrados que possam reclamar uma indemnização, incluindo o respectivo pagamento, e para a representar ou, se necessário, para a fazer representar perante os tribunais e autoridades portuguesas no que respeita aos mencionados pedidos de indemnização.

2 – O representante referido no número anterior deve ainda dispor de poderes para representar a empresa, perante o Instituto de Seguros de Portugal, no que se refere ao controlo da existência e validade das apólices de seguro.

3 – [Revogado]

4 – Se a empresa de seguros não tiver designado o representante referido nos números anteriores, as suas funções são assumidas pelo representante designado em Portugal pela empresa de seguros para o tratamento e a regularização no país de residência da vítima dos sinistros ocorridos num Estado distinto do da residência desta.

ARTIGO 67.º
Declaração

As empresas de seguros referidas no artigo anterior que pretendam cobrir o risco referido na alínea *a*) do n.º 10) do artigo 123.º devem apresentar ao Instituto de Seguros de Portugal uma declaração, devidamente redigida em língua portuguesa, comprovativa de que a empresa se tornou membro do Gabinete Português da Carta Verde e que assegurará as contribuições para o FGA, bem como um compromisso de que fornecerá os elementos necessários que permitam ao organismo competente

DECRETO-LEI N.º 94-B/98, DE 17-04

conhecer, no prazo de 10 dias, o nome da seguradora de um veículo implicado num acidente.

SECÇÃO III
Livre prestação de serviços no território de outros Estados membros por empresas de resseguros com sede em Portugal

ARTIGO 67.º-A
Notificação de livre prestação de serviços por empresas de resseguros

As empresas de resseguros com sede em Portugal que pretendam iniciar o exercício das suas actividades em livre prestação de serviços no território de outro ou outros Estados membros é aplicável, com as devidas adaptações, o regime previsto no artigo 59.º

TÍTULO III
Condições de exercício da actividade seguradora e resseguradora

CAPÍTULO I
Garantias prudenciais das empresas de seguros

SECÇÃO I
Garantias financeiras

ARTIGO 68.º
Disposição geral

1 – As empresas de seguros devem dispor, nos termos do presente diploma, das seguintes garantias financeiras: provisões técnicas, margem de solvência e fundo de garantia.

2 – As empresas de seguros que explorem o ramo «Assistência» devem, sem prejuízo do disposto no número anterior, provar, de acordo com o que for estabelecido por norma do Instituto de Seguros de Portugal, que dispõem dos meios técnicos adequados para a efectivação das operações de assistência que se comprometam a garantir.

3 – Os prémios dos novos contratos do ramo «Vida» devem ser suficientes, segundo critérios actuariais razoáveis, para permitir a empresa de seguros satisfazer o conjunto dos seus compromissos e, nomeadamente, constituir as provisões técnicas adequadas.

4 – Para efeitos do referido no número anterior, podem ser tidos em conta todos os aspectos da situação financeira da empresa, sem que a inclusão de recursos alheios a esses prémios e seus proveitos tenha carácter sistemático e permanente, susceptível de pôr em causa, a prazo, a solvência da empresa.

5 – Para efeitos da supervisão das respectivas garantias financeiras, não pode ser recusado um contrato de resseguro celebrado por uma empresa de seguros sediada

em Portugal com uma empresa de seguros referida na alínea *b)* do n.º 1 do artigo 2.º ou com uma empresa de resseguros referida na alínea *c)* do n.º 1 do artigo 2.º, por razões directamente relacionadas com a solidez financeira dessa empresa de seguros ou de resseguros.

SECÇÃO II
Provisões técnicas

SUBSECÇÃO I
Caracterização e descrição

ARTIGO 69.º
Caracterização

1 – O montante das provisões técnicas deve, em qualquer momento, ser suficiente para permitir à empresa de seguros cumprir, na medida do razoavelmente previsível, os compromissos decorrentes dos contratos de seguro.

2 – As empresas de seguros com sede em Portugal devem, para o conjunto da sua actividade, constituir e manter provisões técnicas suficientes, incluindo provisões matemáticas, calculadas:

a) Em relação às responsabilidades decorrentes do exercício da sua actividade no território da União Europeia, incluindo as resultantes dos contratos celebrados em livre prestação de serviços, se for caso disso, nos termos dos artigos seguintes;

b) Em relação às responsabilidades decorrentes do exercício da actividade fora do território da União Europeia, no caso de, pelas disposições legais em vigor em território português, não ser obrigatória a constituição de provisões técnicas de valor superior, nos termos das normas legislativas e regulamentares dos respectivos Estados.

3 – As sucursais de empresas de seguros com sede fora do território da União Europeia devem constituir e manter provisões técnicas suficientes, incluindo provisões matemáticas, calculadas nos termos dos artigos seguintes, em relação às responsabilidades decorrentes do exercício da sua actividade em Portugal.

ARTIGO 70.º
Tipos de provisões técnicas

1 – Sem prejuízo do disposto no número seguinte, as provisões técnicas, a serem constituídas e mantidas pelas empresas de seguros, são:

a) Provisão para prémios não adquiridos;
b) Provisão para riscos em curso;
c) Provisão para sinistros;
d) Provisão para participação nos resultados;
e) Provisão de seguros e operações do ramo «Vida»;
f) Provisão para envelhecimento;
g) Provisão para desvios de sinistralidade.

DECRETO-LEI N.º 94-B/98, DE 17-04

2 – Podem ser criadas outras provisões técnicas por portaria do Ministro das Finanças, sob proposta do Instituto de Seguros de Portugal.

ARTIGO 71.º
Provisão para prémios não adquiridos

A provisão para prémios não adquiridos deve incluir a parte dos prémios brutos emitidos, relativamente a cada um dos contratos de seguro em vigor, a imputar a um ou vários dos exercícios seguintes.

ARTIGO 72.º
Provisão para riscos em curso

A provisão para riscos em curso corresponde ao montante necessário para fazer face a prováveis indemnizações e encargos a suportar após o termo do exercício e que excedam o valor dos prémios não adquiridos e dos prémios exigíveis relativos aos contratos em vigor.

ARTIGO 73.º
Provisão para sinistros

A provisão para sinistros corresponde ao custo total estimado que a empresa de seguros suportará para regularizar todos os sinistros que tenham ocorrido até ao final do exercício, quer tenham sido comunicados ou não, após dedução dos montantes já pagos respeitantes a esses sinistros.

ARTIGO 74.º
Provisão para participação nos resultados

A provisão para participação nos resultados inclui os montantes destinados aos segurados ou aos beneficiários dos contratos, sob a forma de participação nos resultados, desde que tais montantes não tenham sido já distribuídos, nomeadamente mediante inclusão nas provisões matemáticas.

ARTIGO 75.º
Provisão de seguros e operações do ramo «Vida»

1 – A provisão de seguros e operações do ramo «Vida» deve representar o valor das responsabilidades da empresa de seguros líquido das responsabilidades do tomador do seguro, em relação a todos os seguros e operações do ramo «Vida», compreendendo:

a) A provisão matemática;

b) A provisão de seguros e operações do ramo «Vida» em que o risco de investimento é suportado pelo tomador do seguro;

c) A provisão para compromissos de taxa;

d) A provisão de estabilização de carteira.

A PARAFISCALIDADE NA ACTIVIDADE SEGURADORA

2 – Sem prejuízo do disposto no artigo 81.º, a provisão matemática corresponde ao valor actuarial estimado dos compromissos da empresa de seguros, incluindo as participações nos resultados já distribuídas e após dedução do valor actuarial dos prémios futuros.

3 – O cálculo desta provisão é efectuado com base em métodos actuariais reconhecidos.

4 – A provisão de seguros e operações do ramo «Vida» em que o risco de investimento é suportado pelo tomador do seguro será determinada em função dos activos afectos ou dos índices ou activos que tenham sido fixados como referência, para determinar o valor das importâncias seguras.

5 – Sempre que nos seguros e operações referidos no número anterior existam riscos que não sejam efectivamente assumidos pelo tomador do seguro, deverá ser constituída para esses riscos a respectiva provisão matemática e, se for caso disso, a provisão para compromissos de taxa.

6 – A provisão matemática referida no número anterior deverá ser constituída, nomeadamente, para cobrir os riscos de mortalidade, as despesas administrativas, as prestações garantidas na data de vencimento ou os valores de resgate garantidos.

7 – A provisão para compromissos de taxa deve ser constituída relativamente a todos os seguros e operações do ramo «Vida» em que exista uma garantia de taxa de juro, sempre que se verifique uma das situações previstas nos n.ºs 7 e 8 do artigo 82.º

8 – A provisão de estabilização de carteira deve ser constituída relativamente aos contratos de seguro de grupo, anuais renováveis, garantindo como cobertura principal o risco de morte, com vista a fazer face ao agravamento do risco inerente à progressão da média etária do grupo seguro, sempre que aqueles sejam tarifados com base numa taxa única, a qual, por compromisso contratual, se deva manter por um certo prazo.

9 – A provisão referida no número anterior é igualmente constituída relativamente aos riscos complementares em idênticas circunstâncias.

ARTIGO 75.º-A
Outras provisões a constituir para os seguros e operações do ramo «Vida»

No que diz respeito aos seguros e operações do ramo «Vida», as empresas de seguros devem ainda constituir:

a) A provisão para prémios não adquiridos e a provisão para riscos em curso, no caso dos seguros e operações cujo período de cobertura seja igual ou inferior a um ano;

b) A provisão para sinistros, incluindo a provisão para sinistros ocorridos mas não declarados;

c) A provisão para participação nos resultados.

DECRETO-LEI N.º 94-B/98, DE 17-04

ARTIGO 76.º
Provisão para envelhecimento

A provisão para envelhecimento deve ser constituída para o seguro de doença praticado segundo a técnica do seguro de vida, sendo-lhe aplicáveis, com as necessárias adaptações, as disposições dos n.ºs 2 e 3 do artigo 75.º

ARTIGO 77.º
Provisão para desvios de sinistralidade

1 – A provisão para desvios de sinistralidade destina-se a fazer face a sinistralidade excepcionalmente elevada nos ramos de seguros em que, pela sua natureza, se preveja que aquela tenha maiores oscilações.

2 – Esta provisão deve ser constituída para o seguro de crédito, seguro de caução, seguro de colheitas, risco de fenómenos sísmicos e resseguro aceite – risco atómico.

3 – Por portaria do Ministro das Finanças, sob proposta do Instituto de Seguros de Portugal, a provisão para desvios de sinistralidade pode ser alargada a outros ramos de seguro.

SUBSECÇÃO II
Método de cálculo
ARTIGO 78.º
Cálculo das provisões técnicas

As provisões técnicas serão calculadas nos termos do presente diploma e de acordo com os métodos, regras e princípios que vierem a ser fixados por norma do Instituto de Seguros de Portugal.

ARTIGO 79.º
Cálculo da provisão para prémios não adquiridos

1 – A provisão para prémios não adquiridos deve, sem prejuízo do disposto nos números seguintes, ser calculada contrato a contrato pro rata temporis.

2 – Nos ramos ou modalidades de seguros nos quais o ciclo do risco não permita aplicar o método pro rata temporis deverão aplicar-se métodos de cálculo que tenham em conta a diversidade da evolução do risco no tempo.

3 – As empresas de seguros, mediante comunicação ao Instituto de Seguros de Portugal, poderão utilizar métodos estatísticos, e, em particular, métodos proporcionais ou globais, no pressuposto de que estes métodos conduzam aproximadamente a resultados idênticos aos dos cálculos individuais.

ARTIGO 79.º-A
Cálculo da provisão para riscos em curso

A provisão para riscos em curso deve ser calculada, nos termos estabelecidos por norma do Instituto de Seguros de Portugal, com base nos sinistros e nos custos

A PARAFISCALIDADE NA ACTIVIDADE SEGURADORA

administrativos susceptíveis de ocorrer após o final do exercício e cobertos por contratos celebrados antes daquela data, desde que o montante estimado exceda a provisão para prémios não adquiridos e os prémios exigíveis relativos a esses contratos.

ARTIGO 80.º
Cálculo da provisão para sinistros

1 – O montante da provisão em relação aos sinistros comunicados deve, sem prejuízo do disposto no número seguinte, ser calculado sinistro a sinistro.

2 – As empresas de seguros, mediante comunicação ao Instituto de Seguros de Portugal, podem, em relação aos sinistros já comunicados mas ainda não regularizados e relativamente aos ramos ou modalidades em que tal se considere tecnicamente aconselhável, utilizar métodos estatísticos, desde que a provisão constituída seja suficiente, atendendo à natureza dos riscos.

3 – O montante da provisão correspondente aos sinistros não comunicados à data do encerramento do exercício deve ser calculado tendo em conta a experiência do passado, no que se refere ao número e montante dos sinistros declarados após o encerramento do exercício.

4 – As empresas de seguros devem comunicar ao Instituto de Seguros de Portugal o sistema de cálculo e formas de actualização da provisão referida no número anterior.

5 – Quando, a título de um sinistro, tiverem de ser pagas indemnizações sob a forma de renda, os montantes a provisionar para este fim devem ser calculados com base em métodos actuariais reconhecidos, aplicando-se, com as necessárias adaptações, os princípios específicos do ramo «Vida».

SUBSECÇÃO III
Princípios específicos do ramo «Vida»

ARTIGO 81.º
Métodos de cálculo

1 – As provisões técnicas do ramo «Vida» devem ser calculadas segundo um método actuarial prospectivo suficientemente prudente que, tendo em atenção os prémios futuros a receber, tome em conta todas as obrigações futuras de acordo com as condições fixadas para cada contrato em curso e, nomeadamente:

a) Todas as prestações garantidas, incluindo os valores de resgate garantidos;

b) As participações nos resultados a que os beneficiários e os segurados já têm colectiva ou individualmente direito, qualquer que seja a qualificação dessas participações adquiridas, declaradas ou concedidas;

c) Todas as opções a que o segurado ou beneficiário tem direito de acordo com as condições do contrato;

d) Os encargos da empresa, incluindo as comissões.

2 – Pode ser utilizado um método retrospectivo caso seja possível demonstrar que as provisões técnicas resultantes deste método não são inferiores às resultantes

DECRETO-LEI N.º 94-B/98, DE 17-04

de um método prospectivo suficientemente prudente ou caso não seja possível aplicar para o tipo de contrato em causa o método prospectivo.

3 – Uma avaliação prudente tem de tomar em conta uma margem razoável para variações desfavoráveis dos diferentes factores, não podendo basear-se exclusivamente nas hipóteses consideradas mais prováveis.

4 – O método de avaliação das provisões técnicas deve ser prudente e tomar em consideração o método de avaliação dos activos representativos dessas provisões.

5 – As provisões técnicas devem ser calculadas separadamente para cada contrato, sem prejuízo da possibilidade de utilização de aproximações razoáveis ou de generalizações, quando as mesmas conduzam, aproximadamente, a resultados equivalentes aos cálculos individuais.

6 – O princípio do cálculo individual mencionado no número anterior não obsta à constituição de provisões suplementares para os riscos gerais que não sejam individualizados.

7 – Sempre que o valor de resgate de um contrato esteja garantido, o montante das provisões matemáticas para esse contrato deve ser sempre, pelo menos, igual ao valor garantido nesse momento.

ARTIGO 82.º
Taxa técnica de juro

1 – A taxa técnica de juro a utilizar no cálculo da provisão matemática do ramo «Vida» deve ser escolhida de forma prudente, tendo em consideração a natureza e a maturidade dos compromissos assumidos, bem como os activos em que a empresa de seguros se propõe investir os valores correspondentes àquela provisão.

2 – Sem prejuízo do disposto nos n.ºs 3, 4 e 5, para os contratos que incluem uma garantia de taxa de juro, o Instituto de Seguros de Portugal fixará, por norma regulamentar, uma taxa de juro máxima que pode variar consoante a divisa em que o contrato estiver expresso.

3 – A fixação de uma taxa de juro máxima não impede que a empresa de seguros utilize uma taxa mais baixa.

4 – Nas situações em que a empresa de seguros efectue o investimento autónomo das provisões matemáticas, afectando aplicações a determinados contratos de seguro, a taxa técnica de juro a utilizar no cálculo da provisão matemática do ramo «Vida» pode ser determinada em função da rendibilidade dessas aplicações, desde que sejam cumpridas as margens e os requisitos estabelecidos por norma regulamentar do Instituto de Seguros de Portugal.

5 – A taxa máxima referida no n.º 2 pode, nos termos regulamentares, não se aplicar ainda às seguintes categorias de contratos:

a) Contratos de seguros e operações ligados a fundos de investimento;
b) Contratos de prémio único com uma duração máxima de oito anos;
c) Contratos sem participação nos resultados.

Nos casos referidos nas últimas duas alíneas, ao escolher uma taxa de juro prudente, pode tomar-se em conta a moeda em que o contrato está expresso e os acti-

A PARAFISCALIDADE NA ACTIVIDADE SEGURADORA

vos correspondentes em carteira nessa data, bem como o rendimento previsível dos activos futuros.

A taxa de juro utilizada nunca pode ser superior ao rendimento dos activos, calculado segundo as regras de contabilidade para a actividade seguradora, após dedução adequada.

6 – A taxa máxima fixada nos termos do n.º 2 será notificada à Comissão Europeia e às autoridades competentes dos Estados membros que o solicitarem.

7 – Se, num determinado exercício, a taxa de rendibilidade efectiva das aplicações que se encontram a representar as provisões matemáticas do ramo «Vida», com excepção daquelas que estão especificamente afectas a determinados contratos de seguro, for inferior à taxa técnica de juro média ponderada utilizada na determinação das provisões matemáticas dos produtos sem a citada afectação específica, a empresa de seguros deve constituir nas suas contas uma provisão técnica adicional, nos termos a definir por norma regulamentar do Instituto de Seguros de Portugal.

8 – De igual modo, se uma empresa de seguros não cumprir as margens e os requisitos que permitem a aplicação do disposto no n.º 4, haverá lugar à constituição de uma provisão técnica adicional, nos termos a definir por norma regulamentar do Instituto de Seguros de Portugal.

9 – A provisão técnica adicional referida nos n.ºs 7 e 8, denominada provisão para compromissos de taxa, deve ser incluída na provisão de seguros e operações do ramo «Vida», sendo globalmente calculada para os seguros e operações do ramo «Vida» a que diga respeito.

10 – O disposto nos n.ºs 7 e 8 não se aplicará se a empresa de seguros demonstrar, com base em critérios razoáveis e prudentes e na situação real da sua carteira de activos e responsabilidades, que a rendibilidade a obter no exercício em curso e nos seguintes será suficiente para garantir os compromissos assumidos.

11 – Os princípios constantes dos números anteriores aplicam-se, com as devidas adaptações, a todos os seguros relativamente aos quais sejam constituídas provisões matemáticas, nos termos da lei em vigor.

ARTIGO 83.º
Elementos estatísticos e encargos

Os elementos estatísticos de avaliação e, bem assim, os correspondentes aos encargos devem ser escolhidos de forma prudente, tendo em atenção o Estado membro do compromisso, o tipo de apólice, bem como os encargos administrativos e as comissões previstas.

ARTIGO 84.º
Participação nos resultados

Relativamente aos contratos com participação nos resultados, o método de avaliação das provisões técnicas pode tomar em consideração, de forma implícita ou explícita, todos os tipos de participações futuras nos resultados, de modo coerente com as outras hipóteses sobre a evolução futura e com o método actual de participação nos resultados.

ARTIGO 85.º
Encargos futuros

A provisão para encargos futuros pode ser implícita, tomando em consideração, nomeadamente, os prémios futuros líquidos dos encargos de gestão, não devendo, porém, a provisão total implícita ou explícita ser inferior à provisão que uma avaliação prudente teria determinado.

ARTIGO 86.º
Continuidade do método

O método de cálculo das provisões técnicas não deve ser alterado anualmente, de maneira descontínua, na sequência de alterações arbitrárias no método ou nos elementos de cálculo e deve permitir que a participação nos resultados seja calculada de maneira razoável durante o prazo de validade do contrato.

ARTIGO 87.º
Transparência

As empresas de seguros devem pôr à disposição do público as bases e os métodos utilizados no cálculo das provisões técnicas, incluindo das provisões constituídas para participação nos resultados.

SUBSECÇÃO IV
Representação e caucionamento

ARTIGO 88.º
Representação das provisões técnicas

1 – As provisões técnicas, incluindo as provisões matemáticas, devem, a qualquer momento, ser representadas na sua totalidade por activos equivalentes, móveis ou imóveis, e congruentes.

2 – Os activos referidos no número anterior devem estar obrigatoriamente localizados:

a) Em qualquer parte do território da União Europeia, no que respeita às actividades aí exercidas pelas empresas de seguros com sede em Portugal;

b) Em qualquer parte do território da União Europeia ou no território do Estado não membro da União Europeia em que estiverem estabelecidas, no que respeita às actividades neste exercidas pelas empresas de seguros com sede em Portugal;

c) Em território português, no que respeita às actividades aí exercidas pelas sucursais das empresas de seguros com sede fora do território da União Europeia.

A PARAFISCALIDADE NA ACTIVIDADE SEGURADORA

3 – Os activos representativos das provisões técnicas constituem um património especial que garante especialmente os créditos emergentes dos contratos de seguro, não podendo ser penhorados ou arrestados, salvo para pagamento desses mesmos créditos.

4 – Os activos referidos no número anterior não podem, em caso algum, ser oferecidos a terceiros, para garantia, qualquer que seja a forma jurídica a assumir por essa garantia.

5 – Em caso de liquidação, os créditos referidos no n.º 3 gozam de um privilégio mobiliário especial sobre os bens móveis ou imóveis que representem as provisões técnicas, sendo graduados em primeiro lugar.

6 – Os activos referidos no n.º 3 serão avaliados líquidos das dívidas contraídas para a sua aquisição.

7 – As empresas de seguros devem efectuar o inventário permanente dos activos representativos das provisões técnicas.

8 – Devem ser depositados em contas próprias junto de estabelecimentos de crédito os activos representativos das provisões técnicas susceptíveis de depósito.

ARTIGO 89.º
Valorimetria dos activos

Os critérios de valorimetria dos activos representativos das provisões técnicas são fixados pelo Instituto de Seguros de Portugal.

ARTIGO 90.º
Constituição dos activos

1 – A natureza dos activos representativos das provisões técnicas, os respectivos limites percentuais, bem como os princípios gerais da congruência e da avaliação desses activos, são fixados por norma do Instituto de Seguros de Portugal.

2 – As empresas de seguros, na constituição dos activos representativos das suas provisões técnicas, devem ter em conta o tipo de operações que efectuam de modo a garantir a segurança, o rendimento e a liquidez dos respectivos investimentos, assegurando uma diversificação e dispersão prudentes dessas aplicações.

ARTIGO 91.º
Comunicação ao Instituto de Seguros de Portugal

[Revogado]

ARTIGO 92.º
Caucionamento das provisões técnicas

1 – As sucursais de empresas de seguros com sede fora do território da União Europeia devem caucionar à ordem do Instituto de Seguros de Portugal as provisões técnicas constituídas, calculadas e representadas de harmonia com o disposto na presente secção.

DECRETO-LEI N.º 94-B/98, DE 17-04

2 – As sucursais referidas no número anterior que tenham as provisões técnicas, calculadas nos termos da presente secção, insuficientemente representadas podem efectuar depósitos em numerário na Caixa Geral de Depósitos, à ordem do Instituto de Seguros de Portugal.

SECÇÃO III
Margem de solvência

ARTIGO 93.º
Empresas de seguros com sede em Portugal

1 – As empresas de seguros com sede em Portugal devem ter, em permanência, uma margem de solvência disponível suficiente em relação ao conjunto das suas actividades.

2 – A margem de solvência disponível de uma empresa de seguros consiste no seu património, correspondente aos elementos referidos no n.º 1 do artigo 96.º e no n.º 1 do artigo 98.º, livre de toda e qualquer obrigação previsível e deduzido dos elementos incorpóreos.

3 – A margem de solvência disponível pode igualmente ser constituída pelos elementos referidos no n.º 2 do artigo 96.º e no n.º 2 do artigo 98.º e, mediante autorização prévia do Instituto de Seguros de Portugal, pelos elementos referidos no n.º 3 do artigo 96.º e no n.º 3 do artigo 98.º

4 – Para as actividades de resseguro aceite do ramo «Vida», a margem de solvência é determinada de acordo com o regime fixado nos n.ºˢ 1 a 3 do artigo 122.º-H e no artigo 122.º-I, desde que a empresa de seguros preencha uma das seguintes condições:

a) Os prémios de resseguro aceite serem superiores a 10 % dos prémios totais;
b) Os prémios de resseguro aceite serem superiores a € 50 000 000;
c) As provisões técnicas resultantes do resseguro aceite serem superiores a 10 % das provisões técnicas totais.

ARTIGO 94.º
Sucursais de empresas de seguros com sede fora da União Europeia

1 – As sucursais de empresas de seguros com sede fora do território da União Europeia devem ter, em permanência, uma margem de solvência disponível suficiente em relação ao conjunto da sua actividade em Portugal.

2 – A margem de solvência disponível das sucursais referidas no número anterior é constituída por activos livres de toda e qualquer obrigação previsível e deduzidos dos elementos incorpóreos

3 – Os activos correspondentes à margem de solvência disponível devem estar localizados em Portugal até à concorrência do fundo de garantia e, na parte excedente, no território da União Europeia.

4 – Para as actividades de resseguro aceite do ramo «Vida», a margem de solvência é determinada de acordo com o regime fixado nos n.ºˢ 4 a 6 do artigo 122.º-H

A PARAFISCALIDADE NA ACTIVIDADE SEGURADORA

e no artigo 122.º-I, desde que a sucursal preencha uma das condições previstas no n.º 4 do artigo anterior.

ARTIGO 95.º
Valorimetria

1 – Os critérios de valorimetria dos activos correspondentes à margem de solvência disponível são fixados pelo Instituto de Seguros de Portugal.

2 – O Instituto de Seguros de Portugal pode, em casos devidamente justificados, reavaliar para valores inferiores todos os elementos elegíveis para efeitos da margem de solvência disponível, em especial, se se verificar uma alteração significativa do valor de mercado destes elementos desde o final do último exercício.

ARTIGO 96.º
Margem de solvência disponível relativa aos ramos «Não vida»

1 – Para efeitos da margem de solvência disponível, no que respeita a todos os ramos de seguros «Não vida», o património das empresas de seguros com sede em Portugal compreende:

a) O capital social realizado ou, nas mútuas de seguros, o fundo inicial ou capital de garantia efectivamente realizado, acrescido das contas dos associados que satisfaçam cumulativamente os seguintes critérios:

i) Estipulação nos estatutos que o pagamento aos associados a partir dessas contas só pode ser efectuado desde que tal pagamento não origine a descida da margem de solvência disponível abaixo do nível exigido ou, após a dissolução da empresa, se todas as outras dívidas da empresa tiverem sido liquidadas;

ii) Estipulação nos estatutos que os pagamentos referidos na alínea anterior, efectuados por outras razões além da rescisão individual de filiação, são notificados ao Instituto de Seguros de Portugal com a antecedência mínima de um mês e podem, durante esse período, ser proibidos;

iii) Estipulação nos estatutos que as respectivas disposições sobre esta matéria, só podem ser alteradas se não houver objecções do Instituto de Seguros de Portugal, sem prejuízo dos critérios referidos.

b) Os prémios de emissão, as reservas de reavaliação e quaisquer outras reservas, legais ou livres, não representativas de qualquer compromisso;

c) O saldo de ganhos e perdas, deduzido de eventuais distribuições.

2 – A margem de solvência disponível pode igualmente ser constituída pelos seguintes elementos:

a) Acções preferenciais e empréstimos subordinados, até ao limite de 50 % da margem de solvência disponível ou da margem de solvência exigida, consoante a que for menor, admitindo-se, até ao limite de 25 % desta margem, empréstimos subordinados com prazo fixo ou acções preferenciais com duração determinada, desde que:

i) Em caso de falência ou liquidação da empresa, existam acordos vinculativos nos termos dos quais os empréstimos subordinados ou as acções preferenciais ocupem uma categoria inferior em relação aos créditos de todos os outros credores e só sejam reembolsados após a liquidação de todas as outras dívidas da empresa;

ii) Um exemplar dos contratos de empréstimos subordinados seja entregue ao Instituto de Seguros de Portugal previamente à sua assinatura;

iii) Os empréstimos subordinados preencham ainda as seguintes condições:

(1) Consideração, apenas dos fundos efectivamente recebidos;

(2) Fixação do prazo inicial para os empréstimos a prazo fixo em, pelo menos, cinco anos, devendo a empresa de seguros apresentar ao Instituto de Seguros de Portugal, para aprovação, o mais tardar um ano antes do termo do prazo, um plano indicando a forma como a margem de solvência disponível será mantida ou colocada ao nível desejado no termo do prazo, a menos que o montante até ao qual o empréstimo pode ser incluído nos elementos da mencionada margem seja progressivamente reduzido durante, pelo menos, os cinco últimos anos anteriores à data do vencimento, podendo o Instituto de Seguros de Portugal autorizar o reembolso antecipado desses fundos, desde que o pedido tenha sido feito pela empresa de seguros emitente e que a sua margem de solvência disponível não desça abaixo do nível exigido;

(3) Reembolso, não estando fixada data de vencimento da dívida para os empréstimos, mediante um pré-aviso de cinco anos, a menos que tenham deixado de ser considerados elementos da margem de solvência disponível ou que haja acordo prévio do Instituto de Seguros de Portugal para o reembolso antecipado, caso em que a empresa de seguros informará este Instituto, pelo menos seis meses antes da data do reembolso, indicando a margem de solvência disponível e a margem de solvência exigida antes e depois do reembolso, só devendo o referido Instituto autorizá-lo se a margem de solvência disponível não descer abaixo do nível exigido;

(4) Não inclusão, no contrato de empréstimo, de cláusulas que estabeleçam, em circunstâncias determinadas, o reembolso da dívida antes da data acordada para o seu vencimento, excepto em caso de liquidação da empresa de seguros;

(5) Alteração do contrato de empréstimo apenas com autorização do Instituto de Seguros de Portugal.

b) Títulos de duração indeterminada e outros instrumentos, incluindo as acções preferenciais não abrangidas pela alínea anterior, num máximo de 50 % da margem de solvência disponível ou da margem de solvência exigida, consoante a que for menor, para o total desses títulos e dos empréstimos subordinados também referidos na alínea anterior, desde que preencham as seguintes condições:

i) Não serem reembolsáveis por iniciativa do portador ou sem autorização prévia do Instituto de Seguros de Portugal;

ii) Permitirem o diferimento do pagamento dos juros do empréstimo conferido à empresa de seguros pelo contrato de emissão;

iii) Preverem a total subordinação dos créditos do mutuante sobre a empresa de seguros aos créditos de todos os credores não subordinados;

A PARAFISCALIDADE NA ACTIVIDADE SEGURADORA

iv) Conterem, nos documentos que regulam a emissão dos títulos, a previsão da capacidade da dívida e dos juros não pagos para absorver os prejuízos, permitindo, em simultâneo, a continuação da actividade da empresa de seguros;

v) Preverem a relevância exclusiva, para este efeito, dos montantes efectivamente pagos.

3 – Mediante pedido devidamente fundamentado da empresa de seguros, o Instituto de Seguros de Portugal pode autorizar que a margem de solvência disponível inclua igualmente:

a) Metade da parte do capital social ou, nas mútuas de seguros, do fundo inicial ou capital de garantia, ainda não realizado, desde que a parte realizada atinja, pelo menos, 25 % do valor do capital social, ou do fundo inicial ou capital de garantia, até ao limite de 50 % da margem de solvência disponível ou da margem de solvência exigida, consoante a que for menor;

b) Os reforços de quotizações que as mútuas de seguros e as empresas sob a forma mútua de quotizações variáveis podem exigir aos seus associados no decurso do exercício, até ao limite máximo de metade da diferença entre as quotizações máximas e as quotizações efectivamente exigidas, desde que esses reforços não representem mais de 50 % da margem de solvência disponível ou da margem de solvência exigida, consoante a que for menor;

c) As mais-valias, não incluídas na reserva de reavaliação, que não tenham carácter excepcional e que resultem da avaliação de elementos do activo.

4 – Para efeitos da determinação da margem de solvência disponível devem ser deduzidos aos elementos referidos nos números anteriores os montantes referentes a:

a) Acções próprias directamente detidas pela empresa de seguros;

b) Imobilizado incorpóreo;

c) Menos-valias, não incluídas na reserva de reavaliação, que não tenham carácter excepcional e que resultem da avaliação de elementos do activo;

d) Participações, na acepção da alínea g) do artigo 172.º-A, detidas pela empresa de seguros:

i) Em empresas de seguros na acepção das alíneas a) e b) do artigo 172.º-A;

ii) Em empresas de resseguros na acepção das alíneas c) e d) do artigo 172.º-A;

iii) Em sociedades gestoras de participações no sector dos seguros na acepção da alínea j) do artigo 172.º-A;

iv) Em instituições de crédito, sociedades financeiras e instituições financeiras na acepção, respectivamente, dos artigos 2.º, 5.º e 13.º, n.º 4, do Regime Geral das Instituições de Crédito e Sociedades Financeiras;

v) Em empresas de investimento na acepção do n.º 4 do artigo 199.º-A do referido Regime Geral das Instituições de Crédito e Sociedades Financeiras;

e) Os instrumentos referidos no n.º 2 que a empresa de seguros detenha relativamente às entidades definidas na alínea anterior em que detém uma participação;

DECRETO-LEI N.º 94-B/98, DE 17-04

f) Os empréstimos subordinados e os instrumentos referidos nos n.ᵒˢ 8), 9), 11), 12) e 13) do n.º 3 do aviso do Banco de Portugal n.º 12/92, publicado no Diário da República, 2.ª série, n.º 299, de 29 de Dezembro de 1992, que a empresa de seguros detenha relativamente às entidades definidas na alínea *d)* em que detém uma participação;

g) Responsabilidades previsíveis que, nos termos de norma regulamentar, o Instituto de Seguros de Portugal considere que não se encontram, para esse efeito, adequadamente reflectidas nas contas da empresa de seguros.

5 – Sempre que haja detenção temporária de acções de uma outra instituição de crédito, empresa de investimento, sociedade financeira, instituição financeira, empresa de seguros ou de resseguros ou sociedade gestora de participações no sector dos seguros para efeitos de uma operação de assistência financeira destinada a sanear e recuperar essa entidade, o Instituto de Seguros de Portugal pode autorizar derrogações às disposições em matéria de dedução a que se referem as alíneas *d)* a *f)* do número anterior.

6 – Em alternativa à dedução dos elementos previstos nas alíneas *d)* a *f)* do n.º 4, o Instituto de Seguros de Portugal pode autorizar que a empresa de seguros efectue, com as devidas adaptações, o cálculo da adequação de fundos próprios previsto no artigo 11.º do decreto-lei que transpõe a Directiva n.º 2002/87/CE, do Parlamento Europeu e do Conselho, de 16 de Dezembro, relativa à supervisão complementar de instituições de crédito, empresas de seguros e empresas de investimento de um conglomerado financeiro.

7 – A opção prevista no número anterior, assim como a forma de cálculo da adequação de fundos próprios, deve ser aplicada de modo consistente ao longo do tempo.

8 – A dedução dos elementos previstos nas alíneas d) a f) do n.º 4 não tem de ser efectuada sempre que a empresa de seguros esteja sujeita à supervisão complementar ao nível do grupo de seguros ou à supervisão complementar ao nível do conglomerado financeiro.

9 – Para efeitos de determinação da margem de solvência disponível o Instituto de Seguros de Portugal pode ainda deduzir aos elementos referidos nos n.ᵒˢ 1 a 3 os montantes referentes a subavaliações de elementos do passivo, decorrentes de uma aplicação inadequada da regulamentação em vigor.

10 – Para as sucursais com sede fora do território da União Europeia, a margem de solvência disponível relativa aos ramos «Não vida» compreende:

a) As reservas, legais e livres, incluindo as reservas de reavaliação, não representativas de qualquer compromisso;

b) O saldo de ganhos e perdas, deduzido de eventuais transferências;

c) Os empréstimos subordinados, nos termos e condições referidos na alínea a) do n.º 2;

d) Os títulos de duração indeterminada e outros instrumentos, com exclusão de todas e quaisquer acções preferenciais, nos termos e condições da alínea *b)* do n.º 2;

e) Mediante autorização prévia do Instituto de Seguros de Portugal, as mais-valias, não incluídas na reserva de reavaliação, que não tenham carácter excepcional e que

A PARAFISCALIDADE NA ACTIVIDADE SEGURADORA

resultem da avaliação de elementos do activo, desde que devidamente fundamentadas pela sucursal.

11 – Para efeitos da determinação da margem de solvência disponível das sucursais com sede fora do território da União Europeia devem ser deduzidos aos elementos referidos no número anterior os montantes mencionados nas alíneas *b*) a *g*) do n.º 4 e no n.º 5, aplicando-se igualmente o disposto nos n.ºˢ 6 a 9.

ARTIGO 97.º
Determinação da margem de solvência exigida para os ramos «Não vida»

1 – A margem de solvência exigida, no que respeita a todos os ramos de seguros «Não vida», é calculada em relação ao montante anual dos prémios ou ao valor médio anual dos custos com sinistros nos três últimos exercícios, devendo o seu valor ser igual ao mais elevado dos resultados obtidos pela aplicação de dois métodos distintos descritos nos números seguintes.

2 – O primeiro método referido no número anterior baseia-se no montante anual dos prémios e corresponde ao valor mais elevado entre os prémios brutos emitidos e os prémios adquiridos e traduz-se na aplicação da seguinte fórmula de cálculo:

a) Ao volume global dos prémios de seguro directo e de resseguro aceite do último exercício, deduz-se o valor dos impostos e demais taxas que incidiram sobre esses prémios e que foram considerados nas contas de ganhos e perdas da empresa de seguros;

b) Divide-se o montante assim obtido em duas parcelas, em que a primeira vai até € 50 000 000 e a segunda abrange o excedente, adicionando-se 18 % do valor da primeira parcela e 16 % do valor da segunda;

c) Multiplica-se o valor obtido nos termos da alínea anterior pela relação existente, relativamente à soma dos três últimos exercícios, entre o montante dos custos com sinistros a cargo da empresa de seguros após a cessão em resseguro e o montante total dos custos com sinistros, não podendo, no entanto, essa relação ser inferior a 50 %.

3 – O segundo dos métodos referidos no n.º 1 baseia-se na média dos valores dos custos com sinistros dos três últimos exercícios e traduz-se na aplicação da seguinte fórmula de cálculo:

a) Adicionam-se o valor global dos sinistros pagos em seguro directo (sem dedução do valor suportado pelos cessionários ou retrocessionários) e o valor global dos sinistros pagos em resseguro aceite ou em retrocessão referentes aos três últimos exercícios;

b) Soma-se o montante global das provisões para sinistros em seguro directo e em resseguro aceite, constituídas no último exercício;

c) Deduz-se o valor global dos reembolsos efectivamente recebidos nos três últimos exercícios;

d) Deduz-se o valor global das provisões para sinistros em seguro directo e em resseguro aceite, constituídas no início do segundo exercício anterior ao último exercício encerrado;

e) Divide-se um terço do montante obtido em duas parcelas, em que a primeira vai até € 35 000 000 e a segunda abrange o excedente, adicionando-se 26 % do valor da primeira parcela e 23 % do valor da segunda;

f) Multiplica-se o valor obtido nos termos da alínea anterior pela relação existente, relativamente à soma dos três últimos exercícios, entre o montante dos custos com sinistros a cargo da empresa de seguros após a cessão em resseguro e o montante total dos custos com sinistros, não podendo, no entanto, essa relação ser inferior a 50 %.

4 – Quando uma empresa de seguros explore, primordialmente, apenas um ou vários dos riscos de crédito, tempestade, granizo ou geada, o período de referência para o valor médio anual dos custos com sinistros, referido na alínea *c)* do n.º 2 e no n.º 3, é reportado aos sete últimos exercícios.

5 – Na aplicação dos métodos descritos nos n.ᵒˢ 2 e 3 os prémios e a média dos valores dos custos com sinistros dos três últimos exercícios relativos aos ramos referidos nos n.ᵒˢ 11, 12 e 13 do artigo 123.º serão majorados em 50 %.

6 – O factor de redução por efeito do resseguro, referido nas alíneas *c)* do n.º 2 e *f)* do n.º 3, pode ser diminuído por determinação do Instituto de Seguros de Portugal, quando se verificar que uma empresa de seguros alterou, de modo significativo e desde o último exercício, a natureza e fiabilidade dos contratos de resseguro, ou for insignificante ou mesmo inexistente, ao abrigo dos contratos de resseguro estabelecidos, a transferência de risco para os resseguradores.

7 – Mediante pedido devidamente fundamentado da empresa de seguros, o Instituto de Seguros de Portugal pode autorizar que os montantes recuperáveis das entidades com objecto específico de titularização de riscos de seguros sejam deduzidos a título de resseguro para efeitos do cálculo referido nas alíneas *c)* do n.º 2 e *f)* do n.º 3.

8 – As percentagens aplicáveis às parcelas referidas na alínea *b)* do n.º 2 e na alínea *e)* do n.º 3 serão reduzidas para um terço no que se respeita ao seguro de doença praticado segundo a técnica do seguro de vida se, cumulativamente:

a) Os prémios recebidos forem calculados com base em tabelas de morbidez;

b) For constituída uma provisão para envelhecimento;

c) For cobrado um prémio adicional para constituir uma margem de segurança de montante apropriado;

d) A empresa puder, o mais tardar até ao final do terceiro ano de vigência do contrato, proceder à sua denúncia;

e) O contrato prever a possibilidade de aumentar os prémios ou reduzir as prestações, mesmo para os contratos em curso.

9 – Quando a margem de solvência exigida, calculada de acordo com o disposto nos números anteriores, for inferior à margem de solvência exigida do ano precedente, a exigência de margem a considerar deverá corresponder, pelo menos, ao montante resultante da multiplicação da margem de solvência exigida do ano precedente pela relação existente entre o montante das provisões para sinistros, líquidas de resseguro, no final e no início do último exercício, não podendo, no entanto, esse rácio ser superior a um.

A PARAFISCALIDADE NA ACTIVIDADE SEGURADORA

10 – Os limiares previstos nas alíneas *b)* do n.º 2 e *e)* do n.º 3 são revistos anualmente tendo por base a evolução verificada no índice geral de preços no consumidor para todos os Estados membros publicado pelo Eurostat, e arredondados para um valor múltiplo de € 100 000, sempre que a taxa de variação verificada desde a última revisão seja igual ou superior a 5 %, competindo ao Instituto de Seguros de Portugal proceder à sua divulgação.

ARTIGO 98.º
Margem de solvência disponível relativa ao ramo «Vida»

1 – Para efeitos da margem de solvência disponível, no que respeita ao ramo "Vida", o património das empresas de seguros com sede em Portugal compreende:

a) O capital social realizado ou, nas mútuas de seguros, o fundo inicial ou capital de garantia efectivamente realizado, acrescido das contas dos associados que satisfaçam cumulativamente os critérios referidos na alínea *a)* do n.º 1 do artigo 96.º;

b) As reservas, legais e livres, incluindo as reservas de reavaliação, não representativas de qualquer compromisso;

c) O saldo de ganhos e perdas, deduzido de eventuais distribuições.

2 – A margem de solvência disponível pode igualmente ser constituída pelos seguintes elementos:

a) As acções preferenciais e os empréstimos subordinados, nos termos e condições referidos na alínea *a)* do n.º 2 do artigo 96.º;

b) Os títulos de duração indeterminada e outros instrumentos, nos termos e condições referidos na alínea *b)* do n.º 2 do artigo 96.º

3 – Mediante pedido devidamente fundamentado da empresa de seguros, o Instituto de Seguros de Portugal pode autorizar que a margem de solvência disponível inclua igualmente:

a) Até 31 de Dezembro de 2009, um montante correspondente a 50 % dos lucros futuros da empresa, mas não superior a 10 % da margem de solvência exigida ou da margem de solvência disponível, consoante a que for menor, desde que sejam respeitadas as seguintes condições:

i) Montante dos lucros futuros determinado pela multiplicação do lucro anual previsível, estimado em valor não superior à média aritmética dos lucros obtidos nos últimos cinco exercícios com referência ao ramo "Vida", por um factor, não superior a 6, representativo da duração residual média dos contratos, sendo as bases de cálculo para a determinação do factor multiplicador e do lucro efectivamente obtido estabelecidas por norma regulamentar do Instituto de Seguros de Portugal;

ii) Apresentação ao Instituto de Seguros de Portugal, para efeitos de autorização, do parecer do actuário responsável sobre a probabilidade de realização dos lucros no futuro, de acordo com o estabelecido por norma regulamentar do Instituto de Seguros de Portugal.

DECRETO-LEI N.º 94-B/98, DE 17-04

b) As mais-valias, não incluídas na reserva de reavaliação, que não tenham carácter excepcional e que resultem da avaliação de elementos do activo;

c) A diferença entre a provisão matemática não zillmerizada ou a parcialmente zillmerizada e uma provisão matemática zillmerizada, a uma taxa de zillmerização definida pelo Instituto de seguros de Portugal;

d) Metade da parte do capital social ou, nas mútuas de seguros, do fundo inicial ou capital de garantia, ainda não realizado, desde que a parte realizada atinja, pelo menos, 25 % do valor do capital social, ou do fundo inicial ou capital de garantia, até ao limite de 50 % da margem de solvência disponível ou da margem de solvência exigida, consoante a que for menor.

4 – Para efeitos da determinação da margem de solvência disponível devem ser deduzidos aos elementos referidos nos números anteriores os montantes referentes a:

a) Acções próprias directamente detidas pela empresa de seguros;

b) Imobilizado incorpóreo;

c) Menos-valias, não incluídas na reserva de reavaliação, que não tenham carácter excepcional e que resultem da avaliação de elementos do activo;

d) Participações, na acepção da alínea *g)* do artigo 172.º-A, detidas pela empresa de seguros:

i) Em empresas de seguros na acepção das alíneas *a)* e *b)* do artigo 172.º-A;

ii) Em empresas de resseguros na acepção das alíneas *c)* e *d)* do artigo 172.º-A;

iii) Em sociedades gestoras de participações no sector dos seguros na acepção da alínea *j)* do artigo 172.º-A;

iv) Em instituições de crédito, sociedades financeiras e instituições financeiras na acepção, respectivamente, dos artigos 2.º, 5.º e 13.º, n.º 4, do Regime Geral das Instituições de Crédito e Sociedades Financeiras, aprovado pelo Decreto-Lei n.º 298/92, de 31 de Dezembro;

v) Em empresas de investimento na acepção do n.º 4 do artigo 199.º-A do referido Regime Geral das Instituições de Crédito e Sociedades Financeiras;

e) Os instrumentos referidos no n.º 2 que a empresa de seguros detenha relativamente às entidades definidas na alínea anterior em que detém uma participação;

f) Os empréstimos subordinados e os instrumentos referidos nos n.ºs 8), 9), 11), 12) e 13) do n.º 3 do aviso do Banco de Portugal n.º 12/92, publicado no Diário da República, 2.ª série, n.º 299, de 29 de Dezembro de 1992, que a empresa de seguros detenha relativamente às entidades definidas na alínea *d)* em que detém uma participação;

g) Responsabilidades previsíveis que, nos termos de norma regulamentar, o Instituto de Seguros de Portugal considere que não se encontram, para esse efeito, adequadamente reflectidas nas contas da empresa de seguros.

5 – Sempre que haja detenção temporária de acções de uma outra instituição de crédito, empresa de investimento, sociedade financeira, instituição financeira, empresa de seguros ou de resseguros ou sociedade gestora de participações no sector dos seguros para efeitos de uma operação de assistência financeira destinada a

A PARAFISCALIDADE NA ACTIVIDADE SEGURADORA

sanear e recuperar essa entidade, o Instituto de Seguros de Portugal pode autorizar derrogações às disposições em matéria de dedução a que se referem as alíneas *d)* a *f)* do número anterior.

6 – Em alternativa à dedução dos elementos previstos nas alíneas *d)* a *f)* do n.º 4, o Instituto de Seguros de Portugal pode autorizar que a empresa de seguros efectue, com as devidas adaptações, o cálculo da adequação de fundos próprios previsto no artigo 11.º do Decreto-Lei n.º 145/2006, de 31 de Julho.

7 – A opção prevista no número anterior, assim como a forma de cálculo da adequação de fundos próprios, deve ser aplicada de modo consistente ao longo do tempo.

8 – A dedução dos elementos previstos nas alíneas *d)* a *f)* do n.º 4 não tem de ser efectuada sempre que a empresa de seguros esteja sujeita à supervisão complementar ao nível do grupo de seguros ou à supervisão complementar ao nível do conglomerado financeiro.

9 – Para efeitos de determinação da margem de solvência disponível o Instituto de Seguros de Portugal pode ainda deduzir aos elementos referidos nos n.ºs 1 a 3 os montantes referentes a subavaliações de elementos do passivo, decorrentes de uma aplicação inadequada da regulamentação em vigor.

10 – Para as sucursais com sede fora do território da União Europeia, a margem de solvência disponível relativa ao ramo "Vida" compreende os elementos referidos nas alíneas *b)* e *c)* do n.º 1, no n.º 2, com exclusão das acções preferenciais e, mediante autorização do Instituto de Seguros de Portugal, os mencionados nas alíneas *a)* a *c)* do n.º 3.

11 – Para efeitos da determinação da margem de solvência disponível das sucursais com sede fora do território da União Europeia devem ser deduzidos aos elementos referidos no número anterior os montantes mencionados nas alíneas *b)* a *g)* do n.º 4 e no n.º 5, aplicando-se igualmente o disposto nos n.ºs 6 a 9.

ARTIGO 99.º
Determinação da margem de solvência exigida para o ramo «Vida»

1 – O montante da margem de solvência exigida no que respeita ao ramo «Vida» para os seguros referidos nas alíneas *a)* e *b)* do n.º 1 e no n.º 2 do artigo 124.º, corresponde à soma dos dois resultados obtidos nos termos seguintes:

a) O primeiro corresponde ao valor resultante da multiplicação de 4 % do valor da provisão de seguros e operações do ramo «Vida» relativa ao seguro directo e ao resseguro aceite, sem dedução do resseguro cedido, pela relação existente, no último exercício, entre o montante da provisão de seguros e operações do ramo «Vida», deduzida das cessões em resseguro, e o montante total da provisão de seguros e operações do ramo «Vida», não podendo, no entanto, essa relação ser inferior a 85 %;

b) O segundo, respeitante aos contratos cujos capitais em risco não sejam negativos, corresponde ao valor resultante da multiplicação de 0,3 % dos capitais em risco pela relação existente, no último exercício, entre o montante dos capitais em risco que, após a cessão em resseguro ou retrocessão, ficaram a cargo da empresa de segu-

DECRETO-LEI N.º 94-B/98, DE 17-04

ros, e o montante dos capitais em risco, sem dedução do resseguro, não podendo, no entanto, essa relação ser inferior a 50 %;

c) A percentagem de 0,3 % referida na alínea anterior é reduzida para 0,1 % nos seguros temporários em caso de morte com a duração máxima de três anos e para 0,15 % naqueles cuja duração seja superior a três mas inferior a cinco anos;

d) Para efeitos da alínea *b)*, entende-se por capital em risco o capital seguro em caso de morte após a dedução da provisão de seguros e operações do ramo «Vida» da cobertura principal.

2 – Para as operações de capitalização referidas no n.º 4 do artigo 124.º, o montante da margem de solvência exigida corresponde ao valor resultante da multiplicação de 4 % do valor da provisão de seguros e operações do ramo "Vida", calculado nas condições estabelecidas na alínea *a)* do número anterior.

3 – Para os seguros referidos no n.º 3 do artigo 124.º e para as operações referidas nos n.ºs 5 e 6 do artigo 124.º, o montante da margem de solvência exigida corresponde à soma dos seguintes elementos:

a) O valor correspondente a 4 % da provisão de seguros e operações do ramo "Vida", calculado nas condições previstas para o primeiro resultado da alínea *a)* do n.º 1, quando a empresa de seguros assuma um risco de investimento;

b) O valor correspondente a 1 % da provisão de seguros e operações do ramo "Vida", calculado nas condições previstas para o primeiro resultado da alínea *a)* do n.º 1, quando a empresa de seguros não assuma um risco de investimento e o montante destinado a cobrir as despesas de gestão esteja fixado para um período superior a cinco anos;

c) O valor correspondente a 25 % dos custos administrativos do último exercício imputáveis a essas actividades, calculado nas condições previstas para o primeiro resultado da alínea *a)* do n.º 1, quando a empresa de seguros não assuma um risco de investimento e o montante destinado a cobrir as despesas de gestão não esteja fixado para um período superior a cinco anos;

d) O valor correspondente a 0,3 % dos capitais em risco, calculado nas condições previstas para o segundo resultado da alínea *b)* do n.º 1, quando a empresa de seguros cubra um risco de mortalidade.

4 – Os factores de redução por efeito do resseguro, referidos nas alíneas dos números anteriores, podem ser diminuídos por determinação do Instituto de Seguros de Portugal, quando se verificar que uma empresa de seguros alterou, de modo significativo e desde o último exercício, a natureza e fiabilidade dos contratos de resseguro, ou for insignificante ou mesmo inexistente, ao abrigo dos contratos de resseguro estabelecidos, a transferência de risco para os resseguradores.

5 – Mediante pedido fundamentado da empresa de seguros, o Instituto de Seguros de Portugal pode autorizar que os montantes recuperáveis de entidades com objecto específico de titularização de riscos de seguros sejam igualmente deduzidos a título de resseguro para efeitos dos cálculos previstos nas alíneas *a)* e *b)* do n.º 1.

ARTIGO 100.º
Determinação da margem de solvência exigida relativamente aos seguros complementares do ramo «Vida»

O montante da margem de solvência exigida, no que respeita aos seguros complementares do ramo «Vida», referidos na alínea *c)* do n.º 1 do artigo 124.º, corresponde ao valor mais elevado que resultar da aplicação aos prémios brutos emitidos ou ao valor médio anual dos custos com sinistros dos três últimos exercícios relativos a esses seguros, dos métodos referidos no artigo 97.º

ARTIGO 101.º
Exploração cumulativa dos ramos «Não vida» e «Vida»

As empresas de seguros que exploram, cumulativamente, a actividade de seguros dos ramos «Não vida» e a actividade de seguros do ramo «Vida» devem dispor de uma margem de solvência para cada uma dessas duas actividades.

SECÇÃO IV
Fundo de garantia

ARTIGO 102.º
Valores mínimos

1 – As empresas de seguros com sede em Portugal e as sucursais de empresas de seguros com sede fora do território da União Europeia devem, desde o momento em que são autorizadas, dispor e manter um fundo de garantia, que faz parte integrante da margem de solvência e que corresponde a um terço do valor da margem de solvência exigida, não podendo, no entanto, ser inferior aos limites fixados nos termos dos números seguintes.

2 – Relativamente ao ramo «Vida», o fundo de garantia tem como limite mínimo € 3 000 000, € 2 250 000 ou € 1 500 000, consoante se trate, respectivamente, de uma empresa pública ou de uma sociedade anónima com sede em Portugal, de uma mútua de seguros ou de uma sucursal de empresa de seguros com sede fora do território da União Europeia.

3 – Relativamente aos ramos «Não vida», o fundo de garantia tem como limite mínimo:

a) Para as empresas de seguros que exploram um ou vários dos ramos referidos nos n.ᵒˢ 10), 11), 12), 13), 14) e 15) do artigo 123.º, € 3 000 000, € 2 250 000 ou € 1 500 000, consoante se trate, respectivamente, de uma empresa pública ou de uma sociedade anónima com sede em Portugal, de uma mútua de seguros ou de uma sucursal de empresa de seguros com sede fora do território da União Europeia;

b) Para as empresas de seguros que não se encontrem na situação referida na alínea anterior, € 2 000 000, € 1 500 000 ou € 1 000 000, consoante se trate, respectivamente, de uma empresa pública ou de uma sociedade anónima com sede em

Portugal, de uma mútua de seguros ou de uma sucursal de empresa de seguros com sede fora do território da União Europeia.

4 – Os montantes mínimos previstos nos números anteriores são revistos anualmente tendo por base a evolução verificada no índice geral de preços no consumidor para todos os Estados membros publicado pelo Eurostat, e arredondados para um valor múltiplo de € 100 000, sempre que a taxa de variação verificada desde a última revisão seja igual ou superior a 5 %, competindo ao Instituto de Seguros de Portugal proceder à sua divulgação.

5 – Relativamente aos ramos «Não vida», se estiver preenchida uma das condições previstas no n.º 4 do artigo 93.º, o limite mínimo do fundo de garantia de empresas de seguros com sede em Portugal e de sucursais de empresas de seguros com sede fora do território da União Europeia, em relação ao conjunto das suas actividades, corresponde ao fixado no n.º 1 do artigo 122.º-J.

ARTIGO 103.º
Elementos constitutivos do fundo de garantia

1 – Para efeitos de constituição do fundo de garantia mínimo das empresas de seguros com sede em Portugal, relativamente à actividade de seguros «Não vida» e «Vida», consideram-se, respectivamente, os elementos previstos no artigo 96.º, com excepção do n.º 3, e no artigo 98.º, com excepção do n.º 3.

2 – Para efeitos de constituição do fundo de garantia mínimo das sucursais de empresas de seguros com sede fora do território da União Europeia, relativamente à actividade de seguros «Não vida» e «Vida», consideram-se, respectivamente, os elementos previstos no n.º 10 do artigo 96.º, com excepção da alínea e), e no n.º 10 do artigo 98.º, com excepção da remissão para o n.º 3 do mesmo artigo, aplicando-se igualmente as deduções previstas no n.º 11 do artigo 96.º e no n.º 11 do artigo 98.º

ARTIGO 104.º
Caucionamento do fundo de garantia

As sucursais de empresas de seguros com sede fora do território da União Europeia encontram-se obrigadas a caucionar, à ordem do Instituto de Seguros de Portugal, metade dos valores mínimos do fundo de garantia exigidos nos termos do artigo 102.º

SECÇÃO V
Fiscalização das garantias financeiras

ARTIGO 105.º
Empresas de seguros com sede em Portugal

1 – Compete ao Instituto de Seguros de Portugal verificar, em relação às empresas com sede em Portugal e para o conjunto das suas actividades, a existência, nos termos do presente decreto-lei e demais legislação e regulamentação aplicáveis, das

garantias financeiras exigíveis e dos meios de que dispõem para fazerem face aos compromissos assumidos.

2 – As empresas de seguros com sede em Portugal devem apresentar todos os anos ao Instituto de Seguros de Portugal, em relação ao conjunto de toda a actividade exercida no ano imediatamente anterior, o relatório e contas anuais, o parecer do conselho fiscal e o documento de certificação legal de contas emitido pelo revisor oficial de contas, bem como as contas consolidadas e todos os demais elementos definidos por norma do mesmo Instituto, de modo que seja possível conhecer da sua situação e solvência global.

3 – Os documentos referidos no número anterior devem ser remetidos ao Instituto de Seguros de Portugal até 15 dias após a realização da assembleia geral anual para a aprovação de contas.

4 – Sem prejuízo do disposto no número anterior e no n.º 5 do artigo 65.º do Código das Sociedades Comerciais, os documentos referidos no n.º 2 devem ser remetidos ao Instituto de Seguros de Portugal, o mais tardar até 15 de Abril, ainda que o relatório e contas não se encontrem aprovados.

5 – As contas e os elementos a definir nos termos do n.º 2 devem ser presentes ao Instituto de Seguros de Portugal certificados por um revisor oficial de contas.

6 – As empresas de seguros com sede em Portugal devem ainda, trimestralmente, elaborar o balanço e a conta de ganhos e perdas, bem como efectuar o apuramento da situação da margem de solvência e da representação das provisões técnicas.

7 – As informações a prestar pelos revisores oficiais de contas referentes à certificação dos elementos relativos ao encerramento do exercício são elaboradas em conformidade com o estabelecido por norma regulamentar do Instituto de Seguros de Portugal, ouvida a Ordem dos Revisores Oficiais de Contas.

ARTIGO 105.º-A
Elementos relativos à situação da margem de solvência e à representação das provisões técnicas

1 – Os elementos relativos à situação da margem de solvência e à representação das provisões técnicas devem ser comunicados ao Instituto de Seguros de Portugal nas datas e nos termos a definir por norma regulamentar:

a) Pelas empresas de seguros com sede em Portugal relativamente ao conjunto da sua actividade;

b) Pelas sucursais de empresas de seguros com sede fora do território da União Europeia relativamente à actividade exercida em Portugal.

2 – A informação relativa à situação a 31 de Dezembro deve ser certificada por um revisor oficial de contas.

DECRETO-LEI N.º 94-B/98, DE 17-04

ARTIGO 106.º
Empresas de seguros com sede no território de outros Estados membros

1 – O Instituto de Seguros de Portugal, caso tenha conhecimento de elementos que permitam considerar que as actividades em Portugal de uma empresa de seguros com sede no território de outro Estado membro colocam em risco a solidez financeira da empresa, deve comunicar esse facto às autoridades competentes do Estado membro de origem, para que estas verifiquem se a referida empresa cumpre as regras prudenciais aplicáveis.

2 – As autoridades competentes do Estado membro de origem, depois de prévia informação ao Instituto de Seguros de Portugal, podem proceder, directamente ou por intermédio de entidades mandatadas para o efeito, à verificação de informações que, sendo relativas às sucursais de empresas de seguros com sede no seu território e estabelecidas em Portugal, são necessárias para garantir a fiscalização financeira da empresa.

3 – O Instituto de Seguros de Portugal poderá participar na verificação referida no número anterior.

ARTIGO 107.º
Sucursais de empresas de seguros com sede fora da União Europeia

1 – Compete ao Instituto de Seguros de Portugal, sem prejuízo do disposto no artigo seguinte, verificar, em relação às sucursais de empresas de seguros cuja sede se situe fora do território da União Europeia, a existência, nos termos do presente decreto-lei e demais legislação e regulamentação aplicáveis, das garantias financeiras exigíveis e dos meios de que dispõem para fazerem face aos compromissos assumidos.

2 – Para os efeitos previstos no número anterior, as sucursais devem apresentar todos os anos ao Instituto de Seguros de Portugal, em relação à actividade desenvolvida em Portugal no ano imediatamente anterior, as contas e o documento de certificação legal das mesmas emitido pelo revisor oficial de contas, bem como os demais elementos definidos por norma do mesmo Instituto, de modo que seja possível conhecer-se da sua situação de solvência em Portugal bem como apresentar periodicamente a documentação necessária ao exercício da supervisão e os documentos estatísticos que lhe sejam solicitados.

3 – Às sucursais referidas no presente artigo são aplicáveis, com as devidas adaptações, os n.ᵒˢ 3 a 7 do artigo 105.º

ARTIGO 108.º
Benefícios a sucursais de empresas de seguros com sede fora da União Europeia

1 – Qualquer empresa de seguros com sede fora do território da União Europeia que se encontre autorizada a exercer a actividade em Portugal e noutro ou noutros Estados membros pode solicitar ao Ministro das Finanças, através do Instituto de Seguros de Portugal e mediante parecer deste, a concessão dos seguintes benefícios:

A PARAFISCALIDADE NA ACTIVIDADE SEGURADORA

a) Cálculo da margem de solvência exigida em função da actividade global exercida em Portugal e nos outros Estados membros;

b) Dispensa da obrigação de caucionamento prevista no artigo 92.º, desde que apresentada a prova de realização noutro Estado membro de um caucionamento igual a metade do fundo de garantia que lhe é exigível em função da actividade global exercida em Portugal e nos outros Estados membros;

c) Localização dos activos representativos do fundo de garantia, calculado em função da actividade global exercida em Portugal e nos outros Estados membros, no território português ou de um outro Estado membro, em derrogação do disposto no n.º 3 do artigo 94.º

2 – Os benefícios previstos no número anterior não podem ser solicitados conjuntamente para o ramo «Vida» e ramos «Não vida», se a empresa de seguros exercer, nos termos legais em vigor, cumulativamente estas duas actividades em Portugal.

3 – O pedido referido no n.º 1 deve ser acompanhado de prova de que requerimento análogo foi apresentado a todas as entidades competentes dos Estados membros onde está autorizada a explorar ramos de seguros idênticos àqueles para que tem autorização em Portugal, devendo no mesmo pedido ser indicada a autoridade competente encarregada de verificar a sua solvência global nos termos do número seguinte, bem como os motivos desta indicação.

4 – A empresa de seguros que obtenha, por acordo de todos Estados membros onde exerça a sua actividade, os benefícios previstos no n.º 1 fica submetida a uma fiscalização da sua solvência global para o conjunto das actividades exercidas em Portugal e nos outros Estados membros que concederam esses benefícios.

5 – A fiscalização referida no número anterior é exercida pelo Instituto de Seguros de Portugal, quando for esta a autoridade de supervisão indicada pela empresa de seguros.

6 – Quando a verificação da solvência global da empresa de seguros, para o conjunto da actividade exercida no território da União Europeia, for exercida pelo Instituto de Seguros de Portugal, este deve utilizar todas as informações que obtiver junto das autoridades de supervisão dos restantes Estados membros onde a empresa de seguros exerça a sua actividade.

7 – Quando a verificação da solvência global da empresa de seguros não competir ao Instituto de Seguros de Portugal, este deve fornecer à autoridade de supervisão competente todas as informações úteis de que disponha sobre a sucursal situada em Portugal.

8 – Quando a verificação da solvência de uma empresa de seguros cuja sede social se situe fora do território da União Europeia não competir ao Instituto de Seguros de Portugal, a sucursal estabelecida em território português deve apresentar a este Instituto a documentação necessária ao exercício da fiscalização, bem como os documentos estatísticos que lhe sejam solicitados.

9 – Os benefícios referidos no n.º 1 podem ser retirados, desde que o sejam simultaneamente em todos os Estados membros do exercício da actividade, por iniciativa de um ou de vários desses Estados membros.

DECRETO-LEI N.º 94-B/98, DE 17-04

SECÇÃO VI
Insuficiência de garantias financeiras

ARTIGO 108.º-A
Risco de insuficiência

1 – Quando o Instituto de Seguros de Portugal verificar que uma empresa de seguros se encontra em risco de ficar numa situação financeira insuficiente, colocando em causa os direitos dos segurados e beneficiários dos contratos de seguro, deve esta empresa, a solicitação e no prazo que lhe vier a ser fixado, submeter à apreciação desse Instituto um plano de reequilíbrio da situação financeira, fundado num adequado plano de actividades.

2 – O plano de actividades referido no número anterior, fundamentado nos termos do n.º 4 do artigo 14.º, deve, pelo menos, incluir, em relação aos três exercícios subsequentes, os seguintes elementos:

a) Balanço e conta de ganhos e perdas previsionais, com informação separada, pelo menos, para as seguintes rubricas:

i) Capital social subscrito e realizado, investimentos e provisões técnicas de seguro directo, resseguro aceite e resseguro cedido;
ii) Prémios, proveitos dos investimentos, custos com sinistros e variações das provisões técnicas, tanto para o seguro directo como para o resseguro aceite e cedido;
iii) Custos de aquisição, explicitando as comissões, e custos administrativos;

b) Previsão dos meios financeiros necessários à representação das provisões técnicas;

c) Previsão da margem de solvência e dos meios financeiros necessários à sua cobertura;

d) A política geral de resseguro.

3 – Sempre que os direitos dos segurados e beneficiários dos contratos de seguro estiverem em risco em virtude da deterioração da situação financeira de uma empresa de seguros, o Instituto de Seguros de Portugal pode determinar que essa empresa de seguros tenha uma margem de solvência exigida superior à que resultaria da aplicação dos artigos 97.º e 99.º, e cujo nível é estabelecido em articulação com o plano de reequilíbrio.

ARTIGO 109.º
Situação financeira insuficiente e providências de recuperação e saneamento

1 – Uma empresa de seguros é considerada em situação financeira insuficiente quando não apresente, nos termos do presente diploma e demais legislação e regulamentação em vigor, garantias financeiras suficientes.

2 – Quando uma empresa de seguros se encontre em situação financeira insuficiente, o Instituto de Seguros de Portugal, tendo em vista a protecção dos interesses

A PARAFISCALIDADE NA ACTIVIDADE SEGURADORA

dos segurados e beneficiários e a salvaguarda das condições normais de funcionamento do mercado segurador, poderá determinar, por prazo que fixará e no respeito pelo princípio da proporcionalidade, a aplicação de alguma ou de todas as seguintes providências de recuperação e saneamento:

a) Rectificação das provisões técnicas ou apresentação de plano de financiamento ou de recuperação, nos termos dos artigos 110.º, 111.º e 112.º;

b) Restrições ao exercício da actividade, designadamente à exploração de determinados ramos ou modalidades de seguros ou tipos de operações;

c) Restrições à tomada de créditos e à aplicação de fundos em determinadas espécies de activos, em especial no que respeite a operações realizadas com filiais, com entidade que seja empresa mãe da empresa ou com filiais desta;

d) Proibição ou limitação da distribuição de dividendos;

e) Sujeição de certas operações ou de certos actos à aprovação prévia do Instituto de Seguros de Portugal;

f) Imposição da suspensão ou da destituição de titulares de órgãos sociais da empresa;

g) Encerramento e selagem de estabelecimentos.

3 – Verificando-se que, com as providências de recuperação e saneamento adoptadas, não é possível recuperar a empresa, será revogada a autorização para o exercício da respectiva actividade, nos termos do artigo 20.º

4 – No decurso do saneamento, o Instituto de Seguros de Portugal poderá, a todo o tempo, convocar a assembleia geral dos accionistas e nela intervir com apresentação de propostas.

ARTIGO 110.º
Insuficiência de provisões técnicas

1 – Se o Instituto de Seguros de Portugal verificar que as provisões técnicas são insuficientes ou se encontram incorrectamente constituídas, a empresa de seguros deve proceder imediatamente à sua rectificação, de acordo com as instruções que lhe forem dadas por este Instituto.

2 – Se o Instituto de Seguros de Portugal verificar que as provisões técnicas não se encontram total ou correctamente representadas, a empresa de seguros deve, no prazo que lhe vier a ser fixado por este Instituto, submeter à sua aprovação um plano de financiamento a curto prazo, fundado num adequado plano de actividades, elaborado nos termos do disposto no artigo 108.º-A.

3 – O Instituto de Seguros de Portugal definirá, caso a caso, as condições específicas a que deve obedecer o plano de financiamento referido no número anterior, bem como o seu acompanhamento, podendo, nomeadamente e no respeito pelo princípio da proporcionalidade determinar a prestação de garantias adequadas, a alienação de participações sociais e outros activos e a redução ou o aumento do capital.

DECRETO-LEI N.º 94-B/98, DE 17-04

ARTIGO 111.º
Insuficiência de margem de solvência

Se o Instituto de Seguros de Portugal verificar a insuficiência, mesmo circunstancial ou previsivelmente temporária, da margem de solvência de uma empresa de seguros, esta deve, no prazo que lhe vier a ser fixado por este Instituto, submeter à sua aprovação um plano de recuperação com vista ao restabelecimento da sua situação financeira, sendo-lhe aplicável, com as devidas adaptações, o disposto nos n.ºs 2 e 3 do artigo anterior.

ARTIGO 112.º
Insuficiência do fundo de garantia

Se o Instituto de Seguros de Portugal verificar que o fundo de garantia não atinge, mesmo circunstancial ou temporariamente, o limite mínimo fixado, a empresa de seguros deve, no prazo que lhe vier a ser fixado por este Instituto, submeter à sua aprovação um plano de financiamento a curto prazo, sendo-lhe aplicável, com as devidas adaptações, o disposto nos n.ºs 2 e 3 do artigo 110.º

ARTIGO 113.º
Incumprimento

1 – O incumprimento das instruções referidas no n.º 1 do artigo 110.º, a não apresentação de planos de financiamento ou de recuperação de acordo com o disposto no n.º 2 do artigo 110.º e nos artigos 111.º e 112.º e a não aceitação, por duas vezes consecutivas, ou o não cumprimento destes planos pode originar, por decisão do Instituto de Seguros de Portugal, a suspensão da autorização para a celebração de novos contratos e ou a aplicação de qualquer outra das medidas previstas na presente secção, bem como, nos termos do n.º 3, a revogação, total ou parcial, da autorização para o exercício da actividade seguradora, consoante a gravidade da situação financeira da empresa.

2 – A gravidade da situação financeira da empresa referida no número anterior afere-se, nomeadamente, pela viabilidade económico-financeira da mesma, pela fiabilidade das garantias de que dispõe, pela evolução da sua situação líquida, bem como pelas disponibilidades necessárias ao exercício da sua actividade corrente.

3 – À revogação da autorização prevista no n.º 1 aplica-se, nomeadamente, o disposto no artigo 20.º

ARTIGO 114.º
Indisponibilidade dos activos

1 – Às empresas de seguros que se encontrem em qualquer das situações previstas nos artigos 109.º a 113.º pode, também, ser restringida ou vedada, por decisão do Instituto de Seguros de Portugal, a livre disponibilidade dos seus activos.

2 – Os activos abrangidos pela restrição ou indisponibilidade referidas no número anterior:

A PARAFISCALIDADE NA ACTIVIDADE SEGURADORA

a) Sendo constituídos por bens móveis, devem ser colocados à ordem do Instituto de Seguros de Portugal;

b) Sendo bens imóveis, só poderão ser onerados ou alienados com expressa autorização do Instituto de Seguros de Portugal, não devendo proceder-se ao acto do registo correspondente sem a mencionada autorização.

3 – O Instituto de Seguros de Portugal informa das medidas tomadas ao abrigo do presente artigo as autoridades competentes dos Estados membros da União Europeia em cujo território a empresa exerça a sua actividade, solicitando-lhes, se for caso disso, a adopção de idênticas medidas relativamente aos bens situados nos respectivos territórios, indicando quais os que deverão ser objecto das mesmas.

4 – Os activos localizados em Portugal pertencentes a empresas de seguros com sede no território de outros Estados membros podem ser restringidos ou vedados, nos termos previstos nos números anteriores, desde que as autoridades competentes do Estado membro de origem o solicitem ao Instituto de Seguros de Portugal, indicando quais os que deverão ser objecto de tais medidas.

ARTIGO 115.º
Suspensão ou cancelamento da autorização a empresas com sede no território de outros Estados membros

O Instituto de Seguros de Portugal deve tomar todas as medidas adequadas para impedir que as empresas de seguros com sede no território de outros Estados membros iniciem em Portugal novas operações de seguros, quer em regime de estabelecimento quer em regime de livre prestação de serviços, sempre que as autoridades competentes do Estado membro de origem lhe comunicarem a suspensão ou o cancelamento da autorização para a empresa exercer a actividade seguradora.

ARTIGO 116.º
Comercialização de novos produtos de seguros

O Instituto de Seguros de Portugal pode impedir a comercialização de novos produtos a uma empresa de seguros em situação financeira insuficiente ou que já esteja em fase de execução de um plano de recuperação ou de um plano de financiamento, enquanto a empresa não lhe fizer prova de que dispõe de uma margem de solvência disponível suficiente, de um fundo de garantia, pelo menos, igual ao limite mínimo exigido e que as respectivas provisões técnicas são suficientes e estão correctamente constituídas e representadas.

ARTIGO 117.º
Designação de administradores provisórios

1 – O Instituto de Seguros de Portugal poderá ainda, isolada ou cumulativamente com qualquer das medidas previstas na presente secção, designar para a empresa de seguros um ou mais administradores provisórios, nos seguintes casos:

DECRETO-LEI N.º 94-B/98, DE 17-04

a) Quando a empresa se encontre em risco de cessar pagamentos;

b) Quando a empresa se encontre em situação de desequilíbrio financeiro que, pela sua dimensão, constitua ameaça grave para a solvabilidade;

c) Quando, por quaisquer razões, a administração não ofereça garantias de actividade prudente, colocando em sério risco os interesses dos segurados e credores em geral, designadamente nos casos referidos no n.º 1 do artigo 113.º;

d) Quando a organização contabilística ou os procedimentos de controlo interno apresentem insuficiências graves que não permitam avaliar devidamente a situação patrimonial da empresa.

2 – Os administradores designados pelo Instituto de Seguros de Portugal terão os poderes e deveres conferidos pela lei e pelos estatutos aos membros de órgão de administração e ainda os seguintes:

a) Vetar as deliberações da assembleia geral e, sendo caso disso, dos órgãos referidos no n.º 3 do presente artigo;

b) Convocar a assembleia geral;

c) Elaborar, com a maior brevidade, um relatório sobre a situação patrimonial da empresa e as suas causas e submetê-lo ao Instituto de Seguros de Portugal, acompanhado do parecer da comissão de fiscalização, se esta tiver sido nomeada.

3 – O Instituto de Seguros de Portugal poderá suspender, no todo ou em parte, o órgão de administração, o conselho geral e quaisquer outros órgãos com funções análogas, simultaneamente ou não com a designação de administradores provisórios.

4 – Os administradores provisórios exercerão as suas funções pelo prazo que o Instituto de Seguros de Portugal determinar, no máximo de dois anos, podendo o Instituto, em qualquer momento, renovar o mandato ou substituí-los por outros administradores provisórios, desde que observado aquele limite.

5 – A remuneração dos administradores provisórios será fixada pelo Instituto de Seguros de Portugal e constitui encargo da empresa de seguros em causa.

ARTIGO 118.º
Outras providências de saneamento

1 – Caso sejam ou tenham sido adoptadas as providências referidas no artigo anterior ou no artigo 120.º, o Instituto de Seguros de Portugal poderá ainda, em ligação ou não com os accionistas da empresa de seguros em dificuldades, aprovar outras medidas necessárias ao respectivo saneamento, designadamente, nos termos dos subsequentes números, o aumento do capital social e a cedência a terceiros de participações no mesmo.

2 – Quando tal se mostre indispensável à recuperação da empresa, o Instituto de Seguros de Portugal poderá impor aos accionistas o reforço do capital social, com dispensa, sujeita a autorização do Ministro das Finanças, dos requisitos legais ou estatutários relativos ao número de accionistas que deverão estar representados ou presentes na assembleia geral e maiorias qualificadas.

A PARAFISCALIDADE NA ACTIVIDADE SEGURADORA

3 – A alienação de participações qualificadas no capital da empresa de seguros só deve ser aprovada quando, ouvidos os titulares das participações a alienar, o Instituto de Seguros de Portugal concluir que a manutenção da titularidade delas constitui impedimento ponderoso à execução das restantes medidas de recuperação.

ARTIGO 119.º
Redução do capital social

O Instituto de Seguros de Portugal poderá autorizar ou impor a redução do capital de uma empresa de seguros, aplicando-se, com as necessárias adaptações, o regime constante do Código de Processo Civil, sempre que, por razões prudenciais, a situação financeira da empresa torne aconselhável a redução do seu capital.

ARTIGO 120.º
Designação de comissão de fiscalização

1 – O Instituto de Seguros de Portugal poderá ainda, juntamente ou não com a designação de administradores provisórios, nomear uma comissão de fiscalização.
2 – A comissão de fiscalização será composta por:

a) Um revisor oficial de contas designado pelo Instituto de Seguros de Portugal, que presidirá;
b) Um elemento designado pela assembleia geral;
c) Um revisor oficial de contas designado pela respectiva câmara.

3 – A falta de designação do elemento referido na alínea *b)* do número anterior não obsta ao exercício das funções da comissão de fiscalização.
4 – A comissão de fiscalização terá os poderes e deveres conferidos por lei ou pelos estatutos do conselho fiscal ou do revisor oficial de contas, consoante a estrutura da sociedade, os quais ficarão suspensos pelo período da sua actividade.
5 – A comissão de fiscalização exercerá as suas funções pelo prazo que o Instituto de Seguros de Portugal determinar, no máximo de um ano, prorrogável por igual período.
6 – A remuneração dos membros da comissão de fiscalização será fixada pelo Instituto de Seguros de Portugal e constitui encargo da instituição em causa.

ARTIGO 120.º-A
Publicidade

1 – O Instituto de Seguros de Portugal noticiará em dois jornais diários de ampla difusão as suas decisões previstas na presente secção que sejam susceptíveis de afectar os direitos preexistentes de terceiros que não a própria empresa de seguros.
2 – As decisões do Instituto de Seguros de Portugal previstas na presente secção são aplicáveis independentemente da sua publicação e produzem todos os seus efeitos em relação aos credores.

DECRETO-LEI N.º 94-B/98, DE 17-04

3 – Em derrogação do previsto no n.º 1, quando as decisões do Instituto de Seguros de Portugal afectem exclusivamente os direitos dos accionistas, sócios ou empregados da empresa de seguros considerados enquanto tal, o Instituto notifica-os das mesmas por carta registada a enviar para o respectivo último domicílio conhecido.

SUBSECÇÃO I
Dimensão transfronteiras

ARTIGO 120.º-B
Âmbito

A presente subsecção é aplicável às decisões do Instituto de Seguros de Portugal relativas ao saneamento previstas na presente secção que sejam susceptíveis de afectar os direitos preexistentes de terceiros que não a própria empresa de seguros.

ARTIGO 120.º-C
Lei aplicável

Salvo disposição em contrário do previsto na subsecção I da secção II do capítulo II do regime transfronteiras do saneamento e da liquidação de empresas de seguros, o processo de saneamento nos termos previstos na presente secção é regulado pela lei portuguesa.

ARTIGO 120.º-D
Produção de efeitos

1 – As decisões do Instituto de Seguros de Portugal relativas ao saneamento previstas na presente secção produzem todos os seus efeitos de acordo com a lei portuguesa em toda a União Europeia, sem nenhuma outra formalidade, inclusivamente em relação a terceiros nos demais Estados membros.

2 – Os efeitos dessas decisões produzem-se nos demais Estados membros logo que se produzam em Portugal.

ARTIGO 120.º-E
Delimitação da decisão administrativa relativa ao saneamento

As decisões do Instituto de Seguros de Portugal relativas ao saneamento tomadas nos termos da presente secção indicam, quando for caso disso, se e de que modo abrangem as sucursais da empresa de seguros estabelecidas noutros Estados membros.

ARTIGO 120.º-F
Informação às autoridades de supervisão dos demais Estados membros

O Instituto de Seguros de Portugal informa com urgência as autoridades de supervisão de seguros dos demais Estados membros das decisões relativas ao saneamento tomadas nos termos da presente secção, incluindo os possíveis efeitos práticos dessas decisões.

ARTIGO 120.º-G
Publicação

1 – Quando o Instituto de Seguros de Portugal deva tornar pública a decisão tomada nos termos da presente secção, promove a publicação no Jornal Oficial da União Europeia, o mais rapidamente possível, e em português, de um extracto do documento que fixa a decisão relativa ao saneamento.

2 – A publicação prevista no número anterior identifica o Instituto de Seguros de Portugal como a autoridade competente em Portugal para a supervisão do saneamento e recuperação das empresas de seguros e, bem assim, qual a lei aplicável às matérias envolvidas na decisão, designadamente nos termos do artigo 120.º-C.

3 – As decisões do Instituto de Seguros de Portugal previstas na presente secção são aplicáveis independentemente da publicação prevista no n.º 1 e produzem todos os seus efeitos em relação aos credores.

ARTIGO 120.º-H
Empresas de seguros com sede nos demais Estados membros

1 – As medidas de saneamento de empresas de seguros com sede nos demais Estados membros determinadas pelas autoridades do Estado membro da respectiva sede com competência para o efeito produzem os seus efeitos em Portugal de acordo com a legislação desse Estado membro, sem requisito de formalidade específica à lei portuguesa, e ainda que a lei portuguesa não preveja tais medidas de saneamento ou as sujeite a condições que não se encontrem preenchidas.

2 – Os efeitos das medidas previstas no número anterior produzem-se em Portugal logo que se produzam no Estado membro da sede da empresa de seguros delas objecto.

3 – O Instituto de Seguros de Portugal, quando informado da decisão de aplicação de uma medida das previstas no n.º 1, pode assegurar a sua publicação em Portugal da forma que entenda adequada.

ARTIGO 120.º-I
Informação relativa ao saneamento de empresa de seguros com sede noutro Estado membro

Ao Instituto de Seguros de Portugal é aplicável a secção II do capítulo VI do título III do presente diploma relativamente à informação que receba das autoridades de supervisão de seguros dos demais Estados membros sobre o saneamento de empresas de seguros com sede nos respectivos Estados.

DECRETO-LEI N.º 94-B/98, DE 17-04

ARTIGO 120.º-J
Remissão

Ao previsto na presente secção é aplicável, com as devidas adaptações, a subsecção I da secção II do capítulo II do regime da dimensão transfronteiras do saneamento e da liquidação de empresas de seguros.

SUBSECÇÃO II
Sucursais em Portugal de empresas de seguros com sede fora do território da União Europeia

ARTIGO 120.º-L
Regime

1 – A presente subsecção é aplicável, com as devidas adaptações, às sucursais em Portugal de empresas de seguros com sede fora do território da União Europeia.

2 – A aplicação prevista no número anterior não abrange as sucursais da mesma empresa de seguros noutros Estados membros.

3 – Caso, em simultâneo com a aplicação prevista no n.º 1, ocorra saneamento de sucursal da mesma empresa de seguros noutro Estado membro, o Instituto de Seguros de Portugal esforçar-se-á por coordenar a sua acção nos termos do n.º 1 com a acção relativa a este segundo saneamento prosseguida pela respectiva autoridade de supervisão de seguros e, caso as haja, pelas demais entidades competentes para o efeito.

ARTIGO 121.º
Regimes gerais de recuperação de empresas e falência

1 – Não se aplicam às empresas de seguros os regimes gerais relativos aos meios preventivos da declaração de falência e aos meios de recuperação de empresas e protecção de credores.

2 – A dissolução voluntária, bem como a liquidação, judicial ou extrajudicial, de uma empresa de seguros depende da não oposição do Instituto de Seguros de Portugal, o qual tem legitimidade para requerer a liquidação judicial em benefício dos sócios e ainda a legitimidade exclusiva para requerer a dissolução judicial e falência e para requerer, sem prejuízo da legitimidade atribuída a outras entidades, a dissolução e liquidação judicial de uma sociedade ou de outra pessoa colectiva que, sem a autorização exigida por lei, pratique operações reservadas às empresas de seguros.

3 – Sem prejuízo do disposto nos números anteriores e no número seguinte, são aplicáveis, com as necessárias adaptações, à dissolução judicial, à liquidação judicial em benefício dos sócios e à falência de empresas de seguros as normas gerais constantes, designadamente, do Código de Processo Civil e do Código dos Processos Especiais de Recuperação da Empresa e de Falência.

4 – Compete ao Instituto de Seguros de Portugal a nomeação dos liquidatários judiciais ou extrajudiciais de empresas de seguros.

5 – A manifesta insuficiência do activo para satisfação do passivo constitui fundamento de declaração de falência das empresas de seguros.

ARTIGO 122.º
Aplicação de sanções

A adopção das providências previstas na presente secção não obsta a que, em caso de infracção, sejam aplicadas as sanções previstas na lei.

SECÇÃO VII
Sistema de governo

ARTIGO 122.º-A
Organização e controlo interno

As empresas de seguros com sede em Portugal e as sucursais de empresas de seguros com sede fora do território da União Europeia devem possuir uma boa organização administrativa e contabilística, procedimentos adequados de controlo interno, bem como assegurar elevados níveis de aptidão profissional, cumprindo requisitos mínimos a fixar em norma pelo Instituto de Seguros de Portugal.

ARTIGO 122.º-B
Actuário responsável

1 – As empresas de seguros com sede em Portugal devem nomear um actuário responsável, nas condições e com as funções, em matéria de garantias financeiras e outras, poderes e obrigações a fixar em norma pelo Instituto de Seguros de Portugal.

2 – A administração da empresa de seguros deve disponibilizar tempestivamente ao actuário responsável toda a informação necessária para o exercício das suas funções.

3 – O actuário responsável deve apresentar à administração da empresa de seguros os relatórios referidos na regulamentação em vigor, devendo, sempre que detecte situações de incumprimento ou inexactidão materialmente relevantes, propor à administração medidas que permitam ultrapassar tais situações, devendo então o actuário responsável ser informado das medidas tomadas na sequência da sua proposta.

4 – Os relatórios referidos no número anterior devem ser presentes ao Instituto de Seguros de Portugal nos termos e com a periodicidade estabelecidos por norma do mesmo.

5 – O presente artigo será aplicado, com as devidas adaptações, às sucursais de empresas de seguros com sede fora do território da União Europeia.

ARTIGO 122.º-C
Gestão sã e prudente

As condições em que decorre a actividade de uma empresa de seguros devem respeitar as regras de uma gestão sã e prudente, e designadamente provendo a que

DECRETO-LEI N.º 94-B/98, DE 17-04

a mesma seja efectuada por pessoas suficientes e com conhecimentos adequados à natureza da actividade, e segundo estratégias que levem em conta cenários razoáveis e, sempre que adequado, a eventualidade da ocorrência de circunstâncias desfavoráveis.

ARTIGO 122.º-D
Directores de topo

1 – As empresas de seguros devem assegurar que os respectivos directores de topo preenchem os requisitos previstos nos n.ᵒˢ 1, 2 e 4 do artigo 51.º

2 – Para efeitos deste artigo, entende-se por directores de topo, os dirigentes que, não fazendo parte do órgão de administração, constituem a primeira linha hierárquica responsável pela gestão da empresa de seguros.

3 – Caso o Instituto de Seguros de Portugal verifique que o disposto no n.º 1 não se encontra cumprido pode recomendar à empresa de seguros a substituição do director de topo em causa.

ARTIGO 122.º-E
Códigos de conduta

1 – As empresas de seguros devem estabelecer e monitorizar o cumprimento de códigos de conduta que estabeleçam linhas de orientação em matéria de ética profissional, incluindo princípios para a gestão de conflitos de interesses, aplicáveis aos membros dos órgãos de administração e aos respectivos trabalhadores e colaboradores.

2 – As empresas de seguros devem divulgar os códigos de conduta que venham a adoptar, designadamente através dos respectivos sítios na Internet.

3 – As empresas de seguros podem elaborar ou adoptar, por adesão, os códigos de conduta elaborados pelas respectivas associações representativas.

CAPÍTULO II
Garantias prudenciais das empresas de resseguros

ARTIGO 122.º-F
Garantias financeiras das empresas de resseguros

1 – As empresas de resseguros e as sucursais de empresas de resseguros com sede fora do território da União Europeia devem dispor, nos termos dos artigos seguintes, de provisões técnicas, margem de solvência e fundo de garantia.

2 – Para efeitos da supervisão das respectivas garantias financeiras, não pode ser recusado um contrato de retrocessão celebrado por uma empresa de resseguros sediada em Portugal ou por uma sucursal de empresa de resseguros com sede fora do território da União Europeia com uma empresa de seguros referida na alínea *b)* do n.º 1 do artigo 2.º ou com uma empresa de resseguros referida na alínea *c)* do n.º 1 do artigo 2.º, por razões directamente relacionadas com a solidez financeira dessa empresa de seguros ou de resseguros.

ARTIGO 122.º-G
Provisões técnicas das empresas de resseguros

1 – Às provisões técnicas das empresas de resseguros com sede em Portugal e das sucursais de empresas de resseguros com sede fora do território da União Europeia é aplicável, com as devidas adaptações, o regime previsto nos artigos 69.º a 86.º

2 – As provisões técnicas das empresas de resseguros com sede em Portugal e das sucursais de empresas de resseguros com sede fora do território da União Europeia devem ser representadas por activos que respeitem os seguintes princípios:

a) Ter em conta o tipo de operações efectuadas, em especial a natureza, o montante e a duração dos pagamentos de sinistros previstos, de forma a garantir a suficiência, a liquidez, a segurança, a qualidade, a rentabilidade e a congruência dos investimentos;

b) Garantir a diversificação e dispersão adequadas, de forma a possibilitar uma resposta apropriada às alterações das circunstâncias económicas, em especial à evolução dos mercados financeiros e imobiliários, ou a acontecimentos catastróficos de grande impacto;

c) Manter em níveis prudentes do investimento em activos não admitidos à negociação num mercado regulamentado;

d) O investimento em produtos derivados contribuir para a redução dos riscos de investimento ou para facilitar uma gestão eficiente da carteira, devendo ser evitada uma excessiva exposição a riscos relativamente a uma única contraparte e a outras operações de derivados e os produtos ser avaliados de forma prudente, tendo em conta os activos subjacentes, e incluídos na avaliação dos activos das empresas;

e) Serem suficientemente diversificados, de forma a evitar a dependência excessiva de qualquer activo, emitente ou grupo de empresas e a acumulação de riscos ou concentração excessiva de riscos no conjunto da carteira.

3 – Por norma regulamentar do Instituto de Seguros de Portugal:

a) Pode ser excluída a aplicação do princípio previsto na alínea *e)* do número anterior no que se refere a investimentos em algumas categorias de títulos de dívida pública;

b) Podem ser fixadas regras quantitativas para os activos representativos das provisões técnicas;

c) São fixados os critérios de valorimetria dos activos representativos das provisões técnicas, bem como as condições de utilização dos créditos não liquidados de entidades com objecto específico de titularização de riscos de seguros como activos representativos de provisões técnicas das empresas de resseguros com sede em Portugal e das sucursais de empresas de resseguros com sede fora do território da União Europeia.

4 – É aplicável às sucursais de empresas de resseguros com sede fora do território da União Europeia o disposto no artigo 92.º

ARTIGO 122.º-H
Margem de solvência disponível das empresas de resseguros

1 – As empresas de resseguros com sede em Portugal devem dispor, em permanência, de uma margem de solvência disponível suficiente em relação ao conjunto das suas actividades, correspondente ao património da empresa livre de qualquer obrigação previsível e deduzido dos elementos incorpóreos incluindo, com as devidas adaptações, os elementos previstos nas alíneas *a*) a *c*) do n.º 1 e no n.º 2 do artigo 96.º, e, mediante pedido devidamente fundamentado da empresa de resseguros e autorização do Instituto de Seguros de Portugal os elementos referidos no n.º 3 do mesmo artigo, sendo aplicáveis as deduções previstas nos termos dos n.ºs 4 a 9 do artigo 96.º

2 – As sucursais de empresas de resseguros com sede fora do território da União Europeia devem dispor, em permanência, de uma margem de solvência disponível suficiente em relação ao conjunto da sua actividade em Portugal, constituída por activos livres de qualquer obrigação previsível e deduzidos dos elementos incorpóreos, incluindo, com as devidas adaptações, os elementos previstos nas alíneas *a*) a *d*) do n.º 10 do artigo 96.º, e, mediante pedido devidamente fundamentado da sucursal e autorização do Instituto de Seguros de Portugal, os elementos referidos na alínea *e*) do n.º 10 do mesmo artigo, sendo aplicáveis as deduções previstas nos termos do n.º 11 do artigo 96.º

3 – A margem de solvência disponível no que diz respeito a actividades de resseguro do ramo «Vida» pode ainda incluir, com as devidas adaptações e, mediante pedido devidamente fundamentado da empresa de resseguros com sede em Portugal ou da sucursal de empresa de resseguros com sede fora do território da União Europeia e autorização do Instituto de Seguros de Portugal os elementos referidos nas alíneas *a*) e *c*) do n.º 3 do artigo 98.º

4 – À localização dos activos correspondentes à margem de solvência disponível das sucursais de empresas de resseguros com sede fora do território da União Europeia é aplicável o n.º 3 do artigo 94.º

5 – O Instituto de Seguros de Portugal fixa, por norma regulamentar, os critérios de valorimetria dos activos correspondentes à margem de solvência disponível.

6 – É aplicável à avaliação dos elementos elegíveis para efeitos de margem de solvência disponível o disposto no n.º 2 do artigo 95.º

ARTIGO 122.º-I
Margem de solvência exigida das empresas de resseguros

1 – A margem de solvência exigida das empresas de resseguros com sede em Portugal e das sucursais de empresas de resseguros com sede fora do território da União Europeia é calculada mediante aplicação, com as devidas adaptações, do regime previsto nos n.ºs 1 a 9 do artigo 97.º, sem prejuízo do disposto nos número seguintes.

2 – A margem de solvência exigida para a actividade de resseguro referente aos seguros previstos na alínea *a*) do n.º 1 e no n.º 2 do artigo 124.º, com participação nos resultados ou quando ligados a fundos de investimento nos termos do n.º 3 do mesmo artigo e aos seguros e operações previstos na alínea *b*) do n.º 1 e nos n.ºs 4 a

A PARAFISCALIDADE NA ACTIVIDADE SEGURADORA

6 do mesmo artigo, é calculada mediante aplicação, com as devidas adaptações, do regime previsto no artigo 99.º

3 – Para efeitos das deduções previstas na alínea *c)* do n.º 2, na alínea *f)* do n.º 3 e nos n.ᵒˢ 6 e 9 do artigo 97.º, bem como nas alíneas *a)* e *b)* do n.º 1 do artigo 99.º, deve considerar-se a cessão a título de retrocessão.

4 – No caso de exercício simultâneo de actividades de resseguro de «Vida» e «Não vida», a margem de solvência disponível deve cobrir o montante total das margens de solvências exigidas determinadas nos termos dos números anteriores.

ARTIGO 122.º-J
Fundo de garantia das empresas de resseguros

1 – As empresas de resseguros com sede em Portugal e as sucursais de empresas de resseguros com sede fora do território da União Europeia devem, desde o momento em que são autorizadas, dispor e manter um fundo de garantia, que faz parte integrante da margem de solvência e que corresponde a um terço da margem de solvência exigida, com o limite mínimo de € 3 000 000.

2 – Tratando-se de empresa de resseguros cativa o limite mínimo do fundo de garantia é de € 1 000 000.

3 – O fundo de garantia mínimo das empresas de resseguros com sede em Portugal deve ser constituído pelos elementos constantes das alíneas *a)* a *c)* do n.º 1 e no n.º 2 do artigo 96.º, com as deduções previstas nos n.ᵒˢ 4 a 9 do artigo 96.º

4 – O fundo de garantia mínimo das sucursais de empresas de resseguros com sede fora do território da União Europeia deve ser constituído pelos elementos constantes das alíneas *a)* a *d)* do n.º 10 do artigo 96.º, com as deduções previstas no n.º 11 do artigo 96.º, sendo aplicável o disposto no artigo 104.º

5 – Aos montantes previstos nos n.ᵒˢ 1 e 2 é aplicável o disposto no n.º 4 do artigo 102.º

ARTIGO 122.º-L
Fiscalização das garantias financeiras das empresas de resseguros

1 – Às empresas de resseguros com sede em Portugal é aplicável, com as devidas adaptações, o regime previsto nos artigos 105.º e 105.º-A.

2 – Às sucursais de empresas de resseguros com sede no território de outro Estado membro da União Europeia é aplicável, com as devidas adaptações, o regime previsto no artigo 106.º

3 – Às sucursais de empresas de resseguros com sede fora do território da União Europeia é aplicável, com as devidas adaptações, o regime previsto no artigo 107.º

ARTIGO 122.º-M
Risco de insuficiência das garantias financeiras das empresas de resseguros

1 – Quando o Instituto de Seguros de Portugal verificar que uma empresa de resseguros se encontra em risco de ficar numa situação financeira insuficiente, colo-

DECRETO-LEI N.º 94-B/98, DE 17-04

cando em causa as obrigações decorrentes dos contratos de resseguro, deve esta empresa, a solicitação e no prazo que lhe vier a ser fixado, submeter à apreciação desse Instituto um plano de reequilíbrio da situação financeira, fundado num adequado plano de actividades.

2 – Ao plano de actividades referido no número anterior é aplicável, com as devidas adaptações, o regime previsto no n.º 2 do artigo 108.º-A, devendo considerar-se para efeitos da respectiva alínea d) a política geral de retrocessão.

3 – Sempre que as obrigações decorrentes dos contratos de resseguro estiverem em risco em virtude da deterioração da situação financeira de uma empresa de resseguros, o Instituto de Seguros de Portugal pode determinar que essa empresa de resseguros tenha uma margem de solvência exigida superior à que resultaria da aplicação do artigo 122.º-I, e cujo nível é estabelecido em articulação com o plano de reequilíbrio.

ARTIGO 122.º-N
Insuficiência das garantias financeiras das empresas de resseguros

1 – Se a empresa de resseguros não apresentar garantias financeiras suficientes nos termos legais e regulamentares, é aplicável, com as devidas adaptações, o regime previsto nos artigos 109.º a 120.º

2 – No caso de liquidação de uma empresa de resseguros, as obrigações decorrentes dos contratos celebrados através de sucursais ou em regime de livre prestação de serviços são cumpridas do mesmo modo que as obrigações decorrentes de outros contratos de resseguro da mesma empresa, sendo aplicável, com as devidas adaptações, o regime previsto para as empresas de seguros que não dependa de procedimentos comunitários harmonizados.

ARTIGO 122.º-O
Sistema de governo das empresas de resseguros

As empresas de resseguros com sede em Portugal e as sucursais de empresas de resseguros com sede fora do território da União Europeia devem dispor das estruturas e mecanismos de governo constantes dos artigos 122.º-A a 122.º-E.

CAPÍTULO III
Ramos de seguros, supervisão de contratos e tarifas e conduta de mercado

SECÇÃO I
Ramos de seguros

ARTIGO 123.º
Ramos «Não vida»

Os seguros «Não vida» incluem os seguintes ramos:
1) «Acidentes», que compreende as seguintes modalidades:

a) Acidentes de trabalho;

b) Acidentes pessoais, nas seguintes submodalidades:

i) Prestações convencionadas;

ii) Prestações indemnizatórias;

iii) Combinações de ambas;

c) Pessoas transportadas;

2) «Doença», que compreende as seguintes modalidades:

a) Prestações convencionadas;

b) Prestações indemnizatórias;

c) Combinações de ambas;

3) «Veículos terrestres», com exclusão dos veículos ferroviários, que abrange os danos sofridos por veículos terrestres propulsionados a motor e por veículos terrestres sem motor;

4) «Veículos ferroviários», que abrange os danos sofridos por veículos ferroviários;

5) «Aeronaves», que abrange os danos sofridos por aeronaves;

6) «Embarcações marítimas, lacustres e fluviais», que abrange os danos sofridos por toda e qualquer espécie de embarcação marítima, lacustre ou fluvial;

7) «Mercadorias transportadas», que abrange os danos sofridos por mercadorias, bagagens ou outros bens, qualquer que seja o meio de transporte utilizado;

8) «Incêndio e elementos da natureza», que abrange os danos sofridos por outros bens que não os referidos nos ramos a que se referem os n.os 3) a 7), causados pela verificação de qualquer dos seguintes riscos:

a) Incêndio, raio ou explosão;

b) Tempestades;

c) Outros elementos da natureza;

d) Energia nuclear;

e) Aluimento de terras;

9) «Outros danos em coisas», que abrange os danos sofridos por outros bens que não os referidos nos ramos a que se referem os n.os 3) a 7), e compreende as seguintes modalidades:

a) Riscos agrícolas;

b) Riscos pecuários;

c) Outros riscos, como o roubo, desde que não incluídos no ramo referido no n.º 8);

10) «Responsabilidade civil de veículos terrestres a motor», que abrange a responsabilidade resultante da utilização de veículos terrestres propulsionados a motor, incluindo a responsabilidade do transportador, e compreende as seguintes modalidades:

a) Seguro obrigatório;

b) Seguro facultativo;

DECRETO-LEI N.º 94-B/98, DE 17-04

11) «Responsabilidade civil de aeronaves», que abrange a responsabilidade resultante da utilização de aeronaves, incluindo a responsabilidade do transportador;

12) «Responsabilidade civil de embarcações marítimas, lacustres e fluviais», que abrange a responsabilidade resultante da utilização de embarcações marítimas, lacustres e fluviais», incluindo a responsabilidade do transportador;

13) «Responsabilidade civil geral», que abrange qualquer tipo de responsabilidade que não as referidas nos ramos a que se referem os n.ᵒˢ 10) a 12), e compreende as seguintes modalidades:

a) Energia nuclear;
b) Outras;

14) «Crédito», que abrange os seguintes riscos:

a) Insolvência geral, declarada ou presumida;
b) Crédito à exportação;
c) Vendas a prestações;
d) Crédito hipotecário;
e) Crédito agrícola;

15) «Caução», que abrange os seguintes riscos:

a) Caução directa;
b) Caução indirecta;

16) «Perdas pecuniárias diversas», que abrange os seguintes riscos:

a) Emprego;
b) Insuficiência de receitas;
c) Perda de lucros;
d) Persistência de despesas gerais;
e) Despesas comerciais imprevisíveis;
f) Perda de valor venal;
g) Perda de rendas ou de rendimentos;
h) Outras perdas comerciais indirectas;
i) Perdas pecuniárias não comerciais;
j) Outras perdas pecuniárias;

17) «Protecção jurídica», que abrange a cobertura de despesas decorrentes de um processo judicial, bem como formas de cobertura de defesa e representação jurídica dos interesses do segurado;

18) «Assistência», que compreende as seguintes modalidades:

a) Assistência a pessoas em dificuldades no decurso de deslocações ou ausências do domicílio ou do local de residência permanente;

b) Assistência a pessoas em dificuldades noutras circunstâncias que não as referidas na alínea anterior.

A PARAFISCALIDADE NA ACTIVIDADE SEGURADORA

ARTIGO 124.º
Ramo «Vida»

O ramo «Vida» inclui os seguintes seguros e operações:
1) Seguro de vida:

a) Em caso de morte, em caso de vida, misto e em caso de vida com contra-seguro;
b) Renda;
c) Seguros complementares dos seguros de vida, nomeadamente, os relativos a danos corporais, incluindo-se nestes a incapacidade para o trabalho profissional, a morte por acidente ou a invalidez em consequência de acidente ou doença;

2) Seguro de nupcialidade e seguro de natalidade;
3) Seguros ligados a fundos de investimento, que abrangem todos os seguros previstos nas alíneas *a)* e *b)* do n.º 1, e ligados a um fundo de investimento;
4) Operações de capitalização, que abrangem toda a operação de poupança, baseada numa técnica actuarial, que se traduza na assunção de compromissos determinados quanto à sua duração e ao seu montante, como contrapartida de uma prestação única ou de prestações periódicas previamente fixadas;
5) Operações de gestão de fundos colectivos de reforma, que abrangem toda a operação que consiste na gestão, por uma empresa de seguros, de investimentos e, nomeadamente, dos activos representativos das reservas ou provisões de organismos que liquidam prestações em caso de morte, em caso de vida, ou em caso de cessação ou redução de actividade;
6) Operações de gestão de fundos colectivos de reforma, quando conjugadas com uma garantia de seguro respeitante quer à manutenção do capital quer à obtenção de um juro mínimo.

ARTIGO 125.º
Exclusividade

Sem prejuízo do disposto no artigo 127.º, os riscos compreendidos em cada um dos ramos referidos nos artigos anteriores não podem ser classificados num outro ramo nem cobertos através de apólices destinadas a outro ramo.

ARTIGO 126.º
Âmbito da exploração

1 – A exploração de qualquer dos ramos «Não vida» previstos no artigo 123.º abrange a totalidade do ramo, salvo se a empresa de seguros limitar expressamente essa exploração a parte dos riscos ou das modalidades.

2 – A exploração do ramo «Vida» previsto no artigo 124.º abrange a totalidade de cada um dos grupos de seguros ou operações aí referidos, salvo se a empresa de seguros limitar expressamente essa exploração a uma parte dos seguros ou operações incluídas nesse grupo.

DECRETO-LEI N.º 94-B/98, DE 17-04

ARTIGO 127.º
Riscos acessórios

1 – As empresas de seguros que explorem qualquer ramo ou modalidade podem também, através da mesma apólice, cobrir outros riscos acessórios.

2 – Para efeitos do número anterior, entende-se por riscos acessórios os que estejam ligados ao risco principal, digam respeito ao objecto coberto contra o risco principal e sejam garantidos através do contrato que cobre o risco principal.

3 – Não podem ser considerados riscos acessórios de outros ramos os compreendidos nos ramos referidos nos n.ᵒˢ 14), 15) e 17) do artigo 123.º, sem prejuízo do disposto no número seguinte.

4 – A restrição prevista no número anterior relativamente ao ramo referido no n.º 17) do artigo 123.º não se aplica quando o risco compreendido neste ramo seja acessório do ramo referido no n.º 6) do mesmo artigo, em relação a litígios ou riscos resultantes da utilização de embarcações marítimas ou relacionadas com essa utilização, ou acessório do ramo referido no n.º 18) também do mencionado artigo, quando se relacione com a assistência prestada a pessoas em dificuldades durante deslocações ou ausência do seu domicílio ou local de residência permanente.

ARTIGO 128.º
Grupos de ramos ou modalidades

Às empresas de seguros é admitida a exploração dos seguintes grupos de ramos ou modalidades previstos no artigo 123.º:

a) Ramos referidos nos n.ᵒˢ 1) e 2), sob a denominação «Seguro de acidentes e doença»;

b) Modalidade da alínea c) do ramo referido no n.º 1) e ramos referidos nos n.ᵒˢ 3), 7) e 10), sob a denominação «Seguro automóvel»;

c) Modalidade da alínea c) do ramo referido no n.º 1) e ramos referidos nos n.ᵒˢ 4), 6), 7) e 12), sob a denominação «Seguro marítimo e transportes»;

d) Modalidade da alínea c) do ramo referido no n.º 1) e ramos referidos nos n.ᵒˢ 5), 7) e 11), sob a denominação «Seguro aéreo»;

e) Ramos referidos nos n.ᵒˢ 8) e 9), sob a denominação «Seguro de incêndio e outros danos».

SECÇÃO II
Supervisão de contratos e tarifas

ARTIGO 129.º
Supervisão de seguros obrigatórios

1 – As empresas de seguros que pretendam explorar ramos ou modalidades de seguros obrigatórios devem, para o efeito, proceder ao registo, no Instituto de Seguros de Portugal, das condições gerais e especiais das respectivas apólices, bem como das correspondentes alterações.

A PARAFISCALIDADE NA ACTIVIDADE SEGURADORA

2 – O Instituto de Seguros de Portugal deve verificar a conformidade legal das apólices registadas nos termos do número anterior, podendo, fundamentadamente, fixar um prazo para a alteração das cláusulas que entenda necessárias.

3 – O não cumprimento pelas empresas de seguros, dentro do prazo que para o efeito lhes for concedido, das alterações referidas no número anterior implica o cancelamento do respectivo registo da apólice, sem prejuízo da manutenção em vigor, até ao vencimento dos contratos correspondentes.

4 – Das decisões referidas nos números anteriores cabe, no prazo de 30 dias, recurso para o Ministro das Finanças, cuja decisão admite recurso contencioso, nos termos gerais.

5 – O Instituto de Seguros de Portugal pode, no exercício das suas atribuições, impor o uso de cláusulas ou apólices uniformes para os ramos ou modalidades de seguros obrigatórios.

ARTIGO 130.º
Supervisão dos restantes seguros

1 – O Instituto de Seguros de Portugal, a fim de supervisionar o cumprimento das disposições aplicáveis aos contratos de seguro, pode exigir às empresas de seguros com sede em território português ou às sucursais neste estabelecidas de empresas de seguros com sede fora do território da União Europeia a comunicação não sistemática das condições gerais e especiais das apólices, das tarifas, das bases técnicas e dos formulários e outros impressos que aquelas empresas se proponham utilizar nas suas relações com os tomadores de seguros, não constituindo, em qualquer caso, esta comunicação condição para o exercício da actividade da empresa.

2 – O Instituto de Seguros de Portugal, a fim de supervisionar o cumprimento das disposições aplicáveis em matéria de princípios actuariais, pode exigir das empresas referidas no número anterior a comunicação sistemática das bases técnicas utilizadas para o cálculo das tarifas, das prestações, das contribuições e das provisões técnicas do ramo «Vida», não constituindo, em qualquer caso, esta comunicação condição para o exercício da actividade da empresa.

3 – O Instituto de Seguros de Portugal, a fim de supervisionar o cumprimento das disposições aplicáveis aos contratos de seguro e em matéria de princípios actuariais, pode exigir das empresas de seguros com sede no território de outros Estados membros que operem em Portugal em regime de estabelecimento ou em regime de livre prestação de serviços a comunicação não sistemática dos elementos referidos nos números anteriores, não constituindo, em qualquer caso, esta comunicação condição para o exercício da actividade da empresa.

ARTIGO 131.º
Registo de apólices

1 – As empresas de seguros devem manter actualizado o registo das suas apólices, o qual pode ser efectuado em suporte magnético próprio para tratamento informático.

DECRETO-LEI N.º 94-B/98, DE 17-04

2 – Do registo referido no número anterior devem constar todas as apólices emitidas ou renovadas durante o ano, com, pelo menos, as seguintes indicações:

a) Número e data da apólice;
b) Nome, firma ou denominação do tomador de seguro;
c) Ramo e modalidade do seguro;
d) Capital seguro.

3 – No que respeita ao ramo «Vida», o registo deve ainda especificar as seguintes indicações:

a) Nome e idade da pessoa cuja vida se segura;
b) Prazo do contrato.

4 – O disposto nos números anteriores é aplicável, com as devidas adaptações, às operações de capitalização.

SECÇÃO III
Conduta de mercado

ARTIGO 131.º-A
Publicidade

1 – A publicidade efectuada pelas empresas de seguros e pelas suas associações empresariais está sujeita à lei geral, sem prejuízo do que for fixado em norma do Instituto de Seguros de Portugal e, no caso de contratos de seguro ligados a fundos de investimento, em regulamento da Comissão do Mercado de Valores Mobiliários, ouvido o Instituto de Seguros de Portugal.

2 – Os regulamentos previstos no número anterior, que garantirão a protecção dos credores específicos de seguros, podem abranger os intermediários de seguro e devem prever nomeadamente os termos da divulgação das condições tarifárias nos seguros destinados a pessoas singulares.

ARTIGO 131.º-B
Intervenção do Instituto de Seguros de Portugal

1 – Sem prejuízo das atribuições da Comissão do Mercado de Valores Mobiliários no que respeita aos contratos de seguro ligados a fundos de investimento, e de atribuições que relevem especificamente da tutela dos consumidores cometidas a outras instituições e do estabelecimento de formas de cooperação com as mesmas, a fiscalização do cumprimento das normas aplicáveis em matéria de publicidade das empresas de seguros e das suas associações empresariais compete ao Instituto de Seguros de Portugal.

2 – O Instituto de Seguros de Portugal, relativamente à publicidade que não respeite as disposições previstas no artigo anterior, e sem prejuízo das sanções aplicáveis, pode:

A PARAFISCALIDADE NA ACTIVIDADE SEGURADORA

a) Ordenar as modificações necessárias para pôr termo às irregularidades;
b) Ordenar a suspensão das acções publicitárias em causa;
c) Determinar a imediata publicação pelo responsável de rectificação apropriada.

3 – Em caso de incumprimento das determinações previstas na alínea *c)* do número anterior, pode o Instituto de Seguros de Portugal, sem prejuízo das sanções aplicáveis, substituir-se aos infractores na prática do acto.

ARTIGO 131.º-C
Princípios gerais de conduta de mercado

1 – As empresas de seguros devem actuar de forma diligente, equitativa e transparente no seu relacionamento com os tomadores de seguros, segurados, beneficiários ou terceiros lesados.

2 – As empresas de seguros devem definir uma política de tratamento dos tomadores de seguros, segurados, beneficiários ou terceiros lesados, assegurando que a mesma é difundida na empresa e divulgada ao público, adequadamente implementada e o respectivo cumprimento monitorizado.

3 – O Instituto de Seguros de Portugal pode estabelecer, por norma regulamentar, princípios gerais a respeitar pelas empresas de seguros no cumprimento dos deveres previstos nos números anteriores.

ARTIGO 131.º-D
Gestão de reclamações

1 – As empresas de seguros devem instituir uma função autónoma responsável pela gestão das reclamações dos tomadores de seguros, segurados, beneficiários ou terceiros lesados relativas aos respectivos actos ou omissões, que seja desempenhada por pessoas idóneas que detenham qualificação profissional adequada.

2 – A função responsável pela gestão das reclamações pode ser instituída por uma empresa de seguros ou por empresas de seguros que se encontrem em relação de domínio ou de grupo, desde que, em qualquer caso, lhe sejam garantidas as condições necessárias a evitar conflitos de interesses.

3 – Compete à função prevista no n.º 1 gerir a recepção e resposta às reclamações que lhe sejam apresentadas pelos tomadores de seguros, segurados, beneficiários ou terceiros lesados, de acordo com os critérios e procedimentos fixados no respectivo regulamento de funcionamento, sem prejuízo de o tratamento e apreciação das mesmas poder ser efectuado pelas unidades orgânicas relevantes.

4 – O Instituto de Seguros de Portugal estabelece, por norma regulamentar, princípios gerais a respeitar no cumprimento dos deveres previstos nos números anteriores.

ARTIGO 131.º-E
Provedor do cliente

1 – As empresas de seguros designam, de entre entidades ou peritos independentes de reconhecido prestígio e idoneidade, o provedor dos clientes, ao qual os tomadores

de seguros, segurados, beneficiários ou terceiros lesados podem apresentar reclamações relativas a actos ou omissões daquelas empresas, desde que as mesmas não tenham sido resolvidas no âmbito da gestão das reclamações prevista no artigo anterior.

2 – O provedor pode ser designado por empresa de seguros ou por um conjunto de empresas de seguros, ou, ainda, por associação de empresas de seguros.

3 – Compete ao provedor apreciar as reclamações que lhe sejam apresentadas pelos tomadores de seguros, segurados, beneficiários ou terceiros lesados, de acordo com os critérios e procedimentos fixados no respectivo regulamento de funcionamento, elaborado pelas entidades que o designaram.

4 – O provedor tem poderes consultivos e pode apresentar recomendações às empresas de seguros em resultado da apreciação das reclamações.

5 – A intervenção do provedor em nada afecta o direito de recurso aos tribunais ou a mecanismos de resolução extrajudicial de litígios.

6 – O provedor deve divulgar, anualmente, as recomendações feitas, bem como a menção da sua adopção pelos destinatários.

7 – As despesas de designação e funcionamento do provedor são da responsabilidade da entidade que o designou nos termos do n.º 2, não podendo ser imputadas ao reclamante.

8 – A designação do provedor é dispensada quanto às reclamações que possam ser resolvidas no âmbito de mecanismo de resolução extrajudicial de litígios ao qual a empresas de seguros tenha aderido.

9 – O Instituto de Seguros de Portugal estabelece, por norma regulamentar, princípios gerais a respeitar no cumprimento dos deveres previstos nos números anteriores.

ARTIGO 131.º-F
Política antifraude

1 – As empresas de seguros devem definir uma política de prevenção, detecção e reporte de situações de fraude nos seguros.

2 – O Instituto de Seguros de Portugal estabelece, por norma regulamentar, princípios gerais a respeitar pelas empresas de seguros no cumprimento do dever previsto no número anterior.

CAPÍTULO IV
Co-seguro

SECÇÃO I
Disposições gerais

ARTIGO 132.º
Co-seguro

(Revogado.)

A PARAFISCALIDADE NA ACTIVIDADE SEGURADORA

ARTIGO 133.º
Apólice única

(Revogado.)

ARTIGO 134.º
Âmbito da responsabilidade de cada co-seguradora

(Revogado.)

ARTIGO 135.º
Funções da co-seguradora líder

(Revogado.)

ARTIGO 136.º
Acordo entre as co-seguradoras

(Revogado.)

ARTIGO 137.º
Responsabilidade civil da líder

(Revogado.)

ARTIGO 138.º
Liquidação de sinistros

(Revogado.)

ARTIGO 139.º
Propositura de acções judiciais

(Revogado.)

ARTIGO 140.º
Abandono por uma co-seguradora

(Revogado.)

SECÇÃO II
Co-seguro comunitário

ARTIGO 141.º
Co-seguro comunitário

(Revogado.)

ARTIGO 142.º
Requisitos

(Revogado.)

ARTIGO 143.º
Condições de acesso

Para a celebração de contratos em regime de co-seguro comunitário, são aplicáveis à co-seguradora líder as disposições dos artigos 59.º a 67.º do presente diploma.

ARTIGO 144.º
Provisões técnicas

1 – O cálculo e representação das provisões técnicas relativas aos contratos em co-seguro comunitário rege-se, em relação a cada co-seguradora, pelas regras do respectivo Estado membro de origem, sem prejuízo do disposto no número seguinte.

2 – A provisão para sinistros deve, em relação a cada co-seguradora, ser calculada e representada de acordo com as regras que se encontrem, para o efeito, em vigor no Estado membro de origem da co-seguradora líder.

3 – As provisões técnicas constituídas pelas diferentes co-seguradoras serão representadas por activos, móveis ou imóveis, e congruentes, localizados em qualquer parte do território da União Europeia.

ARTIGO 145.º
Mediação

Ao contrato de co-seguro comunitário, na parte respeitante ao risco situado em Portugal, são aplicáveis as normas legais e regulamentares em vigor no território português em matéria de mediação de seguros.

ARTIGO 146.º
Regime fiscal

O regime fiscal do contrato de co-seguro comunitário, na parte respeitante ao risco ou parte do risco situado em território português, rege-se pelo disposto nos artigos 173.º a 175.º, devendo a co-seguradora líder dar cumprimento às respectivas disposições, nomeadamente à estatuição do artigo 175.º

ARTIGO 147.º
Sanções

A co-seguradora líder que não cumpra as disposições do presente capítulo fica sujeita à aplicação das sanções legalmente previstas.

CAPÍTULO V
Transferências de carteira

SECÇÃO I
Transferência de carteira de seguros
ARTIGO 148.º
Cedente com sede em Portugal e cessionária estabelecida na União Europeia

1 – As empresas de seguros com sede em território português podem, nos termos legais e regulamentares em vigor, transferir a totalidade ou parte dos contratos da respectiva carteira, subscritos em regime de estabelecimento ou em regime de livre prestação de serviços, para uma cessionária estabelecida na União Europeia.

2 – A transferência referida no número anterior pode ser autorizada desde que, cumulativamente:

a) As autoridades competentes do Estado membro de origem da cessionária, se for o caso, atestem que esta possui, atendendo a essa mesma transferência, a margem de solvência disponível necessária para o efeito;

b) As autoridades competentes do Estado membro onde se situam os riscos ou do Estado membro do compromisso dêem o seu acordo à mencionada transferência.

3 – Se a transferência a que se refere o n.º 1 do presente artigo se reportar à totalidade ou parte dos contratos da carteira da sucursal de uma empresa de seguros com sede em Portugal, o Estado membro da sucursal deve também ser consultado.

ARTIGO 149.º
Sucursal de cedente com sede fora da União Europeia e cessionária estabelecida em Portugal

1 – As sucursais de empresas de seguros cuja sede se situe fora do território da União Europeia e estabelecidas em território português podem, nos termos legais e regulamentares em vigor, transferir a totalidade ou parte dos contratos da respectiva carteira para uma cessionária também estabelecida em Portugal.

2 – A transferência referida no número anterior pode ser autorizada desde que, cumulativamente:

a) O Instituto de Seguros de Portugal ou, eventualmente, as autoridades competentes do Estado membro da cessionária, nos termos do artigo 108.º, se for o caso, atestem que esta possui, atendendo a essa mesma transferência, a margem de solvência disponível necessária para o efeito;

b) As autoridades competentes do Estado membro onde se situam os riscos ou do Estado membro do compromisso, quando estes não forem os mesmos em que se situa a sucursal cedente, dêem o seu acordo à mencionada transferência.

3 – O Instituto de Seguros de Portugal não procede à certificação referida na alínea *a)* do n.º 2 sempre que tenha dúvidas fundadas sobre a situação financeira da empresa de seguros cessionária, designadamente nos casos em que tenha sido

DECRETO-LEI N.º 94-B/98, DE 17-04

solicitado um plano de reequilíbrio da situação financeira em conformidade com o disposto no artigo 108.º-A e enquanto entender que os direitos dos segurados e beneficiários dos contratos de seguro se encontram em risco.

ARTIGO 150.º
Sucursal de cedente com sede fora da União Europeia e estabelecida em Portugal e cessionária com sede em outro Estado membro

1 – As sucursais de empresas de seguros cuja sede se situe fora do território da União Europeia e estabelecidas em território português podem, nos termos legais e regulamentares em vigor, transferir a totalidade ou parte dos contratos da respectiva carteira para uma empresa de seguros com sede num outro Estado membro.

2 – A transferência referida no número anterior pode ser autorizada desde que, cumulativamente:

a) As autoridades competentes do Estado membro de origem da cessionária, se for o caso, atestem que esta possui, atendendo a essa mesma transferência, a margem de solvência disponível necessária para o efeito;

b) As autoridades competentes do Estado membro onde se situam os riscos ou do Estado membro do compromisso, quando estes não forem os mesmos em que se situa a sucursal cedente, dêem o seu acordo à mencionada transferência.

ARTIGO 151.º
Sucursal de cedente com sede fora da União Europeia estabelecida em Portugal e de cessionária com sede fora da União Europeia e estabelecida em outro Estado membro

1 – As sucursais de empresas de seguros cuja sede se situe fora do território da União Europeia e estabelecidas em território português podem, nos termos legais e regulamentares em vigor, transferir a totalidade ou parte dos contratos da respectiva carteira para uma sucursal de uma empresa cuja sede se situe também fora do território da União Europeia mas estabelecida no território de outro Estado membro.

2 – A transferência referida no número anterior pode ser autorizada desde que, cumulativamente:

a) As autoridades competentes do Estado membro do estabelecimento da cessionária ou, eventualmente, as autoridades competentes da cessionária, nos termos do artigo 108.º, se for o caso, atestem não só que esta possui, atendendo a essa mesma transferência, a margem de solvência disponível necessária para o efeito, como certifiquem também que a legislação do Estado membro da cessionária prevê a possibilidade desta transferência e a respectiva concordância para a mesma transferência;

b) As autoridades competentes do Estado membro onde se situam os riscos ou do Estado membro do compromisso, quando estes não forem os mesmos em que se situa a sucursal cedente, dêem o seu acordo à mencionada transferência.

ARTIGO 151.º-A
Cedente com sede em Portugal ou sucursal com sede fora da União Europeia e cessionária sucursal com sede na Suíça

As empresas de seguros com sede em território português e as sucursais de empresas de seguros cuja sede se situe fora do território da União Europeia e estabelecidas em território português podem, mediante autorização do Instituto de Seguros de Portugal, transferir a totalidade ou parte dos contratos da respectiva carteira para sucursais de empresas de seguros que explorem seguros dos ramos «Não vida» cuja sede se situe na Suíça e estabelecidas em território português, desde que a autoridade competente do país da empresa cessionária ateste que esta possui, atendendo a essa mesma transferência, a margem de solvência necessária para o efeito.

ARTIGO 152.º
Parecer ou acordo das autoridades competentes

Se as autoridades competentes consultadas para os efeitos previstos neste capítulo não comunicarem ao Instituto de Seguros de Portugal o seu parecer ou o seu acordo no prazo de três meses contados a partir da data da recepção do pedido, decorrido o mesmo prazo considerar-se-á ter havido parecer favorável ou acordo tácito das mencionadas autoridades.

ARTIGO 153.º
Publicidade da transferência

1 – As transferências de carteira previstas no presente capítulo serão autorizadas pelo Instituto de Seguros de Portugal.

2 – As autorizações para transferências de carteira concedidas pelas autoridades competentes dos Estados membros de origem e que abranjam contratos cobrindo riscos situados em território português ou em que Portugal seja o Estado membro do compromisso devem ser devidamente redigidas e publicadas em língua portuguesa no sítio na Internet do Instituto de Seguros de Portugal e em dois jornais diários de ampla difusão.

ARTIGO 154.º
Oponibilidade da transferência e resolução dos contratos

1 – Sem prejuízo do disposto no número seguinte, as transferências de carteiras autorizadas pelo Instituto de Seguros de Portugal ou pelas restantes autoridades competentes dos Estados membros de origem são oponíveis aos tomadores, segurados e a quaisquer outras pessoas titulares de direitos ou obrigações emergentes dos correspondentes contratos de seguro, a partir da respectiva autorização.

2 – Quando as transferências de carteira abranjam contratos cobrindo riscos situados em território português ou em que Portugal seja o Estado membro do compromisso, os segurados e tomadores dispõem de um prazo de 30 dias contados a partir da publicação no sítio na Internet do Instituto de Seguros de Portugal, referida no

DECRETO-LEI N.º 94-B/98, DE 17-04

n.º 2 do artigo anterior, para a resolução dos respectivos contratos, prazo durante o qual a transferência não lhes é oponível.

ARTIGO 155.º
Ramo «Vida»

1 – Não poderá ser autorizada qualquer transferência de carteira de contratos de seguro do ramo «Vida» quando se lhe oponham, pelo menos, 20 % dos segurados dos contratos da carteira a transferir.

2 – Requerida a autorização para a transferência da carteira e para os efeitos referidos no número anterior, o Instituto de Seguros de Portugal notifica, por carta registada a enviar para o último domicílio constante do contrato, todos os respectivos segurados, que disporão de um prazo de 60 dias, contados a partir da recepção da mesma, para se oporem à transferência.

3 – O disposto nos números anteriores é igualmente aplicável sempre que o Instituto de Seguros de Portugal for consultado enquanto autoridade competente do Estado membro do compromisso, ficando o parecer ou acordo que lhe for solicitado para o efeito pela autoridade competente do Estado membro de origem da empresa de seguros cedente condicionado ao disposto no n.º 1 do presente artigo, sendo a percentagem aí referida aplicável à parte da carteira em que Portugal é o Estado membro do compromisso.

4 – As despesas inerentes à notificação referida no n.º 2 correrão por conta da empresa de seguros cedente.

5 – O disposto no presente artigo não é aplicável se for reconhecido pelo Instituto de Seguros de Portugal que a transferência de carteira se insere num processo de saneamento de uma situação de insuficiência financeira, de fusão ou de dissolução de uma empresa de seguros.

SECÇÃO II
Transferência de carteira de resseguros

ARTIGO 155.º-A
Transferências de carteira de resseguros

1 – À transferência, total ou parcial, de carteira de resseguros, subscritos em regime de estabelecimento ou em regime de livre prestação de serviços, entre cedente com sede em Portugal e cessionária estabelecida na União Europeia é aplicável, com as devidas adaptações, o regime previsto no n.º 1 e na alínea *a)* do n.º 2 do artigo 148.º

2 – À transferência, total ou parcial, de carteira de resseguros entre sucursal de cedente com sede fora do território da União Europeia estabelecida em Portugal e cessionária estabelecida em Portugal é aplicável, com as devidas adaptações, o regime previsto no n.º 1 do artigo 149.º, dependendo a autorização do Instituto de Seguros de Portugal da verificação da detenção pela cessionária da margem de solvência disponível necessária face à transferência.

3 – O Instituto de Seguros de Portugal não autoriza as transferências de carteiras previstas nos números anteriores nos casos em que tenha sido solicitado um plano de reequilíbrio da situação financeira em conformidade com o disposto no artigo 108.º-A e enquanto entender que as obrigações decorrentes dos contratos de resseguro se encontram em risco.

CAPÍTULO VI
Supervisão

SECÇÃO I
Disposições gerais

ARTIGO 156.º
Supervisão pelo Instituto de Seguros de Portugal

1 – O Instituto de Seguros de Portugal é, nos termos legais e regulamentares, a autoridade competente para o exercício da supervisão não só das actividades das empresas de seguros e de resseguros com sede em Portugal, incluindo a actividade exercida no território de outros Estados membros pelas respectivas sucursais ou a aí exercida em livre prestação de serviços, como também das actividades exercidas em território português por sucursais de empresas de seguros ou de resseguros com sede fora da União Europeia.

2 – O disposto no número anterior não prejudica as atribuições da Comissão do Mercado de Valores Mobiliários relativamente a contratos de seguro ligados a fundos de investimento.

3 – O Instituto de Seguros de Portugal é igualmente a autoridade competente para o exercício da supervisão complementar de empresas de seguros ou de resseguros com sede em Portugal, nos termos da secção seguinte.

4 – Caso a empresa de seguros ou de resseguros sujeita à supervisão prevista no número anterior tenha como empresa mãe uma sociedade gestora de participações no sector dos seguros, uma empresa de seguros ou de resseguros de um país terceiro ou uma sociedade gestora de participações mista de seguros, que seja também empresa mãe de outra empresa de seguros ou de resseguros autorizada noutro Estado membro da União Europeia, o Instituto de Seguros de Portugal deve chegar a acordo com a autoridade de supervisão congénere do Estado membro em questão para a designação daquela a quem cabe a responsabilidade pelo exercício da supervisão complementar.

ARTIGO 157.º
Poderes de supervisão

1 – No exercício das funções de supervisão referidas no artigo anterior, o Instituto de Seguros de Portugal dispõe de poderes e meios para:

DECRETO-LEI N.º 94-B/98, DE 17-04

a) Verificar a conformidade técnica, financeira, legal e fiscal da actividade das empresas de seguros e resseguros sob a sua supervisão;

b) Obter informações pormenorizadas sobre a situação das empresas de seguros ou de resseguros e o conjunto das suas actividades através, nomeadamente, da recolha de dados, da exigência de documentos relativos ao exercício da actividade seguradora, resseguradora ou de retrocessão ou de inspecções a efectuar nas instalações da empresa;

c) Adoptar, em relação às empresas de seguros ou de resseguros, seus dirigentes responsáveis ou pessoas que as controlam, todas as medidas adequadas e necessárias não só para garantir que as suas actividades observam as disposições legais e regulamentares que lhes são aplicáveis e, nomeadamente, o programa de actividades como também para evitar ou eliminar qualquer irregularidade que possa prejudicar os interesses dos segurados e beneficiários;

d) Garantir a aplicação efectiva das medidas referidas na alínea anterior, se necessário mediante recurso às instâncias judiciais;

e) Obter todas as informações de que careça sobre contratos que estejam na posse de mediadores;

f) Exercer as demais funções e atribuições previstas no presente diploma e legislação e regulamentação complementares.

2 – Para efeitos do disposto na alínea *b)* do número anterior, as entidades aí referidas são obrigadas a prestar ao Instituto de Seguros de Portugal as informações que este considere necessárias à verificação, nomeadamente, do seu grau de liquidez e de solvabilidade, dos riscos em que incorrem, incluindo o nível de exposição a diferentes tipos de instrumentos financeiros, das práticas de gestão e controlo dos riscos a que estão ou possam vir a estar sujeitas e das metodologias adoptadas na avaliação dos seus activos, em particular daqueles que não sejam transaccionados em mercados de elevada liquidez e transparência.

3 – O Instituto de Seguros de Portugal concretiza, através de norma regulamentar, o disposto nos números anteriores.

4 – Para os efeitos previstos no n.º 1, o Instituto de Seguros de Portugal exige das empresas de seguros ou de resseguros a documentação necessária, incluindo os documentos estatísticos.

5 – Caso uma empresa de seguros ou de resseguros pertença a um grupo, o Instituto de Seguros de Portugal deve certificar-se de que a estrutura do grupo e, em especial, as relações propostas entre a empresa e outras entidades do grupo permitem uma supervisão eficaz.

6 – Para efeitos do disposto no número anterior, as empresas de seguros ou de resseguros devem comunicar ao Instituto de Seguros de Portugal a sua integração num grupo ou a alteração da estrutura do grupo a que pertencem, devendo também fornecer-lhe informações relativas à estrutura organizativa do grupo, que incluam elementos suficientes sobre a referida estrutura e as relações propostas entre a empresa e as outras entidades do grupo, de forma que seja possível verificar a existência dos requisitos referidos na alínea *e)* do n.º 2 do artigo 13.º

A PARAFISCALIDADE NA ACTIVIDADE SEGURADORA

7 – As informações referidas no número anterior podem ser solicitadas a qualquer entidade ou grupo.

8 – No exercício das suas funções de supervisão, o Instituto de Seguros de Portugal emitirá instruções e recomendações para que sejam sanadas as irregularidades detectadas.

ARTIGO 157.º-A
Colaboração para o exercício da supervisão

1 – Caso uma empresa de seguros ou de resseguros e quer uma instituição de crédito ou uma empresa de investimento, quer ambas, se encontrem em relação de participação, ou tenham uma empresa participante comum, o Banco de Portugal e a Comissão do Mercado de Valores Mobiliários fornecem ao Instituto de Seguros de Portugal todas as informações necessárias ao exercício por este das suas funções de supervisão.

2 – Às informações recebidas e às trocas de informação nos termos do número anterior aplica-se o disposto na secção II do presente capítulo.

ARTIGO 157.º-B
Outras empresas

1 – As sociedades gestoras de participações sociais ficam sujeitas à supervisão do Instituto de Seguros de Portugal sempre que o valor total, directa ou indirectamente detido, das suas participações em empresas de seguros ou de resseguros, em sociedades gestoras de fundos de pensões e em sociedades de mediação de seguros ou de resseguros, represente pelo menos 50 % do montante global das participações que detiverem e, bem assim, sempre que se encontrem, em relação a uma ou mais empresas de seguros ou de resseguros, sociedades gestoras de fundos de pensões e sociedades de mediação de seguros ou de resseguros, em alguma das situações previstas no n.º 1) do artigo 3.º, exceptuando-se, porém, as que estiverem sujeitas por outra legislação à supervisão do Banco de Portugal.

2 – Às sociedades gestoras de participações sociais sujeitas à supervisão do Instituto de Seguros de Portugal nos termos do número anterior é aplicável o disposto no capítulo II do título VI deste diploma.

3 – Quando o Instituto de Seguros de Portugal seja a autoridade de supervisão responsável pelo exercício da supervisão complementar a nível de um conglomerado financeiro, a companhia financeira mista que lidere o conglomerado financeiro fica sujeita ao disposto no capítulo II do título VI pelas infracções às disposições legais ou regulamentares aplicáveis à supervisão complementar no âmbito de um conglomerado financeiro.

4 – Se duas ou mais sociedades gestoras de participações sociais estiverem entre si em relação de grupo, ou por outro qualquer modo actuarem concertadamente, são consideradas como uma única sociedade para os efeitos do n.º 1.

5 – A Inspecção-Geral de Finanças informa o Instituto de Seguros de Portugal das situações referidas no n.º 1 e que sejam do seu conhecimento.

DECRETO-LEI N.º 94-B/98, DE 17-04

6 – Para determinação dos termos da relação com a empresa de seguros ou de resseguros sujeita à supervisão do Instituto de Seguros de Portugal, estão sujeitas à inspecção por este as empresas do respectivo grupo que não estejam sujeitas à supervisão de outra autoridade comunitária competente ou do Banco de Portugal.

7 – Sempre que as empresas referidas no número anterior estejam sujeitas à supervisão de uma outra entidade competente, o Instituto de Seguros de Portugal solicitará a essa autoridade que verifique as informações sobre essas empresas ou que autorize que tal verificação seja efectuada pelo Instituto de Seguros de Portugal, quer directamente quer através de pessoa ou entidade mandatada para o efeito.

SECÇÃO I-A
Da supervisão complementar em especial

ARTIGO 157.º-C
Acesso à informação relevante para a supervisão complementar

1 – Sem prejuízo da aplicação do artigo 157.º à supervisão complementar, no respeitante às informações relativas às empresas participadas, às empresas participantes e às empresas participadas de uma empresa participante de uma empresa de seguros ou de resseguros, o Instituto de Seguros de Portugal solicita-as directamente a estas empresas no caso de a empresa de seguros ou de resseguros sujeita à supervisão complementar as não ter prestado.

2 – A verificação in loco das informações necessárias ao exercício da supervisão complementar será feita, pelo Instituto de Seguros de Portugal, directamente ou por intermédio de pessoas que tenha mandatado para o efeito, na empresa de seguros ou de resseguros sujeita a essa supervisão e nas respectivas empresas filiais, empresas mãe e empresas filiais das empresas mãe.

3 – Se, no âmbito do exercício da supervisão complementar, o Instituto de Seguros de Portugal carecer de verificar informação importante relativa a empresa cuja sede se situe noutro Estado membro da União Europeia e que seja uma empresa de seguros ou de resseguros participada, uma empresa filial, uma empresa mãe ou uma empresa filial de uma empresa mãe da empresa de seguros ou de resseguros sujeita à supervisão complementar, solicitá-lo-á à autoridade congénere desse outro Estado membro.

4 – No caso de pedido de teor idêntico ao do previsto no número anterior recebido de autoridade congénere de outro Estado membro, o Instituto de Seguros de Portugal dar-lhe-á seguimento, quer procedendo ele à verificação solicitada quer permitindo que a mesma seja efectuada pela requerente ou por revisor ou perito mandatado para o efeito.

5 – Ainda que a verificação seja efectuada pelo Instituto de Seguros de Portugal, a autoridade de supervisão que apresentou o pedido pode, se o desejar, participar na verificação.

ARTIGO 157.º-D
Cooperação internacional para o exercício da supervisão complementar

1 – No caso de uma empresa de seguros ou de resseguros estabelecida em Portugal estar em relação de participação com uma empresa de seguros ou de resseguros estabelecida noutro Estado membro da União Europeia, ou de ambas as empresas terem uma empresa participante comum, o Instituto de Seguros de Portugal comunica à autoridade de supervisão congénere, a pedido, as informações úteis susceptíveis de permitir ou facilitar o exercício da supervisão complementar, bem como, por iniciativa própria, as informações que entenda essenciais para as autoridades congéneres.

2 – No caso de uma empresa de seguros ou de resseguros estabelecida em Portugal estar em relação de participação com uma empresa de seguros ou de resseguros estabelecida num país terceiro e seja pela União Europeia negociado um acordo com esse país relativamente às modalidades de exercício da supervisão complementar, o Instituto de Seguros de Portugal pode trocar com as autoridades de supervisão desse país informações necessárias à supervisão complementar.

SECÇÃO II
Sigilo profissional

ARTIGO 158.º
Sigilo profissional

1 – Os membros dos órgãos do Instituto de Seguros de Portugal, bem como todas as pessoas que nele exerçam ou tenham exercido uma actividade profissional, estão sujeitos ao dever de guardar sigilo dos factos cujo conhecimento lhes advenha exclusivamente pelo exercício das suas funções.

2 – O dever de sigilo profissional referido no número anterior implica que qualquer informação confidencial recebida no exercício da actividade profissional não pode ser comunicada a nenhuma pessoa ou autoridade, excepto de forma sumária ou agregada, e de modo que as empresas de seguros ou de resseguros não possam ser individualmente identificadas.

3 – Sempre que uma empresa de seguros ou de resseguros seja declarada em estado de insolvência ou que tenha sido decidida judicialmente a sua liquidação, as informações confidenciais que não digam respeito a terceiros implicados nas tentativas de recuperação da seguradora ou resseguradora podem ser divulgadas no âmbito do processo.

ARTIGO 159.º
Troca de informações entre autoridades competentes

1 – O dever de sigilo profissional não impede que o Instituto de Seguros de Portugal proceda à troca de informações necessárias ao exercício da supervisão da actividade seguradora ou resseguradora com as autoridades competentes dos outros

DECRETO-LEI N.º 94-B/98, DE 17-04

Estados membros, sem prejuízo da sujeição dessas informações ao dever de sigilo profissional.

2 – O disposto no número anterior é aplicável à troca de informações entre o Instituto de Seguros de Portugal e as seguintes entidades nacionais ou de outros Estados membros:

a) Autoridades investidas da atribuição pública de fiscalização das instituições de crédito e outras instituições financeiras, bem como autoridades encarregadas da supervisão dos mercados financeiros;

b) Órgãos intervenientes na liquidação e no processo de insolvência de empresas de seguros ou de resseguros e outros processos similares, bem como autoridades competentes para a supervisão desses órgãos;

c) Entidades responsáveis pela detecção e investigação de violações do direito das sociedades;

d) Entidades incumbidas da gestão de processos de liquidação ou de fundos de garantia;

e) Bancos centrais, outras entidades de vocação semelhante enquanto autoridades monetárias e outras autoridades encarregadas da supervisão dos sistemas de pagamento.

f) Pessoas encarregadas da revisão legal das contas ou auditoria às contas das empresas de seguros, das empresas de resseguros, das instituições de crédito, das empresas de investimento e de outras instituições financeiras, bem como as autoridades competentes para a supervisão dessas pessoas;

g) Actuários responsáveis que exerçam, nos termos da lei, uma função de controlo sobre as empresas de seguros ou de resseguros, bem como entidades com competência para a supervisão desses actuários.

3 – (Revogado.)

4 – Sem prejuízo do disposto no n.º 1, se as informações referidas no n.º 2 forem provenientes de outro Estado membro, só poderão ser divulgadas com o acordo explícito das autoridades competentes que tiverem procedido à respectiva comunicação e, se for caso disso, exclusivamente para os fins relativamente aos quais as referidas autoridades tiverem dado o seu acordo, devendo ser-lhes comunicada a identidade e o mandato preciso das entidades a quem devem ser transmitidas essas informações.

5 – A troca de informações necessárias ao exercício da supervisão da actividade seguradora ou resseguradora com autoridades competentes de países não membros da União Europeia ou com autoridades ou organismos destes países, definidos nas alíneas *a)*, *b)*, *d)*, *f)* e *g)* do n.º 2, está sujeita às garantias de sigilo profissional previstas na presente secção, estabelecidas e aceites reciprocamente, sendo-lhes aplicável o previsto no número anterior.

A PARAFISCALIDADE NA ACTIVIDADE SEGURADORA

ARTIGO 160.º
Informações confidenciais

O Instituto de Seguros de Portugal só pode utilizar as informações confidenciais recebidas nos termos dos artigos anteriores no exercício das suas funções e com as seguintes finalidades:

a) Para análise das condições de acesso à actividade seguradora ou resseguradora e para a supervisão das condições de exercício da mesma, especialmente em matéria de fiscalização das provisões técnicas, da margem de solvência, da organização administrativa e contabilística e do controlo interno;

b) Para a aplicação de sanções;

c) No âmbito de um recurso administrativo ou jurisdicional interposto de decisões tomadas no âmbito do presente diploma e respectiva legislação complementar.

ARTIGO 161.º
Informações para supervisão prudencial

1 – O Instituto de Seguros de Portugal pode, se tal se justificar por razões de supervisão prudencial, comunicar as informações para o efeito necessárias às entidades nacionais responsáveis pela legislação em matéria de supervisão das instituições de crédito, serviços de investimento, empresas de seguros ou de resseguros e demais instituições financeiras, bem como aos inspectores mandatados por estas entidades.

2 – A comunicação referida no número anterior não abrange as informações recebidas ao abrigo dos n.ᵒˢ 1 e 2 do artigo 159.º nem as obtidas através das inspecções a efectuar nas instalações da empresa previstas na alínea *b)* do n.º 1 do artigo 157.º, salvo acordo explícito da autoridade competente que tenha comunicado as informações ou da autoridade competente do Estado membro em que tenha sido efectuada a inspecção.

3 – Os revisores oficiais de contas incumbidos da revisão legal das contas das empresas de seguros ou de resseguros ou que, por exigência legal, prestem às mesmas empresas serviços de auditoria devem comunicar imediatamente ao Instituto de Seguros de Portugal qualquer facto ou decisão de que tomem conhecimento no desempenho das suas funções e que seja susceptível de:

a) Constituir violação das normas legais, regulamentares e administrativas reguladoras do acesso e exercício da actividade seguradora ou resseguradora;

b) Afectar a continuidade da exploração da empresa de seguros ou de resseguros;

c) Acarretar a recusa da certificação das contas ou a emissão de quaisquer reservas às mesmas contas.

4 – O disposto no número anterior é igualmente aplicável ao exercício pelas entidades referidas de funções idênticas em empresa que tenha uma relação de proximidade decorrente de uma relação de controlo com uma empresa de seguros ou de resseguros.

DECRETO-LEI N.º 94-B/98, DE 17-04

5 – As comunicações ao Instituto de Seguros de Portugal efectuadas de boa-fé em cumprimento dos n.ºs 3 e 4 não constituem violação de qualquer restrição à divulgação de informações imposta por contrato ou por disposições legais, regulamentares ou administrativas, não acarretando qualquer tipo de responsabilidade.

ARTIGO 162.º
Excepções ao dever de sigilo profissional

Fora dos casos previstos na presente secção, os factos e elementos abrangidos pelo dever de sigilo profissional só podem ser revelados:

a) Nos termos previstos na lei penal e de processo penal;
b) Quando exista outra disposição legal que expressamente limite o dever de sigilo profissional.

SECÇÃO III
Empresas de seguros com sede em Portugal

ARTIGO 163.º
Comunicação do montante dos prémios

1 – As empresas de seguros com sede em território português, sem prejuízo de outros elementos contabilísticos e estatísticos necessários ao exercício da supervisão fixados por norma do Instituto de Seguros de Portugal, devem comunicar a este Instituto, separadamente para as operações efectuadas em regime de estabelecimento e em regime de livre prestação de serviços, o montante dos prémios, sem dedução do resseguro, por grupos de ramos «Não vida» e por cada um dos seguros e operações do ramo «Vida», emitidos por Estado membro.

2 – A comunicação referida no número anterior, no que respeita aos grupos de ramos «Não vida», abrangerá também o montante dos sinistros e das comissões, bem como, no caso do ramo referido no n.º 10) do artigo 123.º, excluindo a responsabilidade do transportador, a frequência e custo médio dos sinistros.

3 – O Instituto de Seguros de Portugal comunicará as indicações referidas no presente artigo, de uma forma agregada, às autoridades competentes de cada um dos Estados membros interessados que lhas tenham solicitado.

ARTIGO 164.º
Grupos de ramos

Os grupos de ramos «Não vida» referidos no artigo anterior são, relativamente aos respectivos números constantes do artigo 123.º, os seguintes:

a) Ramos referidos nos n.ºs 1) e 2);
b) Ramos referidos nos n.ºs 3), 7) e 10), especificando-se os valores relativos a este último, com exclusão da responsabilidade do transportador;
c) Ramos referidos nos n.ºs 8) e 9);

A PARAFISCALIDADE NA ACTIVIDADE SEGURADORA

d) Ramos referidos nos n.ᵒˢ 4), 5), 6), 7), 11) e 12);
e) Ramo referido no n.º 13);
f) Ramos referidos nos n.ᵒˢ 14) e 15);
g) Ramos referidos nos n.ᵒˢ 16), 17) e 18).

ARTIGO 165.º
Mediação

As empresas de seguros com sede em Portugal não estão sujeitas às normas legais e regulamentares em vigor no território português em matéria de mediação na celebração de contratos pelas respectivas sucursais ou em regime de livre prestação de serviços cobrindo riscos situados no território de outros Estados membros.

SECÇÃO IV
Empresas de seguros ou de resseguros com sede no território de outros Estados membros

ARTIGO 166.º
Sucursais e livre prestação de serviços

As empresas de seguros ou de resseguros com sede no território de outros Estados membros que operem em Portugal através de sucursais ou em livre prestação de serviços devem, no âmbito dessa actividade, apresentar ao Instituto de Seguros de Portugal os documentos que por este lhes forem solicitados no exercício dos seus poderes de supervisão.

ARTIGO 167.º
Solicitação do montante dos prémios

O Instituto de Seguros de Portugal, relativamente à actividade exercida em território português, solicitará às autoridades competentes do Estado membro de origem das empresas de seguros a que se refere a presente secção a comunicação das indicações previstas no artigo 163.º

ARTIGO 168.º
Seguro obrigatório de acidentes de trabalho

As empresas de seguros com sede no território de outros Estados membros que explorem em território português o seguro obrigatório de acidentes de trabalho devem respeitar todas as disposições legais e regulamentares previstas para a respectiva exploração, ficando, nessa medida, sujeitas à supervisão do Instituto de Seguros de Portugal, sem prejuízo da supervisão financeira, que será da exclusiva competência das autoridades competentes do Estado membro de origem.

DECRETO-LEI N.º 94-B/98, DE 17-04

ARTIGO 169.º
Mediação

As empresas de seguros com sede no território de outros Estados membros que operem em Portugal através de sucursais ou em livre prestação de serviços estão sujeitas às normas legais e regulamentares em vigor no território português, em matéria de mediação, na celebração de contratos cobrindo riscos situados em Portugal.

ARTIGO 170.º
Situações irregulares

1 – Se o Instituto de Seguros de Portugal verificar que uma empresa de seguros ou de resseguros com sede no território de outro Estado membro que opera em Portugal através de uma sucursal ou em livre prestação de serviços não respeita as normas legais e regulamentares em vigor que lhe são aplicáveis, notificá-la-á para que ponha fim a essa situação irregular.

2 – Simultaneamente com a notificação prevista no número anterior, no caso de se tratar de uma empresa de resseguros ou, no caso de empresa de seguros se a mesma não regularizar a situação, o Instituto de Seguros de Portugal informa as autoridades competentes do Estado membro de origem, solicitando-lhes as medidas adequadas para que a empresa ponha fim à situação irregular.

3 – Se, apesar das medidas tomadas ao abrigo do número anterior, a empresa persistir na situação irregular, o Instituto de Seguros de Portugal, após ter informado as autoridades competentes do Estado membro de origem, adoptará as medidas legalmente previstas para evitar ou reprimir as irregularidades cometidas ou novas situações irregulares, podendo, se necessário, impedir a empresa de continuar a celebrar novos contratos de seguro ou de resseguro em território português.

ARTIGO 171.º
Sanções

1 – Sem prejuízo do disposto no artigo anterior, as empresas no mesmo referidas ficam sujeitas à aplicação das sanções previstas no presente diploma.

2 – O Instituto de Seguros de Portugal comunicará às autoridades competentes do Estado membro de origem a aplicação das sanções a que se refere o número anterior.

ARTIGO 172.º
Recurso

As sanções ou restrições ao exercício da actividade seguradora ou resseguradora previstas nos artigos anteriores devem ser devidamente fundamentadas e notificadas à empresa interessada, delas cabendo recurso nos termos gerais.

SECÇÃO V
Supervisão complementar de empresas de seguros ou de resseguros com sede em Portugal

ARTIGO 172.º-A
Definições

Para os efeitos da supervisão complementar de empresas de seguros e de resseguros que fazem parte de um grupo segurador, considera-se:

a) «Empresa de seguros» a empresa prevista na alínea *b)* do n.º 1 do artigo 2.º;

b) «Empresa de seguros de um país terceiro, uma empresa que, se a sua sede estivesse situada na União Europeia, seria obrigada a dispor de uma autorização nos termos das secções II e III do capítulo I do título II, ou de disposições congéneres dos demais Estados membros;

c) «Empresa de resseguros» a empresa prevista na alínea *c)* do n.º 1 do artigo 2.º;

d) «Empresa de resseguros de um país terceiro» uma empresa que, se a sua sede estivesse situada na União Europeia, seria obrigada a dispor de uma autorização nos termos das secções I e XI do capítulo I do título II, ou de disposições congéneres dos demais Estados membros;

e) «Empresa mãe» a empresa prevista no n.º 3) do artigo 3.º, bem como a que, no parecer das autoridades competentes, exerça efectivamente uma influência dominante sobre outra empresa;

f) «Filial» a empresa prevista no n.º 4) do artigo 3.º, bem como qualquer empresa sobre a qual, no parecer das autoridades competentes, uma empresa mãe exerça efectivamente uma influência dominante, havendo lugar, também neste segundo caso, à consideração da parte final daquele n.º 4);

g) «Participação» os direitos no capital de outras empresas, materializados ou não por títulos, que, criando uma ligação duradoura com estas, se destinam a contribuir para a actividade da empresa, seja a titularidade, directa ou indirecta, de 20 % ou mais dos direitos de voto ou do capital de uma empresa;

h) «Empresa participante» uma empresa mãe, uma empresa que detenha uma participação ou uma empresa ligada a outra empresa por uma relação tal como previsto nas subalíneas *ii)* e *iii)* da alínea *j)* do artigo 2.º do Decreto-Lei n.º 145/2006, de 31 de Julho;

i) Empresa participada, uma empresa que seja uma filial, qualquer outra empresa na qual se detenha uma participação ou uma empresa ligada a outra empresa por uma relação tal como previsto nas subalíneas *ii)* e *iii)* da alínea *j)* do artigo 2.º do Decreto-Lei n.º 145/2006, de 31 de Julho;

j) «Sociedade gestora de participações no sector dos seguros» uma empresa mãe cuja actividade principal consiste na aquisição e detenção de participações em empresas filiais, quando essas empresas sejam exclusiva ou principalmente empresas de seguros, empresas de resseguros ou empresas de seguros ou de resseguros de um país terceiro, sendo pelo menos uma destas filiais uma empresa de seguros ou uma

DECRETO-LEI N.º 94-B/98, DE 17-04

empresa de resseguros e que não seja uma companhia financeira mista na acepção da alínea *l*) do artigo 2.º do Decreto-Lei n.º 145/2006, de 31 de Julho;

l) «Sociedade gestora de participações mista de seguros» uma empresa mãe que não seja uma empresa de seguros, uma empresa de resseguros, uma empresa de seguros ou de resseguros de um país terceiro, uma sociedade gestora de participações no sector dos seguros ou uma companhia financeira mista na acepção da alínea *l*) do artigo 2.º do Decreto-Lei n.º 145/2006, de 31 de Julho, sendo pelo menos uma das suas filiais uma empresa de seguros ou uma empresa de resseguros.

ARTIGO 172.º-B
Âmbito positivo

1 – Sem prejuízo da respectiva supervisão individual, estão sujeitas à supervisão complementar prevista na presente secção as empresas de seguros e as empresas de resseguros com sede em Portugal:

a) Que sejam empresas participantes de pelo menos uma empresa de seguros, uma empresa de resseguros ou uma empresa de seguros ou de resseguros de um país terceiro;

b) Cuja empresa mãe seja uma sociedade gestora de participações no sector dos seguros, ou uma empresa de seguros ou de resseguros de um país terceiro;

c) Cuja empresa mãe seja uma sociedade gestora de participações mista de seguros.

2 – A supervisão complementar tem em conta:

a) As empresas participadas da empresa de seguros ou da empresa de resseguros;

b) As empresas participantes da empresa de seguros ou da empresa de resseguros;

c) As empresas participadas de uma empresa participante da empresa de seguros ou da empresa de resseguros.

3 – O exercício da supervisão complementar não implica que o Instituto de Seguros de Portugal supervisione as empresas de seguros ou de resseguros de um país terceiro, as sociedades gestoras de participações no sector dos seguros ou as sociedades gestoras de participações mistas de seguros, individualmente consideradas.

ARTIGO 172.º-C
Âmbito negativo

1 – O Instituto de Seguros de Portugal pode não ter em conta, na supervisão complementar, empresas cuja sede se situe num país terceiro em que existam obstáculos jurídicos à transferência da informação necessária.

2 – O previsto no número anterior não prejudica o regime a fixar para o efeito em norma pelo Instituto de Seguros de Portugal, nomeadamente em matéria do cálculo de solvência corrigida.

3 – O Instituto de Seguros de Portugal pode decidir, caso a caso, não ter em conta uma empresa na supervisão complementar:

A PARAFISCALIDADE NA ACTIVIDADE SEGURADORA

a) Quando a empresa a incluir apresentar um interesse pouco significativo, atendendo aos objectivos da supervisão complementar das empresas de seguros ou de resseguros;

b) Quando a inclusão da situação financeira da empresa for inadequada ou susceptível de induzir em erro, atendendo aos objectivos da supervisão complementar das empresas de seguros ou de resseguros.

ARTIGO 172.º-D
Disponibilidade e qualidade da informação

1 – As empresas de seguros ou de resseguros sujeitas à supervisão complementar devem dispor de procedimentos de controlo interno adequados à produção de dados e informação úteis ao exercício dessa supervisão, nos termos a fixar por norma regulamentar do Instituto de Seguros de Portugal.

2 – As empresas de seguros ou de resseguros sujeitas à supervisão complementar e as respectivas empresas participantes ou participadas devem trocar entre si todas as informações consideradas úteis para efeitos do exercício dessa supervisão.

ARTIGO 172.º-E
Operações intragrupo

1 – O Instituto de Seguros de Portugal exercerá uma supervisão geral das operações entre:

a) Uma empresa de seguros ou de resseguros e ou uma sua empresa participada, ou uma sua empresa participante, ou uma empresa participada de uma sua empresa participante;

b) Uma empresa de seguros ou de resseguros e uma pessoa singular detentora de uma participação ou na empresa de seguros ou de resseguros ou numa das suas empresas participadas, ou numa empresa participante da empresa de seguros ou de resseguros, ou numa empresa participada de uma empresa participante da empresa de seguros ou de resseguros.

2 – As operações mencionadas no número anterior dizem respeito, nomeadamente, a empréstimos, garantias e operações extra-patrimoniais, elementos a considerar na margem de solvência disponível, investimentos, operações de resseguro e de retrocessão e acordos de repartição de custos.

3 – As empresas de seguros ou de resseguros devem possuir processos de gestão dos riscos e mecanismos de controlo interno adequados, incluindo procedimentos de prestação de informações e contabilísticos sólidos que lhes permitam identificar, medir, acompanhar e controlar, de modo adequado, as operações referidas no presente artigo.

4 – Para efeitos da supervisão referida no n.º 1, as empresas de seguros ou de resseguros devem comunicar ao Instituto de Seguros de Portugal, anualmente, as operações intragrupo significativas, nos termos de norma regulamentar a emitir por aquele.

DECRETO-LEI N.º 94-B/98, DE 17-04

5 – Se, com base nas informações prestadas pela empresa de seguros ou de resseguros, o Instituto de Seguros de Portugal entender que a sua solvência está ou pode vir a estar em risco, cabe-lhe determinar o que for adequado à correcção dessa situação ao nível da empresa de seguros ou de resseguros.

ARTIGO 172.º-F
Requisito de solvência corrigido

1 – No caso previsto na alínea *a)* do n.º 1 do artigo 172.º-B será efectuado um cálculo de solvência corrigida, nos termos de norma do Instituto de Seguros de Portugal, a qual proverá nomeadamente à eliminação, quer da dupla utilização dos elementos da margem de solvência disponível, quer da criação intragrupo de capital.

2 – As empresas participadas, as empresas participantes e empresas participadas de uma empresa participante serão incluídas no cálculo previsto no número anterior.

3 – O Instituto de Seguros de Portugal pode estabelecer por norma regulamentar os casos em que uma empresa de seguros ou de resseguros sujeita à supervisão complementar não é obrigada ao cálculo de solvência corrigida, designadamente quando ocorra idêntica obrigação relativamente a outra empresa participante de seguros do grupo, ou quando a autoridade competente para o exercício da supervisão complementar resulte ser a autoridade congénere de outro Estado membro.

4 – Se o cálculo previsto no n.º 1 revelar que a solvência corrigida é negativa, o Instituto de Seguros de Portugal determinará o que for adequado à correcção dessa situação.

ARTIGO 172.º-G
Supervisão complementar de empresas de seguros ou de resseguros que sejam filiais de uma sociedade gestora de participações no sector dos seguros ou de uma empresa de seguros ou de resseguros de um país terceiro

1 – No caso previsto na alínea *b)* do n.º 1 do artigo 172.º-B, é efectuado um cálculo de solvência corrigida ao nível da sociedade gestora de participações no sector dos seguros, da empresa de seguros ou de resseguros de um país terceiro, nos termos de norma regulamentar do Instituto de Seguros de Portugal.

2 – As empresas participadas da sociedade gestora de participações no sector dos seguros, da empresa de seguros ou de resseguros de um país terceiro são incluídas no cálculo previsto no número anterior.

3 – Se o cálculo previsto no n.º 1 revelar que a solvência da empresa de seguros ou de resseguros filial da sociedade gestora de participações no sector dos seguros, da empresa de seguros ou de resseguros de país terceiro está ou pode vir a estar em risco, o Instituto de Seguros de Portugal determina o que for adequado à correcção dessa situação ao nível da empresa de seguros ou de resseguros.

ARTIGO 172.º-H
Órgãos de administração e de fiscalização das sociedades gestoras de participações no sector dos seguros

Aos membros dos órgãos de administração e de fiscalização de uma sociedade gestora de participações no sector dos seguros são aplicáveis os requisitos de qualificação e idoneidade previstos no artigo 51.º e o regime previsto no artigo 54.º

ARTIGO 172.º-I
Supervisão complementar de empresas de seguros que sejam filiais de uma companhia financeira mista

Sem prejuízo da aplicação das disposições relativas à supervisão complementar ao nível do conglomerado financeiro, nos casos em que a empresa-mãe de uma empresa de seguros seja uma companhia financeira mista, o Instituto de Seguros de Portugal pode continuar a aplicar as disposições relativas à supervisão complementar ao nível do grupo de seguros na mesma medida em que tais disposições seriam aplicadas caso não existisse a supervisão complementar ao nível do conglomerado financeiro.

CAPÍTULO VII
Regime fiscal

ARTIGO 173.º
Regime fiscal

1 – Os prémios dos contratos de seguro que cubram riscos situados em território português na acepção da alínea *j*) do n.º 1 do artigo 2.º ou em que Portugal seja o Estado membro do compromisso na acepção da alínea *l*) do n.º 1 do mesmo artigo estão sujeitos aos impostos indirectos e taxas previstos na lei portuguesa, independentemente da lei que vier a ser aplicada ao contrato e sem prejuízo da legislação especial aplicável ao exercício da actividade seguradora no âmbito institucional das zonas francas.

2 – Para efeitos do presente artigo e sem prejuízo do disposto na alínea *j*) do n.º 1 do artigo 2.º, os bens móveis contidos num imóvel situado em território português, com excepção dos bens em trânsito comercial, constituem um risco situado em Portugal, mesmo se o imóvel e o seu conteúdo não estiverem cobertos pela mesma apólice de seguro.

3 – Os prémios dos contratos de seguro celebrados por empresas de seguros com sede em Portugal, através das respectivas sucursais ou em regime de livre prestação de serviços, e que cubram riscos situados no território de outros Estados membros não estão sujeitos aos impostos indirectos e taxas que, na lei portuguesa, oneram os prémios de seguros.

4 – O estabelecido nos n.ºs 1 e 2 é aplicável sem prejuízo do disposto no Código do Imposto sobre o Valor Acrescentado e legislação complementar.

ARTIGO 174.º
Cobrança

As sucursais estabelecidas em Portugal são responsáveis pelo pagamento dos impostos indirectos e taxas que incidam sobre os prémios dos contratos que celebrarem nas condições previstas no presente diploma.

ARTIGO 175.º
Representante fiscal

1 – As empresas de seguros que operem em Portugal, em livre prestação de serviços, devem, antes do início da sua actividade, designar um representante, munido de procuração com poderes bastantes, residente habitualmente em território português, solidariamente responsável pelo pagamento dos impostos indirectos e taxas que incidam sobre os prémios dos contratos que a empresa celebrar nas condições previstas no presente diploma.

2 – Para efeitos de controlo do cumprimento das obrigações previstas neste artigo, o representante deve dispor, por cada empresa que represente, de um registo relacionando todos os contratos cobrindo riscos ou compromissos situados em Portugal, com a expressa indicação dos seguintes elementos relativamente a cada um:

a) Ramo ou modalidade de seguro ou operação;
b) Identificação e residência do tomador de seguro;
c) Duração do contrato;
d) Montante do prémio devido pelo tomador de seguro e sobre o qual incidem os impostos e taxas;
e) Discriminação dos impostos indirectos e taxas pagos pela empresa.

CAPÍTULO VIII
Concorrência

ARTIGO 175.º-A
Defesa da concorrência

1 – A actividade das empresas de seguros, bem como a das suas associações empresariais, está sujeita à legislação da defesa da concorrência.

2 – Não se consideram restritivos da concorrência os acordos legítimos entre empresas de seguros e as práticas concertadas que tenham por objecto as operações seguintes:

a) Cobertura em comum de certos tipos de riscos;
b) Estabelecimento de condições tipo de apólices.

3 – Na aplicação da legislação de defesa da concorrência às empresas de seguros e suas associações empresariais ter-se-ão sempre em conta os bons usos da respectiva actividade, nomeadamente no que respeite às circunstâncias de risco ou solvabilidade.

A PARAFISCALIDADE NA ACTIVIDADE SEGURADORA

ARTIGO 175.º-B
Colaboração do Instituto de Seguros de Portugal

Nos processos instaurados por práticas restritivas da concorrência imputáveis a empresas de seguros ou suas associações empresariais será obrigatoriamente solicitado e enviado ao Conselho da Concorrência o parecer do Instituto de Seguros de Portugal, sem prejuízo de outras formas de cooperação, nas matérias relevantes, com as autoridades nacionais de concorrência.

TÍTULO IV
Disposições aplicáveis ao contrato de seguro

CAPÍTULO I
Ramos «Não vida»

ARTIGO 176.º
Dever de informação

(Revogado.)

ARTIGO 177.º
Informação ao tomador do seguro sobre a lei aplicável ao contrato e reclamações

(Revogado.)

ARTIGO 178.º
Menções especiais

(Revogado.)

CAPÍTULO II
Ramo «Vida»

SECÇÃO I
Transparência

ARTIGO 179.º
Dever de informação antes da celebração do contrato de seguro ou operação

(Revogado.)

ARTIGO 180.º
Dever de informação durante a vigência do contrato ou operação

(Revogado.)

ARTIGO 181.º
Informações suplementares

(Revogado.)

SECÇÃO II
Direito de renúncia

ARTIGO 182.º
Direito de renúncia

(Revogado.)

ARTIGO 183.º
Efeitos

(Revogado.)

ARTIGO 184.º
Exclusões

(Revogado.)

SECÇÃO III
Seguros e operações do ramo «Vida» em moeda estrangeira

ARTIGO 185.º
Objecto

(Revogado.)

ARTIGO 186.º
Produção anual

(Revogado.)

ARTIGO 187.º
Princípio da congruência

(Revogado.)

CAPÍTULO III
Lei aplicável ao contrato

ARTIGO 188.º
Tomador do seguro residente

(Revogado.)

ARTIGO 189.º
Tomador de seguro não residente

(Revogado.)

ARTIGO 190.º
Pluralidade de riscos

(Revogado.)

ARTIGO 191.º
Declaração expressa

(Revogado.)

ARTIGO 192.º
Ordem pública

(Revogado.)

ARTIGO 193.º
Seguros obrigatórios

(Revogado.)

TÍTULO V
Endividamento

ARTIGO 194.º
Princípio

As empresas de seguros estão autorizadas a contrair ou emitir empréstimos nos termos do presente diploma.

ARTIGO 195.º
Regime geral

1 – O montante dos empréstimos contraídos ou emitidos por uma empresa de seguros, independentemente da sua forma, mas com exclusão dos empréstimos

DECRETO-LEI N.º 94-B/98, DE 17-04

subordinados aceites para constituição da margem de solvência disponível, não pode ultrapassar 50 % do seu património livre líquido.

2 – Para efeitos do presente título, considera-se que:

a) O património de uma empresa de seguros compreende os seguintes elementos:

i) O capital social realizado, com exclusão das acções próprias;
ii) Os prémios de emissão;
iii) As reservas de reavaliação;
iv) As outras reservas;
v) Os resultado transitados;
vi) O resultado do exercício, deduzido de eventuais distribuições;

b) O património livre líquido corresponde ao património, deduzido de toda e qualquer obrigação previsível nos termos legais e regulamentares, das imobilizações incorpóreas e do montante da margem de solvência exigida a constituir.

3 – Para efeitos do presente título, são equiparados a empréstimos todos os financiamentos obtidos pela empresa de seguros, incluindo os descobertos bancários, que não decorram da sua actividade corrente e que, em substância, tenham a função de empréstimo.

4 – Apenas podem contrair ou emitir empréstimos, nos termos do n.º 1, as empresas em que o património livre líquido não seja inferior a 30 % do capital social mínimo obrigatório.

5 – A empresa que, após a contracção ou a emissão de um empréstimo, deixe de dar cumprimento ao disposto nos números anteriores, deve, no prazo máximo de 12 meses a contar da data da verificação do incumprimento, executar integralmente o necessário aumento de capital social, sob pena de se constituir em situação financeira insuficiente para os efeitos dos artigos 109.º e seguintes.

6 – É proibida a distribuição de dividendos enquanto não estiverem integralmente liquidadas todas as obrigações resultantes do aumento do capital social previsto no número anterior.

7 – Ao aumento de capital social por novas entradas efectuado nos termos do n.º 5 não é aplicável a faculdade constante do n.º 2 do artigo 277.º do Código das Sociedades Comerciais.

ARTIGO 196.º
Regime especial

1 – Para ultrapassar o limite fixado no n.º 1 do artigo anterior, mas só até 75 % do património livre líquido, a deliberação social de endividamento deverá ser tomada pela assembleia geral nos termos dos artigos 383.º, n.º 2, e 386.º, n.º 3, do Código das Sociedades Comerciais.

2 – No caso previsto no número anterior, a empresa de seguros, quando for convocada a assembleia geral, ou, caso esta não careça de convocação, pelo menos 30

A PARAFISCALIDADE NA ACTIVIDADE SEGURADORA

dias antes da celebração ou emissão do empréstimo, deve comunicar os termos do empréstimo ao Instituto de Seguros de Portugal.

3 – À empresa que, após a contracção ou a emissão de um empréstimo, exceda a percentagem fixada no n.º 1 do presente artigo, é aplicável o regime previsto nos n.ºs 5 a 7 do artigo anterior.

ARTIGO 197.º
Elementos documentais

O Instituto de Seguros de Portugal fixará por norma quais os elementos documentais das empresas de seguros, e respectivos termos, relevantes para aferir do cumprimento dos limites fixados nos n.ºs 1 e 4 do artigo 195.º e no n.º 1 do artigo anterior.

ARTIGO 198.º
Empresas em situação financeira insuficiente

1 – Às empresas de seguros em situação financeira insuficiente, nos termos dos artigos 109.º e seguintes, é vedada a contracção ou emissão de empréstimos até que se mostrem acauteladas as suas responsabilidades para com os credores específicos de seguros, salvo se autorizadas previamente pelo Instituto de Seguros de Portugal.

2 – O Instituto de Seguros de Portugal, quando tal se mostre indispensável para acautelar as responsabilidades para com os credores específicos de seguros de empresas na situação prevista no número anterior, poderá determinar a suspensão do cumprimento das obrigações dessas empresas decorrentes de quaisquer seus empréstimos, sem prejuízo das responsabilidades destas empresas para com os seus mutuantes.

ARTIGO 199.º
Fundo de amortização

O Instituto de Seguros de Portugal pode, se o considerar necessário, determinar a constituição de um fundo para amortização do empréstimo contraído ou emitido.

ARTIGO 200.º
Publicidade

Nos prospectos, anúncios, títulos dos empréstimos e todos os documentos em geral relativos a quaisquer empréstimos contraídos ou emitidos pelas empresas de seguros, deve constar, de forma explicita, a preferência de que os credores específicos de seguros gozam sobre o seu património em caso de liquidação ou falência, assim como os poderes do Instituto de Seguros de Portugal decorrentes do n.º 2 do artigo 198.º

DECRETO-LEI N.º 94-B/98, DE 17-04

ARTIGO 201.º
Títulos de dívida de curto prazo

1 – Sem prejuízo do presente diploma e respectivas normas de execução, a emissão de títulos de dívida a curto prazo pelas empresas de seguros regula-se pelo disposto no Decreto-Lei n.º 69/2004, de 25 de Março.

2 – [Revogado]

ARTIGO 201.º-A
Aquisição de acções próprias

Sem prejuízo do regime geral, só podem adquirir acções próprias as empresas de seguros em que o património livre líquido não seja inferior nem a metade do capital social mínimo obrigatório nem ao valor necessário para a constituição da margem de solvência exigida.

ARTIGO 201.º-B
Nulidade

1 – Sem prejuízo da aplicação do regime geral sancionatório da actividade seguradora, são nulos a aquisição de acções próprias e os empréstimos contraídos ou emitidos com violação do disposto no presente diploma.

2 – O Instituto de Seguros de Portugal tem legitimidade para requerer a declaração de nulidade dessas aquisições e empréstimos, bem como as providências cautelares necessárias à garantia da sua eficácia.

ARTIGO 201.º-C
Empresas com sede fora do território da União Europeia

1 – Às dívidas resultantes de empréstimos contraídos ou emitidos por empresas de seguros com sede fora do território da União Europeia cujo produto seja imputável à actividade das respectivas sucursais estabelecidas em Portugal, aplica-se, com as devidas adaptações e sem prejuízo do fixado nos números seguintes, o disposto nos artigos 195.º a 200.º

2 – A sucursal em Portugal de empresa de seguros com sede fora do território da União Europeia que, após a imputação do serviço da dívida resultante dos empréstimos contraídos ou emitidos nos termos do número anterior, deixe de dar cumprimento ao disposto no n.º 1 do artigo 195.º, ou no n.º 1 do artigo 196.º, está obrigada a repor a situação num prazo de seis meses, sob pena de se constituir em situação financeira insuficiente para os efeitos dos artigos 109.º e seguintes.

3 – Enquanto a situação não for reposta nos termos do número anterior, a sucursal não pode efectuar transferências de fundos para a sede social ou para qualquer sucursal ou filial localizada fora do território nacional, salvo se autorizada previamente pelo Instituto de Seguros de Portugal.

TÍTULO VI
Sanções

CAPÍTULO I
Ilícito penal

ARTIGO 202.º
Prática ilícita de actos ou operações de seguros, de resseguros ou de gestão de fundos de pensões

Quem praticar actos ou operações de seguros, resseguros ou de gestão de fundos de pensões, por conta própria ou alheia, sem que para tal exista a necessária autorização, é punido com pena de prisão até 5 anos.

ARTIGO 203.º
Dever de colaboração

As entidades suspeitas da prática de actos ou operações não autorizados devem facultar ao Instituto de Seguros de Portugal todos os documentos e informações que lhes sejam solicitados, no prazo para o efeito estabelecido.

CAPÍTULO II
Contra-ordenações

SECÇÃO I
Disposições gerais

ARTIGO 204.º
Definições

Para os efeitos do presente capítulo, consideram-se entidades sujeitas à supervisão do Instituto de Seguros de Portugal as entidades autorizadas a exercer actividade sujeita à supervisão daquele Instituto, designadamente as empresas de seguros e de resseguros com sede em Portugal, as sucursais de empresas de seguros com sede na União Europeia, as sucursais de empresas de seguros com sede fora da União Europeia e as sociedades gestoras de fundos de pensões.

ARTIGO 205.º
Aplicação no espaço

1 – O disposto no presente capítulo é aplicável, salvo tratado ou convenção em contrário, independentemente da nacionalidade do agente, aos factos praticados:

a) Em território português;

DECRETO-LEI N.º 94-B/98, DE 17-04

b) Em território estrangeiro, desde que sujeitos à supervisão do Instituto de Seguros de Portugal;

c) A bordo de navios ou aeronaves portugueses.

2 – A aplicabilidade do disposto no presente capítulo aos factos praticados em território estrangeiro deverá respeitar, com as necessárias adaptações, os princípios enunciados nos n.ᵒˢ 1 e 2 do artigo 6.º do Código Penal.

ARTIGO 206.º
Responsabilidade

1 – Pela prática das infracções a que se refere o presente capítulo, podem ser responsabilizadas, conjuntamente ou não, pessoas singulares ou colectivas, ainda que irregularmente constituídas, e associações sem personalidade jurídica.

2 – As pessoas colectivas, ainda que irregularmente constituídas, e as associações sem personalidade jurídica são responsáveis pelas infracções cometidas pelos seus mandatários, representantes ou trabalhadores, actuando em seu nome e no seu interesse e no âmbito dos poderes e funções em que haja sido investido.

3 – A responsabilidade da pessoa colectiva é excluída quando o agente actue contra ordens ou instruções expressas daquela.

4 – As pessoas singulares que sejam membros de órgãos sociais da pessoa colectiva ou exerçam funções de administração ou de mandatário geral são responsáveis pelas infracções que lhes sejam imputáveis.

5 – A invalidade e a ineficácia jurídicas dos actos em que se funde a relação entre o agente individual e a pessoa colectiva não obstam a que seja aplicado o disposto no número anterior.

6 – A responsabilidade da pessoa colectiva não preclude a responsabilidade individual dos agentes referidos no n.º 2.

7 – Não obsta à responsabilidade dos agentes individuais que representem outrem a circunstância de a ilicitude ou o grau de ilicitude depender de certas qualidades ou relações especiais do agente e estas só se verificarem na pessoa do representado, ou de requerer que o agente pratique o acto no seu próprio interesse, tendo o representante actuado no interesse do representado.

ARTIGO 207.º
Graduação da sanção

1 – A medida da coima e as sanções acessórias aplicáveis serão determinadas em função da culpa, da situação económica do agente e da sua conduta anterior.

2 – A gravidade da infracção cometida pelas pessoas colectivas será avaliada, designadamente, pelas seguintes circunstâncias:

a) Perigo criado ou dano causado às condições de actuação no mercado segurador, à economia nacional ou, em especial, aos contratantes ou beneficiários dos produtos comercializados;

b) Carácter ocasional ou reiterado da infracção;

A PARAFISCALIDADE NA ACTIVIDADE SEGURADORA

c) Actos de ocultação, na medida em que dificultem a descoberta da infracção ou a adequação e eficácia das sanções aplicáveis;

d) Actos da pessoa colectiva destinados a, por sua iniciativa, reparar os danos ou obviar aos perigos causados pela infracção.

3 – Para os agentes individuais, além das circunstâncias correspondentes às enumeradas no número anterior, atender-se-á ainda, designadamente, às seguintes:

a) Nível de responsabilidade e esfera de acção na pessoa colectiva em causa que implique um dever especial de não cometer a infracção;

b) Benefício, ou intenção de o obter, do próprio, do cônjuge, de parente ou de afim até ao 3.º grau, directo ou por intermédio de empresas em que, directa ou indirectamente, detenham uma participação.

4 – A atenuação decorrente da reparação do dano ou da redução do perigo, quando realizadas pelo ente colectivo, comunica-se a todos os agentes individuais, ainda que não tenham pessoalmente contribuído para elas.

5 – A coima deve, sempre que possível, exceder o benefício económico que o agente ou a pessoa que fosse seu propósito beneficiar tenham retirado da prática da infracção.

ARTIGO 208.º
Reincidência

1 – Será punido como reincidente quem praticar contra-ordenação prevista no presente diploma depois de ter sido condenado por decisão definitiva ou transitada em julgado pela prática anterior de contra-ordenação nele igualmente prevista, desde que não se tenham completado três anos sobre essa sua prática.

2 – Em caso de reincidência, os limites mínimo e máximo da coima aplicável são elevados em um terço.

ARTIGO 209.º
Cumprimento do dever omitido

1 – Sempre que a contra-ordenação resulte de omissão de um dever, a aplicação das sanções e o pagamento da coima não dispensam o infractor do seu cumprimento, se este ainda for possível.

2 – No caso previsto no número anterior, o tribunal poderá ordenar ao agente que adopte as providências legalmente exigidas.

ARTIGO 210.º
Concurso de infracções

1 – Se o mesmo facto constituir simultaneamente crime e contra-ordenação, será o agente sempre punível por ambas as infracções, instaurando-se, para o efeito, processos distintos, a decidir pelas respectivas entidades competentes, sem prejuízo de, no processo contra-ordenacional, se o agente for o mesmo, apenas ficar sujeito às sanções acessórias eventualmente aplicáveis.

DECRETO-LEI N.º 94-B/98, DE 17-04

2 – Quem tiver praticado várias contra-ordenações antes da aplicação da sanção por qualquer deles, a coima a aplicar será única e terá por limite superior o dobro do valor máximo aplicável, sem prejuízo do disposto no artigo 208.º

ARTIGO 211.º
Prescrição

1 – O procedimento pelas contra-ordenações previstas neste diploma prescreve em dois anos contados nos termos previstos no artigo 119.º do Código Penal.

2 – O prazo de prescrição das coimas e sanções acessórias é de dois anos a contar do dia em que a decisão administrativa se tornar definitiva ou do dia em que a decisão judicial transitar em julgado.

SECÇÃO II
Ilícitos em especial

ARTIGO 212.º
Contra-ordenações simples

São puníveis com coima de € 2500 a € 100 000 ou de € 7500 a € 500 000, consoante seja aplicada a pessoa singular ou colectiva, as infracções adiante referidas:

a) (Revogada.)

b) O incumprimento do dever de envio, dentro dos prazos fixados, de documentação requerida pelo Instituto de Seguros de Portugal;

c) (Revogada.)

d) (Revogada.)

e) A inobservância de regras contabilísticas aplicáveis, determinadas por lei ou por normas emitidas pelo Instituto de Seguros de Portugal;

f) O desrespeito pela inibição do exercício de direitos de voto;

g) A violação de preceitos imperativos da legislação aplicável às entidades sujeitas à supervisão do Instituto de Seguros de Portugal ou de normas emitidas em seu cumprimento e para sua execução que não seja considerada contra-ordenação grave ou muito grave;

h) A exploração de ramos sujeitos, nos termos da lei, a autorização, sempre que não for precedida desta.

ARTIGO 213.º
Contra-ordenações graves

São puníveis com coima de € 7500 a € 300 000 ou de € 15 000 a € 1 500 000, consoante seja aplicada a pessoa singular ou colectiva, as infracções adiante referidas: :

a) O incumprimento, pelas entidades sujeitas à supervisão do Instituto de Seguros de Portugal, do dever de lhe comunicarem a composição dos órgãos de administra-

A PARAFISCALIDADE NA ACTIVIDADE SEGURADORA

ção e de fiscalização, a designação dos mandatários gerais, as respectivas alterações e as modificações da estrutura accionista;

b) A omissão de indicação ao Instituto de Seguros de Portugal dos factos relativos aos requisitos legais exigíveis aos membros dos órgãos de administração e fiscalização, ou aos mandatários gerais, que ocorram em data posterior à da comunicação da sua composição ou identidade;

c) A inobservância das disposições relativas à representação do capital social das empresas de seguros por acções nominativas ou ao portador registadas;

d) A inobservância das normas legais e regulamentares relativas à remição do capital ou à transformação de pensão devida nos termos dos planos de pensões;

e) O incumprimento, pela entidade gestora de fundos de pensões, do dever de compra de seguro celebrado em nome e por conta do beneficiário, para garantia das pensões resultantes de planos de pensões de contribuição definida;

f) O impedimento ou obstrução ao exercício da supervisão pelo Instituto de Seguros de Portugal, designadamente por incumprimento, nos prazos fixados, das instruções ditadas no caso individual considerado, para cumprimento da lei e respectiva regulamentação;

g) A omissão de entrega de documentação ou de prestação de informações requeridas pelo Instituto de Seguros de Portugal para o caso individualmente considerado;

h) O fornecimento ao Instituto de Seguros de Portugal de informações inexactas susceptíveis de induzir em conclusões erróneas de efeito idêntico ou semelhante ao que teriam informações falsas sobre o mesmo objecto;

i) O incumprimento dos deveres de informação para com os tomadores, segurados ou beneficiários de apólices de seguros, para com os associados, participantes ou beneficiários de planos de pensões, ou para com o público em geral, susceptível de induzir em conclusões erróneas acerca da situação da empresa ou dos fundos por ela geridos;

j) A inexistência de contabilidade organizada, bem como a inobservância das regras contabilísticas aplicáveis, determinadas por lei ou pelo Instituto de Seguros de Portugal, quando essa inobservância prejudique gravemente o conhecimento da situação patrimonial e financeira da empresa em causa ou dos fundos de pensões por ela geridos;

l) O incumprimento do dever de utilização de cláusulas ou apólices uniformes;

m) O incumprimento dos deveres que à entidade gestora de fundos de pensões incumbem relativamente à extinção dos fundos que gere;

n) A utilização de interpostas pessoas com a finalidade de atingir um resultado cuja obtenção directa implicaria a prática de contra-ordenação.

ARTIGO 214.º
Contra-ordenações muito graves

São puníveis com coima de € 15 000 a € 1 000 000 ou de € 30 000 a € 5 000 000, consoante seja aplicada a pessoa singular ou colectiva, as infracções adiante referidas, sem prejuízo da aplicação de sanções mais graves previstas na lei:

DECRETO-LEI N.º 94-B/98, DE 17-04

a) A prática de actos ou operações de seguros, resseguros ou de gestão de fundos de pensões, por conta própria ou alheia, sem que para tal exista a necessária autorização;

b) O exercício, pelas entidades sujeitas à supervisão do Instituto de Seguros de Portugal, de actividades que não integrem o seu objecto legal;

c) A realização fraudulenta do capital social;

d) A ocultação da situação de insuficiência financeira;

e) Os actos de intencional gestão ruinosa, praticados pelos membros dos órgãos sociais ou pelos mandatários gerais, com prejuízo para os tomadores, segurados e beneficiários das apólices de seguros, associados, participantes e beneficiários dos fundos de pensões e demais credores;

f) A prática, pelos detentores de participações qualificadas, de actos que impeçam ou dificultem, de forma grave, uma gestão sã e prudente da entidade participada ou dos fundos de pensões por ela geridos;

g) A utilização, pelas entidades gestoras dos fundos de pensões, dos bens dos fundos confiados à sua gestão para despesas ou operações não legalmente autorizadas ou especialmente vedadas.

h) O incumprimento dos deveres de informação para com os tomadores, segurados ou beneficiários de apólices de seguros, para com os associados, participantes ou beneficiários de planos de pensões, ou para com o público em geral;

i) O incumprimento de deveres de informação, comunicação ou esclarecimento para com o Ministro das Finanças e para com o Instituto de Seguros de Portugal;

j) O fornecimento de informações incompletas ou inexactas ao Instituto de Seguros de Portugal.

ARTIGO 214.º-A
Agravamento da coima

Sem prejuízo do disposto na alínea a) do n.º 1 do artigo 216.º, se o dobro do benefício económico exceder o limite máximo da coima aplicável, este é elevado àquele valor.

ARTIGO 215.º
Punibilidade da negligência e da tentativa

1 – É punível a prática com negligência das infracções previstas nos artigos 213.º e 214.º

2 – É punível a prática sob a forma tentada das infracções previstas no artigo 214.º

3 – A tentativa é punível com a sanção aplicável ao ilícito consumado, especialmente atenuada.

4 – A atenuação da responsabilidade do agente individual comunica-se à pessoa colectiva.

5 – Em caso de negligência, os limites máximo e mínimo da coima são reduzidos a metade.

ARTIGO 216.º
Sanções acessórias

1 – Conjuntamente com as coimas previstas nos artigos anteriores, poderão ser aplicadas as seguintes sanções acessórias:

a) Apreensão e perda do objecto da infracção e do benefício económico obtido pelo infractor através da sua prática, com observância, na parte aplicável, do disposto nos artigos 22.º a 26.º do Decreto-Lei n.º 433/82, de 27 de Outubro, alterado pelos Decretos-Lei n.ºs 356/89, de 17 de Outubro, e 244/95, de 14 de Setembro;

b) Quando o agente seja pessoa singular, inibição do exercício de cargos sociais nas entidades sujeitas à supervisão do Instituto de Seguros de Portugal, por um período até um ano, nos casos previstos nos artigos 212.º e 213.º, ou de seis meses a três anos, nos casos previstos no artigo 214.º;

c) Interdição total ou parcial de celebração de contratos com novos tomadores de seguros ou segurados do ramo, modalidade, produto ou operação a que a contra--ordenação respeita por um período até três anos;

d) Interdição total ou parcial de celebração de novos contratos do ramo, modalidade, produto ou operação a que o ilícito de mera ordenação social respeita por um período de seis meses a três anos;

e) Interdição de admissão de novos aderentes, quando a contra-ordenação respeite a um fundo de pensões aberto, por um período até três anos;

f) Suspensão da concessão de autorizações para a gestão de novos fundos de pensões, por um período de seis meses a três anos;

g) Suspensão do exercício do direito de voto atribuído aos sócios das entidades sujeitas à supervisão do Instituto de Seguros de Portugal por um período de seis meses a três anos;

h) Publicação pelo Instituto de Seguros de Portugal da punição definitiva, nos termos do número seguinte.

2 – As publicações referidas na alínea *g)* do número anterior serão feitas no Diário da República, 2.ª série, e num jornal de larga difusão na localidade da sede ou do estabelecimento permanente do agente ou, se este for uma pessoa singular, na da sua residência e, sempre que se justifique, no boletim de cotações das bolsas de valores, a expensas dos sancionados.

SECÇÃO III
Processo

ARTIGO 217.º
Competência

1 – O processamento das contra-ordenações e a aplicação das coimas e das sanções acessórias, salvo o disposto no n.º 3, competem ao Instituto de Seguros de Portugal.

2 – Cabe ao conselho directivo do Instituto de Seguros de Portugal a decisão do processo.

DECRETO-LEI N.º 94-B/98, DE 17-04

3 – A aplicação das sanções acessórias previstas nas alíneas *c)* a *f)* do artigo 216.º compete, sob proposta do Instituto de Seguros de Portugal, ao Ministro das Finanças.

4 – O Instituto de Seguros de Portugal, enquanto entidade competente para instruir os processos de contra-ordenação, pode, quando necessário às averiguações ou à instrução do processo, proceder à apreensão de documentos e valores e proceder à selagem de objectos não apreendidos, bem como solicitar a quaisquer pessoas e entidades todos os esclarecimentos e informações que se revelem necessários para o efeito.

5 – No decurso da averiguação ou da instrução, o Instituto de Seguros de Portugal poderá ainda solicitar às entidades policiais e a quaisquer outros serviços públicos ou autoridades toda a colaboração ou auxílio necessários para a realização das finalidades do processo.

6 – É correspondentemente aplicável o disposto no artigo 203.º

ARTIGO 218.º
Suspensão do processo

1 – Quando a infracção constitua irregularidade sanável, não lese significativamente nem ponha em perigo iminente e grave os interesses dos tomadores, segurados ou beneficiários das apólices, ou dos associados, participantes ou beneficiários de fundos de pensões, e nem cause prejuízos importantes ao sistema financeiro ou à economia nacional, o conselho directivo do Instituto de Seguros de Portugal poderá suspender o processo, notificando o infractor para, no prazo que lhe fixar, sanar a irregularidade em que incorreu.

2 – A falta de sanação no prazo fixado determina o prosseguimento do processo.

ARTIGO 219.º
Notificações

1 – As notificações serão feitas por carta registada com aviso de recepção, endereçada à sede ou ao domicílio dos interessados ou, se necessário, através das autoridades policiais.

2 – A notificação da acusação e da decisão condenatória é feita, na impossibilidade de se cumprir o número anterior, por anúncio publicado em jornal da localidade da sede ou da última residência conhecida no País ou, no caso de aí não haver jornal ou de não ser conhecida sede ou residência no País, em jornal diário de larga difusão nacional.

ARTIGO 220.º
Dever de comparência

1 – Às testemunhas e aos peritos que não comparecerem no dia, hora e local designados para uma diligência do processo nem justificarem a falta nos cinco dias úteis imediatos, será aplicada, pelo Instituto de Seguros de Portugal, uma sanção pecu-

A PARAFISCALIDADE NA ACTIVIDADE SEGURADORA

niária graduada entre um quinto e o salário mínimo nacional mensal mais elevado em vigor à data da prática do facto.

2 – O pagamento será efectuado no prazo de 15 dias a contar da notificação, sob pena de execução.

ARTIGO 221.º
Acusação e defesa

1 – Concluída a instrução, será deduzida acusação ou, se não tiverem sido recolhidos indícios suficientes de ter sido cometida contra-ordenação, serão arquivados os autos.

2 – Na acusação serão indicados o infractor, os factos que lhe são imputados e as respectivas circunstâncias de tempo e lugar, bem como a lei que os proíbe e pune.

3 – A acusação será notificada ao agente e às entidades que, nos termos do artigo 227.º, podem responder solidária ou subsidiariamente pelo pagamento da coima, sendo-lhes designado um prazo razoável, entre 10 e 30 dias, tendo em atenção o lugar da residência, sede ou estabelecimento permanente do agente e a complexidade do processo, para, querendo, identificarem o seu defensor, apresentarem, por escrito, a sua defesa e oferecerem ou requererem meios de prova.

4 – Cada uma das entidades referidas no número anterior não poderá arrolar mais de cinco testemunhas por cada infracção.

ARTIGO 222.º
Revelia

A falta de comparência do agente não obsta, em fase alguma do processo, a que este siga os seus termos e seja proferida decisão final.

ARTIGO 223.º
Decisão

1 – Realizadas, oficiosamente ou a requerimento, as diligências pertinentes em consequência da apresentação da defesa, o processo, acompanhado de parecer sobre a matéria de facto e de direito, é apresentado à entidade competente para a decisão.

2 – A decisão é notificada ao agente e demais interessados, nos termos do artigo 219.º

ARTIGO 224.º
Requisitos da decisão condenatória

1 – A decisão condenatória conterá:

a) A identificação do agente e dos eventuais comparticipantes;

b) A descrição do facto imputado e das provas obtidas, bem como das normas segundo as quais se pune e a fundamentação da decisão;

c) A sanção ou sanções aplicadas, com indicação dos elementos que contribuíram para a sua determinação;

DECRETO-LEI N.º 94-B/98, DE 17-04

d) A indicação dos termos em que a condenação pode ser impugnada judicialmente e se torna exequível;

e) A indicação de que, em caso de impugnação judicial, o juiz pode decidir mediante audiência ou, se o agente, o Ministério Público e o Instituto de Seguros de Portugal não se opuserem, mediante simples despacho;

f) A indicação de que vigora o princípio da proibição da reformado in pejus, sem prejuízo da atendibilidade das alterações verificadas na situação económica e financeira do agente.

2 – A notificação conterá, além dos termos da decisão, a advertência de que a coima deverá ser paga no prazo de 15 dias após o termo do prazo para a impugnação judicial, sob pena de se proceder à sua execução.

ARTIGO 225.º
Suspensão da execução da sanção

1 – A autoridade administrativa pode, fundadamente, suspender, total ou parcialmente, a execução da sanção.

2 – A suspensão, a fixar entre dois e cinco anos a contar da data em que se esgotar o prazo da impugnação judicial da decisão condenatória, pode ser sujeita a injunções, designadamente as necessárias à regularização de situações ilegais, à reparação de danos ou à prevenção de perigos.

3 – Se decorrer o tempo de suspensão sem que o agente tenha praticado infracção criminal ou ilícito de mera ordenação social previsto no presente diploma e sem ter violado as obrigações que lhe tenham sido impostas, ficará a condenação sem efeito, procedendo-se, no caso contrário, à execução imediata da sanção aplicada.

ARTIGO 226.º
Pagamento das coimas

1 – O pagamento da coima e das custas será efectuado no prazo de 15 dias, nos termos do regime geral do ilícito de mera ordenação social.

2 – O montante das coimas reverte integralmente para o Estado.

ARTIGO 227.º
Responsabilidade pelo pagamento

1 – As pessoas colectivas, ainda que irregularmente constituídas, e as associações sem personalidade jurídica respondem solidariamente pelo pagamento da coima e das custas em que forem condenados os seus dirigentes, empregados ou representantes pela prática de infracções puníveis nos termos do presente diploma.

2 – Os titulares dos órgãos de administração das pessoas colectivas, ainda que irregularmente constituídas, e das associações sem personalidade jurídica, que, podendo fazê-lo, não se tenham oposto à prática da infracção respondem individual e subsidiariamente pelo pagamento da coima e das custas em que aquelas sejam condenadas, ainda que à data da condenação tenham sido dissolvidas ou entrado em liquidação,

salvo se provarem que não foi por culpa sua que o património da pessoa colectiva ou equiparada se tomou insuficiente para a satisfação de tais créditos.

ARTIGO 228.º
Exequibilidade da decisão

1 – Sem prejuízo do disposto no número seguinte, a decisão torna-se exequível se não for judicialmente impugnada.

2 – A decisão que aplique alguma das sanções previstas nas alíneas *b)* a *f)* do artigo 216.º torna-se, quanto a ela, imediatamente exequível, sem prejuízo da suspensão jurisdicional da sua eficácia, nos termos aplicáveis da Lei de Processo nos Tribunais Administrativos.

ARTIGO 229.º
Comunicação das sanções

As sanções aplicadas a empresas de seguros, ao abrigo do presente diploma devem ser comunicadas às autoridades de supervisão dos restantes Estados membros da União Europeia.

ARTIGO 229.º-A
Processo sumaríssimo

1 – Quando a natureza da infracção, a intensidade da culpa e as demais circunstâncias o justifiquem, pode o Instituto de Seguros de Portugal, antes da acusação e com base nos factos indiciados, notificar o arguido da possibilidade de aplicação de uma sanção reduzida, nos termos e condições constantes dos números seguintes.

2 – A sanção aplicável é uma admoestação, nos termos do regime geral dos ilícitos de mera ordenação social, ou uma coima cuja medida concreta não exceda o triplo do limite mínimo da moldura abstractamente prevista para a infracção, podendo em qualquer caso ser também aplicada a sanção acessória de publicação da decisão condenatória.

3 – A notificação prevista no n.º 1 é feita mediante comunicação escrita da qual devem constar:

a) A descrição dos factos imputados;

b) A especificação das normas violadas e dos ilícitos contra-ordenacionais praticados;

c) A sanção ou sanções a aplicar, com indicação dos elementos que contribuíram para a sua determinação;

d) A indicação, se for caso disso, do comportamento que o arguido deve adoptar em cumprimento do dever violado e do prazo de que dispõe para o efeito;

e) A informação sobre as consequências respectivas da aceitação e da recusa da sanção.

4 – Recebida a notificação prevista no n.º 1, o arguido dispõe do prazo de 15 dias para remeter ao Instituto de Seguros de Portugal declaração escrita de aceitação da sanção nos termos notificados ou requerimento de pagamento da coima aplicada.

5 – Se o arguido aceitar a sanção ou proceder ao pagamento da coima aplicada e se adoptar o comportamento que lhe tenha sido eventualmente notificado, a decisão do Instituto de Seguros de Portugal torna-se definitiva, como decisão condenatória e preclude a possibilidade de nova apreciação dos factos imputados como contra-ordenação.

6 – Se o arguido recusar a aplicação da sanção nos termos notificados ou não se pronunciar no prazo estabelecido, ou se, tendo sido aplicada uma coima, esta não tiver sido paga no prazo devido, ou ainda se requerer qualquer diligência complementar ou não adoptar o comportamento devido, a notificação feita nos termos do n.º 3 fica sem efeito e o processo de contra-ordenação continua sob a forma comum, cabendo ao Instituto de Seguros de Portugal realizar as demais diligências instrutórias e deduzir acusação, sem que esta seja limitada pelo conteúdo da referida notificação.

(Aditado pela Lei n.º 28/2009, de 19-06)

ARTIGO 229.º-B
Divulgação da decisão

1 – Decorrido o prazo de impugnação judicial, a decisão do Instituto de Seguros de Portugal que condene o agente pela prática de uma ou mais contra-ordenações grave e muito graves é divulgada no sítio da Internet do Instituto de Seguros de Portugal, por extracto elaborado pelo Instituto de Seguros de Portugal ou na íntegra, mesmo que tenha sido requerida a sua impugnação judicial, sendo, neste caso, feita expressa menção desse facto.

2 – A decisão judicial que confirme, altere ou revogue a decisão condenatória do Instituto de Seguros de Portugal ou do tribunal de 1.ª instância é comunicada de imediato ao Instituto de Seguros de Portugal e obrigatoriamente divulgada nos termos do número anterior.

3 – O disposto nos números anteriores pode não ser aplicado nos processos sumaríssimos quando tenha lugar a suspensão da sanção, a ilicitude do facto e a culpa do agente sejam diminutas ou quando o Instituto de Seguros de Portugal considere que a divulgação da decisão pode ser contrária aos interesses dos tomadores, segurados ou beneficiários de apólices de seguros, bem como dos associados, participantes ou beneficiários de planos de pensões, afectar gravemente os mercados segurador, ressegurador ou de fundos de pensões, ou causar danos concretos, a pessoas ou entidades envolvidas, manifestamente desproporcionados em relação à gravidade dos factos imputados.

4 – Independentemente do trânsito em julgado, as decisões judiciais relativas ao crime de prática ilícita de actos ou operações de seguros, de resseguros ou de gestão de fundos de pensões são divulgadas pelo Instituto de Seguros de Portugal nos termos dos n.ºs 1 e 2.

(Aditado pela Lei n.º 28/2009, de 19-06)

SECÇÃO IV
Impugnação judicial

ARTIGO 230.º
Impugnação judicial

1 – Recebido o requerimento de interposição de recurso da decisão que tenha aplicado uma sanção, o Instituto de Seguros de Portugal remete os autos, no prazo de 15 dias, ao magistrado do Ministério Público junto do tribunal referido no artigo seguinte.

2 – O Instituto de Seguros de Portugal ou o Ministro das Finanças, quando for o caso, pode juntar alegações ou informações que considere relevantes para a decisão da causa.

ARTIGO 231.º
Tribunal competente

O tribunal da concorrência, regulação e supervisão é o tribunal competente para conhecer o recurso, a revisão e a execução das decisões ou de quaisquer outras medidas legalmente susceptíveis de impugnação tomadas pelas autoridades administrativas em processo de contra-ordenação.

ARTIGO 232.º
Decisão judicial por despacho

O juiz pode decidir por despacho quando não considere necessária a audiência de julgamento e o agente, o Ministério Público e o Instituto de Seguros de Portugal ou o Ministro das Finanças, quando for o caso, não se oponham a esta forma de decisão.

ARTIGO 233.º
Intervenção do Instituto de Seguros de Portugal na fase contenciosa

1 – O Instituto de Seguros de Portugal ou o Ministro das Finanças, quando for o caso, poderá participar, através de um representante, na audiência de julgamento, para a qual será notificado.

2 – A desistência da acusação pelo Ministério Público depende da concordância do Instituto de Seguros de Portugal ou do Ministro das Finanças, quando for o caso.

3 – O Instituto de Seguros de Portugal ou o Ministro das Finanças, quando for o caso, tem legitimidade para recorrer das decisões proferidas no processo de impugnação e que admitam recurso.

DECRETO-LEI N.º 94-B/98, DE 17-04

SECÇÃO V
Disposições finais e transitórias

ARTIGO 234.º
Direito subsidiário

Em tudo o que não estiver especialmente previsto no presente capítulo, aplicar-se-á o regime geral do ilícito de mera ordenação social.

ARTIGO 235.º
Disposições transitórias

1 – Aos factos previstos nos artigos 212.º a 214.º praticados antes da entrada em vigor do presente diploma e puníveis como transgressões, contravenções ou ilícitos de mera ordenação social nos termos da legislação agora revogada, em relação aos quais ainda não tenha sido instaurado qualquer processo, é aplicável o disposto no presente diploma, sem prejuízo da aplicação da lei mais favorável.

2 – Nos processos pendentes na data referida no número anterior continuará a ser aplicada aos factos neles constantes a legislação substantiva e processual anterior, sem prejuízo da aplicação da lei mais favorável.

TÍTULO VII
Disposições finais e transitórias

ARTIGO 236.º
Comunicações relativas ao acesso de empresas de países terceiros

O Instituto de Seguros de Portugal informa a Comissão Europeia e as autoridades competentes dos outros Estados membros das seguintes situações:

a) De qualquer autorização concedida para a constituição de uma filial de uma empresa mãe sujeita à lei nacional de um país terceiro, comunicando também a estrutura do respectivo grupo empresarial;

b) De qualquer tomada de participação de uma empresa mãe sujeita à lei nacional de um país terceiro numa empresa de seguros ou de resseguros com sede em Portugal e que tenha por efeito transformar esta última numa filial da referida empresa-mãe.

ARTIGO 237.º
Dificuldades em países terceiros

1 – O Instituto de Seguros de Portugal informa a Comissão Europeia sobre quaisquer dificuldades de ordem geral com que as empresas de seguros ou de resseguros com sede em Portugal deparem para se estabelecerem ou exercerem as suas actividades em países terceiros.

A PARAFISCALIDADE NA ACTIVIDADE SEGURADORA

2 – No que se refere às empresas de seguros, as autoridades nacionais legalmente competentes para o efeito devem limitar ou suspender, por um período máximo de três meses, prorrogável, as suas decisões sobre as situações referidas nas alíneas *a)* e *b)* do artigo anterior, sempre que tal lhes for comunicado pela Comissão Europeia, na sequência do respectivo processo desencadeado em virtude do tratamento conferido às empresas comunitárias em países terceiros.

3 – A limitação ou suspensão referida no número anterior não é aplicável à criação de filiais por empresas de seguros ou suas filiais devidamente autorizadas na União Europeia nem à tomada de participações, por parte de tais empresas ou filiais, numa empresa de seguros da União Europeia.

4 – Sempre que a União Europeia verificar que um país terceiro não concede às empresas de seguros da União Europeia um acesso efectivo ao respectivo mercado comparável ao concedido pela União Europeia às empresas de seguros desse país terceiro, ou que as empresas de seguros da União Europeia não beneficiam num país terceiro de um tratamento nacional que lhes proporcione oportunidades de concorrência idênticas às das suas empresas de seguros nacionais e que as condições de acesso efectivo ao mercado não se encontram preenchidas, o Instituto de Seguros de Portugal informará a Comissão, a seu pedido, das seguintes situações:

a) De qualquer pedido de autorização para a constituição de uma filial directa ou indirecta de uma empresa mãe sujeita à lei nacional de um país terceiro;

b) De qualquer projecto de tomada de participação de uma empresa mãe sujeita à lei nacional de um país terceiro numa empresa de seguros com sede em Portugal e que tenha por efeito transformar esta última numa filial da referida empresa mãe.

ARTIGO 238.º
Fusão ou cisão de empresas de seguros ou de resseguros

Pode ser autorizada pelo Instituto de Seguros de Portugal, em casos devidamente justificados, a fusão ou cisão de empresas de seguros ou de resseguros.

ARTIGO 239.º
Liquidação de empresas de seguros

1 – Em caso de liquidação de uma empresa de seguros sediada em Portugal, os compromissos emergentes dos contratos celebrados através das respectivas sucursais ou em regime de livre prestação de serviços serão executados do mesmo modo que os compromissos emergentes de quaisquer outros contratos de seguros da mesma empresa, sem distinção de nacionalidade dos segurados e dos beneficiários.

2 – Em caso de liquidação de uma empresa de seguros com sede em Portugal e que explore cumulativamente o ramo «Vida» e os ramos «Não vida» referidos nos n.ºˢ 1) e 2) do artigo 123.º, as actividades relativas a estes ramos regem-se pelas regras de liquidação aplicáveis às actividades do ramo «Vida».

DECRETO-LEI N.º 94-B/98, DE 17-04

ARTIGO 240.º
Exploração cumulativa dos ramos «Vida» e «Não vida»

As empresas de seguros que, à data da publicação do presente diploma, se encontram autorizadas a explorar cumulativamente em Portugal a actividade de seguros dos ramos «Não vida» e a actividade de seguros do ramo «Vida» podem continuar essa exploração cumulativa, sem prejuízo do disposto no artigo 101.º

ARTIGO 241.º
Livre prestação de serviços

O regime previsto no presente diploma para o exercício da actividade seguradora em regime de livre prestação de serviços não prejudica os direitos adquiridos pelas empresas de seguros ao abrigo de legislação anteriormente em vigor para o efeito.

ARTIGO 242.º
Normas de contabilidade

Compete ao Instituto de Seguros de Portugal, sem prejuízo das atribuições da Comissão de Normalização Contabilística, estabelecer as regras de contabilidade aplicáveis às empresas de seguros ou de resseguros sujeitas à sua supervisão, bem como definir os elementos que as referidas empresas lhe devem remeter e os que devem obrigatoriamente publicar, mantendo-se em vigor, até à sua publicação, as regras actualmente existentes em matéria de contabilidade, apresentação e publicação de contas.

ARTIGO 243.º
Instruções

1 – Compete ao Instituto de Seguros de Portugal emitir as instruções que considere necessárias para o cumprimento do disposto no presente diploma.

2 – O disposto no número anterior não prejudica os poderes de regulação da Comissão do Mercado de Valores Mobiliários relativamente a contratos de seguro ligados a fundos de investimento.

ARTIGO 244.º
Requerimentos de autorização pendentes

[Revogado]

ARTIGO 245.º
Contravalor do ecu em escudos

[Revogado]

A PARAFISCALIDADE NA ACTIVIDADE SEGURADORA

ARTIGO 246.º
Remissões

As remissões constantes do Decreto-Lei n.º 176/95, de 26 de Julho, e de outros actos de conteúdo normativo ou regulamentar, para o Decreto-Lei n.º 102/94, de 20 de Abril, consideram-se feitas para as correspondentes disposições do presente diploma.

ARTIGO 247.º
Legislação revogada

São revogados os seguintes diplomas:

a) Decreto-Lei n.º 91/82, de 22 de Março;
b) Decreto-Lei n.º 133/86, de 12 de Junho;
c) Decreto-Lei n.º 107/88, de 31 de Março;
d) Decreto-Lei n.º 102/94, de 20 de Abril.

Regime Jurídico do Contrato de Seguro

Decreto-Lei nº 72/2008 de 16 de Abril *

I – O seguro tem larga tradição na ordem jurídica portuguesa. No entanto, a legislação que estabelece o regime jurídico do contrato de seguro encontra-se relativamente desactualizada e, mercê de diversas intervenções legislativas em diferentes momentos históricos, nem sempre há harmonia de soluções.

A reforma do regime do contrato de seguro assenta primordialmente numa adaptação das regras em vigor, procedendo à actualização e concatenação de conceitos de diversos diplomas e preenchendo certas lacunas.

Procede-se, deste modo, a uma consolidação do direito do contrato de seguro vigente, tornando mais acessível o conhecimento do respectivo regime jurídico, esclarecendo várias dúvidas existentes, regulando alguns casos omissos na actual legislação e, obviamente, introduzindo diversas soluções normativas inovadoras. Importa referir que a consolidação e adaptação do regime do contrato de seguro têm especialmente em conta as soluções estabelecidas no direito comunitário, já transpostas para o direito nacional, com especial relevo para a protecção do tomador do seguro e do segurado nos designados seguros de riscos de massa.

A reforma do regime do contrato de seguro vem também atender a um conjunto de desenvolvimentos no âmbito dos seguros de responsabilidade civil, frequentemente associados ao incremento dos seguros obrigatórios. Por outro lado, foram tidos em conta alguns tipos e modalidades de seguros que se têm desenvolvido, como o seguro de grupo e seguros com finalidade de capitalização. Refira-se, ainda, a diversificação do papel de seguros tradicionais que, mantendo a sua estrutura base, são contratados com uma multiplicidade de fins.

---

* Rectificado por Declaração de Rectificação n.º 32-A/2008, de 13 de Junho, por sua vez rectificada pela Declaração de Rectificação n.º 39/2008, de 23 de Julho.

A PARAFISCALIDADE NA ACTIVIDADE SEGURADORA

II – Nesta reforma foi dada particular atenção à tutela do tomador do seguro e do segurado – como parte contratual mais débil –, sem descurar a necessária ponderação das empresas de seguros.

No âmbito da protecção da parte débil na relação de seguro, importa realçar dois aspectos. Em primeiro lugar, muito frequentemente, a maior protecção conferida ao segurado pode implicar aumento do prémio de seguro. Por outro lado, a actividade seguradora cada vez menos se encontra circunscrita às fronteiras do Estado Português, sendo facilmente ajustado um contrato de seguro por um tomador do seguro português em qualquer Estado da União Europeia, sem necessidade de se deslocar para a celebração do contrato. Ora, a indústria de seguros portuguesa não pode ficar em situação jurídica diversa daquela a que se sujeita a indústria seguradora de outros Estados da União Europeia. De facto, o seguro e o resseguro que lhe está associado têm características internacionais, havendo regras comuns no plano internacional, tanto quanto aos contratos de seguro como às práticas dos seguradores, que não podem ser descuradas.

Em suma, em especial nos seguros de riscos de massa, importa alterar o paradigma liberal da legislação oitocentista, passando a reconhecer explicitamente a necessidade de protecção da parte contratual mais débil. Não obstante se assentar na tutela da parte contratual mais débil, como resulta do que se indicou, cabe atender ao papel da indústria de seguros em Portugal. Pretende-se, por isso, evitar ónus desproporcionados e não competitivos para os seguradores, ponderando as soluções à luz do direito comparado próximo, mormente de países comunitários.

Não perdendo de vista os objectivos de melhor regulamentação (better regulation), consolida-se num único diploma o regime geral do contrato de seguro, evitando a dispersão e fragmentação legislativa e facilitando o melhor conhecimento do regime jurídico por parte dos operadores.

III – Relativamente à sistematização, o regime jurídico do contrato de seguro encontra-se dividido em três partes: «Parte geral», «Seguro de danos» e «Seguro de pessoas». Tendo em conta os vários projectos nacionais, assim como a legislação, mesmo recente, de outros países, mormente da União Europeia, em que é estabelecida a divisão entre seguro de danos e seguro de pessoas, entendeu-se ser preferível esta sistematização à que decorreria da legislação actual, em resultado da classificação vigente ao nível comunitário, que contrapõe os seguros dos ramos «vida» e «não vida». Quanto aos regimes especiais, incluem-se várias previsões no novo regime – tanto nos seguros de danos como nos seguros de pessoas –, não só aqueles que actualmente se encontram regulados no Código Comercial como também em diplomas avulsos, com exclusão do regime relativo aos seguros marítimos. De facto, não se justificava a inclusão dos seguros marítimos (com excepção do transporte marítimo) no regime geral, não só pelas várias especificidades, muitas vezes resultantes da evolução histórica, como pelo tratamento internacional.

Assim, no que se refere à sistematização, do título I consta o regime comum do contrato de seguro, nomeadamente as regras respeitantes à formação, execução e cessação do vínculo. No título II, relativamente ao seguro de danos, além das

DECRETO-LEI Nº 72/2008, DE 16-04

regras gerais, faz-se menção aos seguros de responsabilidade civil, de incêndio, de colheitas e pecuário, de transporte de coisas, financeiro, de protecção jurídica e de assistência. Por fim, no título III, no que respeita ao seguro de pessoas, a seguir às disposições comuns, atende-se ao seguro de vida, ao seguro de acidentes pessoais e ao seguro de saúde.

Em matéria de sistematização, importa ainda realçar que, de acordo com a função codificadora pretendida, o novo regime contém regras gerais comuns a todos os contratos de seguro – inclusive aplicáveis a contratos semelhantes ao seguro stricto sensu, celebrados por seguradores – , regras comuns a todos os seguros de danos, regras comuns a todos os seguros de pessoas e, finalmente, regras específicas dos subtipos de seguros. Estas regras específicas diminuem significativamente de extensão, devido às disposições comuns. Por exemplo, várias regras que surgiam a propósito do seguro de incêndio são agora estendidas a todos os seguros de danos, acompanhando, de resto, a prática interpretativa e aplicadora do Código Comercial.

IV – No que respeita à harmonização terminológica, estabeleceu-se, em primeiro lugar, que se mantêm, como regra, os termos tradicionais como «apólice», «prémio», «sinistro», «subseguro», «resseguro» ou «estorno». Por outro lado, usa-se tão-só «segurador» (em vez de «seguradora» ou «empresa de seguros»), contrapõe-se o tomador do seguro ao segurado e não se faz referência aos ramos de seguros. Pretendeu-se, nomeadamente, que os conceitos de tomador do seguro, segurado, pessoa segura e beneficiário fossem utilizados de modo uniforme e adequado aos diferentes problemas jurídicos da relação contratual de seguro.

O regime do contrato de seguro cumpre, assim, uma função de estabilização terminológica e de harmonização com as restantes leis de maior importância. Lembre-se que a antiguidade do Código Comercial e a proliferação de leis avulsas, bem como de diferentes influências estrangeiras, propiciou o emprego de termos contraditórios, ambíguos e com sentidos equívocos nas leis, na doutrina, na jurisprudência e na prática dos seguros. O novo regime unifica a terminologia utilizando coerentemente os vários conceitos e optando entre as várias possibilidades.

V – O novo regime agora estabelecido tem em vista a sua aplicação primordial ao típico contrato de seguro, evitando intencionalmente uma definição de contrato de seguro. Optou-se por identificar os deveres típicos do contrato de seguro, assumindo que os casos de qualificação duvidosa devem ser decididos pelos tribunais em vista da maior ou menor proximidade com esses deveres típicos e da adequação material das soluções legais ao tipo contratual adoptado pelas partes. Atendendo, sobretudo, à crescente natureza financeira de alguns subtipos de «seguros» consagrados pela prática seguradora, é esta a solução adequada.

No que respeita ao âmbito, pretende-se estender a aplicação de algumas regras do contrato de seguro a outros contratos, relacionados com operações de capitalização. Ainda quanto ao âmbito, previu-se o regime comum, válido para todos os contratos de seguro, mesmo que regulados em outros diplomas. Pretendeu-se, pois, aplicar as regras gerais aos contratos de seguro regidos por diplomas especiais.

A PARAFISCALIDADE NA ACTIVIDADE SEGURADORA

Relativamente ao regime aplicável ao contrato de seguro, assentou-se apenas na consagração do regime específico, sem afastar a aplicação dos regimes gerais, nomeadamente do Código Civil e do Código Comercial. Por esta razão procedeu-se a uma remissão, com especial ênfase, para regimes comuns, como a Lei das Cláusulas Contratuais Gerais ou a Lei de Defesa do Consumidor.

Foram igualmente introduzidas regras que visam o enquadramento com outros regimes, nomeadamente com as regras da actividade seguradora. Assim, as regras de direito internacional privado, o regime da mediação, o regime do co-seguro ou o regime do resseguro poderiam não ser incluídos no novo regime, mas respeitando a questões relativas ao contrato de seguro e estabelecendo uma ligação com outros regimes, entendeu-se ser conveniente a sua inserção. No fundo, a inclusão de tais regras deveu-se, em especial, a uma função de esclarecimento e de enquadramento, tendo em vista o melhor conhecimento do regime. Apesar de primordialmente as referidas regras terem sido inseridas como modo de ligação com outros regimes, também se introduzem soluções inovadoras, pretendendo resolver lacunas do sistema.

Superando o regime do Código Comercial, mas sem pôr em causa o princípio da liberdade contratual e o carácter supletivo das regras do regime jurídico do contrato de seguro, prescreve-se a designada imperatividade mínima com o sentido de que a solução legal só pode ser alterada em sentido mais favorável ao tomador do seguro, ao segurado ou ao beneficiário. Regula-se, assim, numa secção autónoma, a imperatividade das várias disposições que compõem o novo regime. Merece destaque a reafirmação da autonomia privada como princípio director do contrato, mas articulado com limites de ordem pública e de normas de aplicação imediata, assim como com as restrições decorrentes da explicitação do princípio constitucional da igualdade, através da proibição de práticas discriminatórias, devidamente concretizadas em função da natureza própria da actividade seguradora.

O novo regime agora aprovado integra uma disposição que estabelece um nexo entre o regime jurídico da actividade seguradora e as normas contratuais. Dispõe--se, pois, que são nulos os pretensos contratos de seguro feitos por não seguradores ou, em geral, por entidades que não estejam legalmente autorizadas a celebrá-los. Sublinha-se, contudo, que esta nulidade não opera em termos desvantajosos para o tomador. Pelo contrário, prescreve-se que o pretenso segurador continua obrigado a todas as obrigações e deveres que lhe decorreriam do contrato ou da lei, se aquele fosse válido. Esta solução, afastando alguma rigidez do regime civil da invalidade – rigidez essa, porém, que o próprio Código Civil e várias leis extravagantes já atenuam em sede de relações duradouras – é, por um lado, uma solução de protecção do consumidor, quando o tomador tenha esta natureza. Por outro lado, a regra constante do novo regime explicita o que já se poderia inferir do regime do abuso do direito, numa das modalidades reconhecidas pela doutrina e jurisprudência, ou seja, a proibição da invocação de um acto ilícito em proveito do seu autor.

Procede-se a uma uniformização tendencial dos deveres de informação prévia do segurador ao tomador do seguro, que são depois desenvolvidos em alguns regimes especiais, como o seguro de vida. Na sequência dos deveres de informação é consagrado um dever especial de esclarecimento a cargo do segurador Trata-se de uma

DECRETO-LEI Nº 72/2008, DE 16-04

norma de carácter inovador, mas em que o respectivo conteúdo surge balizado pelo objecto principal do contrato de seguro, o do âmbito da cobertura.

No que respeita à declaração inicial de risco, teve-se em vista evitar as dúvidas resultantes do disposto no artigo 429.º do Código Comercial, reduzindo a incerteza das soluções jurídicas. Mantendo-se a regra que dá preponderância ao dever de declaração do tomador sobre o ónus de questionação do segurador, são introduzidas exigências ao segurador, nomeadamente impondo-se o dever de informação ao tomador do seguro sobre o regime relativo ao incumprimento da declaração de risco, e distingue-se entre comportamento negligente e doloso do tomador do seguro ou segurado, com consequências diversas quanto à validade do contrato. Neste âmbito, cabe ainda realçar a introdução do parâmetro da causalidade para aferir a invalidade do contrato de seguro e do já mencionado dever específico, por parte do segurador, de, aquando da celebração do contrato, elucidar devidamente a contraparte do regime de incumprimento da declaração de risco. Quanto à causalidade, importa a sua verificação para ser invocado pelo segurador o regime da inexactidão na declaração inicial de risco e a consequente invalidade do contrato de seguro.

A matéria do risco, de particular relevo no contrato de seguro, surge regulada, primeiro, em sede de formação do contrato, seguidamente, na matéria do conteúdo contratual e, depois, a propósito das vicissitudes, mantendo sempre um vector: o risco é um elemento essencial do contrato, cuja base tem de ser transmitida ao segurador pelo tomador do seguro atendendo às directrizes por aquele definidas. Quanto à alteração do risco, encontra-se uma previsão expressa de regime relativo à diminuição do risco e ao agravamento do risco, com diversidade de soluções e maior adequação das soluções aos casos concretos, bem como maior protecção do tomador do seguro, prescrevendo-se um regime específico, aliás muito circunstanciado, para a ocorrência de sinistro estando em curso o procedimento para a modificação ou a cessação do contrato por agravamento do risco.

Prescreve-se o princípio da não cobertura de actos dolosos, admitindo convenção em contrário não ofensiva da ordem pública.

Mantendo-se o regime da formação do contrato de seguro com base no silêncio do segurador, introduziram-se alguns esclarecimentos, de modo a tornar a solução mais justa e certa. Na realidade, subsistindo a solução do regime actual (prevista no artigo 17.º do Decreto-Lei n.º 176/95, de 26 de Junho), foi introduzida alguma flexibilização susceptível de lhe conferir maior justiça, na medida em que se admite a não vinculação em caso de não assunção genérica dos riscos em causa pelo concreto segurador.

Sem pôr em causa o recente regime da mediação de seguros, aprovado pelo Decreto-Lei n.º 144/2006, de 31 de Julho, aproveitou-se para fazer alusão expressa à figura da representação aparente na celebração do contrato de seguro com a intervenção de mediador de seguros e à eficácia das comunicações realizadas por intermédio do mediador.

Quanto à forma, e superando as dificuldades decorrentes do artigo 426.º do Código Comercial, sem descurar a necessidade de o contrato de seguro ser reduzido a escrito na apólice, admite-se a sua validade sem observância de forma especial. Apesar de não ser exigida forma especial para a celebração do contrato, bastando o mero consenso, mantém-se a obrigatoriedade de redução a escrito da apólice. Deste modo, o contrato de seguro considera-se validamente celebrado, vinculando as partes, a partir do momento em que houve consenso (por exemplo, verbal ou por troca de correspondência), ainda que a apólice não tenha sido emitida. Consegue-se, assim, certeza jurídica quanto ao conteúdo do contrato, afastando uma possível fonte de litígios e oferecendo um documento sintético (a apólice) susceptível de fiscalização pelas autoridades de supervisão. Contudo, o regime do contrato de seguro aperfeiçoa as regras existentes, distinguindo os vários planos jurídicos relevantes:

i) Quanto à validade do contrato, ela não depende da observância de qualquer forma especial. Esta solução decorre dos princípios gerais da lei civil, adequa-se ao disposto na legislação sobre contratação à distância, resolve problemas relativos aos casos híbridos entre a contratação à distância e a contratação entre presentes e, dadas as restantes regras agora introduzidas, é um instrumento geral de protecção do tomador do seguro;

ii) Quanto à prova do contrato, eliminam-se todas as regras especiais. Esta solução é a mais consentânea com o rigor técnico do que aqui se dispõe e com a necessidade de evitar a possibilidade de contornar a lei substantiva através de meios processuais;

iii) Quanto à eficácia e à oponibilidade do contrato e do seu conteúdo, estatui-se que o segurador tem a obrigação jurídica de reduzir o contrato a escrito na apólice e de entregá-la ao tomador. Como sanção, o segurador não pode prevalecer-se do que foi acordado no contrato sem que cumpra esta obrigação, podendo o tomador resolver o contrato por falta de entrega da apólice.

Há menções que devem obrigatoriamente constar da apólice e certas cláusulas, designadamente as que excluem ou limitam a cobertura, têm de ser incluídas em destaque, de molde a serem facilmente detectadas.

Quanto à vigência, esclarecendo alguns aspectos, assenta-se no princípio da anuidade do contrato de seguro.

À questão do interesse no seguro foram dedicados alguns preceitos, reiterando o princípio de que não é válido o seguro sem um interesse legítimo. Como o interesse pode relacionar-se com terceiros, há uma explicitação dessas realidades. No que respeita ao efeito em relação a terceiros, procede-se ao enquadramento do denominado «seguro por conta própria» e do «seguro por conta de outrem», com aproveitamento dos traços inovadores do Código Comercial (por exemplo, o parágrafo 3.º do artigo 428.º), sobre seguro misto por conta própria e por conta de outrem) e prevendo nova regulamentação para os pontos carecidos de previsão.

Em matéria de prémio, com algumas particularidades, mantém-se o princípio de no premium, no risk ou no premium, no cover, nos termos do qual não há cobertura do seguro enquanto o prémio não for pago. O regime do prémio, com vários esclarecimentos, aditamentos e algumas alterações, permanece, no essencial, tal como resulta do Decreto-Lei n.º 142/2000, com as alterações de 2005.

Foram inseridas regras especiais disciplinadoras de certas situações jurídicas que se generalizaram na actividade seguradora, como o seguro de grupo. De facto, alguns regimes não regulados na legislação vigente (ou insuficientemente previstos), mas que correspondem a uma prática generalizada, como o seguro de grupo, sur-

DECRETO-LEI Nº 72/2008, DE 16-04

gem no novo regime com um tratamento desenvolvido. Quanto ao seguro de grupo, importa acentuar a previsão (ex. novo ou mais pormenorizada) do dever de informar, do regime do pagamento do prémio – pagamento do prémio junto do tomador do seguro ou pagamento directo ao segurador –, e do regime de cessação do vínculo, por denúncia ou por exclusão do segurado.

Nos contratos de seguro de grupo em que os segurados contribuem para o pagamento, total ou parcial, do prémio, a posição do segurado é substancialmente assimilável à de um tomador do seguro individual. Como tal, importa garantir que a circunstância de o contrato de seguro ser celebrado na modalidade de seguro de grupo não constitui um elemento que determine um diferente nível de protecção dos interesses do segurado e que prejudique a transparência do contrato.

Nas designadas vicissitudes contratuais, além de se determinar o regime relativo à alteração do risco, estabelecem-se regras relativas à transmissão do seguro e à insolvência do tomador do seguro ou do segurado. Neste último caso, prescreve-se a solução geral da subsistência do contrato em caso de insolvência, sendo aplicável o regime do agravamento do risco (embora com excepções). Recorde-se que o regime do artigo 438.º do Código Comercial é o da exigibilidade de caução, sob pena da insubsistência do contrato.

Na regularização do sinistro, além de se manterem as soluções tradicionais, incluíram-se regras inovadoras, com função de esclarecimento (por exemplo, âmbito da participação do sinistro) e, como novidade, explicitou-se de modo detalhado um regime de afastamento e mitigação do sinistro, a cargo do segurado, que corresponde à concretização de princípios gerais e aplicável primordialmente no âmbito do seguro de danos. Quanto ao ónus da participação do sinistro, comparativamente com o disposto no artigo 440.º do Código Comercial, há uma maior concretização, seja da previsão do dever, seja da sanção pelo seu incumprimento, que pode ser a perda da garantia em caso de incumprimento doloso acompanhado de prejuízo significativo do segurador. Tal como em outras previsões, no novo regime reconhecem-se certos deveres de cooperação entre o segurador e o tomador do seguro ou o segurado e um desses casos é o do chamado «ónus de salvamento» em caso de sinistro. Dispõe-se que, em caso de sinistro, o segurado deve tomar as medidas razoáveis que se imponham com vista a evitar a sua consumação, de molde a acautelar perdas evitáveis de bens e pagamentos desnecessários por parte do segurador. Em contrapartida, como os actos de salvamento são, fundamentalmente, realizados no interesse do segurador, este fica obrigado a reembolsar o segurado pelas despesas de salvamento.

Quase a terminar a parte geral, consta um capítulo sobre a cessação do contrato de seguro, espelhando muitas regras que já resultam do regime contratual comum, ainda que com um tratamento sistemático próprio, e, além de certos esclarecimentos, prescrevendo soluções particulares para atender a várias especificidades do contrato de seguro, nomeadamente no que respeita ao estorno do prémio, à denúncia, à resolução após sinistro e à livre resolução do contrato.

Ainda na parte geral, prevê-se o dever de sigilo do segurador, impondo-se-lhe segredo quanto a certas informações que obtenha no âmbito da celebração ou da execução do contrato de seguro, e estatui-se um regime específico de prescrição. Pre-

A PARAFISCALIDADE NA ACTIVIDADE SEGURADORA

vêem-se igualmente prazos especiais de prescrição de dois anos (direito ao prémio) e de cinco anos (restantes direitos emergentes do contrato), sem prejuízo da prescrição ordinária. Ainda neste derradeiro capítulo da parte geral, cabe destacar a remissão para arbitragem como modo de resolução de diferendos relacionados com o seguro.

No título II, sobre seguro de danos, na sequência da sistematização adoptada, distingue-se o regime geral dos regimes especiais. Em sede de regras gerais de seguro de danos, além da delimitação do objecto (coisas, bens imateriais, créditos e outros direitos patrimoniais) e da regulação de aspectos sobre vícios da coisa e de seguro sobre pluralidade de coisas, dá-se particular ênfase ao princípio indemnizatório. Apesar de o princípio indemnizatório assentar basicamente na liberdade contratual, de modo supletivo, prescrevem-se várias soluções, nomeadamente quanto ao cálculo da indemnização, ao sobresseguro, à pluralidade de seguros, ao subseguro e à sub-rogação do segurador.

Não obstante valer o princípio da liberdade contratual, admitindo-se a inclusão de múltiplas cláusulas, como o seguro «valor em novo», para o cálculo da indemnização não se pode atender a um valor manifestamente infundado.

No sobresseguro estabelece-se a regra da redução do contrato. Passa, pois, a haver previsão expressa de regime, quando hoje o regime relativo à matéria implica uma difícil conjugação das regras respeitantes ao princípio indemnizatório, à pluralidade de seguros e à declaração do risco (artigos 435.º, 434.º e 429.º do Código Comercial).

Em caso de pluralidade de seguros, além do dever de comunicação a todos os seguradores, aquando da verificação e com a participação do sinistro, determina-se que o incumprimento fraudulento do dever de informação exonera os seguradores das respectivas prestações e prescreve-se o regime de responsabilidade proporcional dos diversos seguradores, podendo a indemnização ser pedida a qualquer dos seguradores, limitada ao respectivo capital seguro. Acresce ainda a previsão específica de critérios de repartição do ónus da regularização do sinistro entre seguradores.

No caso de subseguro, o segurador só responde na proporção do capital seguro. Associado com o subseguro, estabelece-se, no seguro de riscos relativos à habitação, um regime específico de actualização automática do valor do imóvel seguro, ou da proporção segura do mesmo, com base em índices publicados para o efeito pelo Instituto de Seguros de Portugal.

A parte especial do seguro de danos inicia-se com o regime dos seguros de responsabilidade civil. No seguro de responsabilidade civil, o segurador cobre o risco de constituição no património do segurado de uma obrigação de indemnizar terceiros. Por via de regra, o prejuízo a atender para efeito do princípio indemnizatório é o disposto na lei geral.

Quanto ao período de cobertura, assente no regime base occurrence basis, admitem-se cláusulas de claims made, embora com cobertura obrigatória de reclamações posteriores; deste modo, clarifica-se a admissibilidade das cláusulas de claims made (ou «base reclamação»), tentando evitar o contencioso sobre a questão da admissibilidade de tais cláusulas havido em ordenamentos comparados próximos. A aceitação destas cláusulas determina a obrigação de cobertura do risco subsequente (ou risco de posterioridade) relativo às reclamações apresentadas no ano seguinte ao da cessação do contrato, desde que o risco não esteja coberto por contrato de seguro subsequente.

DECRETO-LEI Nº 72/2008, DE 16-04

Reiterando uma regra enunciada na parte geral, estabelece-se que, em princípio, o segurador não responde por danos causados dolosamente pelo tomador do seguro ou pelo segurado, podendo haver acordo em contrário não ofensivo da ordem pública. Contudo, a solução pode ser diversa nos seguros obrigatórios de responsabilidade civil em caso de previsão especial, legal ou regulamentar, para cobertura de actos dolosos.

No seguro de responsabilidade civil voluntário, em determinadas situações, o lesado pode demandar directamente o segurador, sendo esse direito reconhecido ao lesado nos seguros obrigatórios de responsabilidade civil. Por isso, a possibilidade de o lesado demandar directamente o segurador depende de se tratar de seguro de responsabilidade civil obrigatório ou facultativo. No primeiro caso, a regra é a de se atribuir esse direito ao lesado, pois a obrigatoriedade do seguro é estabelecida nas leis com a finalidade de proteger o lesado. No seguro facultativo, preserva-se o princípio da relatividade dos contratos, dispondo que o terceiro lesado não pode, por via de regra, exigir a indemnização ao segurador.

Relativamente a meios de defesa, como regime geral dos seguros obrigatórios de responsabilidade civil, é introduzida uma solução similar à constante do artigo 22.º do Decreto-Lei n.º 291/2007, relativo ao seguro automóvel, sob a epígrafe «Oponibilidade de excepções aos lesados».

O direito de regresso do segurador existe na medida em que o tomador do seguro ou o segurado tenha actuado dolosamente.

No âmbito dos seguros obrigatórios de responsabilidade civil prescreve-se a inadmissibilidade de a convenção das partes alterar as regras gerais quanto à determinação do prejuízo e a impossibilidade de se acordar a resolução do contrato após sinistro.

A regulamentação do seguro de incêndio, atenta a previsão geral do seguro de danos, fica circunscrita ao âmbito e a menções especiais na apólice. A solução é similar no caso dos seguros de colheitas e pecuário.

No seguro de transporte de coisas há uma previsão genérica das diversas modalidades do seguro de transportes – seguro de transportes terrestres, fluviais, lacustres e aéreos, com exclusão do seguro de envios postais e do seguro marítimo – , prescrevendo várias soluções, como a cláusula «armazém a armazém» e a pluralidade de meios de transporte.

O seguro financeiro abrange o seguro de crédito e o seguro-caução e, remetendo para o regime recentemente alterado, estabelecem-se soluções relativamente a questões não previstas nesse diploma, em particular quanto a cobrança, comunicações e reembolso.

No seguro de protecção jurídica mantêm-se as soluções vigentes com uma diferente sistematização.

Por último, no seguro de assistência, indica-se a noção e as actividades não incluídas nesta espécie contratual.

Do título III consta o regime do seguro de pessoas, tal como no título anterior, começa enunciando as disposições comuns aos vários seguros do designado ramo «vida».

De entre as disposições comuns merece especial relevo o regime relativo aos exames médicos.

A PARAFISCALIDADE NA ACTIVIDADE SEGURADORA

O regime respeitante ao seguro de vida aplica-se igualmente a outros contratos, como o de coberturas complementares do seguro de vida ou de seguro de nupcialidade. Além das especificidades quanto a informações e menções a incluir na apólice, importa atender ao regime particular de risco, nomeadamente a cláusula de incontestabilidade, o regime de agravamento do risco e a solução no caso de suicídio ou de homicídio.

Foi consagrada a solução da cláusula de incontestabilidade de um ano a contar da celebração do contrato relativamente a inexactidões ou omissões negligentes, não sendo este regime aplicável às coberturas de acidentes e invalidez complementares do seguro de vida.

Prescreveu-se a regra da não aplicação do regime do agravamento do risco nos seguros de vida, que sofre restrições relativamente às coberturas complementares de seguros de vida.

Supletivamente, encontra-se excluída a cobertura em caso de suicídio ocorrido até um ano após a celebração do contrato. Em caso de homicídio doloso, a prestação não será devida ao autor, cúmplice ou instigador.

Em matéria do chamado «resgate» – entendido tão-só como meio jurídico de percepção de uma quantia pecuniária e não como forma de dissolução do vínculo – , subsiste a regra da liberdade contratual das partes, permitindo aos seguradores a criatividade necessária ao bom funcionamento do mercado. Mas a posição do tomador do seguro ou do segurado é integralmente protegida através da atribuição ao segurador do dever de tornar possível à contraparte, a qualquer momento, calcular o montante que pode haver através do resgate. Pretende-se, assim, que os segurados tomem esclarecidamente as decisões de optar por um ou outro segurador e por um ou outro dos «produtos» oferecidos por cada segurador, podendo ainda avaliar a cada momento da conveniência em manter ou, quando permitido, extinguir o contrato.

Estabeleceu-se, com algum pormenor, o regime da designação beneficiária, de molde a superar muitas das dúvidas que frequentemente surgem.

Conhecendo o desenvolvimento prático e as dúvidas que suscita, sem colidir com o regime dos instrumentos financeiros, estabeleceram-se regras relativas às operações de capitalização, indicando exaustivamente o que deve ser incluído na apólice para melhor conhecimento da situação por parte do tomador do seguro.

No regime do contrato de seguro, encontra-se uma regulamentação específica do seguro de acidentes pessoais (lesão corporal provocada por causa súbita, externa e violenta que produza lesões corporais, invalidez, temporária ou permanente, ou a morte do tomador do seguro ou de terceiro), prescrevendo, nomeadamente, a extensão do regime do seguro com exame médico, a previsão de um direito de renúncia (tal como na legislação vigente) e a limitação da sub-rogação às prestações indemnizatórias.

Por fim, no seguro de saúde, estabelece-se a obrigatoriedade de menções especiais na apólice, de molde a permitir a determinação rigorosa do risco coberto, faz--se referência à exclusão das denominadas «preexistências» e, de modo idêntico ao seguro de responsabilidade civil, prescreve-se a regra da subsistência limitada da cobertura após a cessação do contrato.

Foi ouvida a Comissão Nacional de Protecção de Dados.

Foi promovida a audição do Conselho Nacional do Consumo.

DECRETO-LEI N.º 72/2008, DE 16-04

Foram ainda ouvidos o Instituto de Seguros de Portugal e a Associação Portuguesa de Seguradores.

Assim:

Nos termos da alínea *a)* do n.º 1 do artigo 198.º da Constituição, o Governo decreta o seguinte:

ARTIGO 1.º
Objecto

É aprovado o regime jurídico do contrato de seguro, constante do anexo ao presente decreto-lei e que dele faz parte integrante.

ARTIGO 2.º
Aplicação no tempo

1 – O disposto no regime jurídico do contrato de seguro aplica-se aos contratos de seguro celebrados após a entrada em vigor do presente decreto-lei, assim como ao conteúdo de contratos de seguro celebrados anteriormente que subsistam à data da sua entrada em vigor, com as especificidades constantes dos artigos seguintes.

2 – O regime referido no número anterior não se aplica aos sinistros ocorridos entre a data da entrada em vigor do presente decreto-lei e a data da sua aplicação ao contrato de seguro em causa.

ARTIGO 3.º
Contratos renováveis

1 – Nos contratos de seguro com renovação periódica, o regime jurídico do contrato de seguro aplica-se a partir da primeira renovação posterior à data de entrada em vigor do presente decreto-lei, com excepção das regras respeitantes à formação do contrato, nomeadamente as constantes dos artigos 18.º a 26.º, 27.º, 32.º a 37.º, 78.º, 87.º, 88.º, 89.º, 151.º, 154.º, 158.º, 178.º, 179.º, 185.º e 187.º do regime jurídico do contrato de seguro.

2 – As disposições de natureza supletiva previstas no regime jurídico do contrato de seguro aplicam-se aos contratos de seguro com renovação periódica celebrados anteriormente à data de entrada em vigor do presente decreto-lei, desde que o segurador informe o tomador do seguro, com a antecedência mínima de 60 dias em relação à data da respectiva renovação, do conteúdo das cláusulas alteradas em função da adopção do novo regime.

ARTIGO 4.º
Contratos não sujeitos a renovação

1 – Nos seguros de danos não sujeitos a renovação, aplica-se o regime vigente à data da celebração do contrato.

2 – Nos seguros de pessoas não sujeitos a renovação, as partes têm de proceder à adaptação dos contratos de seguro celebrados antes da entrada em vigor do presente decreto-lei, de molde a que o regime jurídico do contrato de seguro se lhes aplique no prazo de dois anos após a sua entrada em vigor.

3 – A adaptação a que se refere o número anterior pode ser feita na data aniversária do contrato, sem ultrapassar o prazo limite indicado.

ARTIGO 5.º
Supervisão

O regime jurídico do contrato de seguro constante do anexo ao presente decreto-lei não prejudica a aplicação do disposto na legislação em vigor em matéria de competências de supervisão.

ARTIGO 6.º
Norma revogatória

1 – É revogado o Decreto-Lei n.º 142/2000, de 15 de Julho, alterado pelos Decretos-Leis n.ºˢ 248-B/2000, de 12 de Outubro, 150/2004, de 29 de Junho, 122/2005, de 29 de Julho, e 199/2005, de 10 de Novembro.

2 – São ainda revogados:

a) Os artigos 425.º a 462.º do Código Comercial aprovado por Carta de Lei de 28 de Junho de 1888;

b) Os artigos 11.º, 30.º, 33.º e 53.º, corpo, 1.ª parte, do Decreto de 21 de Outubro de 1907;

c) A base XVIII, n.º 1, alíneas c) e d), e n.º 2, e base XIX da Lei n.º 2/71, de 12 de Abril;

d) Os artigos 132.º a 142.º e 176.º a 193.º do Decreto-Lei n.º 94-B/98, de 17 de Abril, alterado pelos Decretos-Leis n.ºˢ 8-C/2002, de 11 de Janeiro, 169/2002, de 25 de Julho, 72-A/2003, de 14 de Abril, 90/2003, de 30 de Abril, 251/2003, de 14 de Outubro, 76-A/2006, de 29 de Março, 145/2006, de 31 de Julho, 291/2007, de 21 de Agosto, e 357-A/2007, de 31 de Outubro;

e) Os artigos 1.º a 5.º e 8.º a 25.º do Decreto-Lei n.º 176/95, de 26 de Julho, alterado pelos Decretos-Leis n.ºˢ 60/2004, de 22 de Março, e 357-A/2007, de 31 de Outubro.

ARTIGO 7.º
Entrada em vigor

O presente decreto-lei entra em vigor no dia 1 de Janeiro de 2009.
(...)
Visto e aprovado em Conselho de Ministros de 24 de Janeiro de 2008. – José Sócrates Carvalho Pinto de Sousa – Fernando Teixeira dos Santos – Manuel Pedro Cunha da Silva Pereira – Rui Carlos Pereira – Alberto Bernardes Costa – António José de Castro Guerra – Jaime de Jesus Lopes Silva – Mário Lino Soares Correia – Pedro Manuel Dias de Jesus Marques – Francisco Ventura Ramos.

Promulgado em 3 de Abril de 2008.
Publique-se.

O Presidente da República, *Aníbal Cavaco Silva.*
Referendado em 3 de Abril de 2008.
O Primeiro-Ministro, *José Sócrates Carvalho Pinto de Sousa.*

ANEXO
Regime jurídico do contrato de seguro

TÍTULO I
Regime comum

CAPÍTULO I
Disposições preliminares

SECÇÃO I
Âmbito de aplicação

ARTIGO 1.º
Conteúdo típico

Por efeito do contrato de seguro, o segurador cobre um risco determinado do tomador do seguro ou de outrem, obrigando-se a realizar a prestação convencionada em caso de ocorrência do evento aleatório previsto no contrato, e o tomador do seguro obriga-se a pagar o prémio correspondente.

ARTIGO 2.º
Regimes especiais

As normas estabelecidas no presente regime aplicam-se aos contratos de seguro com regimes especiais constantes de outros diplomas, desde que não sejam incompatíveis com esses regimes.

ARTIGO 3.º
Remissão para diplomas de aplicação geral

O disposto no presente regime não prejudica a aplicação ao contrato de seguro do disposto na legislação sobre cláusulas contratuais gerais, sobre defesa do consumidor e sobre contratos celebrados à distância, nos termos do disposto nos referidos diplomas.

ARTIGO 4.º
Direito subsidiário

Às questões sobre contratos de seguro não reguladas no presente regime nem em diplomas especiais aplicam-se, subsidiariamente, as correspondentes disposições da lei comercial e da lei civil, sem prejuízo do disposto no regime jurídico de acesso e exercício da actividade seguradora.

ARTIGO 5.º
Lei aplicável ao contrato de seguro

Ao contrato de seguro aplicam-se as normas gerais de direito internacional privado em matéria de obrigações contratuais, nomeadamente as decorrentes de convenções internacionais e de actos comunitários que vinculem o Estado Português, com as especificidades constantes dos artigos seguintes.

ARTIGO 6.º
Liberdade de escolha

1 – Sem prejuízo do disposto nos artigos seguintes e do regime geral de liberdade contratual, as partes contratantes podem escolher a lei aplicável ao contrato de seguro que cubra riscos situados em território português ou em que o tomador do seguro, nos seguros de pessoas, tenha em Portugal a sua residência habitual ou o estabelecimento a que o contrato respeita, consoante se trate de pessoa singular ou colectiva.

2 – A localização do risco é determinada pelo regime jurídico de acesso e exercício da actividade seguradora.

3 – A escolha da lei aplicável deve ser expressa ou resultar de modo inequívoco das cláusulas do contrato.

4 – As partes podem designar a lei aplicável à totalidade ou apenas a uma parte do contrato, assim como alterar, em qualquer momento, a lei aplicável, sujeitando o contrato a uma lei diferente.

ARTIGO 7.º
Limites

A escolha da lei aplicável referida no artigo anterior só pode recair sobre leis cuja aplicabilidade corresponda a um interesse sério dos declarantes ou esteja em conexão com alguns dos elementos do contrato de seguro atendíveis no domínio do direito internacional privado.

ARTIGO 8.º
Conexões subsidiárias

1 – Se as partes contratantes não tiverem escolhido a lei aplicável ou a escolha for inoperante nos termos dos artigos anteriores, o contrato de seguro rege-se pela lei do Estado com o qual esteja em mais estreita conexão.

DECRETO-LEI Nº 72/2008, DE 16-04

2 – Na falta de escolha de outra lei pelas partes, o contrato de seguro que cubra riscos situados em território português ou em que o tomador do seguro, nos seguros de pessoas, tenha a sua residência habitual ou o estabelecimento a que o contrato respeita em Portugal é regulado pela lei portuguesa.

3 – Presume-se que o contrato de seguro apresenta conexão mais estreita com a ordem jurídica do Estado onde o risco se situa, enquanto nos seguros de pessoas, a conexão mais estreita decorre da residência habitual do tomador do seguro ou do estabelecimento a que o contrato respeita, consoante se trate de pessoa singular ou colectiva.

4 – Na falta de escolha das partes contratantes, nos termos previstos nos artigos anteriores, o contrato de seguro que cubra dois ou mais riscos situados em Portugal e noutro Estado, relativos às actividades do tomador do seguro e quando este exerça uma actividade comercial, industrial ou liberal, é regulado pela lei de qualquer dos Estados em que os riscos se situam ou, no caso de seguro de pessoas, pela lei do Estado onde o tomador do seguro tiver a sua residência habitual, sendo pessoa singular, ou a sua administração principal, tratando-se de pessoa colectiva.

ARTIGO 9.º
Normas de aplicação imediata

1 – As disposições imperativas em matéria de contrato de seguro que tutelem interesses públicos, designadamente de consumidores ou de terceiros, regem imperativamente a situação contratual, qualquer que seja a lei aplicável, mesmo quando a sua aplicabilidade resulte de escolha das partes.

2 – O disposto no número anterior aplica-se quando o contrato de seguro cobre riscos situados em território português ou tendo o tomador do seguro, nos seguros de pessoas, a sua residência habitual ou o estabelecimento a que o contrato respeita em Portugal.

3 – Para os efeitos do número anterior, sempre que o contrato de seguro cubra riscos situados em mais de um Estado, considera-se constituído por diversos contratos, cada um dizendo respeito a um único Estado.

4 – Não é válido em Portugal o contrato de seguro, sujeito a lei estrangeira, que cubra os riscos identificados no artigo 14.º

ARTIGO 10.º
Seguros obrigatórios

Os contratos de seguro obrigatórios na ordem jurídica portuguesa regem-se pela lei portuguesa, sem prejuízo do disposto no n.º 3 do artigo anterior.

SECÇÃO II
Imperatividade

ARTIGO 11.º
Princípio geral

O contrato de seguro rege-se pelo princípio da liberdade contratual, tendo carácter supletivo as regras constantes do presente regime, com os limites indicados na presente secção e os decorrentes da lei geral.

ARTIGO 12.º
Imperatividade absoluta

1 – São absolutamente imperativas, não admitindo convenção em sentido diverso, as disposições constantes da presente secção e dos artigos 16.º, 32.º, 34.º, 36.º, 43.º, 44.º, 54.º, n.º 1, 59.º, 61.º, 80.º, n.ºs 2 e 3, 117.º, n.º 3, e 119.º

2 – Nos seguros de grandes riscos admite-se convenção em sentido diverso relativamente às disposições constantes dos artigos 59.º e 61.º

ARTIGO 13.º
Imperatividade relativa

1 – São imperativas, podendo ser estabelecido um regime mais favorável ao tomador do seguro, ao segurado ou ao beneficiário da prestação de seguro, as disposições constantes dos artigos 17.º a 26.º, 27.º, 33.º, 35.º, 37.º, 46.º, 60.º, 78.º, 79.º, 86.º, 87.º a 90.º, 91.º, 92.º, n.º 1, 93.º, 94.º, 100.º a 104.º, 107.º n.ºs 1, 4 e 5, 111.º, n.º 2, 112.º, 114.º, 115.º, 118.º, 126.º, 127.º, 132.º, 133.º, 139.º, n.º 3, 146.º, 147.º, 170.º, 178.º, 185.º, 186.º, 188.º, n.º 1, 189.º, 202.º e 217.º

2 – Nos seguros de grandes riscos não são imperativas as disposições referidas no número anterior.

ARTIGO 14.º
Seguros proibidos

1 – Sem prejuízo das regras gerais sobre licitude do conteúdo negocial, é proibida a celebração de contrato de seguro que cubra os seguintes riscos:

a) Responsabilidade criminal, contra-ordenacional ou disciplinar;
b) Rapto, sequestro e outros crimes contra a liberdade pessoal;
c) Posse ou transporte de estupefacientes ou drogas cujo consumo seja interdito;
d) Morte de crianças com idade inferior a 14 anos ou daqueles que por anomalia psíquica ou outra causa se mostrem incapazes de governar a sua pessoa.

2 – A proibição referida da alínea *a)* do número anterior não é extensiva à responsabilidade civil eventualmente associada.

DECRETO-LEI Nº 72/2008, DE 16-04

3 – A proibição referida nas alíneas *b)* e *d)* do n.º 1 não abrange o pagamento de prestações estritamente indemnizatórias.

4 – Não é proibida a cobertura do risco de morte por acidente de crianças com idade inferior a 14 anos, desde que contratada por instituições escolares, desportivas ou de natureza análoga que dela não sejam beneficiárias.

ARTIGO 15.º
Proibição de práticas discriminatórias

1 – Na celebração, na execução e na cessação do contrato de seguro são proibidas as práticas discriminatórias em violação do princípio da igualdade nos termos previstos no artigo 13.º da Constituição.

2 – São consideradas práticas discriminatórias, em razão da deficiência ou de risco agravado de saúde, as acções ou omissões, dolosas ou negligentes, que violem o princípio da igualdade, implicando para as pessoas naquela situação um tratamento menos favorável do que aquele que seja dado a outra pessoa em situação comparável.

3 – No caso previsto no número anterior, não são proibidas, para efeito de celebração, execução e cessação do contrato de seguro, as práticas e técnicas de avaliação, selecção e aceitação de riscos próprias do segurador que sejam objectivamente fundamentadas, tendo por base dados estatísticos e actuariais rigorosos considerados relevantes nos termos dos princípios da técnica seguradora.

4 – Em caso de recusa de celebração de um contrato de seguro ou de agravamento do respectivo prémio em razão de deficiência ou de risco agravado de saúde, o segurador deve, com base nos dados obtidos nos termos do número anterior, prestar ao proponente informação sobre o rácio entre os factores de risco específicos e os factores de risco de pessoa em situação comparável mas não afectada por aquela deficiência ou risco agravado de saúde, nos termos dos n.ºˢ 3 a 6 do artigo 178.º

5 – Para dirimir eventuais divergências resultantes da decisão de recusa ou de agravamento, pode o proponente solicitar a uma comissão tripartida que emita parecer sobre o rácio entre os seus factores de risco específicos e os factores de risco de pessoa em situação comparável mas não afectada por aquela deficiência ou risco agravado de saúde.

6 – O referido parecer é elaborado por uma comissão composta por um representante do Instituto Nacional para a Reabilitação, I. P., um representante do segurador e um representante do Instituto Nacional de Medicina Legal, I. P.

7 – O segurador, através do seu representante na comissão referida nos n.ºˢ 5 e 6, tem o dever de prestar todas as informações necessárias com vista à elaboração do parecer, nomeadamente, indicando as fontes estatísticas e actuariais consideradas relevantes nos termos do n.º 3, encontrando-se a comissão vinculada ao cumprimento do dever de confidencialidade.

8 – O parecer emitido pela comissão, nos termos do n.º 6, não é vinculativo.

9 – A proibição de discriminação em função do sexo é regulada por legislação especial.

CAPÍTULO II
Formação do contrato

SECÇÃO I
Sujeitos

ARTIGO 16.º
Autorização legal do segurador

1 – O segurador deve estar legalmente autorizado a exercer a actividade seguradora em Portugal, no âmbito do ramo em que actua, nos termos do regime jurídico de acesso e exercício da actividade seguradora.

2 – Sem prejuízo de outras sanções aplicáveis, a violação do disposto no número anterior gera nulidade do contrato, mas não exime aquele que aceitou cobrir o risco de outrem do cumprimento das obrigações que para ele decorreriam do contrato ou da lei caso o negócio fosse válido, salvo havendo má fé da contraparte.

ARTIGO 17.º
Representação do tomador do seguro

1 – Sendo o contrato de seguro celebrado por representante do tomador do seguro, são oponíveis a este não só os seus próprios conhecimentos mas também os do representante.

2 – Se o contrato for celebrado por representante sem poderes, o tomador do seguro ou o seu representante com poderes pode ratificá-lo mesmo depois de ocorrido o sinistro, salvo havendo dolo do tomador do seguro, do representante, do segurado ou do beneficiário, ou quando tenha já decorrido um prazo para a ratificação, não inferior a cinco dias, determinado pelo segurador antes da verificação do sinistro.

3 – Quando o segurador desconheça a falta de poderes de representação, o representante fica obrigado ao pagamento do prémio calculado pro rata temporis até ao momento em que o segurador receba ou tenha conhecimento da recusa de ratificação.

SECÇÃO II
Informações

SUBSECÇÃO I
Deveres de informação do segurador

ARTIGO 18.º
Regime comum

Sem prejuízo das menções obrigatórias a incluir na apólice, cabe ao segurador prestar todos os esclarecimentos exigíveis e informar o tomador do seguro das condições do contrato, nomeadamente:

DECRETO-LEI Nº 72/2008, DE 16-04

a) Da sua denominação e do seu estatuto legal;

b) Do âmbito do risco que se propõe cobrir;

c) Das exclusões e limitações de cobertura;

d) Do valor total do prémio, ou, não sendo possível, do seu método de cálculo, assim como das modalidades de pagamento do prémio e das consequências da falta de pagamento;

e) Dos agravamentos ou bónus que possam ser aplicados no contrato, enunciando o respectivo regime de cálculo;

f) Do montante mínimo do capital nos seguros obrigatórios;

g) Do montante máximo a que o segurador se obriga em cada período de vigência do contrato;

h) Da duração do contrato e do respectivo regime de renovação, de denúncia e de livre resolução;

i) Do regime de transmissão do contrato;

j) Do modo de efectuar reclamações, dos correspondentes mecanismos de protecção jurídica e da autoridade de supervisão;

l) Do regime relativo à lei aplicável, nos termos estabelecidos nos artigos 5.º a 10.º, com indicação da lei que o segurador propõe que seja escolhida.

ARTIGO 19.º
Remissão

1 – Sendo o contrato de seguro celebrado à distância, às informações referidas no artigo anterior acrescem as previstas em regime especial.

2 – Sendo o tomador do seguro considerado consumidor nos termos legalmente previstos, às informações indicadas no artigo anterior acrescem as previstas noutros diplomas, nomeadamente no regime de defesa do consumidor.

ARTIGO 20.º
Estabelecimento

Sem prejuízo das obrigações constantes do artigo 18.º, o segurador deve informar o tomador do seguro do local e do nome do Estado em que se situa a sede social e o respectivo endereço, bem como, se for caso disso, da sucursal através da qual o contrato é celebrado e do respectivo endereço.

ARTIGO 21.º
Modo de prestar informações

1 – As informações referidas nos artigos anteriores devem ser prestadas de forma clara, por escrito e em língua portuguesa, antes de o tomador do seguro se vincular.

2 – As autoridades de supervisão competentes podem fixar, por regulamento, regras quanto ao suporte das informações a prestar ao tomador do seguro.

3 – No contrato de seguro à distância, o modo de prestação de informações rege-se pela legislação sobre comercialização de contratos financeiros celebrados à distância.

A PARAFISCALIDADE NA ACTIVIDADE SEGURADORA

4 – Nas situações previstas no n.º 2 do artigo 36.º, as informações a que se refere o n.º 1 podem ser prestadas noutro idioma.

5 – A proposta de seguro deve conter uma menção comprovativa de que as informações que o segurador tem de prestar foram dadas a conhecer ao tomador do seguro antes de este se vincular.

ARTIGO 22.º
Dever especial de esclarecimento

1 – Na medida em que a complexidade da cobertura e o montante do prémio a pagar ou do capital seguro o justifiquem e, bem assim, o meio de contratação o permita, o segurador, antes da celebração do contrato, deve esclarecer o tomador do seguro acerca de que modalidades de seguro, entre as que ofereça, são convenientes para a concreta cobertura pretendida.

2 – No cumprimento do dever referido no número anterior, cabe ao segurador não só responder a todos os pedidos de esclarecimento efectuados pelo tomador do seguro, como chamar a atenção deste para o âmbito da cobertura proposta, nomeadamente exclusões, períodos de carência e regime da cessação do contrato por vontade do segurador, e ainda, nos casos de sucessão ou modificação de contratos, para os riscos de ruptura de garantia.

3 – No seguro em que haja proposta de cobertura de diferentes tipos de risco, o segurador deve prestar esclarecimentos pormenorizados sobre a relação entre as diferentes coberturas.

4 – O dever especial de esclarecimento previsto no presente artigo não é aplicável aos contratos relativos a grandes riscos ou em cuja negociação ou celebração intervenha mediador de seguros, sem prejuízo dos deveres específicos que sobre este impendem nos termos do regime jurídico de acesso e de exercício da actividade de mediação de seguros.

ARTIGO 23.º
Incumprimento

1 – O incumprimento dos deveres de informação e de esclarecimento previstos no presente regime faz incorrer o segurador em responsabilidade civil, nos termos gerais.

2 – O incumprimento dos deveres de informação previstos na presente subsecção confere ainda ao tomador do seguro o direito de resolução do contrato, salvo quando a falta do segurador não tenha razoavelmente afectado a decisão de contratar da contraparte ou haja sido accionada a cobertura por terceiro.

3 – O direito de resolução previsto no número anterior deve ser exercido no prazo de 30 dias a contar da recepção da apólice, tendo a cessação efeito retroactivo e o tomador do seguro direito à devolução da totalidade do prémio pago.

4 – O disposto nos números anteriores é aplicável quando as condições da apólice não estejam em conformidade com as informações prestadas antes da celebração do contrato.

SUBSECÇÃO II
Deveres de informação do tomador do seguro ou do segurado

ARTIGO 24.º
Declaração inicial do risco

1 – O tomador do seguro ou o segurado está obrigado, antes da celebração do contrato, a declarar com exactidão todas as circunstâncias que conheça e razoavelmente deva ter por significativas para a apreciação do risco pelo segurador.

2 – O disposto no número anterior é igualmente aplicável a circunstâncias cuja menção não seja solicitada em questionário eventualmente fornecido pelo segurador para o efeito.

3 – O segurador que tenha aceitado o contrato, salvo havendo dolo do tomador do seguro ou do segurado com o propósito de obter uma vantagem, não pode prevalecer-se:

a) Da omissão de resposta a pergunta do questionário;

b) De resposta imprecisa a questão formulada em termos demasiado genéricos;

c) De incoerência ou contradição evidente nas respostas ao questionário;

d) De facto que o seu representante, aquando da celebração do contrato, saiba ser inexacto ou, tendo sido omitido, conheça;

e) De circunstâncias conhecidas do segurador, em especial quando são públicas e notórias.

4 – O segurador, antes da celebração do contrato, deve esclarecer o eventual tomador do seguro ou o segurado acerca do dever referido no n.º 1, bem como do regime do seu incumprimento, sob pena de incorrer em responsabilidade civil, nos termos gerais.

ARTIGO 25.º
Omissões ou inexactidões dolosas

1 – Em caso de incumprimento doloso do dever referido no n.º 1 do artigo anterior, o contrato é anulável mediante declaração enviada pelo segurador ao tomador do seguro.

2 – Não tendo ocorrido sinistro, a declaração referida no número anterior deve ser enviada no prazo de três meses a contar do conhecimento daquele incumprimento.

3 – O segurador não está obrigado a cobrir o sinistro que ocorra antes de ter tido conhecimento do incumprimento doloso referido no n.º 1 ou no decurso do prazo previsto no número anterior, seguindo-se o regime geral da anulabilidade.

4 – O segurador tem direito ao prémio devido até ao final do prazo referido no n.º 2, salvo se tiver concorrido dolo ou negligência grosseira do segurador ou do seu representante.

5 – Em caso de dolo do tomador do seguro ou do segurado com o propósito de obter uma vantagem, o prémio é devido até ao termo do contrato.

A PARAFISCALIDADE NA ACTIVIDADE SEGURADORA

ARTIGO 26.º
Omissões ou inexactidões negligentes

1 – Em caso de incumprimento com negligência do dever referido no n.º 1 do artigo 24.º, o segurador pode, mediante declaração a enviar ao tomador do seguro, no prazo de três meses a contar do seu conhecimento:

a) Propor uma alteração do contrato, fixando um prazo, não inferior a 14 dias, para o envio da aceitação ou, caso a admita, da contraproposta;

b) Fazer cessar o contrato, demonstrando que, em caso algum, celebra contratos para a cobertura de riscos relacionados com o facto omitido ou declarado inexactamente.

2 – O contrato cessa os seus efeitos 30 dias após o envio da declaração de cessação ou 20 dias após a recepção pelo tomador do seguro da proposta de alteração, caso este nada responda ou a rejeite.

3 – No caso referido no número anterior, o prémio é devolvido pro rata temporis atendendo à cobertura havida.

4 – Se, antes da cessação ou da alteração do contrato, ocorrer um sinistro cuja verificação ou consequências tenham sido influenciadas por facto relativamente ao qual tenha havido omissões ou inexactidões negligentes:

a) O segurador cobre o sinistro na proporção da diferença entre o prémio pago e o prémio que seria devido, caso, aquando da celebração do contrato, tivesse conhecido o facto omitido ou declarado inexactamente;

b) O segurador, demonstrando que, em caso algum, teria celebrado o contrato se tivesse conhecido o facto omitido ou declarado inexactamente, não cobre o sinistro e fica apenas vinculado à devolução do prémio.

SECÇÃO III
Celebração do contrato

ARTIGO 27.º
Valor do silêncio do segurador

1 – O contrato de seguro individual em que o tomador do seguro seja uma pessoa singular tem-se por concluído nos termos propostos em caso de silêncio do segurador durante 14 dias contados da recepção de proposta do tomador do seguro feita em impresso do próprio segurador, devidamente preenchido, acompanhado dos documentos que o segurador tenha indicado como necessários e entregado ou recebido no local indicado pelo segurador.

2 – O disposto no número anterior aplica-se ainda quando o segurador tenha autorizado a proposta feita de outro modo e indicado as informações e os documentos necessários à sua completude, se o tomador do seguro tiver seguido as instruções do segurador.

DECRETO-LEI Nº 72/2008, DE 16-04

3 – O contrato celebrado nos termos dos números anteriores rege-se pelas condições contratuais e pela tarifa do segurador em vigor na data da celebração.

4 – Sem prejuízo de eventual responsabilidade civil, não é aplicável o disposto nos números anteriores quando o segurador demonstre que, em caso algum, celebra contratos com as características constantes da proposta.

SECÇÃO IV
Mediação

ARTIGO 28.º
Regime comum

Sem prejuízo da aplicação das regras contidas no presente regime, ao contrato de seguro celebrado com a intervenção de um mediador de seguros é aplicável o regime jurídico de acesso e de exercício da actividade de mediação de seguros.

ARTIGO 29.º
Deveres de informação específicos

Quando o contrato de seguro seja celebrado com intervenção de um mediador de seguros, aos deveres de informação constantes da secção II do presente capítulo acrescem os deveres de informação específicos estabelecidos no regime jurídico de acesso e de exercício da actividade de mediação de seguros.

ARTIGO 30.º
Representação aparente

1 – O contrato de seguro que o mediador de seguros, agindo em nome do segurador, celebre sem poderes específicos para o efeito é ineficaz em relação a este, se não for por ele ratificado, sem prejuízo do disposto no n.º 3.

2 – Considera-se o contrato de seguro ratificado se o segurador, logo que tenha conhecimento da sua celebração e do conteúdo do mesmo, não manifestar ao tomador do seguro de boa fé, no prazo de cinco dias a contar daquele conhecimento, a respectiva oposição.

3 – O contrato de seguro que o mediador de seguros, agindo em nome do segurador, celebre sem poderes específicos para o efeito é eficaz em relação a este se tiverem existido razões ponderosas, objectivamente apreciadas, tendo em conta as circunstâncias do caso, que justifiquem a confiança do tomador do seguro de boa fé na legitimidade do mediador de seguros, desde que o segurador tenha igualmente contribuído para fundar a confiança do tomador do seguro.

ARTIGO 31.º
Comunicações através de mediador de seguros

1 – Quando o mediador de seguros actue em nome e com poderes de representação do tomador do seguro, as comunicações, a prestação de informações e a entrega

A PARAFISCALIDADE NA ACTIVIDADE SEGURADORA

de documentos ao segurador, ou pelo segurador ao mediador, produzem efeitos como se fossem realizadas pelo tomador do seguro ou perante este, salvo indicação sua em contrário.

2 – Quando o mediador de seguros actue em nome e com poderes de representação do segurador, os mesmos actos realizados pelo tomador do seguro, ou a ele dirigidos pelo mediador, produzem efeitos relativamente ao segurador como se fossem por si ou perante si directamente realizados.

SECÇÃO V
Forma do contrato e apólice de seguro

ARTIGO 32.º
Forma

1 – A validade do contrato de seguro não depende da observância de forma especial.

2 – O segurador é obrigado a formalizar o contrato num instrumento escrito, que se designa por apólice de seguro, e a entregá-lo ao tomador do seguro.

3 – A apólice deve ser datada e assinada pelo segurador.

ARTIGO 33.º
Mensagens publicitárias

1 – O contrato de seguro integra as mensagens publicitárias concretas e objectivas que lhe respeitem, ficando excluídas do contrato as cláusulas que as contrariem, salvo se mais favoráveis ao tomador do seguro ou ao beneficiário.

2 – Não se aplica o disposto no número anterior quando tenha decorrido um ano entre o fim da emissão dessas mensagens publicitárias e a celebração do contrato, ou quando as próprias mensagens fixem um período de vigência e o contrato tenha sido celebrado fora desse período.

ARTIGO 34.º
Entrega da apólice

1 – A apólice deve ser entregue ao tomador do seguro aquando da celebração do contrato ou ser-lhe enviada no prazo de 14 dias nos seguros de riscos de massa, salvo se houver motivo justificado, ou no prazo que seja acordado nos seguros de grandes riscos.

2 – Quando convencionado, pode o segurador entregar a apólice ao tomador do seguro em suporte electrónico duradouro.

3 – Entregue a apólice de seguro, não são oponíveis pelo segurador cláusulas que dela não constem, sem prejuízo do regime do erro negocial.

4 – Havendo atraso na entrega da apólice, não são oponíveis pelo segurador cláusulas que não constem de documento escrito assinado pelo tomador do seguro ou a ele anteriormente entregue.

5 – O tomador do seguro pode a qualquer momento exigir a entrega da apólice de seguro, mesmo após a cessação do contrato.

6 – Decorrido o prazo referido no n.º 1 e enquanto a apólice não for entregue, o tomador do seguro pode resolver o contrato, tendo a cessação efeito retroactivo e o tomador do seguro direito à devolução da totalidade do prémio pago.

ARTIGO 35.º
Consolidação do contrato

Decorridos 30 dias sobre a data da entrega da apólice sem que o tomador do seguro haja invocado qualquer desconformidade entre o acordado e o conteúdo da apólice, só são invocáveis divergências que resultem de documento escrito ou de outro suporte duradouro.

ARTIGO 36.º
Redacção e língua da apólice

1 – A apólice de seguro é redigida de modo compreensível, conciso e rigoroso, e em caracteres bem legíveis, usando palavras e expressões da linguagem corrente sempre que não seja imprescindível o uso de termos legais ou técnicos.

2 – A apólice de seguro é redigida em língua portuguesa, salvo no caso de o tomador do seguro solicitar que seja redigida noutro idioma, na sequência de acordo das partes anterior à emissão da apólice.

3 – No caso de seguro obrigatório é entregue a versão da apólice em português, que prevalece sobre a versão redigida noutro idioma.

ARTIGO 37.º
Texto da apólice

1 – A apólice inclui todo o conteúdo do acordado pelas partes, nomeadamente as condições gerais, especiais e particulares aplicáveis.

2 – Da apólice devem constar, no mínimo, os seguintes elementos:

a) A designação de «apólice» e a identificação completa dos documentos que a compõem;

b) A identificação, incluindo o número de identificação fiscal, e o domicílio das partes, bem como, justificando-se, os dados do segurado, do beneficiário e do representante do segurador para efeito de sinistros;

c) A natureza do seguro;

d) Os riscos cobertos;

e) O âmbito territorial e temporal do contrato;

f) Os direitos e obrigações das partes, assim como do segurado e do beneficiário;

g) O capital seguro ou o modo da sua determinação;

h) O prémio ou a fórmula do respectivo cálculo;

i) O início de vigência do contrato, com indicação de dia e hora, e a sua duração;

A PARAFISCALIDADE NA ACTIVIDADE SEGURADORA

j) O conteúdo da prestação do segurador em caso de sinistro ou o modo de o determinar;

l) A lei aplicável ao contrato e as condições de arbitragem.

3 – A apólice deve incluir, ainda, escritas em caracteres destacados e de maior dimensão do que os restantes:

a) As cláusulas que estabeleçam causas de invalidade, de prorrogação, de suspensão ou de cessação do contrato por iniciativa de qualquer das partes;

b) As cláusulas que estabeleçam o âmbito das coberturas, designadamente a sua exclusão ou limitação;

c) As cláusulas que imponham ao tomador do seguro ou ao beneficiário deveres de aviso dependentes de prazo.

4 – Sem prejuízo do disposto quanto ao dever de entregar a apólice e da responsabilidade a que haja lugar, a violação do disposto nos números anteriores dá ao tomador do seguro o direito de resolver o contrato nos termos previstos nos n.ᵒˢ 2 e 3 do artigo 23.º e, a qualquer momento, de exigir a correcção da apólice.

ARTIGO 38.º
Apólice nominativa, à ordem e ao portador

1 – A apólice de seguro pode ser nominativa, à ordem ou ao portador, sendo nominativa na falta de estipulação das partes quanto à respectiva modalidade.

2 – O endosso da apólice à ordem transfere os direitos contratuais do endossante tomador do seguro ou segurado, sem prejuízo de o contrato de seguro poder autorizar um endosso parcial.

3 – A entrega da apólice ao portador transfere os direitos contratuais do portador que seja tomador do seguro ou segurado, salvo convenção em contrário.

4 – A apólice nominativa deve ser entregue pelo tomador do seguro a quem lhe suceda em caso de cessão da posição contratual, sendo que, em caso de cessão de crédito, o tomador do seguro deve entregar cópia da apólice.

CAPÍTULO III
Vigência do contrato

ARTIGO 39.º
Produção de efeitos

Sem prejuízo do disposto nos artigos seguintes e salvo convenção em contrário, o contrato de seguro produz efeitos a partir das 0 horas do dia seguinte ao da sua celebração.

ARTIGO 40.º
Duração

Na falta de estipulação das partes, o contrato de seguro vigora pelo período de um ano.

ARTIGO 41.º
Prorrogação

1 – Salvo convenção em contrário, o contrato de seguro celebrado pelo período inicial de um ano prorroga-se sucessivamente, no final do termo estipulado, por novos períodos de um ano.

2 – Salvo convenção em contrário, o contrato de seguro celebrado por um período inicial inferior ou superior a um ano não se prorroga no final do termo estipulado.

3 – Considera-se como único contrato aquele que seja objecto de prorrogação.

ARTIGO 42.º
Cobertura do risco

1 – A data de início da cobertura do seguro pode ser fixada pelas partes no contrato, sem prejuízo do disposto no artigo 59.º

2 – As partes podem convencionar que a cobertura abranja riscos anteriores à data da celebração do contrato, sem prejuízo do disposto no artigo 44.º

CAPÍTULO IV
Conteúdo do contrato

SECÇÃO I
Interesse e risco

ARTIGO 43.º
Interesse

1 – O segurado deve ter um interesse digno de protecção legal relativamente ao risco coberto, sob pena de nulidade do contrato.

2 – No seguro de danos, o interesse respeita à conservação ou à integridade de coisa, direito ou património seguros.

3 – No seguro de vida, a pessoa segura que não seja beneficiária tem ainda de dar o seu consentimento para a cobertura do risco, salvo quando o contrato resulta do cumprimento de disposição legal ou de instrumento de regulamentação colectiva de trabalho.

ARTIGO 44.º
Inexistência do risco

1 – Salvo nos casos legalmente previstos, o contrato de seguro é nulo se, aquando da celebração, o segurador, o tomador do seguro ou o segurado tiver conhecimento de que o risco cessou.

2 – O segurador não cobre sinistros anteriores à data da celebração do contrato quando o tomador do seguro ou o segurado deles tivesse conhecimento nessa data.

3 – O contrato de seguro não produz efeitos relativamente a um risco futuro que não chegue a existir.

A PARAFISCALIDADE NA ACTIVIDADE SEGURADORA

4 – Nos casos previstos nos números anteriores, o tomador do seguro tem direito à devolução do prémio pago, deduzido das despesas necessárias à celebração do contrato suportadas pelo segurador de boa fé.

5 – Em caso de má fé do tomador do seguro, o segurador de boa fé tem direito a reter o prémio pago.

6 – Presume-se a má fé do tomador do seguro se o segurado tiver conhecimento, aquando da celebração do contrato de seguro, de que ocorreu o sinistro.

ARTIGO 45.º
Conteúdo

1 – As condições especiais e particulares não podem modificar a natureza dos riscos cobertos tendo em conta o tipo de contrato de seguro celebrado.

2 – O contrato de seguro pode excluir a cobertura, entre outros, dos riscos derivados de guerra, insurreição ou terrorismo.

ARTIGO 46.º
Actos dolosos

1 – Salvo disposição legal ou regulamentar em sentido diverso, assim como convenção em contrário não ofensiva da ordem pública quando a natureza da cobertura o permita, o segurador não é obrigado a efectuar a prestação convencionada em caso de sinistro causado dolosamente pelo tomador do seguro ou pelo segurado.

2 – O beneficiário que tenha causado dolosamente o dano não tem direito à prestação.

SECÇÃO II
Seguro por conta própria e de outrem

ARTIGO 47.º
Seguro por conta própria

1 – No seguro por conta própria, o contrato tutela o interesse próprio do tomador do seguro.

2 – Se o contrário não resultar do contrato ou do conjunto de circunstâncias atendíveis, o seguro considera-se contratado por conta própria.

3 – Se o interesse do tomador do seguro for parcial, sendo o seguro efectuado na sua totalidade por conta própria, o contrato considera-se feito por conta de todos os interessados, salvo disposição legal ou contratual em contrário.

ARTIGO 48.º
Seguro por conta de outrem

1 – No seguro por conta de outrem, o tomador do seguro actua por conta do segurado, determinado ou indeterminado.

DECRETO-LEI Nº 72/2008, DE 16-04

2 – O tomador do seguro cumpre as obrigações resultantes do contrato, com excepção das que só possam ser cumpridas pelo segurado.

3 – Salvo estipulação em contrário em conformidade com o disposto no artigo 43.º, o segurado é o titular dos direitos emergentes do contrato, e o tomador do seguro, mesmo na posse da apólice, não os pode exercer sem o consentimento daquele.

4 – Salvo estipulação em contrário, o tomador do seguro pode opor-se à prorrogação automática do contrato, denunciando-o, mesmo contra a vontade do segurado.

5 – Na falta de disposição legal ou contratual em contrário, são oponíveis ao segurado os meios de defesa derivados do contrato de seguro, mas não aqueles que advenham de outras relações entre o segurador e o tomador do seguro.

6 – No seguro por conta de quem pertencer e nos casos em que o contrato tutele indiferentemente um interesse próprio ou alheio, os n.ºs 2 a 5 são aplicáveis quando se conclua tratar-se de um seguro de interesse alheio.

SECÇÃO III
Cláusulas específicas

ARTIGO 49.º
Capital seguro

1 – O capital seguro representa o valor máximo da prestação a pagar pelo segurador por sinistro ou anuidade de seguro, consoante o que esteja estabelecido no contrato.

2 – Salvo quando seja determinado por lei, cabe ao tomador do seguro indicar ao segurador, quer no início, quer durante a vigência do contrato, o valor da coisa, direito ou património a que respeita o contrato, para efeito da determinação do capital seguro.

3 – As partes podem fixar franquias, escalões de indemnização e outras previsões contratuais que condicionem o valor da prestação a realizar pelo segurador.

ARTIGO 50.º
Perícia arbitral

1 – Em caso de divergência na determinação das causas, circunstâncias e consequências do sinistro, esse apuramento pode ser cometido a peritos árbitros nomeados pelas partes, nos termos previstos no contrato ou em convenção posterior.

2 – Salvo convenção em contrário, a determinação pelos peritos árbitros das causas, circunstâncias e consequências do sinistro é vinculativa para o segurador, para o tomador do seguro e para o segurado.

SECÇÃO IV
Prémio

SUBSECÇÃO I
Disposições comuns

ARTIGO 51.º
Noção

1 – O prémio é a contrapartida da cobertura acordada e inclui tudo o que seja contratualmente devido pelo tomador do seguro, nomeadamente os custos da cobertura do risco, os custos de aquisição, de gestão e de cobrança e os encargos relacionados com a emissão da apólice.

2 – Ao prémio acrescem os encargos fiscais e parafiscais a suportar pelo tomador do seguro.

ARTIGO 52.º
Características

1 – Salvo disposição legal em sentido contrário, o montante do prémio e as regras sobre o seu cálculo e determinação são estipulados no contrato de seguro, ao abrigo da liberdade contratual.

2 – Na falta ou insuficiência de determinação do prémio pelas partes, atende-se a que o prémio deve ser adequado e proporcionado aos riscos a cobrir pelo segurador e calculado no respeito dos princípios da técnica seguradora, sem prejuízo de eventuais especificidades de certas categorias de seguros e de circunstâncias concretas dos riscos assumidos.

3 – O prémio corresponde ao período de duração do contrato, sendo, salvo disposição em contrário, devido por inteiro.

4 – Por acordo das partes, o pagamento do prémio pode ser fraccionado.

ARTIGO 53.º
Vencimento

1 – Salvo convenção em contrário, o prémio inicial, ou a primeira fracção deste, é devido na data da celebração do contrato.

2 – As fracções seguintes do prémio inicial, o prémio de anuidades subsequentes e as sucessivas fracções deste são devidos nas datas estabelecidas no contrato.

3 – A parte do prémio de montante variável relativa a acerto do valor e, quando seja o caso, a parte do prémio correspondente a alterações ao contrato são devidas nas datas indicadas nos respectivos avisos.

DECRETO-LEI Nº 72/2008, DE 16-04

ARTIGO 54.º
Modo de efectuar o pagamento

1 – O prémio de seguro só pode ser pago em numerário, por cheque bancário, transferência bancária ou vale postal, cartão de crédito ou de débito ou outro meio electrónico de pagamento.

2 – O pagamento do prémio por cheque fica subordinado à condição da sua boa cobrança e, verificada esta, considera-se feito na data da recepção daquele.

3 – O pagamento por débito em conta fica subordinado à condição da não anulação posterior do débito por retractação do autor do pagamento no quadro de legislação especial que a permita.

4 – A falta de cobrança do cheque ou a anulação do débito equivale à falta de pagamento do prémio, sem prejuízo do disposto no n.º 4 do artigo 57.º

5 – A dívida de prémio pode ainda ser extinta por compensação com crédito reconhecido, exigível e líquido até ao montante a compensar, mediante declaração de uma das partes à outra, desde que se verifiquem os demais requisitos da compensação.

6 – Nos seguros de pessoas, é lícito às partes convencionar outros meios e modalidades de pagamento do prémio, desde que respeitem as disposições legais e regulamentares em vigor.

ARTIGO 55.º
Pagamento por terceiro

1 – O prémio pode ser pago, nos termos previstos na lei ou no contrato, por terceiro, interessado ou não no cumprimento da obrigação, sem que o segurador possa recusar o recebimento.

2 – Do contrato de seguro pode resultar que ao terceiro interessado, titular de direitos ressalvados no contrato, seja conferido o direito de proceder ao pagamento do prémio já vencido, desde que esse pagamento seja efectuado num período não superior a 30 dias subsequentes à data de vencimento.

3 – O pagamento do prémio ao abrigo do disposto no número anterior determina a reposição em vigor do contrato, podendo dispor-se que o pagamento implique a cobertura do risco entre a data do vencimento e a data do pagamento do prémio.

4 – O segurador não cobre sinistro ocorrido entre a data do vencimento e a data do pagamento do prémio de que o beneficiário tivesse conhecimento.

ARTIGO 56.º
Recibo e declaração de existência do seguro

1 – Recebido o prémio, o segurador emite o correspondente recibo, podendo, se necessário, emitir um recibo provisório.

2 – O recibo de prémio pago por cheque ou por débito em conta, bem como a declaração ou o certificado relativo à prova da existência do contrato de seguro comprovam o efectivo pagamento do prémio, se a quantia for percebida pelo segurador.

ARTIGO 57.º
Mora

1 – A falta de pagamento do prémio na data do vencimento constitui o tomador do seguro em mora.

2 – Sem prejuízo das regras gerais, os efeitos da falta de pagamento do prémio são:

a) Para a generalidade dos seguros, os que decorrem do disposto nos artigos 59.º e 61.º;

b) Para os seguros indicados no artigo 58.º, os que sejam estipulados nas condições contratuais.

3 – A cessação do contrato de seguro por efeito do não pagamento do prémio, ou de parte ou fracção deste, não exonera o tomador do seguro da obrigação de pagamento do prémio correspondente ao período em que o contrato haja vigorado, acrescido dos juros de mora devidos.

4 – Em caso de mora do segurador relativamente à percepção do prémio, considera-se o pagamento efectuado na data em que foi disponibilizado o meio para a sua realização.

SUBSECÇÃO II
Regime especial

ARTIGO 58.º
Âmbito de aplicação

O disposto nos artigos 59.º a 61.º não se aplica aos seguros e operações regulados no capítulo respeitante ao seguro de vida, aos seguros de colheitas e pecuário, aos seguros mútuos em que o prémio seja pago com o produto de receitas e aos seguros de cobertura de grandes riscos, salvo na medida em que essa aplicação decorra de estipulação das partes e não se oponha à natureza do vínculo.

ARTIGO 59.º
Cobertura

A cobertura dos riscos depende do prévio pagamento do prémio.

ARTIGO 60.º
Aviso de pagamento

1 – Na vigência do contrato, o segurador deve avisar por escrito o tomador do seguro do montante a pagar, assim como da forma e do lugar de pagamento, com uma antecedência mínima de 30 dias em relação à data em que se vence o prémio, ou fracções deste.

2 – Do aviso devem constar, de modo legível, as consequências da falta de pagamento do prémio ou de sua fracção.

DECRETO-LEI Nº 72/2008, DE 16-04

3 – Nos contratos de seguro em que seja convencionado o pagamento do prémio em fracções de periodicidade igual ou inferior a três meses e em cuja documentação contratual se indiquem as datas de vencimento das sucessivas fracções do prémio e os respectivos valores a pagar, bem como as consequências do seu não pagamento, o segurador pode optar por não enviar o aviso referido no n.º 1, cabendo-lhe, nesse caso, a prova da emissão, da aceitação e do envio ao tomador do seguro da documentação contratual referida neste número.

ARTIGO 61.º
Falta de pagamento

1 – A falta de pagamento do prémio inicial, ou da primeira fracção deste, na data do vencimento, determina a resolução automática do contrato a partir da data da sua celebração.

2 – A falta de pagamento do prémio de anuidades subsequentes, ou da primeira fracção deste, na data do vencimento, impede a prorrogação do contrato.

3 – A falta de pagamento determina a resolução automática do contrato na data do vencimento de:

a) Uma fracção do prémio no decurso de uma anuidade;

b) Um prémio de acerto ou parte de um prémio de montante variável;

c) Um prémio adicional resultante de uma modificação do contrato fundada num agravamento superveniente do risco.

4 – O não pagamento, até à data do vencimento, de um prémio adicional resultante de uma modificação contratual determina a ineficácia da alteração, subsistindo o contrato com o âmbito e nas condições que vigoravam antes da pretendida modificação, a menos que a subsistência do contrato se revele impossível, caso em que se considera resolvido na data do vencimento do prémio não pago.

CAPÍTULO V
Co-seguro

SECÇÃO I
Disposições comuns

ARTIGO 62.º
Noção

No co-seguro verifica-se a cobertura conjunta de um risco por vários seguradores, denominados co-seguradores, de entre os quais um é o líder, sem solidariedade entre eles, através de um contrato de seguro único, com as mesmas garantias e idêntico período de duração e com um prémio global.

ARTIGO 63.º
Apólice única

O contrato de co-seguro é titulado por uma apólice única, emitida pelo líder na qual deve figurar a quota-parte do risco ou a parte percentual do capital assumida por cada co-segurador.

ARTIGO 64.º
Âmbito da responsabilidade de cada co-segurador

No contrato de co-seguro, cada co-segurador responde apenas pela quota-parte do risco garantido ou pela parte percentual do capital seguro assumido.

ARTIGO 65.º
Funções do co-segurador líder

1 – Cabe ao líder do co-seguro exercer, em seu próprio nome e em nome dos restantes co-seguradores, as seguintes funções em relação à globalidade do contrato:

a) Receber do tomador do seguro a declaração do risco a segurar, bem como as declarações posteriores de agravamento ou de diminuição desse mesmo risco;

b) Fazer a análise do risco e estabelecer as condições do seguro e a respectiva tarifação;

c) Emitir a apólice, sem prejuízo de esta dever ser assinada por todos os co-seguradores;

d) Proceder à cobrança dos prémios, emitindo os respectivos recibos;

e) Desenvolver, se for caso disso, as acções previstas nas disposições legais aplicáveis em caso de falta de pagamento de um prémio ou de uma fracção de prémio;

f) Receber as participações de sinistros e proceder à sua regularização;

g) Aceitar e propor a cessação do contrato.

2 – Podem ainda, mediante acordo entre os co-seguradores, ser atribuídas ao líder outras funções para além das referidas no número anterior.

3 – Estando previsto que o líder deve proceder, em seu próprio nome e em nome dos restantes co-seguradores, à liquidação global do sinistro, em derrogação do disposto na alínea c) do n.º 1, a apólice pode ser assinada apenas pelo co-segurador líder, em nome de todos os co-seguradores, mediante acordo escrito entre todos, que deve ser mencionado na apólice.

ARTIGO 66.º
Acordo entre os co-seguradores

Relativamente a cada contrato de co-seguro deve ser estabelecido entre os respectivos co-seguradores um acordo expresso relativo às relações entre todos e entre cada um e o líder, do qual devem, sem prejuízo do disposto no n.º 1 do artigo anterior, constar, pelo menos, os seguintes aspectos:

a) Valor da taxa de gestão, no caso de as funções exercidas pelo líder serem remuneradas;

b) Forma de transmissão de informações e de prestação de contas pelo líder a cada um dos co-seguradores;

c) Sistema de liquidação de sinistros.

ARTIGO 67.º
Responsabilidade civil do líder

O líder é civilmente responsável perante os restantes co-seguradores pelos danos decorrentes do não cumprimento das funções que lhe sejam atribuídas.

ARTIGO 68.º
Liquidação de sinistros

Os sinistros decorrentes de um contrato de co-seguro podem ser liquidados através de qualquer das seguintes modalidades, a constar expressamente da respectiva apólice:

a) O líder procede, em seu próprio nome e em nome dos restantes co-seguradores, à liquidação global do sinistro;

b) Cada um dos co-seguradores procede à liquidação da parte do sinistro proporcional à quota-parte do risco que garantiu ou à parte percentual do capital que assumiu.

ARTIGO 69.º
Proposição de acções judiciais

1 – A acção judicial decorrente de um contrato de co-seguro deve ser intentada contra todos os co-seguradores, salvo se o litígio se relacionar com a liquidação de um sinistro e tiver sido adoptada, na apólice respectiva, a modalidade referida na alínea *b)* do artigo anterior.

2 – O contrato de co-seguro pode estipular que a acção judicial seja intentada contra o líder em substituição processual dos restantes co-seguradores.

SECÇÃO II
Co-seguro comunitário

ARTIGO 70.º
Noção

No co-seguro comunitário verifica-se a cobertura conjunta de um risco por vários seguradores estabelecidos em diferentes Estados membros da União Europeia, denominados co-seguradores, de entre os quais um é o líder, sem solidariedade entre eles, através de um contrato de seguro único, com as mesmas garantias e idêntico período de duração e com um prémio global.

ARTIGO 71.º
Requisito

O co-seguro comunitário apenas é admitido em relação aos contratos cujo objecto se destine a cobrir grandes riscos.

CAPÍTULO VI
Resseguro

ARTIGO 72.º
Noção

O resseguro é o contrato mediante o qual uma das partes, o ressegurador, cobre riscos de um segurador ou de outro ressegurador.

ARTIGO 73.º
Regime subsidiário

A relação entre o ressegurador e o ressegurado é regulada pelo contrato de resseguro, aplicando-se subsidiariamente as normas do regime jurídico do contrato de seguro com ele compatíveis.

ARTIGO 74.º
Forma

Sem prejuízo do disposto no n.º 1 do artigo 32.º, o contrato de resseguro é formalizado num instrumento escrito, identificando os riscos cobertos.

ARTIGO 75.º
Efeitos em relação a terceiros

1 – Salvo previsão legal ou estipulação no contrato de resseguro, deste contrato não decorrem quaisquer relações entre os tomadores do seguro e o ressegurador.

2 – O disposto no número anterior não obsta à eficácia da atribuição a terceiros, pelo segurador, da titularidade ou do exercício de direitos que lhe advenham do contrato de resseguro, quando permitida pela lei geral.

CAPÍTULO VII
Seguro de grupo

SECÇÃO I
Disposições comuns

ARTIGO 76.º
Noção

O contrato de seguro de grupo cobre riscos de um conjunto de pessoas ligadas ao tomador do seguro por um vínculo que não seja o de segurar.

DECRETO-LEI Nº 72/2008, DE 16-04

ARTIGO 77.º
Modalidades

1 – O seguro de grupo pode ser contributivo ou não contributivo.

2 – O seguro de grupo diz-se contributivo quando do contrato de seguro resulta que os segurados suportam, no todo ou em parte, o pagamento do montante correspondente ao prémio devido pelo tomador do seguro.

3 – No seguro contributivo pode ser acordado que os segurados paguem directamente ao segurador a respectiva parte do prémio.

ARTIGO 78.º
Dever de informar

1 – Sem prejuízo do disposto nos artigos 18.º a 21.º, que são aplicáveis com as necessárias adaptações, o tomador do seguro deve informar os segurados sobre as coberturas contratadas e as suas exclusões, as obrigações e os direitos em caso de sinistro, bem como sobre as alterações ao contrato, em conformidade com um espécimen elaborado pelo segurador.

2 – No seguro de pessoas, o tomador do seguro deve ainda informar as pessoas seguras do regime de designação e alteração do beneficiário.

3 – Compete ao tomador do seguro provar que forneceu as informações referidas nos números anteriores.

4 – O segurador deve facultar, a pedido dos segurados, todas as informações necessárias para a efectiva compreensão do contrato.

5 – O contrato de seguro pode prever que o dever de informar referido nos n.os 1 e 2 seja assumido pelo segurador.

ARTIGO 79.º
Incumprimento do dever de informar

O incumprimento do dever de informar faz incorrer aquele sobre quem o dever impende em responsabilidade civil nos termos gerais.

ARTIGO 80.º
Pagamento do prémio

1 – Salvo quando tenha sido acordado que o segurado pague directamente o prémio ao segurador, a obrigação de pagamento do prémio impende sobre o tomador do seguro.

2 – A falta de pagamento do prémio por parte do tomador do seguro tem as consequências previstas nos artigos 59.º e 61.º

3 – No seguro contributivo em que o segurado deva pagar o prémio directamente ao segurador, o disposto nos artigos 59.º e 61.º aplica-se apenas à cobertura do segurado.

ARTIGO 81.º
Designação beneficiária

Salvo convenção em contrário, no seguro de pessoas a pessoa segura designa o beneficiário, aplicando-se no demais o regime geral da designação beneficiária.

ARTIGO 82.º
Denúncia pelo segurado

1 – Após a comunicação de alterações ao contrato de seguro de grupo, qualquer segurado pode denunciar o vínculo resultante da adesão, salvo nos casos de adesão obrigatória em virtude de relação estabelecida com o tomador do seguro.

2 – A denúncia prevista no número anterior respeita ao segurado que a invoque, não afectando a eficácia do contrato nem a cobertura dos restantes segurados.

3 – A denúncia é feita por declaração escrita enviada com uma antecedência de 30 dias ao tomador do seguro ou, quando o contrato o determine, ao segurador.

ARTIGO 83.º
Exclusão do segurado

1 – O segurado pode ser excluído do seguro de grupo em caso de cessação do vínculo com o tomador do seguro ou, no seguro contributivo, quando não entregue ao tomador do seguro a quantia destinada ao pagamento do prémio.

2 – O segurado pode ainda ser excluído quando ele ou o beneficiário, com o conhecimento daquele, pratique actos fraudulentos em prejuízo do segurador ou do tomador do seguro.

3 – O contrato de seguro de grupo deve definir o procedimento de exclusão do segurado e os termos em que a exclusão produz efeitos.

ARTIGO 84.º
Cessação do contrato

1 – O tomador do seguro pode fazer cessar o contrato por revogação, denúncia ou resolução, nos termos gerais.

2 – O tomador do seguro deve comunicar ao segurado a extinção da cobertura decorrente da cessação do contrato de seguro.

3 – A comunicação prevista no número anterior é feita com a antecedência de 30 dias em caso de revogação ou denúncia do contrato.

4 – Não sendo respeitada a antecedência por facto a este imputável, o tomador do seguro responde pelos danos a que der origem.

ARTIGO 85.º
Manutenção da cobertura

Em caso de exclusão do segurado ou de cessação do contrato de seguro de grupo, o segurado tem direito à manutenção da cobertura de que beneficiava, quando e nas condições em que o contrato o preveja.

DECRETO-LEI Nº 72/2008, DE 16-04

SECÇÃO II
Seguro de grupo contributivo

ARTIGO 86.º
Âmbito

Ao seguro de grupo contributivo é ainda aplicável o regime especial previsto nesta secção.

ARTIGO 87.º
Dever adicional de informar

1 – Adicionalmente à informação prestada nos termos do artigo 78.º, o tomador de um seguro de grupo contributivo, que seja simultaneamente beneficiário do mesmo, deve informar os segurados do montante das remunerações que lhe sejam atribuídas em função da sua intervenção no contrato, independentemente da forma e natureza que assumam, bem como da dimensão relativa que tais remunerações representam em proporção do valor total do prémio do referido contrato.

2 – Na vigência de um contrato de seguro de grupo contributivo, o tomador do seguro deve fornecer aos segurados todas as informações a que um tomador de um seguro individual teria direito em circunstâncias análogas.

3 – O incumprimento dos deveres previstos nos números anteriores determina a obrigação de o tomador do seguro suportar a parte do prémio correspondente ao segurado, sem perda das respectivas garantias, até à data de renovação do contrato ou respectiva data aniversária.

ARTIGO 88.º
Adesão ao contrato

1 – A adesão a um seguro de grupo contributivo em que o segurado seja pessoa singular considera-se efectuada nos termos propostos se, decorridos 30 dias após a recepção da proposta de adesão pelo tomador do seguro que seja simultaneamente mediador de seguros com poderes de representação, o segurador não tiver notificado o proponente da recusa ou da necessidade de recolher informações essenciais à avaliação do risco.

2 – O disposto no número anterior é igualmente aplicável no caso em que, tendo sido solicitadas informações essenciais à avaliação do risco, o segurador não notifique o proponente da recusa no prazo de 30 dias após a prestação dessas informações, independentemente de estas lhe serem prestadas directamente ou através do tomador do seguro que seja simultaneamente mediador de seguros com poderes de representação.

3 – Para efeitos do disposto nos números anteriores, o segurador ou o tomador do seguro de grupo contributivo deve fornecer ao proponente cópia da respectiva proposta ou dos documentos em que sejam prestadas informações essenciais à avaliação do risco, nos quais esteja averbada indicação da data em que foram recebidos.

A PARAFISCALIDADE NA ACTIVIDADE SEGURADORA

4 – O tomador do seguro de grupo contributivo responde perante o segurador pelos danos decorrentes da falta de entrega da proposta ou dos documentos em que sejam prestadas informações essenciais à avaliação do risco ou da respectiva entrega tardia.

ARTIGO 89.º
Condições da declaração de adesão

Da declaração de adesão a um seguro de grupo contributivo, sem prejuízo das condições específicas da adesão, devem constar todas as condições que, em circunstâncias análogas, deveriam constar de um seguro individual.

ARTIGO 90.º
Participação nos resultados

1 – No seguro de grupo contributivo, o segurado é o titular do direito à participação nos resultados contratualmente definido na apólice.

2 – No seguro de grupo contributivo em que o segurado suporta parte do pagamento correspondente ao prémio, o direito à participação do segurado nos resultados é reconhecido na proporção do respectivo contributo para o pagamento do prémio.

CAPÍTULO VIII
Vicissitudes

SECÇÃO I
Alteração do risco

ARTIGO 91.º
Dever de informação

1 – Durante a vigência do contrato, o segurador e o tomador do seguro ou o segurado devem comunicar reciprocamente as alterações do risco respeitantes ao objecto das informações prestadas nos termos dos artigos 18.º a 21.º e 24.º

2 – O segurador deve comunicar aos terceiros, com direitos ressalvados no contrato e beneficiários do seguro com designação irrevogável, que se encontrem identificados na apólice, as alterações contratuais que os possam prejudicar, se a natureza do contrato ou a modificação não se opuser.

3 – O disposto no número anterior não se aplica no caso de ter sido estipulado no contrato de seguro o dever de confidencialidade.

4 – Em caso de seguro de grupo, a comunicação a que se refere o n.º 2 pode ser prestada pelo segurador, pelo tomador do seguro ou pelo segurado, consoante o que seja estipulado.

DECRETO-LEI Nº 72/2008, DE 16-04

ARTIGO 92.º
Diminuição do risco

1 – Ocorrendo uma diminuição inequívoca e duradoura do risco com reflexo nas condições do contrato, o segurador deve, a partir do momento em que tenha conhecimento das novas circunstâncias, reflecti-la no prémio do contrato.

2 – Na falta de acordo relativamente ao novo prémio, assiste ao tomador do seguro o direito de resolver o contrato.

ARTIGO 93.º
Comunicação do agravamento do risco

1 – O tomador do seguro ou o segurado tem o dever de, durante a execução do contrato, no prazo de 14 dias a contar do conhecimento do facto, comunicar ao segurador todas as circunstâncias que agravem o risco, desde que estas, caso fossem conhecidas pelo segurador aquando da celebração do contrato, tivessem podido influir na decisão de contratar ou nas condições do contrato.

2 – No prazo de 30 dias a contar do momento em que tenha conhecimento do agravamento do risco, o segurador pode:

a) Apresentar ao tomador do seguro proposta de modificação do contrato, que este deve aceitar ou recusar em igual prazo, findo o qual se entende aprovada a modificação proposta;

b) Resolver o contrato, demonstrando que, em caso algum, celebra contratos que cubram riscos com as características resultantes desse agravamento do risco.

ARTIGO 94.º
Sinistro e agravamento do risco

1 – Se antes da cessação ou da alteração do contrato nos termos previstos no artigo anterior ocorrer o sinistro cuja verificação ou consequência tenha sido influenciada pelo agravamento do risco, o segurador:

a) Cobre o risco, efectuando a prestação convencionada, se o agravamento tiver sido correcta e tempestivamente comunicado antes do sinistro ou antes de decorrido o prazo previsto no n.º 1 do artigo anterior;

b) Cobre parcialmente o risco, reduzindo-se a sua prestação na proporção entre o prémio efectivamente cobrado e aquele que seria devido em função das reais circunstâncias do risco, se o agravamento não tiver sido correcta e tempestivamente comunicado antes do sinistro;

c) Pode recusar a cobertura em caso de comportamento doloso do tomador do seguro ou do segurado com o propósito de obter uma vantagem, mantendo direito aos prémios vencidos.

2 – Na situação prevista nas alíneas *a)* e *b)* do número anterior, sendo o agravamento do risco resultante de facto do tomador do seguro ou do segurado, o segurador não está obrigado ao pagamento da prestação se demonstrar que, em caso

A PARAFISCALIDADE NA ACTIVIDADE SEGURADORA

algum, celebra contratos que cubram riscos com as características resultantes desse agravamento do risco.

SECÇÃO II
Transmissão do seguro

ARTIGO 95.º
Regime comum

1 – Sem prejuízo do disposto em matéria de seguro de vida, o tomador do seguro tem a faculdade de transmitir a sua posição contratual nos termos gerais, sem necessidade de consentimento do segurado.

2 – Salvo disposição legal ou convenção em contrário, em caso de transmissão do bem seguro, sendo segurado o tomador do seguro, o contrato de seguro transmite--se para o adquirente, mas a transferência só produz efeito depois de notificada ao segurador.

3 – Salvo disposição legal ou convenção em contrário, em caso de transmissão do bem seguro por parte de segurado determinado transmite-se a posição de segurado para o adquirente, sem prejuízo do regime de agravamento do risco.

4 – Verificada a transmissão da posição do tomador do seguro, o adquirente e o segurador podem fazer cessar o contrato nos termos gerais.

5 – A transmissão da empresa ou do estabelecimento determina a transferência para o adquirente dos seguros associados a essa unidade económica, nos termos previstos nos n.ᵒˢ 2 e 3.

ARTIGO 96.º
Morte do tomador do seguro

1 – Do contrato pode resultar que, em caso de morte do tomador do seguro, a posição contratual se transmita para o segurado ou para terceiro interessado.

2 – O disposto no número anterior não se aplica aos contratos titulados por apólices à ordem ou ao portador, nem aos contratos concluídos em razão da pessoa do tomador do seguro.

ARTIGO 97.º
Seguro em garantia

1 – Se o seguro foi constituído em garantia, o tomador do seguro pode celebrar novo contrato de seguro com outro segurador, mantendo as mesmas condições de garantia, sem consentimento do credor.

2 – Quando exista garantia real sobre o bem seguro, a transferência do seguro em resultado da transmissão do bem não depende do consentimento do credor, mas deve ser-lhe notificada pelo segurador, desde que aquele esteja devidamente identificado na apólice.

DECRETO-LEI Nº 72/2008, DE 16-04

SECÇÃO III
Insolvência

ARTIGO 98.º
Insolvência do tomador do seguro ou do segurado

1 – Salvo convenção em contrário, o seguro subsiste após a declaração de insolvência do tomador do seguro ou do segurado.

2 – Salvo nos seguros de crédito e caução, presume-se que a declaração de insolvência constitui um factor de agravamento do risco.

CAPÍTULO IX
Sinistro

SECÇÃO I
Noção e participação

ARTIGO 99.º
Noção

O sinistro corresponde à verificação, total ou parcial, do evento que desencadeia o accionamento da cobertura do risco prevista no contrato.

ARTIGO 100.º
Participação do sinistro

1 – A verificação do sinistro deve ser comunicada ao segurador pelo tomador do seguro, pelo segurado ou pelo beneficiário, no prazo fixado no contrato ou, na falta deste, nos oito dias imediatos àquele em que tenha conhecimento.

2 – Na participação devem ser explicitadas as circunstâncias da verificação do sinistro, as eventuais causas da sua ocorrência e respectivas consequências.

3 – O tomador do seguro, o segurado ou o beneficiário deve igualmente prestar ao segurador todas as informações relevantes que este solicite relativas ao sinistro e às suas consequências.

ARTIGO 101.º
Falta de participação do sinistro

1 – O contrato pode prever a redução da prestação do segurador atendendo ao dano que o incumprimento dos deveres fixados no artigo anterior lhe cause.

2 – O contrato pode igualmente prever a perda da cobertura se a falta de cumprimento ou o cumprimento incorrecto dos deveres enunciados no artigo anterior for doloso e tiver determinado dano significativo para o segurador.

3 – O disposto nos números anteriores não é aplicável quando o segurador tenha tido conhecimento do sinistro por outro meio durante o prazo previsto no n.º 1 do

A PARAFISCALIDADE NA ACTIVIDADE SEGURADORA

artigo anterior, ou o obrigado prove que não poderia razoavelmente ter procedido à comunicação devida em momento anterior àquele em que o fez.

4 – O disposto nos n.ᵒˢ 1 e 2 não é oponível aos lesados em caso de seguro obrigatório de responsabilidade civil, ficando o segurador com direito de regresso contra o incumpridor relativamente às prestações que efectuar, com os limites referidos naqueles números.

SECÇÃO II
Pagamento

ARTIGO 102.º
Realização da prestação do segurador

1 – O segurador obriga-se a satisfazer a prestação contratual a quem for devida, após a confirmação da ocorrência do sinistro e das suas causas, circunstâncias e consequências.

2 – Para efeito do disposto no número anterior, dependendo das circunstâncias, pode ser necessária a prévia quantificação das consequências do sinistro.

3 – A prestação devida pelo segurador pode ser pecuniária ou não pecuniária.

ARTIGO 103.º
Direitos de terceiros

O pagamento efectuado em prejuízo de direitos de terceiros de que o segurador tenha conhecimento, designadamente credores preferentes, não o libera do cumprimento da sua obrigação.

ARTIGO 104.º
Vencimento

A obrigação do segurador vence-se decorridos 30 dias sobre o apuramento dos factos a que se refere o artigo 102.º

CAPÍTULO X
Cessação do contrato

SECÇÃO I
Regime comum

ARTIGO 105.º
Modos de cessação

O contrato de seguro cessa nos termos gerais, nomeadamente por caducidade, revogação, denúncia e resolução.

DECRETO-LEI Nº 72/2008, DE 16-04

ARTIGO 106.º
Efeitos da cessação

1 – Sem prejuízo de disposições que estatuam a eficácia de deveres contratuais depois do termo do vínculo, a cessação do contrato determina a extinção das obrigações do segurador e do tomador do seguro enunciadas no artigo 1.º

2 – A cessação do contrato não prejudica a obrigação do segurador de efectuar a prestação decorrente da cobertura do risco, desde que o sinistro seja anterior ou concomitante com a cessação e ainda que este tenha sido a causa da cessação do contrato.

3 – Nos seguros com provisões matemáticas, em relação aos quais o resgate seja permitido, a cessação do contrato que não dê lugar à realização da prestação determina a obrigação de o segurador prestar o montante dessa provisão, deduzindo os custos de aquisição ainda não amortizados, adicionando-se, se a ela houver lugar, o montante da participação nos resultados calculado pro rata temporis.

ARTIGO 107.º
Estorno do prémio por cessação antecipada

1 – Salvo disposição legal em contrário, sempre que o contrato cesse antes do período de vigência estipulado há lugar ao estorno do prémio, excepto quando tenha havido pagamento da prestação decorrente de sinistro ou nas situações previstas no n.º 3 do artigo anterior.

2 – O estorno do prémio é calculado pro rata temporis.

3 – O disposto no número anterior pode ser afastado por estipulação das partes em sentido contrário, desde que tal acordo tenha uma razão atendível, como seja a garantia de separação técnica entre a tarifação dos seguros anuais e a dos seguros temporários.

4 – Salvo disposição legal em contrário, as partes não podem estipular sanção aplicável ao tomador do seguro sempre que este exerça um direito que determine a cessação antecipada do contrato.

5 – O disposto no presente artigo não é aplicável aos seguros de vida, às operações de capitalização e aos seguros de doença de longa duração.

ARTIGO 108.º
Efeitos em relação a terceiros

1 – A cessação do contrato de seguro não prejudica os direitos adquiridos por terceiros durante a vigência do contrato.

2 – Da natureza e das condições do seguro pode resultar que terceiros beneficiem da cobertura de sinistro reclamado depois da cessação do contrato.

3 – O segurador deve comunicar a cessação do contrato aos terceiros com direitos ressalvados no contrato e aos beneficiários com designação irrevogável, desde que identificados na apólice.

4 – O dever de comunicação previsto no número anterior impende igualmente sobre o segurador em relação ao segurado que seja distinto do tomador do seguro.

A PARAFISCALIDADE NA ACTIVIDADE SEGURADORA

SECÇÃO II
Caducidade

ARTIGO 109.º
Regime regra

O contrato de seguro caduca nos termos gerais, nomeadamente no termo do período de vigência estipulado.

ARTIGO 110.º
Causas específicas

1 – O contrato de seguro caduca na eventualidade de superveniente perda do interesse ou de extinção do risco e sempre que se verifique o pagamento da totalidade do capital seguro para o período de vigência do contrato sem que se encontre prevista a reposição desse capital.

2 – Entende-se que há extinção do risco, nomeadamente em caso de morte da pessoa segura, de perda total do bem seguro e de cessação da actividade objecto do seguro.

SECÇÃO III
Revogação

ARTIGO 111.º
Cessação por acordo

1 – O segurador e o tomador do seguro podem, por acordo, a todo o tempo, fazer cessar o contrato de seguro.

2 – Com excepção do seguro de grupo e das especificidades previstas em sede de seguro de vida, não coincidindo o tomador do seguro com o segurado identificado na apólice, a revogação carece do consentimento deste.

SECÇÃO IV
Denúncia

ARTIGO 112.º
Regime comum

1 – O contrato de seguro celebrado por período determinado e com prorrogação automática pode ser livremente denunciado por qualquer das partes para obviar à sua prorrogação.

2 – O contrato de seguro celebrado sem duração determinada pode ser denunciado a todo o tempo, por qualquer das partes.

3 – As partes podem estabelecer a liberdade de denúncia do tomador do seguro em termos mais amplos do que os previstos nos números anteriores.

DECRETO-LEI Nº 72/2008, DE 16-04

4 – Nos seguros de grandes riscos, a liberdade de denúncia pode ser livremente ajustada.

ARTIGO 113.º
Contrato de duração inferior a cinco anos

No contrato de seguro celebrado com um período de vigência inicial inferior a cinco anos e prorrogação automática, a liberdade de denúncia não é afectada pelas limitações indicadas no artigo seguinte.

ARTIGO 114.º
Limitações à denúncia

1 – O contrato de seguro celebrado sem duração determinada não pode ser denunciado sempre que a livre desvinculação se oponha à natureza do vínculo ou à finalidade prosseguida pelo contrato e ainda quando corresponda a uma atitude abusiva.

2 – A natureza do vínculo opõe-se à liberdade de denúncia, nomeadamente quando o contrato de seguro for celebrado para perdurar até à verificação de determinado facto.

3 – A finalidade prosseguida pelo contrato inviabiliza a denúncia, nomeadamente nos seguros em que o decurso do tempo agrava o risco.

4 – Presume-se abusiva a denúncia feita na iminência da verificação do sinistro ou após a verificação de um facto que possa desencadear uma ou mais situações de responsabilidade do segurador.

5 – O disposto nos números anteriores observa-se igualmente em relação à denúncia para obviar à prorrogação do contrato de seguro celebrado com um período de vigência inicial igual ou superior a cinco anos.

ARTIGO 115.º
Aviso prévio

1 – A denúncia deve ser feita por declaração escrita enviada ao destinatário com uma antecedência mínima de 30 dias relativamente à data da prorrogação do contrato.

2 – No contrato de seguro sem duração determinada ou com um período inicial de duração igual ou superior a cinco anos, sem prejuízo do disposto no número anterior, a denúncia deve ser feita com uma antecedência mínima de 90 dias relativamente à data de termo do contrato.

3 – No caso previsto no número anterior, salvo convenção em contrário, o contrato cessa decorrido o prazo do aviso prévio ou, tendo havido um pagamento antecipado do prémio relativo a certo período, no termo desse período.

A PARAFISCALIDADE NA ACTIVIDADE SEGURADORA

SECÇÃO V
Resolução

ARTIGO 116.º
Justa causa

O contrato de seguro pode ser resolvido por qualquer das partes a todo o tempo, havendo justa causa, nos termos gerais.

ARTIGO 117.º
Resolução após sinistro

1 – Pode ser acordada a possibilidade de as partes resolverem o contrato após uma sucessão de sinistros.

2 – Para efeito do número anterior, presume-se que há sucessão de sinistros quando ocorram dois sinistros num período de 12 meses ou, sendo o contrato anual, no decurso da anuidade, podendo ser estipulado regime especial que, atendendo à modalidade de seguro, permita preencher o conceito de sucessão de sinistros de modo diverso.

3 – Salvo disposição legal em contrário, a resolução após sinistro, a exercer pelo segurador, não pode ser convencionada nos seguros de vida, de saúde, de crédito e caução, nem nos seguros obrigatórios de responsabilidade civil.

4 – A resolução prevista no n.º 1 não tem eficácia retroactiva e deve ser exercida, por declaração escrita, no prazo de 30 dias após o pagamento ou a recusa de pagamento do sinistro.

5 – As limitações previstas no presente artigo não se aplicam aos seguros de grandes riscos.

ARTIGO 118.º
Livre resolução

1 – O tomador do seguro, sendo pessoa singular, pode resolver o contrato sem invocar justa causa nas seguintes situações:

a) Nos contratos de seguro de vida, de acidentes pessoais e de saúde com uma duração igual ou superior a seis meses, nos 30 dias imediatos à data da recepção da apólice;

b) Nos seguros qualificados como instrumentos de captação de aforro estruturados, nos 30 dias imediatos à data da recepção da apólice;

c) Nos contratos de seguro celebrados à distância, não previstos nas alíneas anteriores, nos 14 dias imediatos à data da recepção da apólice.

2 – Os prazos previstos no número anterior contam-se a partir da data da celebração do contrato, desde que o tomador do seguro, nessa data, disponha, em papel ou noutro suporte duradouro, de todas as informações relevantes sobre o seguro que tenham de constar da apólice.

DECRETO-LEI Nº 72/2008, DE 16-04

3 – A livre resolução disposta na alínea *a)* do n.º 1 não se aplica aos segurados nos seguros de grupo.

4 – A livre resolução de contrato de seguro celebrado à distância não se aplica a seguros com prazo de duração inferior a um mês, nem aos seguros de viagem ou de bagagem.

5 – A resolução do contrato deve ser comunicada ao segurador por escrito, em suporte de papel ou outro meio duradouro disponível e acessível ao segurador.

6 – A resolução tem efeito retroactivo, podendo o segurador ter direito às seguintes prestações:

a) Ao valor do prémio calculado pro rata temporis, na medida em que tenha suportado o risco até à resolução do contrato;

b) Ao montante das despesas razoáveis que tenha efectuado com exames médicos sempre que esse valor seja imputado contratualmente ao tomador do seguro;

c) Aos custos de desinvestimento que comprovadamente tenha suportado.

7 – O segurador não tem direito às prestações indicadas no número anterior em caso de livre resolução de contrato de seguro celebrado à distância, excepto no caso de início de cobertura do seguro antes do termo do prazo de livre resolução do contrato a pedido do tomador do seguro.

CAPÍTULO XI
Disposições complementares

ARTIGO 119.º
Dever de sigilo

1 – O segurador deve guardar segredo de todas as informações de que tenha tomado conhecimento no âmbito da celebração ou da execução de um contrato de seguro, ainda que o contrato não se tenha celebrado, seja inválido ou tenha cessado.

2 – O dever de sigilo impende também sobre os administradores, trabalhadores, agentes e demais auxiliares do segurador, não cessando com o termo das respectivas funções.

ARTIGO 120.º
Comunicações

1 – As comunicações previstas no presente regime devem revestir forma escrita ou ser prestadas por outro meio de que fique registo duradouro.

2 – O segurador só está obrigado a enviar as comunicações previstas no presente regime se o destinatário das mesmas estiver devidamente identificado no contrato, considerando-se validamente efectuadas se remetidas para o respectivo endereço constante da apólice.

A PARAFISCALIDADE NA ACTIVIDADE SEGURADORA

ARTIGO 121.º
Prescrição

1 – O direito do segurador ao prémio prescreve no prazo de dois anos a contar da data do seu vencimento.

2 – Os restantes direitos emergentes do contrato de seguro prescrevem no prazo de cinco anos a contar da data em que o titular teve conhecimento do direito, sem prejuízo da prescrição ordinária a contar do facto que lhe deu causa.

ARTIGO 122.º
Arbitragem

1 – Sem prejuízo do disposto no artigo 50.º sobre perícia arbitral, os litígios emergentes de validade, interpretação, execução e incumprimento do contrato de seguro podem ser dirimidos por via arbitral, ainda que a questão respeite a seguros obrigatórios ou à aplicação de normas imperativas do presente regime.

2 – A arbitragem prevista no número anterior segue o regime geral da lei de arbitragem.

TÍTULO II
Seguro de danos

CAPÍTULO I
Parte geral

SECÇÃO I
Identificação

ARTIGO 123.º
Objecto

O seguro de danos pode respeitar a coisas, bens imateriais, créditos e quaisquer outros direitos patrimoniais.

ARTIGO 124.º
Vícios próprios da coisa segura

1 – Salvo disposição legal ou convenção em contrário, em caso de danos causados por vício próprio da coisa segura existente ao tempo do contrato de que o tomador do seguro devesse ter conhecimento e que não tenha sido declarado ao segurador, aplica-se o regime de declaração inicial ou de agravamento do risco, previstos, respectivamente, nos artigos 24.º a 26.º e no artigo 94.º do presente regime.

2 – Se o vício próprio da coisa segura tiver agravado o dano, as limitações decorrentes do número anterior aplicam-se apenas à parcela do dano resultante do vício.

ARTIGO 125.º
Seguro de um conjunto de coisas

1 – Ocorrendo o sinistro, cabe ao segurado provar que uma coisa perecida ou danificada pertence ao conjunto de coisas objecto do seguro.

2 – No seguro de um conjunto de coisas, e salvo convenção em contrário, o seguro estende-se às coisas das pessoas que vivam com o segurado em economia comum no momento do sinistro, bem como às dos trabalhadores do segurado, desde que por outro motivo não estejam excluídas do conjunto de coisas seguras.

3 – No caso do número anterior, tem direito à prestação o proprietário ou o titular de direitos equiparáveis sobre as coisas.

SECÇÃO II
Afastamento e mitigação do sinistro

ARTIGO 126.º
Salvamento

1 – Em caso de sinistro, o tomador do seguro ou o segurado deve empregar os meios ao seu alcance para prevenir ou limitar os danos.

2 – O disposto no número anterior aplica-se a quem tenha conhecimento do seguro na qualidade de beneficiário.

3 – Em caso de incumprimento do dever fixado nos números anteriores, aplica-se o disposto nos n.ᵒˢ 1, 2 e 4 do artigo 101.º

ARTIGO 127.º
Obrigação de reembolso

1 – O segurador paga ao tomador do seguro, segurado ou beneficiário as despesas efectuadas em cumprimento do dever fixado nos n.ᵒˢ 1 e 2 do artigo anterior, desde que razoáveis e proporcionadas, ainda que os meios empregados se revelem ineficazes.

2 – As despesas indicadas no número anterior devem ser pagas pelo segurador antecipadamente à data da regularização do sinistro, quando o tomador do seguro, o segurado ou o beneficiário exija o reembolso, as circunstâncias o não impeçam e o sinistro esteja coberto pelo seguro.

3 – O valor devido pelo segurador nos termos do n.º 1 é deduzido ao montante do capital seguro disponível, salvo se corresponder a despesas efectuadas em cumprimento de determinações concretas do segurador ou a sua cobertura autónoma resultar do contrato.

4 – Em caso de seguro por valor inferior ao do interesse seguro ao tempo do sinistro, o segurador paga as despesas efectuadas em cumprimento do dever fixado nos n.ᵒˢ 1 e 2 do artigo anterior na proporção do interesse coberto e dos interesses em risco, excepto se as mesmas decorrerem do cumprimento de determinações concretas do segurador ou a sua cobertura autónoma resultar do contrato.

A PARAFISCALIDADE NA ACTIVIDADE SEGURADORA

SECÇÃO III
Princípio indemnizatório

ARTIGO 128.º
Prestação do segurador

A prestação devida pelo segurador está limitada ao dano decorrente do sinistro até ao montante do capital seguro.

ARTIGO 129.º
Salvado

O objecto salvo do sinistro só pode ser abandonado a favor do segurador se o contrato assim o estabelecer.

ARTIGO 130.º
Seguro de coisas

1 – No seguro de coisas, o dano a atender para determinar a prestação devida pelo segurador é o do valor do interesse seguro ao tempo do sinistro.

2 – No seguro de coisas, o segurador apenas responde pelos lucros cessantes resultantes do sinistro se assim for convencionado.

3 – O disposto no número anterior aplica-se igualmente quanto ao valor de privação de uso do bem.

ARTIGO 131.º
Regime convencional

1 – Sem prejuízo do disposto no artigo 128.º e no n.º 1 do artigo anterior, podem as partes acordar no valor do interesse seguro atendível para o cálculo da indemnização, não devendo esse valor ser manifestamente infundado.

2 – As partes podem acordar, nomeadamente, na fixação de um valor de reconstrução ou de substituição do bem ou em não considerar a depreciação do valor do interesse seguro em função da vetustez ou do uso do bem.

3 – Os acordos previstos nos números anteriores não prejudicam a aplicação do regime da alteração do risco previsto nos artigos 91.º a 94.º

ARTIGO 132.º
Sobresseguro

1 – Se o capital seguro exceder o valor do interesse seguro, é aplicável o disposto no artigo 128.º, podendo as partes pedir a redução do contrato.

2 – Estando o tomador do seguro ou o segurado de boa fé, o segurador deve proceder à restituição dos sobreprémios que tenham sido pagos nos dois anos anteriores ao pedido de redução do contrato, deduzidos os custos de aquisição calculados proporcionalmente.

ARTIGO 133.º
Pluralidade de seguros

1 – Quando um mesmo risco relativo ao mesmo interesse e por idêntico período esteja seguro por vários seguradores, o tomador do seguro ou o segurado deve informar dessa circunstância todos os seguradores, logo que tome conhecimento da sua verificação, bem como aquando da participação do sinistro.

2 – A omissão fraudulenta da informação referida no número anterior exonera os seguradores das respectivas prestações.

3 – O sinistro verificado no âmbito dos contratos referidos no n.º 1 é indemnizado por qualquer dos seguradores, à escolha do segurado, dentro dos limites da respectiva obrigação.

4 – Salvo convenção em contrário, os seguradores envolvidos no ressarcimento do dano coberto pelos contratos referidos no n.º 1 respondem entre si na proporção da quantia que cada um teria de pagar se existisse um único contrato de seguro.

5 – Em caso de insolvência de um dos seguradores, os demais respondem pela quota-parte daquele nos termos previstos no número anterior.

6 – O disposto no presente artigo é aplicável ao direito de o lesado exigir o pagamento da indemnização directamente ao segurador nos seguros de responsabilidade civil, à excepção do previsto no n.º 2, que não pode ser invocado contra o lesado.

ARTIGO 134.º
Subseguro

Salvo convenção em contrário, se o capital seguro for inferior ao valor do objecto seguro, o segurador só responde pelo dano na respectiva proporção.

ARTIGO 135.º
Actualização

1 – Salvo estipulação em contrário, no seguro de riscos relativos à habitação, o valor do imóvel seguro ou a proporção segura do mesmo é automaticamente actualizado de acordo com os índices publicados para o efeito pelo Instituto de Seguros de Portugal.

2 – O segurador, sem prejuízo das informações previstas nos artigos 18.º a 21.º, deve informar o tomador do seguro, aquando da celebração do contrato e por altura das respectivas prorrogações, do teor do disposto no número anterior, bem como do valor seguro do imóvel, a considerar para efeito de indemnização em caso de perda total, e dos critérios da sua actualização.

3 – O incumprimento dos deveres previstos no número anterior determina a não aplicação do disposto no artigo anterior, na medida do incumprimento.

ARTIGO 136.º
Sub-rogação pelo segurador

1 – O segurador que tiver pago a indemnização fica sub-rogado, na medida do montante pago, nos direitos do segurado contra o terceiro responsável pelo sinistro.

2 – O tomador do seguro ou o segurado responde, até ao limite da indemnização paga pelo segurador, por acto ou omissão que prejudique os direitos previstos no número anterior.

3 – A sub-rogação parcial não prejudica o direito do segurado relativo à parcela do risco não coberto, quando concorra com o segurador contra o terceiro responsável, salvo convenção em contrário em contratos de grandes riscos.

4 – O disposto no n.º 1 não é aplicável:

a) Contra o segurado se este responde pelo terceiro responsável, nos termos da lei;

b) Contra o cônjuge, pessoa que viva em união de facto, ascendentes e descendentes do segurado que com ele vivam em economia comum, salvo se a responsabilidade destes terceiros for dolosa ou se encontrar coberta por contrato de seguro.

CAPÍTULO II
Parte especial

SECÇÃO I
Seguro de responsabilidade civil

SUBSECÇÃO I
Regime comum
ARTIGO 137.º
Noção

No seguro de responsabilidade civil, o segurador cobre o risco de constituição, no património do segurado, de uma obrigação de indemnizar terceiros.

ARTIGO 138.º
Âmbito

1 – O seguro de responsabilidade civil garante a obrigação de indemnizar, nos termos acordados, até ao montante do capital seguro por sinistro, por período de vigência do contrato ou por lesado.

2 – Salvo convenção em contrário, o dano a atender para efeito do princípio indemnizatório é o disposto na lei geral.

3 – O disposto na presente secção aplica-se ao seguro de acidentes de trabalho sempre que as disposições especiais consagradas neste regime não se lhe oponham.

ARTIGO 139.º
Período de cobertura

1 – Salvo convenção em contrário, a garantia cobre a responsabilidade civil do segurado por factos geradores de responsabilidade civil ocorridos no período de vigência do contrato, abrangendo os pedidos de indemnização apresentados após o termo do seguro.

DECRETO-LEI Nº 72/2008, DE 16-04

2 – São válidas as cláusulas que delimitem o período de cobertura, tendo em conta, nomeadamente, o facto gerador do dano, a manifestação do dano ou a sua reclamação.

3 – Sendo ajustada uma cláusula de delimitação temporal da cobertura atendendo à data da reclamação, sem prejuízo do disposto em lei ou regulamento especial e não estando o risco coberto por um contrato de seguro posterior, o seguro de responsabilidade civil garante o pagamento de indemnizações resultantes de eventos danosos desconhecidos das partes e ocorridos durante o período de vigência do contrato, ainda que a reclamação seja apresentada no ano seguinte ao termo do contrato.

ARTIGO 140.º
Defesa jurídica

1 – O segurador de responsabilidade civil pode intervir em qualquer processo judicial ou administrativo em que se discuta a obrigação de indemnizar cujo risco ele tenha assumido, suportando os custos daí decorrentes.

2 – O contrato de seguro pode prever o direito de o lesado demandar directamente o segurador, isoladamente ou em conjunto com o segurado.

3 – O direito de o lesado demandar directamente o segurador verifica-se ainda quando o segurado o tenha informado da existência de um contrato de seguro com o consequente início de negociações directas entre o lesado e o segurador.

4 – Quando o segurado e o lesado tiverem contratado um seguro com o mesmo segurador ou existindo qualquer outro conflito de interesses, o segurador deve dar a conhecer aos interessados tal circunstância.

5 – No caso previsto no número anterior, o segurado, frustrada a resolução do litígio por acordo, pode confiar a sua defesa a quem entender, assumindo o segurador, salvo convenção em contrário, os custos daí decorrentes proporcionais à diferença entre o valor proposto pelo segurador e aquele que o segurado obtenha.

6 – O segurado deve prestar ao segurador toda a informação que razoavelmente lhe seja exigida e abster-se de agravar a posição substantiva ou processual do segurador.

7 – São inoponíveis ao segurador que não tenha dado o seu consentimento tanto o reconhecimento, por parte do segurado, do direito do lesado como o pagamento da indemnização que a este seja efectuado.

ARTIGO 141.º
Dolo

Sem prejuízo do disposto no artigo 46.º, não se considera dolosa a produção do dano quando o agente beneficie de uma causa de exclusão da ilicitude ou da culpa.

ARTIGO 142.º
Pluralidade de lesados

1 – Se o segurado responder perante vários lesados e o valor total das indemnizações ultrapassar o capital seguro, as pretensões destes são proporcionalmente reduzidas até à concorrência desse capital.

A PARAFISCALIDADE NA ACTIVIDADE SEGURADORA

2 – O segurador que, de boa fé e por desconhecimento de outras pretensões, efectuar o pagamento de indemnizações de valor superior ao que resultar do disposto no número anterior, fica liberado para com os outros lesados pelo que exceder o capital seguro.

ARTIGO 143.º
Bónus

Para efeito de aplicação do regime de bónus ou de agravamento, só é considerado o sinistro que tenha dado lugar ao pagamento de indemnização ou à constituição de uma provisão e, neste último caso, desde que o segurador tenha assumido a correspondente responsabilidade.

ARTIGO 144.º
Direito de regresso do segurador

1 – Sem prejuízo de regime diverso previsto em legislação especial, satisfeita a indemnização, o segurador tem direito de regresso, relativamente à quantia despendida, contra o tomador do seguro ou o segurado que tenha causado dolosamente o dano ou tenha de outra forma lesado dolosamente o segurador após o sinistro.

2 – Sem prejuízo do disposto em legislação especial ou convenção das partes, não tendo havido dolo do tomador do seguro ou do segurado, a obrigação de regresso só existe na medida em que o sinistro tenha sido causado ou agravado pelo facto que é invocado para exercer o direito de regresso.

ARTIGO 145.º
Prescrição

Aos direitos do lesado contra o segurador aplicam-se os prazos de prescrição regulados no Código Civil.

SUBSECÇÃO II
Disposições especiais de seguro obrigatório

ARTIGO 146.º
Direito do lesado

1 – O lesado tem o direito de exigir o pagamento da indemnização directamente ao segurador.

2 – A indemnização é paga com exclusão dos demais credores do segurado.

3 – Salvo disposição legal ou regulamentar em sentido diverso, não pode ser convencionada solução diversa da prevista no n.º 2 do artigo 138.º

4 – Enquanto um seguro obrigatório não seja objecto de regulamentação, podem as partes convencionar o âmbito da cobertura, desde que o contrato de seguro cumpra a obrigação legal e não contenha exclusões contrárias à natureza dessa obri-

DECRETO-LEI Nº 72/2008, DE 16-04

gação, o que não impede a cobertura, ainda que parcelar, dos mesmos riscos com carácter facultativo.

5 – Sendo celebrado um contrato de seguro com carácter facultativo, que não cumpra a obrigação legal ou contenha exclusões contrárias à natureza do seguro obrigatório, não se considera cumprido o dever de cobrir os riscos por via de um seguro obrigatório.

ARTIGO 147.º
Meios de defesa

1 – O segurador apenas pode opor ao lesado os meios de defesa derivados do contrato de seguro ou de facto do tomador do seguro ou do segurado ocorrido anteriormente ao sinistro.

2 – Para efeito do número anterior, são nomeadamente oponíveis ao lesado, como meios de defesa do segurador, a invalidade do contrato, as condições contratuais e a cessação do contrato.

ARTIGO 148.º
Dolo

1 – No seguro obrigatório de responsabilidade civil, a cobertura de actos ou omissões dolosos depende do regime estabelecido em lei ou regulamento.

2 – Caso a lei e o regulamento sejam omissos na definição do regime, há cobertura de actos ou omissões dolosos do segurado.

SECÇÃO II
Seguro de incêndio

ARTIGO 149.º
Noção

O seguro de incêndio tem por objecto a cobertura dos danos causados pela ocorrência de incêndio no bem identificado no contrato.

ARTIGO 150.º
Âmbito

1 – A cobertura do risco de incêndio compreende os danos causados por acção do incêndio, ainda que tenha havido negligência do segurado ou de pessoa por quem este seja responsável.

2 – O seguro de incêndio garante igualmente os danos causados no bem seguro em consequência dos meios empregados para combater o incêndio, assim como os danos derivados de calor, fumo, vapor ou explosão em consequência do incêndio e ainda remoções ou destruições executadas por ordem da autoridade competente ou praticadas com o fim de salvamento, se o forem em razão do incêndio ou de qualquer dos factos anteriormente previstos.

A PARAFISCALIDADE NA ACTIVIDADE SEGURADORA

3 – Salvo convenção em contrário, o seguro de incêndio compreende ainda os danos causados por acção de raio, explosão ou outro acidente semelhante, mesmo que não seja acompanhado de incêndio.

ARTIGO 151.º
Apólice

Além do disposto no artigo 37.º, a apólice de seguro de incêndio deve precisar:

a) O tipo de bem, o material de construção e o estado em que se encontra, assim como a localização do prédio e o respectivo nome ou a numeração identificativa;
b) O destino e o uso do bem;
c) A natureza e o uso dos edifícios adjacentes, sempre que estas circunstâncias puderem influir no risco;
d) O lugar em que os objectos mobiliários segurados contra o incêndio se acharem colocados ou armazenados.

SECÇÃO III
Seguros de colheitas e pecuário

ARTIGO 152.º

Seguro de colheitas
1 – O seguro de colheitas garante uma indemnização calculada sobre o montante de danos verificados em culturas.
2 – A indemnização prevista no número anterior é determinada em função do valor que os frutos de uma produção regular teriam ao tempo em que deviam ser colhidos se não tivesse sucedido o sinistro, deduzido dos custos em que não haja incorrido e demais poupanças e vantagens do segurado em razão do sinistro.

ARTIGO 153.º
Seguro pecuário

1 – O seguro pecuário garante uma indemnização calculada sobre o montante de danos verificados em determinado tipo de animais.
2 – Salvo convenção em contrário, se o seguro pecuário cobrir o risco de doença ou morte das crias de certo tipo de animais, a indemnização prevista no número anterior é determinada em função do valor que os animais teriam ao tempo em que, presumivelmente, seriam vendidos ou abatidos se não tivesse sucedido o sinistro, deduzido dos custos em que não haja incorrido e das demais poupanças e vantagens do segurado em razão do sinistro.

ARTIGO 154.º
Apólice

1 – Além do disposto no artigo 37.º, a apólice de seguro de colheitas deve precisar:

a) A situação, a extensão e a identificação do prédio cujo produto se segura;

b) A natureza do produto e a época normal da colheita;

c) A identificação da sementeira ou da plantação, na eventualidade de já existir à data da celebração do contrato;

d) O local do depósito ou armazenamento, no caso de o seguro abranger produtos já colhidos;

e) O valor médio da colheita segura.

2 – Além do disposto no artigo 37.º, a apólice de seguro pecuário deve precisar:

a) A identificação do prédio onde se encontra a exploração pecuária ou do prédio onde normalmente os animais se encontram ou pernoitam;

b) O tipo de animal, eventualmente a respectiva raça, o número de animais seguros e o destino da exploração;

c) O valor dos animais seguros.

SECÇÃO IV
Seguro de transporte de coisas

ARTIGO 155.º
Âmbito do seguro

1 – O seguro de transporte cobre riscos relativos ao transporte de coisas por via terrestre, fluvial, lacustre ou aérea, nos termos previstos no contrato.

2 – O seguro de transporte marítimo e o seguro de envios postais são regulados por lei especial e pelas disposições constantes do presente regime não incompatíveis com a sua natureza.

ARTIGO 156.º
Legitimidade

1 – Sendo o seguro de transporte celebrado pelo tomador do seguro por conta do segurado, observa-se o disposto no artigo 48.º

2 – No caso previsto no número anterior, o contrato discrimina a qualidade em que o tomador do seguro faz segurar a coisa.

ARTIGO 157.º
Período da cobertura

1 – Salvo convenção em contrário, o segurador assume o risco desde o recebimento das mercadorias pelo transportador até à respectiva entrega no termo do transporte.

2 – O contrato pode, nomeadamente, fixar o início da cobertura dos riscos de transporte na saída das mercadorias do armazém ou do domicílio do carregador e o respectivo termo na entrega no armazém ou no domicílio do destinatário.

A PARAFISCALIDADE NA ACTIVIDADE SEGURADORA

ARTIGO 158.º
Apólice

Além do disposto no artigo 37.º, a apólice do seguro de transporte deve precisar:

a) O modo de transporte utilizado e a sua natureza pública ou particular;
b) A modalidade de seguro contratado, nomeadamente se corresponde a uma apólice «avulso», a uma apólice «aberta» ou «flutuante» ou a uma apólice «a viagem» ou «a tempo»;
c) A data da recepção da coisa e a data esperada da sua entrega;
d) Sendo caso disso, a identificação do transportador ou transportadores ou, em alternativa, a entidade a quem caiba a sua determinação;
e) Os locais onde devam ser recebidas e entregues as coisas seguras.

ARTIGO 159.º
Capital seguro

1 – Na falta de acordo, o seguro compreende o valor da coisa transportada no lugar e na data do carregamento acrescido do custo do transporte até ao local do destino.
2 – Quando avaliado separadamente no contrato, o seguro cobre ainda o lucro cessante.

ARTIGO 160.º
Pluralidade de meios de transporte

Salvo convenção em contrário, o disposto na presente secção aplica-se ainda que as coisas sejam transportadas predominantemente por meio marítimo.

SECÇÃO V
Seguro financeiro

ARTIGO 161.º
Seguro de crédito

1 – Por efeito do seguro de crédito, o segurador obriga-se a indemnizar o segurado, nas condições e com os limites constantes da lei e do contrato de seguro, em caso de perdas causadas nomeadamente por:

a) Falta ou atraso no pagamento de obrigações pecuniárias;
b) Riscos políticos, naturais ou contratuais, que obstem ao cumprimento de tais obrigações;
c) Não amortização de despesas suportadas com vista à constituição desses créditos;
d) Variações de taxa de câmbio de moedas de referência no pagamento;
e) Alteração anormal e imprevisível dos custos de produção;
f) Suspensão ou revogação da encomenda ou resolução arbitrária do contrato pelo devedor na fase anterior à constituição do crédito.

2 – O seguro de crédito pode cobrir riscos de crédito inerentes a contratos destinados a produzir os seus efeitos em Portugal ou no estrangeiro, podendo abranger a fase de fabrico e a fase de crédito e, nos termos indicados na lei ou no contrato, a fase anterior à tomada firme.

ARTIGO 162.º
Seguro-caução

Por efeito do seguro-caução, o segurador obriga-se a indemnizar o segurado pelos danos patrimoniais sofridos, em caso de falta de cumprimento ou de mora do tomador do seguro, em obrigações cujo cumprimento possa ser assegurado por garantia pessoal.

ARTIGO 163.º
Cobrança

No seguro financeiro podem ser conferidos ao segurador poderes para reclamar créditos do tomador do seguro ou do segurado em valor superior ao do montante do capital seguro, devendo todavia aquele, salvo convenção em contrário, entregar as somas recuperadas ao tomador do seguro ou ao segurado na proporção dos respectivos créditos.

ARTIGO 164.º
Comunicação ao segurado

1 – Sem prejuízo do disposto no n.º 2 do artigo 91.º e nos n.ºs 3 e 4 do artigo 108.º, no seguro-caução, não havendo cláusula de inoponibilidade, o segurador deve comunicar ao segurado a falta de pagamento do prémio ou da fracção devido pelo tomador do seguro para, querendo evitar a resolução do contrato, pagar a quantia em dívida num prazo não superior a 30 dias relativamente à data de vencimento.

2 – Entende-se por cláusula de inoponibilidade a cláusula contratual que impede o segurador, durante determinado prazo, de opor ao segurado, beneficiário do contrato, a invalidade ou a resolução do contrato de seguro.

ARTIGO 165.º
Reembolso

1 – No seguro de crédito, o segurador fica sub-rogado na medida do montante pago nos termos previstos no artigo 136.º, mas, em caso de sub-rogação parcial, o segurador e o segurado concorrem no exercício dos respectivos direitos na proporção que a cada um for devida.

2 – No seguro-caução, além da sub-rogação nos termos do número anterior, o contrato pode prever o direito de regresso do segurador contra o tomador do seguro, não podendo, na conjugação das duas pretensões, o segurador exigir mais do que o valor total despendido.

ARTIGO 166.º
Remissão

Os seguros de crédito e caução são regulados por lei especial e pelas disposições constantes da parte geral que não sejam incompatíveis com a sua natureza.

SECÇÃO VI
Seguro de protecção jurídica

ARTIGO 167.º
Noção

O seguro de protecção jurídica cobre os custos de prestação de serviços jurídicos, nomeadamente de defesa e representação dos interesses do segurado, assim como as despesas decorrentes de um processo judicial ou administrativo.

ARTIGO 168.º
Âmbito

O seguro de protecção jurídica pode ser ajustado num dos seguintes sistemas alternativos:

a) Gestão de sinistros por pessoal distinto;
b) Gestão de sinistros por empresa juridicamente distinta;
c) Livre escolha de advogado.

ARTIGO 169.º
Contrato

A garantia de protecção jurídica deve constar de um contrato distinto do estabelecido para os outros ramos ou modalidades ou de um capítulo autónomo de uma única apólice, com a indicação do conteúdo da garantia de protecção jurídica.

ARTIGO 170.º
Menções especiais

1 – O contrato de seguro de protecção jurídica deve mencionar expressamente que o segurado tem direito a:

a) Escolher livremente um advogado ou, se preferir, outra pessoa com a necessária habilitação legal para defender, representar ou servir os seus interesses em processo judicial ou administrativo e em qualquer outro caso de conflito de interesses;

b) Recorrer ao processo de arbitragem estabelecido no artigo seguinte em caso de diferendo entre o segurado e o seu segurador, sem prejuízo de aquele intentar acção ou interpor recurso, desaconselhado pelo segurador, a expensas suas, sendo reembolsado das despesas efectuadas na medida em que a decisão arbitral ou a sentença lhe seja mais favorável do que a proposta de solução apresentada pelo segurador;

DECRETO-LEI Nº 72/2008, DE 16-04

c) Ser informado atempadamente pelo segurador, sempre que surja um conflito de interesses ou que exista desacordo quanto à resolução do litígio, dos direitos referidos nas alíneas anteriores.

2 – O contrato de seguro de protecção jurídica pode não incluir a menção referida na alínea *a)* do número anterior se estiverem preenchidas cumulativamente as seguintes condições:

a) O seguro for limitado a processos resultantes da utilização de veículos rodoviários no território nacional;

b) O seguro for associado a um contrato de assistência a fornecer em caso de acidente ou avaria que implique um veículo rodoviário;

c) Nem o segurador de protecção jurídica, nem o segurador de assistência cobrirem ramos de responsabilidade civil;

d) Das cláusulas do contrato resultar que a assessoria jurídica e a representação de cada uma das partes de um litígio vão ser exercidas por advogado que não tenha representado nenhum dos interessados no último ano, quando as referidas partes estiverem seguradas em protecção jurídica junto do mesmo segurador ou em seguradores que se encontrem entre si em relação de grupo.

ARTIGO 171.º
Arbitragem

Sem prejuízo do direito de acção ou recurso, o contrato de seguro de protecção jurídica deve conter uma cláusula que preveja o recurso ao processo de arbitragem, sujeito às regras da legislação em vigor e que permita determinar o regime de arbitragem a adoptar em caso de diferendo entre o segurador e o segurado.

ARTIGO 172.º
Limitação

O disposto nos artigos anteriores não se aplica:

a) Ao seguro de protecção jurídica, sempre que diga respeito a litígios ou riscos resultantes da utilização de embarcações marítimas ou relacionados com essa utilização;

b) À actividade exercida pelo segurador de responsabilidade civil na defesa ou na representação do seu segurado em qualquer processo judicial ou administrativo, na medida em que essa actividade se exerça em simultâneo e no seu interesse ao abrigo dessa cobertura;

c) À actividade de protecção jurídica desenvolvida pelo segurador de assistência, quando essa actividade seja exercida fora do Estado da residência habitual do segurado e faça parte de um contrato que apenas vise a assistência prestada às pessoas em dificuldades durante deslocações ou ausências do seu domicílio ou local de residência permanente, e desde que constem expressamente do contrato tanto essas circunstâncias como a de que a cobertura de protecção jurídica é acessória da cobertura de assistência.

SECÇÃO VII
Seguro de assistência

ARTIGO 173.º
Noção

No seguro de assistência o segurador compromete-se, nos termos estipulados, a prestar ou proporcionar auxílio ao segurado no caso de este se encontrar em dificuldades em consequência de um evento aleatório.

ARTIGO 174.º
Exclusões

Não se entendem compreendidas no seguro de assistência a actividade de prestação de serviços de manutenção ou de conservação, os serviços de pós-venda e a mera indicação ou disponibilização, na qualidade de intermediário, de meios de auxílio.

TÍTULO III
Seguro de pessoas

CAPÍTULO I
Disposições comuns

ARTIGO 175.º
Objecto

1 – O contrato de seguro de pessoas compreende a cobertura de riscos relativos à vida, à saúde e à integridade física de uma pessoa ou de um grupo de pessoas nele identificadas.

2 – O contrato de seguro de pessoas pode garantir prestações de valor predeterminado não dependente do efectivo montante do dano e prestações de natureza indemnizatória.

ARTIGO 176.º
Seguro de várias pessoas

1 – O seguro de pessoas pode ser contratado como seguro individual ou seguro de grupo.

2 – O seguro que respeite a um agregado familiar ou a um conjunto de pessoas vivendo em economia comum é havido como seguro individual.

DECRETO-LEI Nº 72/2008, DE 16-04

ARTIGO 177.º
Declaração e exames médicos

1 – Sem prejuízo dos deveres de informação a cumprir pelo segurado, a celebração do contrato pode depender de declaração sobre o estado de saúde e de exames médicos a realizar à pessoa segura que tenham em vista a avaliação do risco.

2 – A realização de testes genéticos ou a utilização de informação genética é regulada em legislação especial.

ARTIGO 178.º
Informação sobre exames médicos

1 – Quando haja lugar à realização de exames médicos, o segurador deve entregar ao candidato, antes da realização dos referidos exames:

a) Discriminação exaustiva dos exames, testes e análises a realizar;

b) Informação sobre entidades junto das quais os referidos actos podem ser realizados;

c) Informação sobre o regime de custeamento das despesas com a realização dos exames e, se for o caso, sobre a forma como o respectivo custo vai ser reembolsado a quem o financie;

d) Identificação da pessoa, ou entidade, à qual devam ser enviados os resultados dos exames ou relatórios dos actos realizados.

2 – Cabe ao segurador a prova do cumprimento do disposto no número anterior.

3 – O resultado dos exames médicos deve ser comunicado, quando solicitado, à pessoa segura ou a quem esta expressamente indique.

4 – A comunicação a que se refere o número anterior deve ser feita por um médico, salvo se as circunstâncias forem já do conhecimento da pessoa segura ou se puder supor, à luz da experiência comum, que já as conhecia.

5 – O disposto no n.º 3 aplica-se igualmente à comunicação ao tomador do seguro ou segurado quanto ao efeito do resultado dos exames médicos na decisão do segurador, designadamente no que respeite à não aceitação do seguro ou à sua aceitação em condições especiais.

6 – O segurador não pode recusar-se a fornecer à pessoa segura todas as informações de que disponha sobre a sua saúde, devendo, quando instado, disponibilizar tal informação por meios adequados do ponto de vista ético e humano.

ARTIGO 179.º
Apólice

Nos contratos de seguro de acidentes pessoais e de saúde de longa duração, além das menções obrigatórias e das menções em caracteres destacados a que se refere o artigo 37.º, a apólice deve, em especial, quando seja o caso, precisar, em caracteres destacados:

a) A extinção do direito às garantias;

A PARAFISCALIDADE NA ACTIVIDADE SEGURADORA

b) A eventual extensão da garantia para além do termo do contrato;

c) O regime de evolução e adaptação dos prémios na vigência do contrato.

ARTIGO 180.º
Pluralidade de seguros

1 – Salvo convenção em contrário, as prestações de valor predeterminado são cumuláveis com outras da mesma natureza ou com prestações de natureza indemnizatória, ainda que dependentes da verificação de um mesmo evento.

2 – Ao seguro de pessoas, na medida em que garanta prestações indemnizatórias relativas ao mesmo risco, aplicam-se as regras comuns do seguro de danos prescritas no artigo 133.º

3 – O tomador do seguro ou o segurado deve informar o segurador da existência ou da contratação de seguros relativos ao mesmo risco, ainda que garantindo apenas prestações de valor predeterminado.

ARTIGO 181.º
Sub-rogação

Salvo convenção em contrário, o segurador que realize prestações de valor predeterminado no contrato não fica, após a satisfação destas, sub-rogado nos direitos do tomador do seguro ou do beneficiário contra um terceiro que dê causa ao sinistro.

ARTIGO 182.º
Apólice nominativa

A apólice no seguro de pessoas não pode ser emitida à ordem nem ao portador.

CAPÍTULO II
Seguro de vida

SECÇÃO I
Regime comum

SUBSECÇÃO I
Disposições preliminares

ARTIGO 183.º
Noção

No seguro de vida, o segurador cobre um risco relacionado com a morte ou a sobrevivência da pessoa segura.

DECRETO-LEI Nº 72/2008, DE 16-04

ARTIGO 184.º
Âmbito

1 – O disposto relativamente ao seguro de vida aplica-se aos seguintes contratos:

a) Seguros complementares dos seguros de vida relativos a danos corporais, incluindo, nomeadamente, a incapacidade para o trabalho e a morte por acidente ou invalidez em consequência de acidente ou doença;
b) Seguros de renda;
c) Seguro de nupcialidade;
d) Seguro de natalidade.

2 – O disposto nesta secção aplica-se ainda aos seguros ligados a fundos de investimento, com excepção dos artigos 185.º e 186.º

ARTIGO 185.º
Informações pré-contratuais

1 – No seguro de vida, às informações previstas nos artigos 18.º a 21.º acrescem, quando seja o caso, ainda as seguintes:

a) A forma de cálculo e atribuição da participação nos resultados;
b) A definição de cada cobertura e opção;
c) A indicação dos valores de resgate e de redução, assim como a natureza das respectivas coberturas e penalizações em caso de resgate, redução ou transferência do contrato;
d) A indicação dos prémios relativos a cada cobertura, principal ou complementar;
e) O rendimento mínimo garantido, incluindo informação relativa à taxa de juro mínima garantida e à duração desta cobertura;
f) A indicação dos valores de referência utilizados nos contratos de capital variável, bem como do número das unidades de participação;
g) A indicação da natureza dos activos representativos dos contratos de capital variável;
h) A indicação relativa ao regime fiscal;
i) Nos contratos com componente de capitalização, a quantificação dos encargos, sua forma de incidência e momento em que são cobrados;
j) A possibilidade de a pessoa segura aceder aos dados médicos de exames realizados.

2 – As informações adicionais constantes do número anterior são também exigíveis nas operações de gestão de fundos colectivos de reforma.

3 – Aos deveres de informação previstos no n.º 1 podem acrescer, caso se revelem necessários para a compreensão efectiva pelo tomador do seguro dos elementos essenciais do contrato, deveres de informação e de publicidade ajustados às características específicas do seguro, nos termos a regulamentar pela autoridade de supervisão competente.

A PARAFISCALIDADE NA ACTIVIDADE SEGURADORA

4 – Se as características específicas do seguro o justificarem, pode ser exigido que a informação seja disponibilizada através de um prospecto informativo, cujos conteúdo e suporte são regulamentados pela autoridade de supervisão competente.

ARTIGO 186.º
Informações na vigência do contrato

1 – O segurador, na vigência do contrato, deve informar o tomador do seguro de alterações relativamente a informações prestadas aquando da celebração do contrato, que possam ter influência na sua execução.

2 – Aquando do termo de vigência do contrato, o segurador deve informar o tomador do seguro acerca das quantias a que este tenha direito com a cessação do contrato, bem como das diligências ou documentos necessários para o seu recebimento.

ARTIGO 187.º
Apólice

1 – Além do disposto no artigo 37.º, a apólice de seguro de vida, quando seja o caso, deve indicar as seguintes informações:

a) As condições, o prazo e a periodicidade do pagamento dos prémios;
b) A cláusula de incontestabilidade;
c) As informações prestadas nos termos do artigo 185.º;
d) O período máximo em que o tomador do seguro pode exercer a faculdade de repor em vigor o contrato de seguro após a respectiva resolução ou redução;
e) As condições de manutenção do contrato pelos beneficiários em caso de morte, ou pelos herdeiros;
f) Se o contrato dá ou não lugar a participação nos resultados e, no primeiro caso, qual a forma de cálculo e de distribuição desses resultados;
g) Se o contrato dá ou não lugar a investimento autónomo dos activos representativos das provisões matemáticas e, no primeiro caso, indicação da natureza e regras para a formação da carteira de investimento desses activos.

2 – Das condições gerais ou especiais dos contratos de seguro de grupo devem constar, além dos elementos referidos no número anterior, os seguintes:

a) As obrigações e os direitos das pessoas seguras;
b) A transferência do eventual direito ao valor de resgate para a pessoa segura, no mínimo na parte correspondente à sua contribuição para o prémio, caso se trate de um seguro contributivo;
c) A entrada em vigor das coberturas para cada pessoa segura;
d) As condições de elegibilidade, enunciando os requisitos, para que o candidato a pessoa segura possa integrar o grupo.

SUBSECÇÃO II
Risco

ARTIGO 188.º
Incontestabilidade

1 – O segurador não se pode prevalecer de omissões ou inexactidões negligentes na declaração inicial do risco decorridos dois anos sobre a celebração do contrato, salvo convenção de prazo mais curto.

2 – O disposto no número anterior não é aplicável às coberturas de acidente e de invalidez complementares de um seguro de vida, salvo previsão contratual em contrário.

ARTIGO 189.º
Erro sobre a idade da pessoa segura

1 – O erro sobre a idade da pessoa segura é causa de anulabilidade do contrato se a idade verdadeira divergir dos limites mínimo e máximo estabelecidos pelo segurador para a celebração deste tipo de contrato de seguro.

2 – Não sendo causa de anulabilidade, em caso de divergência, para mais ou para menos, entre a idade declarada e a verdadeira, a prestação do segurador reduz-se na proporção do prémio pago ou o segurador devolve o prémio em excesso, consoante o caso.

ARTIGO 190.º
Agravamento do risco

O regime do agravamento do risco previsto nos artigos 93.º e 94.º não é aplicável aos seguros de vida, nem, resultando o agravamento do estado de saúde da pessoa segura, às coberturas de acidente e de invalidez por acidente ou doença complementares de um seguro de vida.

ARTIGO 191.º
Exclusão do suicídio

1 – Está excluída a cobertura por morte em caso de suicídio ocorrido até um ano após a celebração do contrato, salvo convenção em contrário.

2 – O disposto no número anterior aplica-se em caso de aumento do capital seguro por morte, bem como na eventualidade de o contrato ser reposto em vigor, mas, em qualquer caso, a exclusão respeita somente ao acréscimo de cobertura relacionado com essas circunstâncias.

ARTIGO 192.º
Homicídio

O autor, cúmplice, instigador ou encobridor do homicídio doloso da pessoa segura, ainda que não consumado, perde o direito à prestação, aplicando-se, salvo convenção em contrário, o regime da designação beneficiária.

A PARAFISCALIDADE NA ACTIVIDADE SEGURADORA

ARTIGO 193.º
Danos corporais provocados

Sem prejuízo do disposto no artigo 46.º e nos artigos da presente subsecção, se o dano corporal na pessoa segura foi provocado dolosamente pelo beneficiário, a prestação reverte para a pessoa segura.

SUBSECÇÃO III
Direitos e deveres das partes

ARTIGO 194.º
Redução e resgate

1 – O contrato deve regular os eventuais direitos de redução e de resgate de modo a que o respectivo titular se encontre apto, a todo o momento, a conhecer o respectivo valor.

2 – No seguro de grupo contributivo, o contrato deve igualmente regular a titularidade do resgate tendo em conta a contribuição do segurado.

3 – O segurador deve anexar à apólice uma tabela de valores de resgate e de redução calculados com referência às datas de renovação do contrato, sempre que existam valores mínimos garantidos.

4 – Caso a tabela seja anexada à apólice, o segurador deve referi-lo expressamente no clausulado.

5 – No caso de designação irrevogável de beneficiário, o contrato fixa as condições de exercício do direito de resgate.

ARTIGO 195.º
Adiantamentos

O segurador pode, nos termos do contrato, conceder adiantamentos sobre o capital seguro, nos limites da provisão matemática.

ARTIGO 196.º
Cessão ou oneração de direitos

O direito de resgate ou qualquer outro direito de que goze o tomador do seguro, o segurado ou o beneficiário pode ser cedido ou onerado, nos termos gerais, devendo tal facto ser comunicado ao segurador.

ARTIGO 197.º
Cessão da posição contratual

1 – Salvo convenção em contrário, o tomador do seguro, não sendo pessoa segura, pode transmitir a sua posição contratual a um terceiro, que assim fica investido em todos os direitos e deveres que correspondiam àquele perante o segurador.

DECRETO-LEI Nº 72/2008, DE 16-04

2 – A cessão da posição contratual depende do consentimento do segurador, nos termos gerais, devendo ser comunicada à pessoa segura e constar de acta adicional à apólice.

ARTIGO 198.º
Designação beneficiária

1 – Salvo o disposto no artigo 81.º, o tomador do seguro, ou quem este indique, designa o beneficiário, podendo a designação ser feita na apólice, em declaração escrita posterior recebida pelo segurador ou em testamento.

2 – Salvo estipulação em contrário, por falecimento da pessoa segura, o capital seguro é prestado:

a) Na falta de designação do beneficiário, aos herdeiros da pessoa segura;

b) Em caso de premoriência do beneficiário relativamente à pessoa segura, aos herdeiros desta;

c) Em caso de premoriência do beneficiário relativamente à pessoa segura, tendo havido renúncia à revogação da designação beneficiária, aos herdeiros daquele;

d) Em caso de comoriência da pessoa segura e do beneficiário, aos herdeiros deste.

3 – Salvo estipulação em contrário, no seguro de sobrevivência, o capital seguro é prestado à pessoa segura, tanto na falta de designação do beneficiário como no caso de premoriência do beneficiário relativamente à pessoa segura.

ARTIGO 199.º
Alteração e revogação da cláusula beneficiária

1 – A pessoa que designa o beneficiário pode a qualquer momento revogar ou alterar a designação, excepto quando tenha expressamente renunciado a esse direito ou, no seguro de sobrevivência, tenha havido adesão do beneficiário.

2 – Em caso de renúncia à faculdade de revogação ou, no seguro de sobrevivência, tendo havido adesão do beneficiário, o tomador do seguro, salvo convenção em contrário, não tem os direitos de resgate, de adiantamento e de redução.

3 – O poder de alterar a designação beneficiária cessa no momento em que o beneficiário adquira o direito ao pagamento das importâncias seguras.

4 – No caso de a pessoa segura ter assinado, juntamente com o tomador do seguro, a proposta de seguro de que conste a designação beneficiária ou tendo a pessoa segura designado o beneficiário, a alteração da designação beneficiária pelo tomador do seguro carece do acordo da pessoa segura, sem prejuízo do disposto quanto ao seguro de grupo.

5 – A alteração da designação beneficiária feita por pessoa diversa da pessoa segura ou sem o acordo desta deve ser comunicada pelo segurador à pessoa segura, sem prejuízo do disposto quanto ao seguro de grupo.

A PARAFISCALIDADE NA ACTIVIDADE SEGURADORA

ARTIGO 200.º
Pessoas estranhas ao benefício

As relações do tomador do seguro com pessoas estranhas ao benefício não afectam a designação beneficiária, sendo aplicáveis as disposições relativas à colação, à imputação e à redução de liberalidades, assim como à impugnação pauliana, só no que corresponde às quantias prestadas pelo tomador do seguro ao segurador.

ARTIGO 201.º
Interpretação da cláusula beneficiária

1 – A designação genérica dos filhos de determinada pessoa como beneficiários, em caso de dúvida, entende-se referida a todos os filhos que lhe sobreviverem, assim como aos descendentes dos filhos em representação daqueles.

2 – Quando a designação genérica se refira aos herdeiros ou ao cônjuge, em caso de dúvida, considera-se como tais os herdeiros legais que o sejam à data do falecimento.

3 – Sendo a designação feita a favor de vários beneficiários, o segurador realiza a prestação em partes iguais, excepto:

a) No caso de os beneficiários serem todos os herdeiros da pessoa segura, em que se observam os princípios prescritos para a sucessão legítima;

b) No caso de premoriência de um dos beneficiários, em que a sua parte cabe aos respectivos descendentes.

4 – O disposto no número anterior não se aplica quando haja estipulação em contrário.

ARTIGO 202.º
Pagamento do prémio

1 – O tomador do seguro deve pagar o prémio nas datas e condições estipuladas no contrato.

2 – O segurador deve avisar o tomador do seguro com uma antecedência mínima de 30 dias da data em que se vence o prémio, ou fracção deste, do montante a pagar assim como da forma e do lugar de pagamento.

ARTIGO 203.º
Falta de pagamento do prémio

1 – A falta de pagamento do prémio na data de vencimento confere ao segurador, consoante a situação e o convencionado, o direito à resolução do contrato, com o consequente resgate obrigatório, o direito à redução do contrato ou o direito à transformação do seguro num contrato sem prémio.

2 – O período máximo em que o tomador do seguro pode exercer a faculdade de repor em vigor, nas condições originais e sem novo exame médico, o contrato de seguro reduzido ou resolvido deve constar das condições da apólice e ser fixado a contar da data de redução ou de resolução.

DECRETO-LEI Nº 72/2008, DE 16-04

ARTIGO 204.º
Estipulação beneficiária irrevogável

1 – Em caso de não pagamento do prémio na data de vencimento, se o contrato estabelecer um benefício irrevogável a favor de terceiro, deve o segurador interpelá-lo, no prazo de 30 dias, para, querendo, substituir-se ao tomador do seguro no referido pagamento.

2 – O segurador, que não tenha interpelado o beneficiário nos termos do número anterior, não lhe pode opor as consequências convencionadas para a falta de pagamento do prémio.

ARTIGO 205.º
Participação nos resultados

1 – A participação nos resultados corresponde ao direito, contratualmente definido, de o tomador do seguro, de o segurado ou de o beneficiário auferir parte dos resultados técnicos, financeiros ou ambos gerados pelo contrato de seguro ou pelo conjunto de contratos em que aquele se insere.

2 – Durante a vigência do contrato, o segurador deve informar o tomador do seguro, anualmente, sobre o montante da participação nos resultados distribuídos.

3 – No caso de cessação do contrato, o tomador do seguro, o segurado ou o beneficiário, consoante a situação, mantém o direito à participação nos resultados, atribuída mas ainda não distribuída, bem como, quando ainda não atribuída, o direito à participação nos resultados calculado pro rata temporis desde a data da última atribuição até à cessação do contrato.

ARTIGO 206.º
Instrumentos de captação de aforro estruturados

1 – Os instrumentos de captação de aforro estruturados correspondem a instrumentos financeiros que, embora assumam a forma jurídica de um instrumento original já existente, têm características que não são directamente identificáveis com as do instrumento original, em virtude de terem associados outros instrumentos de cuja evolução depende, total ou parcialmente, a sua rendibilidade, sendo o risco do investimento assumido, ainda que só em parte, pelo tomador do seguro.

2 – São qualificados como instrumentos de captação de aforro estruturados os seguros ligados a fundos de investimento, podendo, por norma regulamentar da autoridade de supervisão competente, ser qualificados como instrumentos de captação de aforro estruturados outros contratos ou operações que reúnam as características identificadas no número anterior.

3 – Sem prejuízo do disposto no n.º 1 do artigo 187.º, a apólice de seguros ligados a fundos de investimento deve estabelecer:

a) A constituição de um valor de referência;

b) Os direitos do tomador do seguro, quando da eventual liquidação de um fundo de investimento ou da eliminação de uma unidade de conta, antes do termo do contrato;

c) A forma de informação sobre a evolução do valor de referência, bem como a regularidade da mesma;

d) As condições de liquidação do valor de resgate e das importâncias seguras, quer seja efectuada em numerário quer nos títulos que resultam do funcionamento do contrato;

e) A periodicidade da informação a prestar ao tomador do seguro sobre a composição da carteira de investimentos.

SECÇÃO II
Operações de capitalização

ARTIGO 207.º
Extensão

O regime comum do contrato de seguro e o regime especial do seguro de vida são aplicáveis subsidiariamente às operações de capitalização, desde que compatíveis com a respectiva natureza.

ARTIGO 208.º
Documento escrito

1 – Das condições gerais e especiais das operações de capitalização devem constar os seguintes elementos:

a) A identificação das partes;

b) O capital garantido e os respectivos valores de resgate nas datas aniversárias do contrato;

c) As prestações a satisfazer pelo subscritor ou portador do título;

d) Os encargos, sua forma de incidência e o momento em que são cobrados;

e) A indicação de que o contrato confere ou não confere o direito à participação nos resultados e, no primeiro caso, de qual a forma de cálculo e de distribuição desses resultados;

f) A indicação de que o subscritor ou portador do título pode requerer, a qualquer momento, as seguintes informações:

i) Em contratos de prestação única com participação nos resultados, o valor da participação nos resultados distribuída até ao momento referido no pedido de informação;

ii) Em contratos de prestações periódicas, a situação relativa ao pagamento das prestações e, caso se tenha verificado falta de pagamento, o valor de resgate contratualmente garantido, se a ele houver lugar, bem como a participação nos resultados distribuídos, se for caso disso;

g) O início e a duração do contrato;

h) As condições de resgate;

i) A forma de transmissão do título;

DECRETO-LEI Nº 72/2008, DE 16-04

j) A indicação do regime aplicável em caso de destruição, perda ou extravio do título;

l) As condições de cessação do contrato por iniciativa de uma das partes;

m) A lei aplicável ao contrato e as condições de arbitragem.

2 – Sem prejuízo do disposto no número anterior, os contratos de capitalização expressos em unidades de conta devem incluir as cláusulas estabelecidas no n.º 3 do artigo 206.º

3 – Tratando-se de títulos ao portador, as condições gerais ou especiais do contrato devem prever a obrigatoriedade de o seu legítimo detentor, em caso de extravio, avisar imediatamente o segurador.

4 – Nas condições particulares, os títulos devem referir:

a) O número respectivo;

b) O capital contratado;

c) As datas de início e de termo do contrato;

d) O montante das prestações e as datas da sua exigibilidade, quando periódicas;

e) A taxa técnica de juro garantido;

f) A participação nos resultados, se for caso disso;

g) O subscritor ou o detentor, no caso de títulos nominativos.

5 – As condições gerais e especiais dos contratos de capitalização devem ser identificadas no título emitido no momento da celebração de cada contrato.

6 – O título a que se refere o número anterior pode revestir a forma escritural, nos termos regulamentados pelas autoridades de supervisão competentes.

ARTIGO 209.º
Manutenção do contrato

A posição do subscritor no contrato transmite-se, em caso de morte, para os sucessores, mantendo-se o contrato até ao prazo do vencimento.

CAPÍTULO III
Seguros de acidente e de saúde

SECÇÃO I
Seguro de acidentes pessoais

ARTIGO 210.º
Noção

No seguro de acidentes pessoais, o segurador cobre o risco da verificação de lesão corporal, invalidez, temporária ou permanente, ou morte da pessoa segura, por causa súbita, externa e imprevisível.

279

A PARAFISCALIDADE NA ACTIVIDADE SEGURADORA

ARTIGO 211.º
Remissão

1 – As regras constantes dos artigos 192.º, 193.º, 198.º, 199.º, n.ºs 1 a 3, 200.º e 201.º são aplicáveis, com as necessárias adaptações, aos seguros de acidentes pessoais.

2 – O disposto sobre salvamento e mitigação do sinistro nos artigos 126.º e 127.º aplica-se aos seguros de acidentes pessoais com as necessárias adaptações.

ARTIGO 212.º
Regra especial

1 – Se o contrato respeitar a terceiro, em caso de dúvida, é este o beneficiário do seguro.

2 – Se o tomador do seguro for designado como beneficiário e não sendo aquele a pessoa segura, para a celebração do contrato é necessário o consentimento desta, desde que a pessoa segura seja identificada individualmente no contrato.

SECÇÃO II
Seguro de saúde

ARTIGO 213.º
Noção

No seguro de saúde, o segurador cobre riscos relacionados com a prestação de cuidados de saúde.

ARTIGO 214.º
Cláusulas contratuais

Do contrato de seguro de saúde anual renovável deve constar de forma bem visível e destacada que:

a) O segurador apenas cobre o pagamento das prestações convencionadas ou das despesas efectuadas em cada ano de vigência do contrato;

b) As condições de indemnização em caso de não renovação do contrato ou da cobertura da pessoa segura respeitam ao risco coberto no contrato, de acordo com o disposto no artigo 217.º

ARTIGO 215.º
Regime aplicável

Não é aplicável ao seguro de saúde:

a) O regime do agravamento do risco, previsto nos artigos 93.º e 94.º, relativamente às alterações do estado de saúde da pessoa segura;

b) A obrigação de informação da pluralidade de seguros, prevista nos n.ºs 2 e 3 do artigo 180.º

DECRETO-LEI Nº 72/2008, DE 16-04

ARTIGO 216.º
Doenças preexistentes

1 – As doenças preexistentes, conhecidas da pessoa segura à data da realização do contrato, consideram-se abrangidas na cobertura convencionada pelo segurador, podendo ser excluídas por acordo em contrário, de modo genérico ou especificadamente.

2 – O contrato pode ainda prever um período de carência não superior a um ano para a cobertura de doenças preexistentes.

ARTIGO 217.º
Cessação do contrato

1 – Em caso de não renovação do contrato ou da cobertura e não estando o risco coberto por um contrato de seguro posterior, o segurador não pode, nos dois anos subsequentes e até que se mostre esgotado o capital seguro no último período de vigência do contrato, recusar as prestações resultantes de doença manifestada ou outro facto ocorrido na vigência do contrato, desde que cobertos pelo seguro.

2 – Para efeito do disposto no número anterior, o segurador deve ser informado da doença nos 30 dias imediatos ao termo do contrato, salvo justo impedimento.

Seguros não vida

Directiva 92/49/CEE do Conselho, de 18 de Junho de 1992

relativa à coordenação das disposições legislativas, regulamentares e administrativas respeitantes ao seguro directo não vida e que altera as directivas 73/239/CEE e 88/357/CEE (terceira directiva sobre o seguro não vida)

O CONSELHO DAS COMUNIDADES EUROPEIAS,

Tendo em conta o Tratado que institui a Comunidade Económica Europeia e, nomeadamente, o nº 2 do seu artigo 57º e o seu artigo 66º

Tendo em conta a proposta da Comissão[1],

Em cooperação com o Parlamento Europeu[2],

Tendo em conta o parecer do Comité Económico e Social[3],

1 – Considerando que é necessário concluir o mercado interno no sector do seguro directo não vida, no duplo aspecto da liberdade de estabelecimento e da livre prestação dos serviços, a fim de facilitar às empresas de seguros que têm a sua sede social na Comunidade a cobertura dos riscos situados no interior da Comunidade;

2 – Considerando que a Segunda Directiva 8813571/CEE do Conselho, de 22 de Junho de 1988, relativa à coordenação das disposições legislativas, regulamentares e administrativas respeitantes ao seguro directo não vida, que fixa as disposições destinadas a facilitar o exercício da livre prestação de serviços e que altera a Directiva 73/239/CEE[4], já contribuiu amplamente para a realização do mercado interno

---

[1] JO n.º C 244 de 28.9.1990, p. 28; e
JO n.º C 93 de 13.4.1992, p. 1.
[2] JO n.º C 67 de 16.3.1992, p. 98; e
JO n.º C 150 de 15.6.1992.
[3] JO n.º C 102 de 18.4.1991, p. 7
[4] JO n.º L 172 de 4.7.1998, p. 1. Com a última redacção que lhe foi dada pela Directiva 90/618/CEE (JO n.º L 330 de 29.11.1990, p. 44).

A PARAFISCALIDADE NA ACTIVIDADE SEGURADORA

no sector do seguro directo não vida, ao conceder total liberdade para recorrer ao mercado de seguros mais amplo possível aos tomadores de seguros que devido à sua qualidade, à sua importância ou à natureza do risco a cobrir, não necessitam de protecção especial no Estado-membro onde o risco se situa;

3 – Considerando que, consequentemente, a Directiva 88/357/CEE constitui uma etapa importante no sentido da aproximação dos mercados nacionais no âmbito de um mercado integrado, etapa que deve ser completada por outros instrumentos comunitários, com o objectivo de permitir a todos os tomadores de seguros, independentemente da sua qualidade, importância ou natureza do risco a garantir, recorrer a qualquer seguradora que tenha a sua sede social na Comunidade e que nela exerça a sua actividade em regime de estabelecimento ou em regime de livre prestação de serviços, garantindo-lhes simultaneamente uma protecção adequada;

4 – Considerando que a presente directiva se inscreve no edifício legislativo comunitário já construído, nomeadamente pela Primeira Directiva 73/239I CEE do Conselho, de 24 de Julho de 1973, relativa à coordenação das disposições legislativas, regulamentares e administrativas respeitantes ao acesso à actividade de seguro directo não vida e ao seu exercício[5], e pela Directiva 91/674/CEE do Conselho, de 19 de Dezembro de 1991, relativa às contas anuais e às contas consolidadas das empresas de seguros[6];

5 – Considerando que o processo adoptado consiste em realizar a harmonização fundamental, necessária e suficiente para alcançar um reconhecimento mútuo das autorizações e dos sistemas de supervisão prudencial, de modo a permitir a concessão de uma autorização única, válida em toda a Comunidade, e a aplicação do princípio da supervisão pelo Estado-membro de origem;

6 – Considerando que, consequentemente, o acesso à actividade seguradora e o seu exercício se encontram doravante subordinados à concessão de uma autorização administrativa única, emitida pelas autoridades do Estado-membro no qual se situa a sede social da empresa de seguros; que esta autorização permite que a empresa desenvolva a sua actividade em todo a Comunidade, quer em regime de estabelecimento quer em regime– de livre prestação de serviços; que o Estado-membro da sucursal ou da livre prestação de serviços deixará de poder exigir uma nova autorização às empresas de seguros que nele desejem exercer a sua actividade seguradora e que tenham já sido autorizadas no Estado-membro de origem; que convém, para o efeito, alterar nesse sentido as directivas 73/239/CEE e 88/357/CEE;

7 – Considerando que incumbe doravante às autoridades competentes do Estado-membro de origem assegurar a supervisão da solidez financeira da empresa de seguros, nomeadamente no que respeita à sua situação de solvência e à constituição de provisões técnicas suficientes, bem como à sua representação por activos congruentes;

---

[5] JO n.º L 288 de 16.8.1973, p. 3. Com a última redacção que lhe foi dada pela Directiva 90/618/CEE (JO n.º L 330 de 29.11.1990, p. 44)
[6] JO n.º L 374 de 31.12.1991, p. 7.

SEGUROS NÃO VIDA

8 – Considerando que cenas disposições da presente directiva definem normas mínimas; que o Estado-membro de origem pode estipular regras mais estritas em redacção às empresas de seguros autorizadas pelas suas próprias autoridades competentes;

9 – Considerando que as autoridades competentes dos Estados-membros devem dispor dos meios de supervisão necessários para garantir o exercido regular das actividades das empresas de seguros no conjunto da Comunidade, quer sejam exercidas em regime de estabelecimento ou em regime de livre prestação de serviços; que, nomeadamente, devem poder adoptar as medidas de salvaguarda adequadas ou impor sanções que tenham por objectivo prevenir eventuais irregularidades ou infracções às disposições em matéria de supervisão dos seguros;

10 – Considerando que a criação do mercado interno sem fronteiras internas implica o acesso ao conjunto das actividades de seguro não vida em toda a Comunidade e, por conseguinte, a possibilidade de qualquer seguradora devidamente autorizada cobrir qualquer dos riscos referidos no anexo da Directiva 73/239/CEE; que, para este efeito, se torna necessário suprimir as situações de monopólio de que usufruem certos organismos em cenos Estados membros no que respeita à cobertura de determinados riscos;

11 – Considerando que é necessário adaptar as disposições relativas à transferência de caneiras ao regime jurídico de autorização única criado pela presente directiva;

12 – Considerando que a Directiva 91/674/CEE já realizou a harmonização fundamenta) das disposições dos Estados-membros em matéria de constituição das provisões técnicas que as empresas de seguros são obrigadas a constituir para garantia dos compromissos subscritos, harmonização que permite conceder o benefício do reconhecimento mútuo dessas provisões;

13 – Considerando que importa coordenar as regras relativas à diversificação, localização e congruência dos activos representativos das provisões técnicas, a fim de facilitar o reconhecimento mútuo das disposições dos Estados-membros; que esta coordenação deve tomar em consideração as medidas adoptadas em matéria de liberalização dos movimentos de capitais pela Directiva 88/361/CEE do Conselho, de 24 de Junho de 1988, para a execução do artigo 67º do Tratado, bem como os progressos da Comunidade com vista à realização da união económica e monetária;

14 – Considerando contudo que o Estado-membro de origem não pode exigir às empresas de seguros que coloquem os activos representativos das suas provisões técnicas em determinadas categorias de activos, na medida em que tais exigências seriam incompatíveis com as medidas em matéria de liberalização dos movimentos de capitais previstas pela Directiva 88/361/CEE;

15 – Considerando que, na pendência de uma directiva sobre os serviços de investimento que harmonizará, nomeadamente, a definição da noção de mercado regulamentado, é necessário, para efeitos da presente directiva e sem prejuízo dessa harmonização futura, dar uma definição provisória dessa noção, que será substituída pela definição que tenha sido objecto de harmonização comunitária e que

A PARAFISCALIDADE NA ACTIVIDADE SEGURADORA

atribuirá ao Estado-membro de origem do mercado as responsabilidades que na presente directiva são atribuídas transitoriamente ao Estado-membro de origem da empresa de seguros;

16 – Considerando que convém completar a lista dos elementos susceptíveis de serem utilizados na constituição da margem de solvência exigida pela Directiva 73/239/CEE, a fim de tomar em consideração os. novos instrumentos financeiros e as facilidades concedidas às outras instituições financeiras para a constituição dos respectivos fundos próprios;

17 – Considerando que convém, no âmbito do mercado integrado de seguros, conceder aos tomadores de seguros que, em virtude da sua qualidade, da sua importância ou da natureza do risco a cobrir, não têm necessidade de uma protecção especial no Estado-membro onde o risco de situa, uma plena liberdade de escolha do direito aplicável ao contrato de seguro;

18 – Considerando que a harmonização do direito do contrato de seguro não é uma condição prévia para a realização do mercado interno dos seguros; que, por conseguinte, a faculdade deixada aos Estados-membros de poderem impor a aplicação do seu próprio direito aos contratos de seguro que cubram os riscos situados no seu território é susceptível de prestar as garantias suficientes aos tomadores de seguros que têm necessidade de uma protecção especial;

19 – Considerando que, no quadro do mercado interno. é do interesse do tomador de seguros ter acesso à mais vasta gama possível de produtos de seguro ofereci dos na Comunidade para poder escolher entre eles o mais adequado às suas necessidades: que incumbe ao Estado-membro onde o risco se situa garantir que não haja obstáculos à comercialização no seu território dos produtos de seguro oferecidos na Comunidade, desde que não sejam contrários às disposições legais de interesse geral em vigor no Estado-membro onde o risco se situa e na medida em que esse interesse geral não seja salvaguardado pelas regras do Estado-membro de origem, entendendo-se que essas disposições se devem aplicar de forma não discriminatória a qualquer empresa que opere nesse Estado membro e ser objectivamente necessárias e proporcionais ao objectivo prosseguido;

20 – Considerando que os Estados membros devem poder assegurar que os produtos de seguro e a documentação contratual utilizada na cobertura dos riscos localizados no seu território, em regime de estabelecimento ou em regime de livre prestação de serviços, respeitam as disposições legais específicas de interesse geral aplicáveis; que os sistemas de supervisão a empregar se devem adoptar às exigências do mercado interno sem poder constituir uma condição prévia para o exercício da actividade seguradora; que, nesta perspectiva, os sistemas de aprovação prévia das condições de seguro deixam de se justificar; que convém, por conseguinte, prever outros sistemas mais adequados às exigências do mercado interno e que permitam a qualquer Estado membro garantir a protecção essencial dos tomadores de seguros;

21 – Considerando que é desejável que o tomador de seguros, caso se trate de uma pessoa, singular, seja informado pela empresa de seguros da lei que será aplicável ao contrato bem como das disposições relativas à análise das queixas dos tomadores de seguros relativamente ao contrato;

SEGUROS NÃO VIDA

22 – Considerando que em certos Estados membros o seguro de doença privado ou subscrito numa base voluntária substitui parcial ou inteiramente a cobertura de doença oferecida pelos regimes de segurança social;

23 – Considerando que a natureza e as consequências sociais dos contratos de seguro de doença justificam que as autoridades do Estado-membro onde se situa o risco exijam a notificação sistemática das condições gerais e especiais desses contratos, a fim de verificar se representam parcial ou inteiramente uma solução de substituição à cobertura de doença oferecida pelo regime de segurança social; que esta verificação não deve ser uma condição prévia da comercialização dos produtos; que a natureza específica do seguro de doença, sempre que este substitua parcial ou inteiramente a cobertura de doença oferecida pelo regime de segurança social, o distingue dos restantes ramos de seguro de danos e do seguro de vida, na medida em que é necessário garantir que os tomadores de seguros possuam um acesso efectivo a um seguro de doença privado ou subscrito numa base voluntária, independentemente da sua idade e do respectivo estado de saúde;

24 – Considerando que certos Estados-membros adaptaram para este efeito disposições legais específicas; que, no interesse geral, é possível adoptar ou manter tais disposições legais desde que elas não restrinjam indevidamente a liberdade de estabelecimento ou de prestação de serviços, ficando entendido que essas disposições se devem aplicar de forma idêntica seja qual for o Estado de origem da empresa; que a natureza das disposições legais em questão pode variar segundo a situação que prevalece no Estado-membro que as adopta; que essas disposições podem prever a inexistência de restrições à adesão, a tarificação numa base uniforme por tipo de contrato e a cobertura vitalícia; que o mesmo objectivo pode igualmente ser alcançado se se exigir às empresas que oferecem seguros de doença privados ou subscritos numa base voluntária quantidade que propunham contratos-tipo cuja cobertura seja harmonizada pela dos regimes legais de segurança social e cujo prémio seja igual ou inferior a um máximo prescrito e que participem em sistemas de compensação das perdas; que se poderia igualmente exigir que a base técnica do seguro de doença privado ou subscrito numa base voluntária seja análoga à do seguro de vida;

25 – Considerando que, em virtude da coordenação realizada pela Directiva 731239/CEE, tal como alterada pela presente directiva, a possibilidade concedida pelo n9 2, alínea c), do artigo 79 da referida directiva à República Federal de Alemanha de proibir a acumulação do seguro de doença com outros ramos deixa de se justificar, devendo, por isso, ser suprimida;

26 – Considerando que os Estados-membros podem exigir a qualquer empresa de seguros que pratique no seu território, por sua conta e risco, o seguro obrigatório de acidentes de trabalho, que respeite as disposições específicas previstas nas respectivas legislações nacionais relativas a este seguro; que, todavia, esta exigência não se pode aplicar às disposições relativas à supervisão financeira, que são da exclusiva competência do Estado-membro de origem;

27 – Considerando que o exercício da liberdade de estabelecimento exige uma presença permanente rio Estado-membro da sucursal; que, no caso do seguro de responsabilidade civil automóvel, a tomada em conta dos interesses específicos dos

A PARAFISCALIDADE NA ACTIVIDADE SEGURADORA

segurados e das vítimas exige que existam no Estado-membro da sucursal as estruturas adequadas responsáveis por reunir todas as informações necessárias relativamente aos processos de indemnização relativos a este risco, que disponham de poderes suficientes para representar a empresa junto das pessoas quê tenham sofrido um prejuízo e susceptíveis de reclamar uma indemnização, incluindo o respectivo pagamento, e para a representar ou, se tal for necessário, para a mandar representar, no que respeita aos pedidos de indemnização, perante os tribunais e as autoridades desse Estado-membro;

28 – Considerando que, no quadro do mercado interno, nenhum Estado-membro pode proibir o exercício simultâneo da actividade seguradora no seu território em regime de estabelecimento e em regime de livre prestação de serviços; que convém, por conseguinte, suprimir a possibilidade concedida neste domínio aos Estados-membros pela Directiva 88/357/CEE;

29 – Considerando que convém prever um regime de sanções aplicáveis sempre que uma empresa de seguros não observe, no Estado-membro onde o risco se situa, as disposições de interesse geral que lhe são aplicáveis;

30 – Considerando que, enquanto determinados Estados-membros não sujeitam as operações de seguro a nenhuma forma de tributação indirecta, a maioria lhes aplica impostos específicos e outras formas de contribuições, incluindo as sobretaxas destinadas a organismos de compensação; que, nos Estados-membros em que estes impostos e contribuições são cobrados, a estrutura e as taxas destes divergem sensivelmente; que convém evitar que as diferenças existentes se venham a traduzir em distorções da concorrência nos serviços de seguro entre os Estados-membros; que, sem prejuízo de harmonização posterior, a aplicação do regime fiscal e de outras formas de contribuições previstas pelo Estado-membro onde o risco se situa é susceptível de colmatar este inconveniente e que compete aos Estados membros fixar as modalidades destinadas a garantir a cobrança destes impostos e contribuições;

31 – Considerando que se poderá vir a revelar necessária a introdução periódica de alterações teóricas às regras pormenorizadas que constam da presente directiva, de modo a tomar em consideração a evolução futura no sector dos seguros; que a Comissão procederá a estas alterações; desde que estas se revelem necessárias, após ter consultado o Comité de Seguros criado pela Directiva 91/675/CEE[7], no âmbito dos poderes de execução conferidos à Comissão pelas disposições do Tratado;

32 – Considerando que é necessário prever disposições específicas que garantam a passagem do regime jurídico existente à data de entrada em aplicação da presente directiva para o regime criado por esta; que estas disposições devem ter por objectivo evitar que as autoridades competentes dos Estados-membros tenham uma sobrecarga de trabalho;

33 – Considerando que, nos termos do artigo 89C do Tratado, convém ter em conta a amplitude do esforço que deve ser feito por algumas economias que apresentam diferenças de desenvolvimento; que é preciso, como tal, conceder a certos

---

[7] JO nº L 374 de 31. 12. 1991. p. 32.

SEGUROS NÃO VIDA

Estados-membros um regime transitório que permita uma aplicação gradual da presente directiva,

ADOPTOU A PRESENTE DIRECTIVA:

TITULO I
DEFINIÇÕES E ÂMBITO DE APLICAÇAO

ARTIGO 1º
Para efeitos da presente directiva, entende-se por:

a) Empresa de seguros: qualquer empresa que tenha recebido uma autorização administrativa nos termos do artigo 6º da Directiva 73/239/CEE;

b) Sucursal: qualquer agência ou sucursal de uma empresa de seguros, tendo em conta o artigo 39 da Directiva 88/357/CEE;

c) Estado-membro de origem: o Estado-membro no qual se situa a sede social da empresa de seguros que cobro risco;

d) Estado-membro da sucursal: o Estado-membro no qual se situa a sucursal que cobre o risco;

e) Estado-membro da prestação de serviços: o Estado-membro em que se situa o risco, de acordo com a alínea d) do artigo 2º da Directiva 88/357/CEE, sempre que este seja coberto. por uma empresa de seguros ou uma sucursal situada noutro Estado-membro;

f) Controlo: a relação que existe entre uma empresa-mãe e uma filial, tal como prevista no artigo 19 da Directiva 83/349/CEE[8], ou uma relação da mesma natureza entre qualquer pessoa singular ou colectiva e uma empresa;

g) Participação qualificada: a detenção, numa empresa, de forma directa ou indirecta, de pelo menos 10 % do capital ou dos direitos de voto ou qualquer outra possibilidade de exercer uma influência significativa na gestão da empresa em que é detida uma participação. Para efeitos da aplicação desta definição nos artigos 89 e 159 da presente directiva, bem como para a determinação dos outros níveis de participação referidos no artigo 159, são tomados em consideração os direitos de voto mencionados no artigo 79 da Directiva 88/627/CEE[9];

h) Empresa-mãe: uma empresa-mãe na acepção dos artigos 1º e 2º da Directiva 83/349/CEE;

i) Filial: uma empresa filial na acepção dos artigos 19 e 29 da Directiva 83/349/CEE; qualquer empresa filial de uma empresa filial é igualmente considerada como filial da empresa-mãe que se encontra à cabeça de tais empresas;

j) Mercado regulamentado: um mercado financeiro caracterizado pelo Estado-membro de origem da empresa como mercado regulamentado, na pendência de

---

[8] JO nº L 193 de 18. 7. 1983, p. 1.
[9] JO nº L 348 de 17. 12. 1988, p. 62.

A PARAFISCALIDADE NA ACTIVIDADE SEGURADORA

uma definição a dar no âmbito de uma directiva sobre os serviços de investimento, e caracterizado por:

– um financiamento regular e

– pelo facto de existirem disposições estabelecidas ou aprovadas pelas autoridades apropriadas que definem as condições de funcionamento do mercado, as condições de acesso ao mercado, bem como, sempre que a Directiva 79/279/CEE do Conselho, de 5 de Março de 1979, relativa à coordenação das condições de admissão de valores mobiliários à cotação oficial de uma bolsa de valores[10]; se aplique, as condições de admissão à cotação fixadas nessa directiva e, sempre que essa directiva não se aplique, as condições a preencher por esses instrumentos financeiros para poderem ser efectivamente negociados no mercado.

Para efeitos da presente directiva, um mercado regula mentado pode se situar num Estado-membro ou num país terceiro. Neste último caso, o mercado deverá ser reconhecido pelo Estado-membro de origem da empresa e satisfazer exigências comparáveis. Os instrumentos financeiros ai negociados deverão ser de qualidade comparável à dos instrumentos negociados no mercado ou mercados regulamentados do Estado-membro em questão;

k) Autoridades competentes: as autoridades nacionais que exercem, por força de lei ou de regulamentação, a supervisão das empresas de seguros.

ARTIGO 2º

1. A presente directiva aplica-se aos seguros e às empresas no artigo 1º da Directiva 73/239/CEE.

2. A presente directiva não se aplica nem aos seguros e operações nem às empresas e instituições aos quais não se aplica a Directiva 73/239/CEE nem aos organismos referidos no artigo 4º dessa directiva.

ARTIGO 3º

Sem prejuízo do disposto no nº 2 do artigo 2º, os Estados-membros tomarão todas as medidas para que as situações de monopólio, no que se refere ao acesso à actividade de determinados ramos de seguros, concedidas aos organismos estabelecidos no seu território e referidos no artigo 4º da Directiva 73/239/CEE, cessem o mais tardar em 1 de Julho de 1994.

TÍTULO II
ACESSO À ACTIVIDADE DE SEGURO

ARTIGO 4º

O artigo 6º da Directiva 73/239/CEE passa a ter a seguinte redacção:

[10] JO nº L 66 de 13. 3. 1979, p. 21. Com a última redacção que lhe foi dada pela Directiva 82/148/CEE (JO nº L 62 de S. 3. 1982, p. 22).

SEGUROS NÃO VIDA

«Artigo 6º

O acesso à actividade de seguro directo depende da concessão de uma autorização administrativa prévia.

Essa autorização deve ser solicitada às autoridades de

Estado-membro de origem:

a) Pela empresa que estabelece a sua sede social no território desse Estado-membro;

b) Pela empresa que, após ter recebido a autorização referida no primeiro parágrafo, deseje alargar a sua actividade a todo um ramo ou a outros ramos.».

ARTIGO 5º

O artigo 7º da Directiva 73/239/CEE passa a rer a seguinte redacção:

«Artigo 7º

1. A autorização é válida para toda a Comunidade. A autorização permite que a empresa desenvolva actividade na Comunidade, quer em regime de estabelecimento quer em regime de livre prestação de serviços.

2. A autorização é dada por ramo de seguros. A autorização abrange o ramo na sua totalidade, salvo se o requerente apenas pretender cobrir parte dos riscos incluídos nesse ramo, tal como se encontram descritos no ponto A do anexo.

No entanto:

a) Cada Estado-membro tem a faculdade de conceder a autorização para os grupos de ramos indicados no ponto B do anexo, dando-lhes a denominação correspondente ali prevista;

b) A autorização dada por ramo ou grupo de ramos vale igualmente para a cobertura dos riscos acessórios compreendidos noutro ramo, se estiverem preenchidas as condições previstas no ponto C do anexo.».

ARTIGO 6º

O artigo 8º da Directiva 73/239/CEE passa a ter a seguinte redacção:

«Artigo 8º

1. O Estado-membro de origem exigirá que as empresas de seguros que solicitem a autorização;

a) Adoptem uma das seguintes formas:

– no que diz respeito ao Reino da Bélgica: "société anonyme", "haamioze vennootSchap", "société en comandite par acrion", "vennootschap bij wijze van geldschleting op aandelen", "association d'assurance mutuelle", "onderlinge verzekeringsvere niging", "société coopérative", "cooperatieve vennootschap";

– no que diz respeito ao Reino da Dinamarca: "'aktiselskaber", "'gensidige selskaber";

A PARAFISCALIDADE NA ACTIVIDADE SEGURADORA

– no que diz respeito à República Federal de Alemanha: "Aktiengesellschaft", "'Versicherungs verein auf Gegenseitigkeit", "öffentlich-rechtliches Wettbewerbs--Versicherungsuntemehmen",

– no que diz respeito à República Francesa: "'société anonyme", "société d'assurance mutuelle", "insti tution de prévoyance régie par le code de la securité sociale", "institutíon de prévoyance régie par le code rural ainsi que mutuelles régies par le code de la mutuelle»;

– no que diz respeito à Irlanda: "incorporated companies limited by shares or by guarantee or unlimited";

– no que diz respeito à RepúbliItaliana: "società per azioni", "società coopera-tiva", "mutua di assicurazione";

– no que diz respeito ao Grão-Ducado do Luxemburgo: "sodété anonyme", "soci-été en commandite par actions", "association d'assurance mutuelles", "société coo-pérative",

– no que diz respeito ao Reino dos Países Baixos: "'naamloze vennootschap", "onderlinge waar borgmaatschappij",

– no que diz respeito ao Reino Unido: "incorporated companies limited by shares or by guarantee or unlimited", "societies registered under the Industrial and Provi-dent Societies Acts", "societies registered under the Friendly Societies Acts", "the association of underwriters know as Lloyd's";

– no que diz respeito à República Helénica:

– no que diz respeito ao Reino de Espanha: "'sociedad anónima", "sociedad mutua", "sociedad cooperativa",

– no que diz respeito à República Portuguesa: "sociedade anónima", "mútua de seguros".

A empresa de seguros poderá igualmente adoptar a forma de sociedade euro-peia, quando esta for criada.

Por outro lado, os Estados-membros podem criar, se for caso disso, empresas-que adaptem qualquer forma de direito público, desde que esses organismos tenham por objectivo fazer operações de seguros em condições equivalentes às das empre-sas de direito privado;

b) Limitem o seu objecto social à actividade seguradora e às operações que dela directamente decorrem, com exclusão de qualquer outra actividade comercial;

c) Apresentem um programa de actividades em conformidade com o artigo 99;

d) Possuam um fundo de garantia no valor mínimo previsto no n9 2 do artigo 179;

e) Sejam efectivamente dirigidas por pessoas que preencham as necessárias con-dições de idoneidade e de qualificação ou experiência profissionais.

2. A empresa que solicita a autorização para o alargamento das suas actividades a outros ramos ou para o alargamento de uma autorização que abrange apenas uma parte dos riscos englobados num ramo deve apre sentar um programa de activida-des em conformidade com o artigo 9º.

A empresa deve também provar que dispõe da margem de solvência prevista no artigo 16º e, no caso de o nº 2 do artigo 17º exigir, em relação a estes outros ramos,

SEGUROS NÃO VIDA

um fundo de garantia mínimo mais elevado do que o até então exigido, que possui esse mínimo.

3. A presente directiva não obsta a que os Estados-membros mantenham ou introduzam disposições legislativas, regulamentares ou administrativas que prevejam a aprovação dos estatutos e a comunicação de todos os documentos necessários ao exercício normal da supervisão.

Contudo, os Estados-membros não podem prever disposições que exijam a aprovação prévia ou a comunicação sistemática das condições gerais e especiais das apólices de seguros, das tarifas e dos formulários e outros impressos que a empresa tenciona utilizar nas suas relações com os tomadores de seguros.

Os Estados-membros s6 podem manter ou introduzir a notificação prévia ou a aprovação dos aumentos de tarifas propostos enquanto elementos de um sistema geral de controlo dos preços.

A presente directiva não obsta a que os Estados-membros sujeitem as empresas que solicitem ou que tenham obtido autorização para o ramo nº 18 do ponto A do anexo a um Controlo dos meios directos ou indirectos em pessoal e material, incluindo a qualificação das equipas médicas e a qualidade do equipamento de que dispõem para fazer face às obrigações decorrentes deste ramo.

4. As disposições atrás referidas não podem determinar que o pedido de autorização seja analisado em função das necessidades económicas do mercado.».

ARTIGO 7º

O artigo 9º da Directiva 73/239/CEE passa a ter a seguinte redacção:

«Artigo 9º

O programa de actividades referido no nº1, alínea c)do artigo 8º deve conter indicações ou justificações sobre:

a) A natureza dos compromissos que a empresa se propõe assumir;
b) Os princípios orientadores em matéria de resseguro;
c) Os elementos que constituem o fundo mínimo de garantia;
d) As previsões relativas às despesas de instalação dos serviços administrativos e da rede comercial; os meios financeiros destinados a fazer face às mesmas e, caso os riscos a cobrir sejam classificados no ramo nº 18 do ponto A do anexo, os meios de que a empresa dispõe para a prestação da assistência prometida;

por outro lado, em relação aos três primeiros exercícios sociais:

e) As previsões relativas às despesas de gestão para além das despesas de instalação, nomeadamente as despesas gerais correntes e as comissões;
f) As previsões relativas aos prémios ou cotizações e aos sinistros;
g) A situação provável de tesouraria;
h) As previsões relativas aos meios financeiros destinados a garantir os compromissos assumidos e a mar gero de solvência.».

293

ARTIGO 8º

As autoridades competentes do Estado-membro de origem não concederão a autorização que permite o acesso de uma empresa à actividade seguradora antes de terem obtido a comunicação da identidade dos accionistas ou sócios, directos ou indirectos, pessoas singulares ou colectivas, que nela detenham uma participação qualificada, e do montante desta participação.

As mesmas autoridades competentes recusarão a autorização se, atendendo à necessidade de garantir uma gestão sã e prudente da empresa de seguros, não se encontrarem convencidas da adequação dos referidos accionistas ou sócios.

TÍTULO III
HARMONIZAÇÃO DAS CONDIÇÕES DE EXERCÍCIO

CAPÍTULO 1
ARTIGO 9º

O artigo 13º da Directiva 73/239/CEE passa a ter a seguinte redacção:

«Artigo 13º

1. A supervisão financeira de uma empresa de seguros, incluindo a supervisão das actividades por ela exercidas em regime de estabelecimento ou em regime de livre prestação de serviços, é da competência exclusiva do Estado-membro de origem.

2. A supervisão financeira compreende, nomeadamente, a verificação, para o conjunto das actividades da empresa de seguros, da sua situação de solvência e da constituição de provisões técnicas e dos activos representativos em conformidade com as regras ou práticas estabelecidas no Estado-membro de origem, por força das disposições adoptadas a nível comunitário.

No caso de as empresas em questão estarem autorizadas a cobrir os riscos classificados no ramo nº 18 do ponto A do anexo, a supervisão estende-se igualmente ao controlo dos meios técnicos de que as empresas dispõem para levarem a bom termo as operações de assistência que se comprometeram a efectuar, na medida em que a legislação do Estado-membro de origem preveja o controlo desses meios.

3. As autoridades competentes do Estado-membro de origem exigirão que as empresas de seguros disponham de uma boa organização administrativa e contabilística e de procedimentos de controlo interno adequados.»

ARTIGO 10º

O artigo 149 da Directiva 73/239/CEE passa a ter a seguinte redacção:

«Artigo 14º

Os Estados-membros da sucursal estipularão que, quando uma empresa de seguros autorizada noutro Estado-membro exerça a sua actividade por intermédio de uma sucursal, as autoridades competentes do Estado-membro de origem poderão, depois de terem previamente informado do facto as autoridades competentes do Estado-membro da sucursal, proceder, directamente ou por intermédio de pessoas que tenham mandatado para o efeito, à verificação in loco das informações necessárias para garantir a supervisão financeira da empresa. As autoridades do Estado--membro da sucursal poderão participar na referida verificação.».

ARTIGO 11º

Os nºs 2 e 3 do artigo 199 da Directiva 73/239/CEE passam ter a seguinte redacção:

«2. Os Estados-membros exigirão às empresas de seguros com sede social no seu território a apresentação periódica da documentação necessária ao exercício da supervisão, bem como de documentos estatísticos. As autoridades competentes comunicarão entre si os documentos e os esclarecimentos úteis para a realização dessa supervisão.

3. Os Estados-membros adoptarão todas as disposições úteis para que as autoridades competentes disponham dos poderes e meios necessários à supervisão das actividades das empresas de seguros com sede social no seu território, incluindo as actividades exercidas fora desse território, nos termos das directivas do Conselho relativas a essas actividades e com vista à sua aplicação.

Esses poderes e meios devem dar às autoridades competentes, nomeadamente, a possibilidade de:

a) Se informarem pormenorizadamente sobre a situação da empresa e o conjunto das suas actividades, designadamente:

– recolhendo informações ou exigindo a apresentação dos documentos relativos à actividade seguradora.

– procedendo a verificações in loco, nas instalações da empresa;

b) Tomarem, contra a empresa, os seus dirigentes responsáveis ou as pessoas que a controlam, todas as medidas adequadas e necessárias não só para garantir que as actividades da empresa observem as disposições legislativas, regulamentares e administrativas que a empresa é obrigada a respeitar nos diversos Estados-membros e, nomeadamente, o programa de actividades, na medida em que este seja obrigatório, mas também para evitar ou eliminar qualquer irregularidade que possa prejudicar os interesses dos segurados;

c) garantir a aplicação dessas medidas, se necessário por execução forçada e, eventualmente, mediante recurso às instâncias judiciais.

Os Estados-membros também podem prever a possibilidade de as autoridades competentes obterem todas as informações sobre os contratos na posse dos intermediários.

ARTIGO 12º

1. São suprimidos os nos 2 a 7 do artigo 119 da Directiva 88/357/CEE.

A PARAFISCALIDADE NA ACTIVIDADE SEGURADORA

2. Nos termos do direito nacional, cada Estado-membro permitirá que as empresas de seguros cuja sede social se situa no seu território transfiram a totalidade ou parte dos contratos da respectiva carteira, subscritos em regime de estabelecimentos ou em regime de livre prestação de serviços, para uma cessionária estabelecida na Comunidade, desde que as autoridades competentes do Estado-membro de origem da cessionária atestem que esta possui a margem de solvência necessária, tendo em conta essa mesma transferência.

3. Sempre que uma sucursal pretender transferir a totalidade ou parte dos contratos da respectiva carteira, subscritos em regime de estabelecimento ou em regime de livre prestação de serviços, o Estado-membro da sucursal deve ser consultado.

4. Nos casos referidos nos nos 2 e 3, as autoridades competentes do Estado-membro de origem da empresa cedente autorizarão a transferência depois de terem recebido o acordo das autoridades competentes do Estado-membro onde se situam os riscos.

5. As autoridades competentes dos Estados-membros consultados darão a conhecer o seu parecer ou o seu acordo às autoridades competentes do Estado-membro de origem da empresa de seguros cedente num prazo de três meses a contar da recepção do pedido; em caso de silêncio das autoridades consultadas no termo do prazo, considera-se ter havido parecer favorável ou acordo tácito.

6. A transferência autorizada nos termos do presente artigo será objecto, no Estado-membro onde se situa o risco, de publicidade nas condições previstas no respectivo direito nacional. A transferência é oponível de pleno direito aos tomadores de seguros, aos segurados ou a qualquer outra pessoa titular de direitos ou obrigações decorrentes dos contratos transferidos.

Esta disposição não prejudica o direito de os Estados-membros preverem a possibilidade de os tomadores de seguros rescindirem o contrato durante um determinado prazo a partir da transferência.

ARTIGO 13º

1. O artigo 20º da Directiva 73/239/CEE passa a ter a seguinte redacção:

«Artigo 20º

1. Se uma empresa não cumprir o disposto no artigo 15º, a autoridade competente do Estado-membro de origem da empresa pode, após ter informado da sua intenção as autoridades competentes dos Estados-membros onde se situam os riscos, proibir a livre cessão dos activos.

2. Com vista à recuperação da situação financeira de uma empresa cuja margem de solvência deixou de atingir o nível mínimo fixado no nº 3 do artigo 16º, a autoridade competente do Estado membro de origem exigirá a essa empresa um plano de recuperação que deverá ser submetido à sua aprovação.

Se, em circunstâncias excepcionais, a autoridade competente considerar que a posição financeira da empresa se vai continuar a deteriorar, poderá igualmente restringir ou proibir a livre cessão dos activos da empresa. Nesse caso, informará as autoridades dos outros Estados membros em cujos territórios a empresa exerce

SEGUROS NÃO VIDA

actividade das medidas adaptadas e estas adoptarão, a seu pedido, medidas idênticas às que tiver adoptado.

3. Se a margem de solvência deixar da atingir o fundo de garantia definido no artigo 17º, a autoridade competente do Estado-membro de origem exigirá à empresa um plano de financiamento a curto prazo, que deve ser submetido à sua aprovação.

A autoridade competente pode, além disso, restringir ou proibir a livre cessão dos activos da empresa, informará desse facto as autoridades dos Estados-membros em cujo território a empresa exerce a sua actividade, as quais, a seu pedido, tomarão idênticas disposições.

4. Nos casos previstos nos nos 1, 2 e 3, as autoridades competentes podem tomar quaisquer outras medidas adequadas à salvaguarda dos interesses dos segurados.

5. A pedido do Estado-membro de origem da empresa, nos casos previstas nos nos 1, 2 e 3, cada Estado-membro adoptará as disposições necessárias para poder proibir, em conformidade com a sua legislação nacional, a livre cessão dos activos localizados no seu território, cabendo ao Estado-membro de origem da empresa indicar os activos que deverão ser objecto de tais medidas.».

ARTIGO 14º

O artigo 22º da Directiva 73/239/CEE passa a ter a seguinte redacção:

«Artigo 22º

1. A autorização concedida à empresa de seguros pela autoridade competente do Estado-membro de origem pode ser revogada por essa autoridade quando a empresa:

a) Não fizer uso da autorização num prazo de 12 meses, renunciar expressamente a fazê-lo ou cessar o exercício da sua actividade durante um período superior a seis meses, a não ser que o Estado-membro em causa preveja que nestes casos a autorização caducará;

b) Deixar de preencher as condições de acesso;

c) Não tiver podido realizar, nos prazos concedidos, as medidas previstas no plano de recuperação ou no plano de financiamento referido no artigo 20º;

d) Faltar gravemente ao cumprimento das obrigações que lhe são impostas pela regulamentação que lhe é aplicável.

Em caso de revogação ou de caducidade da autorização, a autoridade competente do Estado-membro de origem informará do facto as autoridades competentes dos outros Estados-membros, as quais devem tomar as medidas adequadas para impedir que a empresa em questão inicie novas operações no seu território, quer em regime de estabelecimento quer em regime de livre prestação de serviços. A autoridade competente, com a colaboração das outras autoridades, tomará todas as medidas necessárias para salvaguardar os interesses dos segurados, nomeadamente através de restrições à livre cessão dos activos da empresa, nos termos do nº 1, do nº 2, segundo parágrafo, e do nº 3, segundo parágrafo, do artigo 20º.

2. Qualquer decisão de revogação da autorização deve ser fundamentada de maneira precisa e notificada à empresa interessada.».

A PARAFISCALIDADE NA ACTIVIDADE SEGURADORA

ARTIGO 15º

1. Os Estados-membros estipularão que qualquer pessoa singular ou colectiva que pretenda deter, directa ou indirectamente, uma participação qualificada numa empresa de seguros deve informar previamente do facto as autoridades competentes do Estado-membro de origem e comunicar o montante dessa participação. Qualquer pessoa singular ou colectiva deve igualmente informar as autoridades competentes do Estado-membro de origem da sua eventual intenção de aumentar a respectiva participação qualificada de modo tal que a percentagem de direitos de voto ou de partes de capital por da detida atinja ou ultrapasse os limiares de 20%, 33% ou 50% ou que a empresa de seguros se transforme em sua filial.

As autoridades competentes do Estado-membro de origem disporão .de um prazo máximo de três meses a contar da data da informação prevista no parágrafo anterior para se oporem ao referido projecto se, atendendo à necessidade de garantir uma gestão sã e prudente da empresa de seguros, não estiverem convencidas da adequação da pessoa singular ou colectiva referida no parágrafo anterior. Quando não houver oposição, as autoridades podem fixar um prazo máximo para a realização do projecto em questão.

2. Os Estados-membros estipularão que qualquer pessoa singular ou colectiva que tencione deixar de deter, directa ou indirectamente, uma participação qualificada numa empresa de seguros deve informar previamente as autoridades competentes do Estado-membro de origem e comunicar o montante previsto da sua participação. Qualquer pessoa singular ou colectiva deve igualmente informar as autoridades competentes da sua intenção de diminuir a respectiva participação qualificada de modo tal que a proporção de direitos de voto ou de partes de capital por ela detidas desça para um nível inferior aos limiares de 20%, 33% ou 50% ou que a instituição deixe de ser sua filial.

3. As empresas de seguros comunicarão às autoridades competentes do Estado--membro de origem, logo que delas tiverem conhecimento, as aquisições ou cessões de participações no seu capital em consequência das quais seja ultrapassado, para mais ou para menos, um dos limiares referidos nos nos 1 e 2.

As empresas de seguros comunicarão igualmente, pelo menos uma vez por ano, a identidade dos accionistas ou sócios que sejam titulares de participações qualificadas e o montante dessas participações, com base, designadamente, nos dados registados na assembleia geral anual dos accionistas ou sócios ou com base nas informações recebidas ao abrigo das obrigações relativas às sociedades cotadas numa bolsa de valores.

4. Os Estados-membros estipularão que, no caso de a influência exercida pelas pessoas referidas no nº 1 ser susceptível de se fazer sentir em detrimento de uma gestão sã e prudente da empresa de seguros, as autoridades competentes do Estado--membro de origem tomarão as medidas adequadas para pôr termo a tal situação. Essas medidas podem consistir, nomeadamente, em ordens formais e expressas, em sanções aplicáveis aos dirigentes ou na suspensão do exercício dos direitos de voto correspondentes às acções ou às partes detidas pelos accionistas ou sócios em questão.

SEGUROS NÃO VIDA

Serão aplicadas medidas semelhantes às pessoas singulares ou colectivas que não observem a obrigação de informação prévia referida no nº 1. Sempre que, apesar da oposição das autoridades competentes, for adquirida uma participação, os Estados-membros, independentemente de outras sanções a adaptar, estabelecerão quer a suspensão do exercício dos direitos de voto correspondentes quer a nulidade ou a anulabilidade dos votos expressos.

ARTIGO 16º

1. Os Estados-membros estipularão que todas as pessoas que exerçam ou tenham exercido uma actividade para as autoridades competentes, bem como os revisores ou peritos mandatados por essas autoridades fiquem sujeitos ao sigilo profissional. Esse sigilo implica que as informações confidenciais que recebam no exercício da sua profissão não podem ser comunicadas a nenhuma pessoa ou autoridade, excepto de forma sumária ou agregada e de modo a que as empresas de seguros individuais não possam ser identificadas, sem prejuízo dos casos do foro do direito penal.

Contudo, sempre que uma empresa de seguros seja declarada em estado de falência ou que tenha sido decidida judicialmente a sua liquidação obrigatória, as informações confidenciais que não digam respeito a terceiros implicados nas tentativas de recuperação podem ser divulgadas no âmbito de processos cíveis ou comerciais.

2. O nº 1 não impede que as autoridades competentes dos diferentes Estados-membros procedam às trocas de informações previstas nas directivas aplicáveis às empresas de seguros. Essas informações estão sujeitas ao sigilo profissional previsto no nº 1.

3. Os Estados-membros apenas podem celebrar acordos de cooperação com as autoridades competentes de países terceiros que prevejam trocas de informações, se as informações comunicadas beneficiarem de garantias de sigilo profissional pelo menos equivalentes às previstas no presente artigo.

4. As autoridades competentes que, ao abrigo do disposto nos nºs 1 ou 2, recebam informações confidenciais, só poderão utilizá-las no exercício das suas funções:

– para análise das condições de acesso à actividade seguradora e para facilitar a supervisão das condições de exercício da actividade, especialmente em matéria de supervisão das provisões técnicas, da margem de solvência, da organização administrativa e contabilística e do controlo interno ou

– para a imposição de sanções ou

– no âmbito de um recurso administrativo contra uma decisão da autoridade competente ou

– no âmbito de processos judiciais instaurados por força do artigo 56º ou de disposições específicas previstas nas directivas adoptadas no domínio das empresas de seguros.

5. Os nºs 1 e 4 não impedem a troca de informações dentro de um mesmo Estado-membro, quando nele existam várias autoridades competentes, ou, entre Estados-membros, entre as autoridades competentes e:

A PARAFISCALIDADE NA ACTIVIDADE SEGURADORA

– as autoridades investidas da atribuição pública de supervisão das instituições de crédito e outras instituições financeiras, bem como as autoridades encarregadas da supervisão dos mercados financeiros,

– os órgãos intervenientes na liquidação e no processo de falência de empresas de seguros e outros processos similares,

– as pessoas encarregadas da certificação legal das contas das empresas de seguros e das outras instituições financeiras,

para o cumprimento da sua atribuição de supervisão e para a transmissão, aos órgãos incumbidos da gestão de processos (obrigatórios) de liquidação ou de fundos de garantia, das informações necessárias ao desempenho das suas funções. As informações recebidas por essas autoridades, órgãos e pessoas estão sujeitas ao sigilo profissional previsto no nº 1.

6. Além disso, e não obstante o disposto nos nºs 1 e 4, os Estados membros podem, por força de disposições legais, autorizar a comunicação de certas informações a outros departamentos das suas administrações centrais responsáveis pela legislação sobre a supervisão das instituições de crédito, das instituições financeiras, dos serviços de investimento e das companhias de seguros, bem como aos inspectores mandatados por esses departamentos.

Todavia, essas informações só podem ser fornecidas quando tal se revelar necessário por razões de supervisão prudencial.

Contudo, os Estados-membros estipularão que as informações recebidas ao abrigo dos nºs 2 e 5 e as obtidas através das verificações in loco referidas no artigo 14º da Directiva 73/239/CEE não possam nunca ser comunicadas nos termos do presente número, salvo acordo explícito da autoridade competente que tenha comunicado as informações ou da autoridade competente do Estado membro em que tenha sido efectuada a verificação indicações in loco.

CAPITULO 2

ARTIGO 17º

O artigo 15º da Directiva 73/239/CEE passa a ter a seguinte redacção:

«Artigo 15º

1. O Estado-membro de origem exigirá a todas as empresas de seguros a constituição de provisões técnicas suficientes em relação ao conjunto das suas actividades.

O montante dessas provisões será determinado de acordo com as regras fixadas na Directiva 91/674/CEE.

2. O Estado membro de origem exigirá às empresas de seguros que as provisões técnicas em relação ao conjunto das suas actividades sejam representadas por activos congruentes, em conformidade com o artigo 6º da Directiva 88/357/CEE. No que respeita aos riscos situados na Comunidade, esses activos devem estar localizados na própria Comunidade. Os Estados-membros não podem exigir às empresas de seguros que localizem os seus activos num Estado-membro determinado. No

SEGUROS NÃO VIDA

entanto, o Estado-membro de origem pode permitir derrogações das regras relativas à localização dos activos.

3. Se o Estado-membro de origem admitir a representação das provisões técnicas por créditos sobre as resseguradoras, fixará a percentagem admitida. Nesse caso, não pode exigir a localização desses créditos.».

ARTIGO 18º

O artigo 15º A da Directiva 73/239/CEE passa a ter a seguinte redacção:

«Artigo 15ºA

1. Os Estados-membros imporão a qualquer empresa de seguros cuja sede se situa no seu território e que cubra riscos classificados no ramo nº 14 do ponto A do anexo, adiante denominado "seguro de crédito", a constituição de uma reserva de compensação que servirá para compensar uma perda técnica eventual ou uma taxa de sinistros superior à média que surja nesse ramo no final do exercício.

2. A reserva de compensação deve ser calculada segundo as regras fixadas pelo Estado-membro de origem, de acordo com um dos quatro métodos constantes do ponto D do anexo, que são considerados equivalentes.

3. Até ao limite dos montantes calculados de acordo com os métodos constantes do ponto D do anexo, a reserva de compensação não será imputada à margem de solvência.

4. Os Estados-membros podem isentar da obrigação de constituir uma reserva de compensação para o ramo de seguro de crédito as empresas de seguros cuja sede social se situa no seu território e que recebem, em prémios ou cotizações para aquele ramo, um montante inferior a 4% da sua receita total em prémios ou cotizações e a 2 500 000 ecus.»

ARTIGO 19º

É suprimido o artigo 23º da Directiva 88/357/CEE.

ARTIGO 20º

Os activos representativos das provisões técnicas devem ter em conta o tipo de operações efectuadas pela empresa, de modo a garantir a segurança, o rendimento e a liquidez dos investimentos da empresa, que cuidará de assegurar uma diversificação e dispersão adequadas dessas aplicações.

ARTIGO 21º

1. O Estado-membro de origem só pode autorizar as empresas de seguros a representar as suas provisões técnicas pelas seguintes categorias de activos:

A. Investimentos

a) Títulos de dívida, obrigações e outros instrumentos do mercado monetário e de capitais;

A PARAFISCALIDADE NA ACTIVIDADE SEGURADORA

b) Empréstimos;
c) Acções e outras participações de rendimento variável;
d) Unidades de participação em organismos de investimento colectivo em valores mobiliários e outros fundos de investimento;
e) Terrenos e edifícios bem como direitos reais imobiliários;

B. Créditos

f) Créditos sobre resseguradoras, incluindo a pane destas nas provisões técnicas;
g) Depósitos em empresas cedentes; dívidas destas empresas;
h) Créditos sobre tomadores de seguros e intermediários decorrentes de operações de seguro directo e de resseguro;
i) Dívidas a cobrar decorrentes de direitos de salvados e sub-rogação;
j) Reembolsos fiscais;
k) Créditos sobre fundos de garantia;

C. Outros activos

l) Imobilizações corpóreas, com exclusão de terrenos e edifícios, com base numa amortização prudente;
m) Caixa e disponibilidades à vista; depósitos em instituições de crédito ou em quaisquer outros organismos autorizados a receber depósitos;
n) Custos de aquisição diferidos;
o) juros e rendas corridos não vencidos e outras contas de regularização.

No que respeita à associação de subscritores denominada «Lloyd's», as categorias de activos incluem igualmente as garantias e as canas de crédito emitidas poi instituições de crédito na acepção da Directiva 77/780/CEE[11] ou por empresas de seguros, bem como as quantias verificáveis resultantes das apólices de seguro de vida, na medida em que representem fundos pertencentes aos membros.

A inclusão de um activo ou de uma categoria de activos na lista supra não implica que todos esses activos devam ser automaticamente admitidos em representação das provisões técnicas. O Estado-membro de origem estabelecerá regras mais detalhadas fixando as condições de utilização dos activos admissíveis par o efeito; a este respeito, pode exigir garantias reais ou outras garantias, nomeadamente no que se refere aos créditos sobre resseguradoras.

Para a determinação e aplicação das regras por si estabelecidas, o Estado-membro de origem deverá zelar em especial pelo respeito dos seguintes princípios:

i) Os activos representativos das provisões técnicas serão avaliados líquidos das dívidas contraídas para a aquisição dos mesmos activos;

ii) Todos os activos deverão ser avaliados segundo um critério de prudência tomando em consideração o risco de não realização. Designadamente, o imobilizado corpóreo, com exclusão de terrenos e edifícios, apenas deverá ser admitido

---

[11] JO nº L 322 de 17.12.1977, p. 30. Com a última redacção que lhe foi dada pela Directiva 89/646/CEE (JO nº L 386 de 30. 12. 1989, p. 1).

SEGUROS NÃO VIDA

em representação das provisões técnicas caso a sua avaliação assente num critério de amortização prudente;

iii) Os empréstimos, quer sejam concedidos a empresas, a Estados, a instituições internacionais, a administrações locais ou regionais ou a pessoas singulares apenas poderão ser admitidos em representação das provisões técnicas caso ofereçam garantias de segurança suficientes, fundadas na qualidade do mutuário, em hipotecas, em garantias bancárias ou concedidas por empresas de seguros ou em outros tipos de garantia;

iv) Os instrumentos derivados, tais como opções, futuros e swaps relacionados com activos representativos das provisões técnicas podem ser utilizados na medida em que contribuam para reduzir os riscos de investimento ou permitam uma gestão eficaz da caneira. Esses instrumentos devem ser avaliados segundo um critério de prudência e podem ser tomados em conta na avaliação dos activos subjacentes;

v) Os valores mobiliários que não são negociados num mercado regulamentado apenas serão admitidos em representação das provisões técnicas na medida em que sejam realizáveis a curto prazo;

vi) Os créditos sobre terceiros apenas serão admitidos em representação das provisões técnicas após dedução das dívidas para com esses mesmos terceiros;

vii) O montante dos créditos admitidos em representação das provisões técnicas deverá ser calculado segundo um critério de prudência que contemple o risco da sua não realização. Em panicular, os créditos sobre tomadores de seguros e intermediários resultantes de operações de seguro directo e de resseguro apenas serão admitidos desde que só sejam efectivamente exigíveis desde há menos de três meses;

viii) No caso de activos representativos de um investimento numa empresa filial que, por conta da empresa de seguros, administra a totalidade ou parte dos investimentos desta última, o Estado-membro de origem deverá, para efeitos da aplicação das regras e princípios enunciados no presente artigo, tomar em consideração os activos subjacentes detidos pela empresa filial; o Estado-membro de origem pode aplicar o mesmo tratamento aos activos de outras filiais;

ix) Os custos de aquisição diferidos apenas serão admitidos em representação das provisões técnicas se tal for compatível com os métodos de cálculo das provisões para riscos em curso.

2. Sem prejuízo do disposto no nº 1, o Estado membro de origem pode, em circunstâncias excepcionais e a pedido das empresas de seguros, autorizar temporariamente e mediante decisão devidamente fundamentada que outras categorias de activos sejam admitidas em representação das provisões técnicas, sem prejuízo do disposto no artigo 20º.

ARTIGO 22º

1. O Estado-membro de origem exigirá, relativamente aos activos representativos das suas provisões técnicas, .que as empresas de seguros não invistam um montante superior a:

A PARAFISCALIDADE NA ACTIVIDADE SEGURADORA

a) 10% do total das suas provisões técnicas ilíquidas num terreno ou edifício ou em vários terrenos ou edifícios suficientemente próximos entre si para serem considerados efectivamente como um único investimento;

b) 5% do montante total das suas provisões técnicas ilíquidas em acções e outros valores negociáveis equiparáveis a acções, títulos de dívida, obrigações e outros instrumentos do mercado monetário e de capitais de uma mesma empresa ou em empréstimos concedidos ao mesmo mutuário, considerados em bloco, exceptuando--se os empréstimos concedidos a uma autoridade estatal, regional ou local ou a uma organização internacional de que um ou vários Estados-membros são membros. Este limite pode ser elevado para 10% caso a empresa não aplicar mais de 40 % das suas provisões técnicas ilíquidas em empréstimos ou em títulos que correspondam a emitentes e a mutuários em que aplica mais de 5 % dos seus activos;

c) 5 % do montante total das suas provisões técnicas ilíquidas em empréstimos não garantidos, dos quais 1% para um único empréstimo não garantido, com exclusão dos empréstimos concedidos às instituições de crédito, às empresas de seguros, na medida em que seja permitido pelo artigo 8º da Directiva 73/239/CEE e às empresas de investimento estabelecidas num Estado-membro;

d) 3 % do montante total das suas provisões técnicas ilíquidas em disponibilidades à vista;

e) 10 % do total das suas provisões técnicas ilíquidas em acções, outros títulos equiparáveis a acções e em obrigações, que não sejam negociados num mercado regulamentado.

2. A inexistência no nº 1 de um limite para as aplicações numa determinada categoria de activos não significa que os activos dessa categoria devam ser admitidos sem limites para a representação das provisões técnicas. O Estado-membro de origem estabelecerá regras mais particularizadas, fixando as condições de utilização dos activos admissíveis. Para a determinação e aplicação de tais regras, o Estado-membro de origem deverá assegurar em especial a observância dos seguintes principias:

i) Os activos representativos das provisões técnicas deverão ser suficientemente diversificados e dispersos por forma a garantir que não existe excessiva dependência de uma categoria de activos, sector de investimento ou investimento determinados;

ii) As aplicações em activos que, em virtude da sua natureza ou da qualidade do emitente, apresentem um elevado grau de risco deverão ser limitadas a níveis prudentes;

iii) A imposição de limites a categorias particulares de activos deverá ter em conta o tratamento dado ao resseguro no cálculo das provisões técnicas;

iv) No caso de activos representativos de um investimento numa empresa filial que, por conta da empresa de seguros, administre a totalidade ou parte dos investimentos desta última, o Estado-membro de origem deverá, para efeitos da aplicação das regras e princípios enunciados no presente artigo, tomar em consideração os activos subjacentes detidos pela empresa filial; o Estado-membro de origem pode aplicar o mesmo tratamento aos activos detidos por outras filiais;

v) A percentagem de activos representativos das provisões técnicas objecto de investimentos não líquidos deve ser limitada a um nível prudente;

vi) Sempre que os activos incluírem empréstimos a determinadas instituições de crédito, ou obrigações emitidas por estas, o Estado-membro de origem poderá considerar, ao aplicar as regras e princípios contidos no presente artigo, os activos subjacentes detidos por essas instituições de crédito. Este tratamento só poderá ser aplicado na medida em que a instituição de crédito tenha a sua sede social num Estado-membro, seja da exclusiva propriedade desse Estado-membro e/ou das suas autoridades locais e que as suas actividades, de acordo com os seus estatutos, consistam na concessão de empréstimos, por seu intermédio, ao Estado ou às autoridades locais ou de empréstimos garantidos por estes ou ainda de empréstimos a organismos estreitamente ligados ao Estado ou às autoridades locais.

3. No âmbito das regras pormenorizadas que fixam as condições de utilização dos activos admissíveis, o Estado-membro tratará de modo mais limitativo;

– os empréstimos que não sejam acompanhados por uma garantia bancária, por uma garantia concedida por empresas de seguros, por uma hipoteca ou por qualquer outra forma de garantia, em relação aos empréstimos acompanhados por tais garantias,

– os OICVM não coordenados na acepção da Directiva 85/611/CEE[12] e os outros fundos de investimento, em relação aos OICVM coordenados na acepção da referida directiva,

– os títulos que não são negociados num mercado regulamentado um relação àqueles que o são,

– os títulos de dívida, obrigações e outros instrumentos do mercado monetário e de capitais cujos emitentes não sejam Estados, uma das suas administrações regionais ou locais ou empresas que pertençam à zona A na acepção da Directiva 89/647/CEE[13] ou cujos emitentes sejam organizações internacionais de que não faça parte um Estado-membro da Comunidade, em relação aos mesmos instrumentos financeiros cujos emitentes apresentem estas características.

4. Os Estados-membros podem elevar o limite previsto no nº 1, alínea *b*), para 40 % relativamente a determinadas obrigações, sempre que estas sejam emitidas por instituições de crédito com sede social num Estado membro e que estejam legalmente sujeitas a um controlo público especial destinado a proteger os titulares dessas obrigações. Em particular, as somas provenientes da emissão dessas obrigações devem ser investidas em conformidade com a lei, em activos que cubram amplamente, durante todo o prazo de validade dessas obrigações, os compromissos delas decorrentes e que estejam afectados por privilégio ao reembolso do capital e ao pagamento dos juros devidos em caso de falha do emissor.

5. Os Estados-membros não podem exigir às empresas de seguros que realizem investimentos em categorias específicas de activos.

[12] JO nº L 375 de 31.12.1985, p. 3. Alterada pela Directiva 88/220/CEE (JO nº L 100 de 19.4.1988, p. 31.).
[13] JO nº L 386 de 30.12.1989, p. 14.

A PARAFISCALIDADE NA ACTIVIDADE SEGURADORA

6. Sem prejuízo do disposto no nº 1, o Estado-membro de origem pode, em circunstâncias excepcionais e a pedido da empresa de seguros, autorizar temporariamente e mediante decisão devidamente fundamentada, derrogações às regras fixadas nas alíneas *a)* a *e)* do nº 1, sob reserva do disposto no artigo 20º.

ARTIGO 23º

Os pontos 8 e 9 do anexo 1 da Directiva 88/357I CEE passam a ter a seguinte redacção:

«8. As empresas de seguros podem deter activos não congruentes para cobrir um montante não superior a 20 % dos seus compromissos numa determinada moeda.

9. Os Estados-membros podem prever que, sempre que, por força das regras anteriores, um compromisso deva ser coberto por activos expressos na moeda de um Estado-membro, esta regra será igualmente considerada respeitada sempre que esses activos forem expressos em ecus.».

ARTIGO 24º

O nº1 do artigo 16º da Directiva 73/239/CEE passa a ter a seguinte redacção:

«1. O Estado-membro de origem exigirá a todas as empresas de seguros a constituição de uma margem de solvência suficiente em relação ao conjunto das suas actividades.

A margem de solvência deve corresponder ao património da empresa, livre de qualquer compromisso previsível, e deduzidos os elementos incorpóreos. Deve compreender, nomeadamente:

– o capital social realizado ou, no caso das mútuas, o fundo inicial efectivo realizado acrescido das contas dos seus associados que satisfaçam todos os seguintes critérios:

a) Os estatutos estipularem que o pagamento aos associados a partir dessas contas só pode ser efectuado desde que tal não dê origem à descida da margem de solvência abaixo do nível exigido ou, após a dissolução da empresa, se todas as outras dívidas da empresa tiverem sido pagas;

b) Os estatutos estipularem, relativamente a qualquer pagamento deste tipo por razões que não sejam a rescisão individual da filiação, que as autoridades competentes sejam notificadas no mínimo um mês antes e possam, durante esse período, proibir o pagamento;

c) As disposições pertinentes dos estatutos só poderem ser alteradas depois de as autoridades competentes terem declarado não terem objecções à alteração, sem prejuízo dos critérios referidos nas alíneas *a)* e *b)*,

– metade da parte ainda não realizada do capital social ou do fundo inicial, desde que a parte realizada atinja 25% desse capital ou fundo,

– as reservas (legais ou livres) que não correspondam aos compromissos,

– os lucros a transitar,

SEGUROS NÃO VIDA

– os reforços de cotizações que as mútuas e as sociedades sob forma mútua, de cotizações variáveis, podem exigir aos seus associados no decurso do exercício, até ao limite máximo de metade da diferença entre as cotizações máximas e as cotizações efectivamente exigidas; no entanto, esses eventuais reforços não podem representar mais de 50% da margem,

– a pedido fundamentado das empresas de seguros, quaisquer mais-valias resultantes da subavaliação de activos, desde que essas mais-valias não tenham um carácter excepcional,

– as acções preferenciais cumulativas e os empréstimos subordinados, podem ser incluídos, mas neste caso só até ao limite de 50% da margem, dos quais 25 %, no máximo, compreendem empréstimos subordinados com prazo fixo ou acções preferenciais cumulativas com duração determinada, desde que satisfaçam, pelo menos, os seguintes critérios:

a) No caso de falência ou liquidação da empresa de seguros, que existam acordos vinculativos nos termos dos quais os empréstimos subordinados ou as acções preferenciais ocupam uma categoria inferior em relação aos créditos de todos os outros credores e que só sejam reembolsados após liquidação de todas as outras dívidas em curso nesse momento.

Além disso, os empréstimos subordinados devem igualmente preencher as seguintes condições:

b) Só serão tomados em consideração os fundos efectivamente pagos;

c) Para os empréstimos a prazo fixo, o prazo inicial deve ser fixado em pelo menos cinco anos. O mais tardar um ano antes do termo do prazo, a empresa de seguros apresenta às autoridades competentes, para aprovação, um plano indicando a forma como a margem de solvência será mantida ou posta ao nível desejado no termo do prazo, a não ser que o montante até ao qual o empréstimo pode ser incluíndo nos elementos da margem de solvência seja progressivamente reduzido durante os cinco últimos anos, pelo menos, antes da data de vencimento. As autoridades competentes podem autorizar o reembolso antecipado desses fundos desde que o pedido tenha sido feito pela empresa de seguros emitente e que a sua margem de solvência não desça abaixo do nível exigido;

d) Os empréstimos para os quais não foi fixada a data de vencimento da dívida só serão reembolsáveis mediante um pré-aviso de cinco anos, excepto se tiverem deixado de ser considerados elementos da margem de solvência ou se o acordo prévio das autoridades competentes for formalmente exigido para o reembolso antecipado. Neste último caso, a empresa de seguros informará as autoridades competentes pelo menos seis meses antes da data do reembolso proposto, indicando a margem de solvência efectiva e exigida antes e depois do reembolso. As autoridades competentes só autorizarão o reembolso se a margem de solvência da empresa de seguros não descer abaixo do nível exigido;

e) O contrato de empréstimo não deverá incluir quaisquer cláusulas que estabeleçam que, em circunstâncias determinadas, excepto no caso da liquidação da empresa de seguros, a dívida deve ser reembolsada antes da data de vencimento acordada;

A PARAFISCALIDADE NA ACTIVIDADE SEGURADORA

f) O contrato de empréstimo só poderá ser alterado depois de as autoridades competentes terem declarado que não se opõem à alteração,

– os títulos de duração indeterminada e outros instrumentos que preencham as condições adiante enunciadas, incluindo as acções preferenciais cumulativas para além das referidas no travessão anterior, até ao limite de 50 % da margem para o total desses títulos e dos empréstimos subordinados referidos no travessão precedente:

a) Não podem ser reembolsados por iniciativa do portador ou sem o acordo prévio da autoridade competente;

b) O contrato de emissão deve dar à empresa de seguros a possibilidade de diferir o pagamento dos juros do empréstimo;

c) Os créditos do mutuante sobre a empresa de seguros devem estar totalmente subordinados aos de todos os credores não subordinados;

d) Os documentos que regulam a emissão dos títulos devem prever a capacidade da dívida e dos juros não pagos para absorver os prejuízos, permitindo simultaneamente a continuação da actividade da empresa de seguros;

e) Ter-se-ão em conta apenas os montantes efectivamente pagos.».

ARTIGO 25º

O mais tardar três anos após o início da aplicação da presente directiva, a Comissão apresentará ao Comité de Seguros um relatório sobre a necessidade de uma harmonização posterior da margem de solvência.

ARTIGO 26º

O artigo 18º da Directiva 73/239/CEE passa a ter a seguinte redacção:

«Artigo 18º
1. Os Estados-membros não estabelecerão qualquer regra no que se refere à escolha dos activos que ultrapassam os que representam as provisões técnicas referidas no artigo 15º.

2. Sem prejuízo do disposto no nº 2 do artigo 15º, nos nos 1, 2, 3 e 5 do artigo 20º e no nº 1, último parágrafo, do artigo 22º, os Estados-membros não restringirão a livre cessão de activos mobiliários ou imobiliários que façam parte do património das empresas de seguros autorizadas.

3. Os nos 1 e 2 não obstam às medidas que os Estados-membros, conquanto salvaguardando os interesses dos segurados, possam adaptar, enquanto proprietários ou sócios das empresas em questão.».

CAPITULO 3

ARTIGO 27º

O nº 1, alínea *f)*, do artigo 7º da Directiva 88/357/CEE passa a ter a seguinte redacção:

SEGUROS NÃO VIDA

«*f*) Relativamente aos riscos referidos na alínea *d*) do artigo 5º da Directiva 73/239/CEE, as partes no contrato podem escolher livremente a lei aplicável.».

ARTIGO 28º

O Estado membro onde se situa o risco não pode impedir que o tomador de seguros subscreva um contrato celebrado com uma empresa de seguros autorizada nas condições do artigo 69 da Directiva 73/239/CEE, desde que tal contrato não esteja em oposição com as disposições legais de interesse geral em vigor no Estado-membro onde se situa o risco.

ARTIGO 29º

Os Estados-membros não podem prever disposições que exijam a aprovação prévia ou a comunicação sistemática das condições gerais e especiais das apólices de seguro, das tarifas e dos formulários e outros impressos que a empresa de seguros tenciona utilizar nas suas relações com os tomadores de seguros. A fim de supervisionar a observância das disposições nacionais relativas aos contratos de seguro, apenas poderão exigir a comunicação não sistemática dessas condições e desses outros documentos, sem que tal exigência possa constituir para a empresa uma condição prévia para o exercício da sua actividade.

Os Estados-membros Só podem manter ou introduzir a notificação prévia ou a aprovação dos aumentos de tarifas propostos enquanto elementos de um sistema geral de controlo do preços.

ARTIGO 30º

1. É revogado o nº 4, alínea *b*), do artigo 89 da Directiva 88/357/CEE. Por conseguinte, a alínea *a*) do nº 4 passa a ter a seguinte redacção:

«*a*) Sem prejuízo da alínea *c*) do presente número, o nº 2, terceiro parágrafo, do artigo 7º aplica-se sempre que o contrato de seguro proporcione cobertura em vários Estados-membros, dos quais pelo menos um imponha a obrigação de subscrição de um seguro.».

2. Não obstante qualquer disposição em contrário, um Estado-membro que imponha a obrigação de subscrição de um seguro pode exigir, antes da sua utilização, a comunicação à sua autoridade competente das condições gerais e especiais dos seguros obrigatórios.

ARTIGO 31º

1. Antes da celebração de um contrato de seguro, o tomador deverá ser informado pela empresa de seguros acerca:

– da legislação aplicável ao contrato, caso as partes não tenham liberdade de escolha, ou do facto que as partes têm liberdade para escolher a legislação aplicável, indicando, neste último caso, a legislação que a seguradora propõe que seja escolhida;

A PARAFISCALIDADE NA ACTIVIDADE SEGURADORA

– das disposições relativas ao exame das reclamações dos tomadores de seguros em relação ao contrato, incluindo, se for caso disso, a existência de uma instância encarregada de apreciar as reclamações, sem prejuízo da possibilidade de o tomador intentar uma acção em juízo.

2. A obrigação referida no nº 1 apenas se aplica quando o tomador de seguros é uma pessoa singular.

3. As regras de aplicação do presente artigo serão determinadas em conformidade com a legislação do Estado-membro onde se situa o risco.

TITULO IV
DISPOSIÇÕES RELATIVAS À LIBERDADE DE ESTABELECIMENTO E A LIVRE PRESTAÇÃO DE SERVIÇOS
ARTIGO 32º

O artigo 10º da Directiva 73/239/CEE passa a ter a seguinte redacção:

ARTIGO 32º

1. Qualquer empresa de seguros que pretenda estabelecer uma sucursal no território de um outro Estado-membro deve notificar desse facto as autoridades competentes do Estado-membro de origem.

2. Os Estados-membros exigirão que a empresa de seguros que pretenda estabelecer uma sucursal noutro Estado-membro faça acompanhar a notificação referida no nº 1 das seguintes informações:

a) O nome do Estado-membro em cujo território tenciona estabelecer a sucursal;

b) O seu programa de actividades, no qual serão nomeadamente indicados o tipo de operações previstas e a estrutura organizativa da sucursal;

c) O endereço onde os documentos lhe podem ser reclamados e entregues, no Estado-membro da sucursal, entendendo-se que esse endereço é o mesmo que aquele para onde são enviadas as comunicações dirigidas ao mandatário geral;

d) O nome e o endereço do mandatário geral da sucursal, que deve ter poderes bastantes para obrigar a empresa perante terceiros e para a representar perante as autoridades e os tribunais do Estado-membro da sucursal. No que respeita à Lloyd's, em caso de eventuais litígios no Estado-membro da sucursal decorrentes dos compromissos assumidos, não devem resultar para os segurados maiores dificuldades do que as que resultariam se os litígios envolvessem empresas de tipo clássico. Neste sentido, as competências do mandatário geral devem, nomeadamente, incluir poderes para poder ser demandado judicialmente nessa qualidade com poderes para obrigar os subscritores da Lloyd's em causa.

Caso a empresa pretenda cobrir por intermédio da sua sucursal os riscos classificados no ramo 10 do ponto A do anexo, sem incluir a responsabilidade do transportador, deverá apresentar uma declaração comprovativa de que se tomou membro do gabinete nacional e do fundo nacional de garantia do Estado-membro da sucursal.

SEGUROS NÃO VIDA

3. A menos que, tendo em conta o projecto em questão, a autoridade Competente do Estado-membro de origem tenha razões para duvidar da adequação das estruturas administrativas, da situação financeira da empresa de seguros, ou da idoneidade e qualificações ou da experiência profissionais dos responsáveis e do mandatário geral, comunicará as informações referidas no nº 2 à autoridade competente do Estado-membro da sucursal no prazo de três meses a contar da recepção de todas essas informações, e informará do facto a empresa interessada.

A autoridade competente do Estado-membro de origem certificará igualmente que a empresa de seguros dispõe do mínimo da margem de solvência, calculada em conformidade com os artigos 16º e 17º.

Sempre que as autoridades competentes do Estado-membro de origem recusem comunicar as informações referidas no nº 2 às autoridades competentes do Estado-membro da sucursal darão a conhecer as razões dessa recusa à empresa interessada, no prazo de três meses após a recepção de todas as informações. A recusa, ou a falta de resposta, pode ser objecto de recurso judicial no Estado-membro de origem.

4. Antes de a sucursal da empresa de seguros iniciar o exercício das suas actividades, a autoridade competente do Estado-membro da sucursal disporá de dois meses a contar da recepção da comunicação referida no nº 3 para indicar à autoridade competente do Estado-membro de origem, se for caso disso, as condições em que, por razões de interesse geral, essas actividades devem ser exercidas no Estados-membros da sucursal.

5. A partir da recepção de uma comunicação da autoridade competente do Estado-membro da sucursal ou, em caso de silêncio desta, decorrido o prazo previsto no nº 4, a sucursal pode ser estabelecida e iniciar as suas actividades.

6. Em caso de modificação de conteúdo de uma das informações notificadas nos termos das alíneas b), c) ou d) do nº 2, a empresa de seguros comunicará por escrito a modificação em causa às autoridades competentes do Estado-membro de origem e do Estado-membro da sucursal, pelo menos um mês antes de proceder a essa modificação, a fim de que a autoridade competente do Estado-membro de origem e a autoridade competente do Estado-membro da sucursal possam exercer as funções que lhes são atribuídas respectivamente nos termos dos nºs 3 e 4.».

ARTIGO 33º

É revogado o artigo 11º da Directiva 73/239/CEE.

ARTIGO 34º

O artigo 14º da Directiva 88/357/CEE passa a ter a seguinte redacção:

«Artigo 14º
Qualquer empresa que pretenda realizar pela primeira vez, num ou mais Estados-membros, as suas actividades em regime de livre prestação de serviços, deverá informar previamente as autoridades competentes do Estado-membro de origem, indicando a natureza dos riscos que se propõe cobrir.».

311

A PARAFISCALIDADE NA ACTIVIDADE SEGURADORA

ARTIGO 35º

O artigo 16º da Directiva 88/357/CEE passa a ter a seguinte redacção:

ARTIGO 16º:

1. As autoridades competentes do Estado-membro de origem comunicarão, no prazo máximo de um mês a contar da data de notificação prevista no artigo 14º, ao Estado-membro ou aos Estados-membros em cujo território uma empresa pretenda realizar as suas actividades em regime de livre prestação de serviços, os seguintes elementos:

a) Uma declaração certificando que a empresa dispõe do mínimo da margem de solvência, calculada em conformidade com os artigos 16º e 17º da Directiva 73/239/CEE;

b) Os ramos que a empresa interessada está habilitada a explorar;

c) A natureza dos riscos que a empresa se propõe cobrir no Estado-membro da prestação de serviços.

Simultaneamente, aquelas autoridades notificarão a empresa interessada.

Qualquer Estado-membro em cujo território uma empresa pretenda cobrir, em prestação de serviços, os riscos classificados no ramo nº 10 do ponto A do anexo à Directiva 73/239/CEE, sem incluir a responsabilidade civil do transportador, poderá exigir que a empresa:

– comunique o nome e morada do representante referido no nº 4 do artigo 12º A da presente directiva,

– apresente uma declaração comprovativa de que a empresa se tomou membro do gabinete nacional e do fundo nacional de garantia do Estado-membro da prestação de serviços.

2. Sempre que as autoridades competentes do Estado-membro de origem não comunicarem as informações referidas no nº 1 no prazo previsto, informarão no mesmo prazo a empresa das razões dessa recusa. Esta recusa deverá poder ser objecto de recurso judicial no Estado-membro de origem.

3. A empresa pode iniciar a sua actividade a partir da data em que for comprovadamente notificada da comunicação prevista no primeiro parágrafo do nº 1.».

ARTIGO 36º

O artigo 17º da Directiva 88/357/CEE passa a ter a seguinte redacção:

«Artigo 17º

Qualquer alteração que a empresa pretenda introduzir nas indicações referidas no artigo 14º fica sujeita ao procedimento previsto nos artigos 14º e 16º.

SEGUROS NÃO VIDA

ARTIGO 37º

São revogados os segundo e terceiro parágrafos do nº 2 e o nº 3 do artigo 12º, bem como os artigos 13º e 15º da Directiva 88/357/CEE.

ARTIGO 38º

As autoridades competentes do Estado-membro da sucursal ou do Estado-membro da prestação de serviços podem exigir que as informações que, por força da presente directiva, estão autorizadas a pedir a respeito da actividade das empresas de seguros que operam no território desse Estado-membro, lhes sejam fornecidas na língua ou línguas oficiais desse Estado.

ARTIGO 39º

1. É revogado o artigo 189 da Directiva 88/357/CEE.

2. O Estado-membro da sucursal ou da prestação de serviços não pode prever disposições que exijam a aprovação prévia ou a comunicação sistemática das condições gerais e especiais das apólices de seguro, das tarifas e dos formulários e outros impressos que a empresa de seguros tenciona utilizar nas suas relações com os tomadores de seguros. A fim de supervisionar a observância das disposições nacionais relativas aos contratos de seguro, apenas poderá exigir, a qualquer empresa que pretenda efectuar no seu território operações de seguros em regime de estabelecimento ou em regime de livre prestação de serviços, a comunicação não sistemática das condições ou dos outros documentos que tenciona utilizar, sem que tal exigência possa constituir para a empresa uma condição prévia para o exercício da sua actividade.

3. O Estado-membro da sucursal ou da prestação de serviços só pode manter ou introduzir a notificação prévia ou a aprovação dos aumentos de tarifas propostos enquanto elementos de um sistema geral de controlo dos preços.

ARTIGO 40º

1. É revogado o artigo 199 da Directiva 88/357/CEE.

2. Qualquer empresa que efectue operações em regime de direito de estabelecimento ou em regime de livre prestação de serviços deve apresentar às autoridades competentes do Estado-membro da sucursal e/ ou do Estado-membro da prestação de serviços todos os documentos que lhe forem solicitados para efeitos da aplicação do presente artigo, na medida em que tal obrigação se aplique igualmente às empresas com sede social nesses Estados-membros.

3. Se as autoridades competentes de um Estado-membro verificarem que uma empresa que tem uma sucursal ou que opera em regime de livre prestação de serviços no seu território não respeita as normas legais em vigor nesse mesmo Estado que lhe sejam aplicáveis, solicitarão à empresa em causa que ponha fim a essa situação irregular.

4. Se a empresa em questão não tomar as medidas necessárias, as autoridades competentes do Estado-membro em causa informarão desse facto as autoridades

A PARAFISCALIDADE NA ACTIVIDADE SEGURADORA

competentes do Estado-membro de origem. Estas últimas autoridades tomarão, logo que possível, todas as medidas adequadas para que a dita empresa ponha fim a essa situação irregular. A natureza de tais medidas será comunicada às autoridades competentes do Estado-membro em causa.

5. Se, apesar das medidas tomadas para o efeito pelo Estado-membro de origem, ou porque tais medidas se relevem insuficientes ou não existam ainda nesse Estado, a empresa persistir em violar as normas legais em vigor no Estado membro em causa, este último pode, após ter informado as autoridades competentes do Estado membro de origem, tomar as medidas adequadas para evitar ou reprimir novas irregularidades e, se for absolutamente necessário, impedir a empresa de celebrar novos contratos de seguro no seu território. Os Estados-membros assegurarão que seja possível efectuar no seu território as notificações às empresas de seguros.

6. Os n°s 3, 4 e 5 não afectam o poder dos Estadosmembros em causa de tomar, em caso de urgência, as medidas adequadas para evitar as irregularidades cometidas no seu território. Tal inclui a possibilidade de impedir que uma empresa de seguros continue a celebrar novos contratos de seguros no seu território.

7. Os n°s 3, 4 e 5 não interferem com o poder dos Estados-membros de sancionar as infracções no seu território.

8. Se a empresa que cometeu a infracção possuir um estabelecimento ou possuir bens no Estado-membro em causa, as autoridades competentes deste último podem, em conformidade com legislação nacional, aplicar as sanções administrativas previstas para essa infracção em relação a esse estabelecimento ou a esses bens.

9. Qualquer medida tomada em aplicação dos n°s 4 a 8 que inclua sanções ou restrições ao exercício da actividade seguradora deve ser devidamente justificada e notificada à empresa em questão.

10. A Comissão apresentará de dois em dois anos ao Comité de Seguros instituído pela Directiva 91/675/CEE um relatório indicando resumidamente o número e o tipo de casos relação aos quais, em cada Estado-membro, houve recusas na acepção do artigo 10º da Directiva 73/239/CEE ou do artigo 16º da Directiva 88/357/CEE, com a redacção que lhes foi dada pela presente directiva, ou foram tomadas medidas em conformidade com o nº 5 do presente artigo. Os Estados-membros cooperarão com a Comissão, fornecendo-lhe todas as informações necessárias para a elaboração do referido relatório.

ARTIGO 41º

A presente directiva não obsta a que as empresas de seguros cuja sede social se situa num Estado-membro façam publicidade dos seus serviços através de todos os meios de comunicação disponíveis, no Estado-membro da sucursal ou da prestação de serviços, desde que observem as normas que eventualmente rejam a forma e o conteúdo dessa publicidade adaptadas por razões de interesse geral.

ARTIGO 42º

1. É revogado o artigo 20º da Directiva 88/357/CEE.

SEGUROS NÃO VIDA

2. No caso de liquidação de uma empresa de seguros, os compromissos resultantes dos contratos celebrados através de uma sucursal ou em regime de livre prestação de serviços serão executados do mesmo modo que os compromissos resultantes de outros contratos de seguro da mesma empresa, sem distinções quanto à nacionalidade dos segurados e dos beneficiários.

ARTIGO 43º

1. É revogado o artigo 21º da Directiva 88/357/CEE.

2. Quando um seguro for proposto em regime de estabelecimento ou em regime de livre prestação de serviços, o tomador do seguro deve, antes de assumir qualquer compromisso, ser informado do nome do Estado-membro onde se situa a sede social e, se for caso disso, a sucursal com a qual o contrato será celebrado.

Se forem fornecidos documentos ao tomador do seguro, deles deverá constar a informação referida no parágrafo anterior.

As obrigações enunciadas nos dois primeiros parágrafos não dizem respeito aos riscos mencionados na alínea *d)* do artigo 5º da Directiva 73/239/CEE.

3. O contrato ou qualquer outro documento que assegure a cobertura, bem como a proposta de seguro caso esta vincule o tomador, deve indicar o endereço da sede social ou, se for caso disso, da sucursal da empresa de seguros que presta a cobertura.

Cada Estado-membro poderá exigir que o nome e o endereço do representante da empresa de seguros referido no nº 4 do artigo 12º A da Directiva 88/357/CEE constem igualmente dos documentos referidos no primeiro parágrafo.

ARTIGO 44º

1. É revogado o artigo 22º da Directiva 88/357/CEE. Cada empresa de seguros deve comunicar à autoridade competente do Estado-membro de origem, separadamente para as operações efectuadas em regime de estabelecimento e para as operações efectuadas em regime de livre prestação de serviços, o montante dos prémios, dos sinistros e das comissões, sem dedução do resseguro, por Estado-membro e por grupo de ramos, bem como, no caso do ramo 10 do ponto A do anexo à Directiva 73/239/CEE, com exclusão da responsabilidade do transportador, a frequência e custo médio dos sinistros.

Os grupos de ramos são definidos do seguinte modo:

– acidentes e doença (nº 1 e nº 2),
– seguro automóvel (nº 3, nº 7 e nº 10, devendo ser especificados os valores relativos ao ramo nº 10, com excepção da responsabilidade do transportador),
– incêndio e outros danos em bens (nº 8 e nº 9),
– seguros aéreos, marítimos e de transporte (nº 4, nº 5, nº 6, nº 7, nº 11 e nº 12),
– responsabilidade civil geral (nº 13),
– crédito e caução (nº 14 e nº 15),
– outros ramos (nº 16, nº 17 e nº 18).

A PARAFISCALIDADE NA ACTIVIDADE SEGURADORA

A autoridade competente do Estado membro de origem comunicará estas indicações, dentro de um prazo razoável e numa forma agregada, às autoridades competentes de cada um dos Estados-membros interessados que lhe solicitem estas informações.

ARTIGO 45º

1. É revogado o artigo 24º da Directiva 88/357/CEE.

2. A presente directiva não prejudica o direito de os Estados-membros imporem às empresas que operem no seu território, em regime de estabelecimento ou em regime de livre prestação de serviços, que se filiem e participem, em condições idênticas às das empresas que nele estejam auto rizadas, em qualquer regime destinado a assegurar o paga mento dos pedidos de indemnização a segurados e a terceiros lesados.

ARTIGO 46º

1. É revogado o artigo 25º da Directiva 88/357/CEE.

2. Sem prejuízo de harmonização posterior, qualquer contrato de seguro ficará exclusivamente sujeito aos impostos indirectos e taxas parafiscais que oneram os prémios de seguro no Estado-membro em que está situado o risco, nos termos da alínea d) do artigo 2º da Directiva 88/357/CEE, bem como, no que respeita a Espanha, às sobretaxas fixadas legalmente a favor do organismo espanhol Consorcio de Compensación de Seguros para prover às necessidades das suas funções em matéria de compensação das perdas resultantes de eventos extraordinários que ocorram nesse Estado-membro.

Em derrogação da alínea d), primeiro travessão, do artigo 2º da Directiva 88/357/CEE, e para efeitos da aplicação do presente número, os bens móveis contidos num imóvel situado no território de um Estado-membro, com excepção dos bens em trânsito comercial, constituem um risco situado nesse Estado-membro, mesmo que o imóvel e o seu conteúdo não estejam cobertos pela mesma apólice de seguro.

A lei aplicável ao contrato por força do artigo 7º da Directiva 88/357/CEE não tem incidência sobre o regime fiscal aplicável.

Sob reserva de harmonização posterior, cada Estado-membro aplicará às empresas que cubram riscos no seu território as suas disposições nacionais relativas às medidas destinadas a garantir a cobrança dos impostos indirectos e das taxas parafiscais devidos por força do primeiro parágrafo.

TITULO V
DISPOSIÇÕES TRANSITÓRIAS
ARTIGO 47º

A República Federal da Alemanha poderá adiar até 1 de Janeiro de 1996 a aplicação da primeira frase do segundo parágrafo do nº 2 do artigo 54º. Durante esse período, as disposições contidas no parágrafo infra aplicar-se-ão na situação referida no nº 2 do artigo 54º.

SEGUROS NÃO VIDA

Sempre que a base técnica para o cálculo dos prémios tiver sido comunicada às autoridades dos Estados-membros de origem, em conformidade com a terceira frase do segundo parágrafo do nº 2 do artigo 54º, essas autoridades transmitirão sem demora essa informação às autoridades do Estado-membro em que se situa o risco, para lhes permitir apresentar as suas observações. Se as autoridades dos Estados--membros de origem não tiverem em conta essas observações, informarão de tal as autoridades do Estadomembro em que se situa o risco, de forma circunstanciada e apresentando um justificação.

ARTIGO 48º

Os Estados-membros poderão conceder às empresas de seguros cuja se social se situa no seu território e cujos terrenos e edifícios representativos das provisões técnicas ultrapassarem, no momento da notificação da presente directiva, a percentagem referida no nº 1, alínea a), do artigo 22º, um prazo que expirará o mais tardar em 31 de Dezembro de 1998 para darem cumprimento àquela disposição.

ARTIGO 49º

O Reino da Dinamarca poderá adiar até 1 de Janeiro de 1999 a aplicação das disposições da presente directiva aos seguros obrigatórios de acidentes de trabalho. Durante esse período, continuará a aplicar se na Dinamarca a derrogação prevista no nº 2 do artigo 12º da Directiva 88/357/CEE para os acidentes de trabalho.

ARTIGO 50º

A Espanha, até 31 de Dezembro de 1996, e a Grécia e Portugal, até 31 de Dezembro de 1998, beneficiarão do regime transitório seguinte em relação aos contratos que cobrem riscos situados exclusivamente num desses Estadosmembros e que não estejam definidos na alínea d) do artigo 5º da Directiva 73/239/CEE:

a) Em derrogação do no 3 do artigo 8º da Directiva 73/239/CEE e dos artigos 29º e 39º da presente directiva, as autoridades competentes dos Estados-membros referidos neste artigo poderão exigir que lhes sejam comunicadas, antes da respectiva utilização, as condições gerais e especiais de seguro.

b) O montante das provisões técnicas correspondentes aos contratos referidos no presente artigo será determinado, sob a supervisão do Estado-membro em questão, de acordo com as regras que o mesmo tiver fixado ou, na falta destas, de acordo com as práticas estabelecidas no seu território em conformidade com a presente directiva. A representação dessas provisões por activos equivalentes e congruentes e a localização desses activos efectuam-se sob a supervisão desse Estado membro e de acordo com as suas regras ou práticas adaptadas em conformidade com a presente directiva.

TÍTULO VI
DISPOSIÇÕES FINAIS

ARTIGO 51º

As adaptações técnicas seguintes, a introduzir às directivas 73/239/CEE e 88/357/CEE, bem como à presente directiva, serão adaptadas de acordo com o processo previsto na Directiva 91/675/CEE:

– alargamento das formas jurídicas previstas no nº 1, alínea *a)*, do artigo 8º da Directiva 73/239/CEE,

– modificações à lista referida no anexo da Directiva 73/239/CEE; adaptação da terminologia dessa lista com vista a tomar em consideração a evolução dos mercados de seguros,

– clarificação dos elementos constitutivos da margem de solvência, enumerados no nº 1 do artigo 16º da Directiva 73/239/CEE, com vista a tomar em consideração a criação de novos instrumentos financeiros,

– alteração do montante mínimo do fundo de garantia, previsto no nº 2 do artigo 17º da Directiva 73/239/CEE, de modo a ter em conta a evolução económica e financeira,

– alteração, para atender à criação de novos instrumentos financeiros, da lista dos activos admitidos para representação das provisões técnicas, prevista no artigo 21º da presente directiva, bem como das regras de dispersão estabelecidas no artigo 22º da presente directiva,

– alteração da flexibilização das regras da congruência, previstas no anexo I da Directiva 88/357/CEE, de modo a tomar em conta o desenvolvimento de novos instrumentos de cobertura do risco de câmbio ou dos progressos no sentido da União Económica e Monetária,

– clarificação das definições, no sentido de garantir a aplicação uniforme das directivas 73/239/CEE e 88/357/CEE, bem como da presente directiva, em toda a Comunidade.

ARTIGO 52º

1. Considera-se que as sucursais que iniciaram a sua actividade em conformidade com as disposições do Estado-membro de estabelecimento, antes da entrada em vigor das disposições de aplicação da presente directiva, foram objecto do procedimento previsto nos nºs 1 a 5 do artigo 10º da Directiva 73/239/CEE. Estas sucursais reger-se-ão, a partir da referida entrada em vigor, pelo disposto nos artigos 15º, 19º, 20º e 22º da Directiva 73/239/CEE, bem como no artigo 40º da presente directiva.

2. Os artigos 34º e 35º não prejudicam os direitos adquiridos pelas empresas de seguros que já actuavam em regime de livre prestação de serviços antes da entrada em vigor das disposições de aplicação da presente directiva.

ARTIGO 53º

Na Directiva 73/239/CEE é inserido o seguinte artigo:

SEGUROS NÃO VIDA

ARTIGO 28º A

1. Nas condições previstas no direito nacional, cada Estado-membro autorizará as agências e sucursais estabelecidas no seu território e referidas no presente título a transferir a totalidade ou parte da respectiva carteira de contratos para uma cessionária estabelecida no mesmo Estado-membro, desde que as autoridades competentes desse Estado-membro ou, eventualmente, do Estado-membro referido no artigo 26º, certifiquem que a cessionária possui a margem de solvência necessária, tendo em conta essa mesma transferência.

2. Nas condições previstas no direito nacional, cada Estado-membro autorizará as agências e sucursais estabelecidas no seu território e referidas no presente título, a transferir a totalidade ou pane da respectiva carteira de contratos para uma empresa de seguros com sede social num outro Estado-membro, desde que as autoridades competentes desse Estado-membro certifiquem que a cessionária possui a margem de solvência necessária, tendo em conta essa mesma transferência.

3. Se, nas condições previstas no direito nacional, um Estado-membro autorizar as agências e sucursais estabelecidas no seu território e referidas no presente título a transferir a totalidade ou parte da respectiva carteira de contratos para uma agência ou sucursal referida no presente título e criada no território de outro Estado-membro, esse Estado-membro assegurar-se-á de que as autoridades competentes do Estado-membro da cessionária ou, eventualmente, do Estado-membro referido no artigo 26º, certifiquem que a cessionária possui a margem de solvência necessária, tendo em conta essa mesma transferência, de que a lei do Estado-membro da cessionária prevê a possibilidade dessa transferência e de que esse Estado concorda com a transferência.

4. Nos casos referidos nos nºˢ 1, 2 e 3, o Estado-membro onde se situa a agência ou a sucursal cedente autorizará a transferência depois de ter obtido o acordo das autoridades competentes do Estado-membro do risco, quando este não seja o mesmo em que se situa a agência ou a sucursal cedente.

5. As autoridades competentes dos Estados-membros consultados comunicarão o seu parecer ou acordo às autoridades competentes do Estado-membro de origem da empresa de seguros cedente o mais tardar três meses após a recepção do pedido; expirado este prazo, as autoridades consultadas não se tiverem manifestado, o seu silêncio equivalerá a um parecer favorável ou a um acordo tácito.

6. A transferência autorizada em conformidade com o presente artigo é publicitada no Estado-membro em que o risco se situa, nos termos do direito nacional. Essa transferência é oponível de pleno direito aos tomadores de seguros, aos segurados e a qualquer titular de direitos ou obrigações decorrentes dos contratos transferidos.

Esta disposição não prejudica o direito dos Estadosmembros de preverem a possibilidade de os tomadores de seguros rescindirem o contrato num determinado prazo a partir da transferência.».

A PARAFISCALIDADE NA ACTIVIDADE SEGURADORA

ARTIGO 54º

1. Sem prejuízo de qualquer disposição em contrato, qualquer Estado-membro no qual os contratos relativos ao ramo nº 2 do ponto A do anexo à Directiva 73/239/CEE podem substituir parcial ou inteiramente a cobertura da doença assegurada pelo regime legal de segurança social, pode exigir que o contrato esteja em conformidade com as disposições legais específicas que protegem nesse Estado-membro o interesse geral quanto a esse ramo de seguro e que as condições gerais e específicas desse seguro sejam comunicadas às autoridades competentes desse Estado-membro antes da respectiva utilização.

2. Os Estados-membros podem exigir que a técnica do seguro de doença referido no nº 1 seja análoga à do seguro de vida sempre que:

– os prémios pagos sejam calculados com base em tabelas de frequência das doenças e outros dados estatísticos pertinentes, no caso do Estado-membro em que o risco se situa, de acordo com os métodos matemáticos aplicados em matéria de seguros,

– seja constituída uma reserva de velhice,

– a seguradora só possa anular o contrato durante um certo período de tempo fixado pelo Estado-membro onde se situa o risco,

– o contrato preveja a possibilidade de aumentar os prémios ou de reduzir os pagamentos, mesmo para os contratos em curso,

– o contrato preveja a possibilidade de o tomador de seguro trocar o seu contrato por um novo contrato em conformidade com o nº 1, proposto pela mesma empresa de seguros ou pela mesma sucursal e que tenha em conta os direitos por ele adquiridos. Será especialmente tida em conta a reserva de velhice e só poderá ser exigido um novo exame médico em caso de extensão da cobertura.

Nesse caso, as autoridades desse Estado-membro publicam as tabelas de frequência das doenças e outros dados estatísticos pertinentes acima referidos e dão deles conhecimento às autoridades do Estado de origem. Os prémios devem ser suficientes, segundo hipóteses actuariais razoáveis, para permitir às empresas satisfazer todos os seus compromissos relativos a todos os elementos da respectiva situação financeira. O Estado-membro de origem exige que a base técnica de cálculo dos prémios seja comunicada às suas autoridades competentes antes de o produto ser difundido. As disposições do presente número aplicam-se igualmente em caso de alteração de contratos em curso.

ARTIGO 55º

Os Estados membros podem exigir que todas as empresas de seguros que pratiquem no seu território, por sua conta e risco, o seguro obrigatório de acidentes de trabalho, respeitem as disposições específicas previstas nas respectivas legislações nacionais relativas a este seguro, com excepção das disposições relativas à supervisão financeira, que são da exclusiva competência do Estado de origem.

SEGUROS NÃO VIDA

ARTIGO 56º

Os Estados-membros assegurarão que as decisões tomadas relativamente a uma empresa de seguros, em aplicação das disposições legislativas, regulamentares e administrativas adoptadas em conformidade com a presente directiva, possam ser objecto de recurso judicial.

ARTIGO 57º

1. Os Estados-membros adaptarão, o mais tardar em 31 de Dezembro de 1993, as disposições legislativas, regulamentares e administrativas necessárias para dar cumprimento à presente directiva e pô-las-ão em vigor o mais tardar em 1 de Julho de 1994. Do facto informarão imediatamente a Comissão.

Sempre que os Estados-membros adoptem tais disposições, estas devem fazer referência à presente directiva ou ser acompanhadas dessa referência aquando da sua publicação oficial. As modalidades dessa referência serão estabelecidas pelos Estados-membros.

2. Os Estados-membros comunicarão à Comissão o texto das principais disposições de direito interno que adaptem no domínio regido pela presente directiva.

ARTIGO 58º

Os Estados-membros são os destinatários da presente directiva.

Feito no Luxemburgo, em 18 de Junho de 1992.

Pelo Conselho O Presidente *Vítor MARTINS*

Seguros de vida

Directiva 2002/83/CE do Parlamento Europeu e do Conselho de 5 de Novembro de 2002

relativa aos seguros de vida

O PARLAMENTO EUROPEU E O CONSELHO DA UNIÃO EUROPEIA,

Tendo em conta o Tratado que institui a Comunidade Europeia e, nomeadamente, o n.º 2 do seu artigo 47.º e o artigo 55.º,

Tendo em conta a proposta da Comissão[1],

Tendo em conta o parecer do Comité Económico e Social[2],

Deliberando nos termos do artigo 251.º do Tratado[3],

Considerando o seguinte:

1 – A primeira Directiva 79/267/CEE do Conselho, de 5 de Março de 1979, relativa à coordenação das disposições legislativas, regulamentares e administrativas respeitantes ao acesso à actividade de seguro directo de vida e ao seu exercício[4], a segunda Directiva 90/619/CEE do Conselho, de 8 de Novembro de 1990, relativa à coordenação das disposições legislativas, regulamentares e administrativas respeitantes ao seguro directo de vida, que fixa as disposições destinadas a facilitar o exercido efectivo da livre prestação de serviços e altera a Directiva 79/267/CEE (e a Directiva 92/96/CEE[5] do Conselho, de 10 de Novembro de 1992, que estabelece a coordenação das disposições legislativas, regulamentares e administrativas relativas

---

[1] JO C 365 E de 19.12.2000, p. 1.

[2] JO C 123 de 25.4.2001, p. 24.

[3] Parecer do Parlamento Europeu de 15 de Março de 2001 (JO C 343 de 5.12.2001, p. 202), posição comum do Conselho de 27 de Maio de 2002 (JO C 170 E de 16.7.2002, p. 45), e decisão do Parlamento Europeu de 25 de Setembro de 2002 (ainda não publicada no Jornal Oficial).

[4] JO L 63 de 13.3.1979, p. 1. Directiva com a última redacção que lhe foi dada pela Directiva 2002/12/CE do Parlamento Europeu e do Conselho (JO L 77 de 20.3.2002, p. 11).

[5] JO L 330 de 29.11.1990, p. 50. Directiva alterada pela Directiva 92/96/CEE JO L 360 de 9.12.1992. p. 1).

A PARAFISCALIDADE NA ACTIVIDADE SEGURADORA

ao seguro directo de vida, e que altera as Directivas 79/267/CEE e 90/619/CEE (terceira directiva sobre o seguro de vida)[6] foram por diversas vezes alteradas de modo substancial. É conveniente, por uma questão de clareza, e na ocasião de novas alterações, proceder à reformulação das referidas directivas.

2 – Para facilitar o acesso às actividades de seguro de vida e o seu exercício, é necessário eliminar certas divergências existentes entre as legislações nacionais em matéria de fiscalização. Para atingir esse objectivo, sem contudo deixar de garantir, em todos os Estados-Membros, uma protecção adequada dos segurados e dos beneficiários, convém coordenar as disposições relativas às garantias financeiras exigidas às empresas de seguros de vida.

3 – É necessário concluir o mercado interno no sector do seguro directo de vida, no duplo aspecto da liberdade de estabelecimento e da livre prestação de serviços nos Estados-Membros, a fim de facilitar às empresas de seguros com sede na Comunidade a assunção de compromissos no interior da Comunidade e permitir aos segurados o recurso não apenas a seguradoras estabelecidas nos seus países mas também a seguradoras com sede na Comunidade e estabelecidas noutros Estados-Membros.

4 – Nos termos do Tratado, é proibida, qualquer discriminação em matéria de liberdade de prestação de serviços baseada no facto de uma empresa não estar estabelecida no Estado-Membro em que a prestação é efectuada. Essa proibição aplica-se às prestações de serviços efectuadas a partir de qualquer estabelecimento na Comunidade, quer se trate da sede social de uma empresa quer de uma agência ou sucursal.

5 – A presente directiva constitui, por conseguinte, um passo importante no sentido da fusão dos mercados nacionais num mercado único integrado e essa fase deve ser completada por outros instrumentos comunitários para garantir a todos os tomadores de seguros a possibilidade de recorrer a qualquer seguradora que tenha a sua sede social na Comunidade e nela exerça a sua actividade em regime de estabelecimento ou em regime de livre prestação, garantindo-lhes simultaneamente uma protecção adequada.

6 – A presente directiva inscreve-se no quadro legislativo comunitário no domínio do seguro de vida que inclui, nomeadamente, a Directiva 91/674/CEE do Conselho, de 19 de Dezembro de 1991, relativa às contas anuais e às contas consolidadas das empresas de seguros[7].

7 – O processo adaptado consiste em realizar a harmonização fundamental, necessária e suficiente para alcançar um reconhecimento mútuo das autorizações e dos sistemas de supervisão prudencial, de modo a permitir a concessão de uma autorização única, válida em toda a Comunidade e a aplicação do princípio da supervisão pelo Estado-Membro de origem.

8 – Consequentemente, o acesso à actividade seguradora e o seu exercício ficam sujeitos à concessão de uma autorização administrativa única, emitida pelas autoridades competentes do Estado-Membro no qual se situa a sede social da empresa

---

[6] JO L 360 de 9.12.1992, p. 1 Directiva alterada pela Directiva 2000/64/CE do Parlamento Europeu e do Conselho (JO L 290 de 17.11.2000, p. 27).
[7] JOL 374 de 31. 12.1991, p.7.

SEGUROS DE VIDA

de seguros. Esta autorização permite que a empresa desenvolva a sua actividade em toda a Comunidade, quer em regime de estabelecimento quer em regime de livre prestação de serviços. O Estado-Membro da sucursal ou aquele em que é efectuada a livre prestação de serviços deixa de poder exigir uma nova autorização às empresas de seguros que nele desejem exercer a sua actividade seguradora e que já tenham sido autorizadas no Estado-Membro de origem.

9 – As autoridades competentes não devem poder conceder ou manter a autorização a uma empresa de seguros sempre que as relações estreitas que liguem esta a outras pessoas singulares ou colectivas possam entravar o bom exercício das suas funções de supervisão. As empresas de seguros já autorizadas devem igualmente satisfazer as exigências das autoridades competentes neste domínio.

10 – A definição de «relações estreitas» da presente directiva é constituída por critérios mínimos e não obsta a que os Estados-Membros atendam igualmente a situações diferentes das previstas nessa definição.

11 – O simples facto de ter adquirido uma percentagem significativa do capital de uma sociedade não constitui uma participação na acepção de «relações estreitas», se essa aquisição for feita apenas como investimento temporário e não permitir exercer influência sobre a estrutura ou a política financeira da empresa.

12 – Os princípios do reconhecimento mútuo e do controlo exercido pelo Estado-Membro de origem exigem que as autoridades competentes de cada Estado-Membro não concedam ou revoguem a autorização nos casos em que, a partir de elementos tais corno o conteúdo do plano de actividades ou a localização das actividades efectivamente exercidas, se conclua inequivocamente que a empresa de seguros optou pelo sistema jurídico de um Estado-Membro com o intuito de se subtrair a normas mais rigorosas em vigor noutro Estado-Membro em cujo território tenciona exercer ou exerce a maior parte da sua actividade. Uma empresa de seguros deve ser autorizada no Estado-Membro em que se situa a respectiva sede estatutária. Por outro lado, os Estados-Membros devem exigir que a administração central de uma empresa de seguros esteja sempre situada no seu Estado-Membro de origem e que nele opere de maneira efectiva.

13 – Por razões práticas, convém definir a prestação de serviços tendo em conta, por um lado, a localização do estabelecimento do segurador e, por outro, o local do compromisso. Convém, portanto, adaptar também uma definição de compromisso. Convém, além disso, demarcar a actividade exercida através de um estabelecimento da actividade exercida em regime de livre prestação de serviços.

14 – É necessária uma classificação por ramos, nomeadamente para se determinarem as actividades que estão sujeitas a uma autorização obrigatória.

15 – Convém excluir do âmbito de aplicação da presente directiva certas mútuas de seguros que, em razão do seu regime jurídico, preencham certas condições de segurança e ofereçam garantias financeiras específicas. Convém, por outro lado, excluir certos organismos cuja actividade abranja apenas um sector muito restrito e se encontre estatutariamente limitada.

16 – O seguro de vida está sujeito, em cada Estado-Membro, a uma autorização e supervisão administrativas, sendo necessário definir as condições de concessão e

A PARAFISCALIDADE NA ACTIVIDADE SEGURADORA

de revogação dessa autorização. É indispensável prever um recurso judicial das decisões de recusa ou de revogação da autorização.

17 – Convém clarificar os poderes e meios de supervisão das autoridades competentes. Convém, por outro lado, prever disposições específicas em matéria de acesso, de exercício e de controlo da actividade desenvolvida em regime de livre prestação de serviços.

18 – Incumbe às autoridades competentes do Estado-Membro de origem assegurar o controlo da solidez financeira das empresas de seguros, nomeadamente no que respeita à sua situação de solvência e à constituição de provisões técnicas suficientes, bem como à sua representação por activos congruentes.

19 – Convém prever a possibilidade de trocas de informações entre as autoridades competentes e as autoridades ou organismos que, pelas suas funções, contribuam para o reforço da estabilidade do sistema financeiro. Para preservar o carácter confidencial das informações transmitidas, a lista dos destinatários das informações deve ser restrita.

20 – Certos actos, como as fraudes, os delitos de iniciados e outros semelhantes, podem afectar a estabilidade do sistema financeiro, incluindo a sua integridade, mesmo quando envolvam outras empresas diferentes das empresas de seguros.

21 – É necessário prever as condições em que serão autorizadas as trocas de informações acima referidas.

22 – Sempre que se preveja que só podem ser divulgadas informações com o acordo explícito das autoridades competentes, estas podem eventualmente subordinar o seu acordo à observância de condições estritas.

23 – Os Estados-Membros podem celebrar acordos de troca de informações com países terceiros desde que as informações prestadas estejam sujeitas às adequadas garantias de sigilo profissional.

24 – A fim de reforçar a supervisão prudencial das empresas de seguros e a protecção dos seus clientes, é necessário prever uma disposição segundo a qual um revisor deve informar rapidamente as autoridades competentes sempre que, nos casos previstos na presente directiva, no exercício das suas funções, tenha conhecimento de determinados factos susceptíveis de afectar gravemente a situação financeira, ou a organização administrativa e contabilística de uma empresa de seguros.

25 – Tendo em conta o objectivo a atingir, é desejável que os Estados-Membros determinem que tal obrigação é aplicável sempre que esses factos sejam verificados por um revisor no exercício das suas funções numa empresa que tenha relações estreitas com uma empresa de seguros.

26 – A obrigação de, quando for caso disso, os revisores comunicarem às autoridades competentes determinados factos e decisões relativos a uma empresa de seguros verificados no exercício das suas funções numa empresa que não seja de seguros, não altera a natureza das suas funções nessa empresa, nem a forma como nela devem desempenhar as respectivas funções.

27 – A realização das operações de gestão de fundos colectivos de reforma não pode, em caso algum, afectar os poderes conferidos às autoridades respectivas em relação às entidades titulares dos activos abrangidos por essa gestão.

SEGUROS DE VIDA

28 – Certas disposições da presente directiva definem normas mínimas. O Estado-
-Membro de origem pode estabelecer regras mais estritas em relação às empresas de
seguros autorizadas pelas suas próprias autoridades competentes.

29 – As autoridades competentes dos Estados-Membros devem dispor dos meios
de supervisão necessários para garantir o exercício regular das actividades das empresas de seguros em toda a Comunidade, quer sejam exercidas em regime de estabelecimento ou em regime de livre prestação de serviços. Nomeadamente, devem poder
adoptar as medidas de salvaguarda adequadas ou impor sanções que tenham por
objectivo prevenir eventuais irregularidades ou infracções às disposições em matéria de supervisão dos seguros.

30 – As disposições relativas à transferência de carteiras devem incluir disposições específicas para o caso em que a carteira de contratos celebrados em regime de
prestação de serviços seja transferida para outra empresa.

31 – As disposições relativas à transferência de carteiras devem ser adaptadas ao
regime jurídico de autorização única previsto na presente directiva.

32 – Não se deve permitir às empresas constituídas após as datas referidas no n.º
3 do artigo 18.º a acumulação de actividades de seguro de vida e de seguro não vida.
Quanto às empresas que já praticavam essa acumulação nas datas referidas no n.º 3
do artigo 18.º, deverá conceder-se aos Estados-Membros a possibilidade de as auto-
rizarem a continuar a praticá-la, desde que adoptem uma gestão distinta para cada
uma das suas actividades, a fim de que os interesses respectivos dos seus segurados
no ramo «vida» e no ramo «não vida» sejam salvaguardados e para que as obrigações
financeiras mínimas decorrentes de cada uma das actividades não sejam suportadas
pela outra actividade. No que se refere a essas mesmas empresas actualmente existentes que praticam a acumulação, deverá, igualmente, conceder-se aos Estados-Membros a possibilidade de exigirem que essas empresas estabelecidas no seu território
cessem essa prática. Por outro lado, as empresas especializadas devem ser sujeitas a
uma fiscalização especial, sempre que uma empresa de seguros não vida pertença
ao mesmo grupo financeiro que uma empresa de seguros de vida.

33 – Nenhuma disposição da presente directiva impede uma empresa multira-
mos de se cindir em duas, praticando uma o seguro de vida e a outra o seguro não
vida. Para realizar esta cisão nas melhores condições possíveis é desejável permitir
que os Estados-Membros prevejam, na observância das disposições de direito comunitário em matéria de concorrência, um regime fiscal apropriado, respeitante nomeadamente às mais-valias que essa separação possa suscitar.

34 – Os Estados-Membros que o desejem devem ter a possibilidade de conceder
a uma mesma empresa autorizações para os ramos a que se refere o anexo I e para as
operações de seguros incluídas nos ramos 1 e 2 do anexo da Directiva 73/239/CEE
do Conselho, de 24 de Julho de 1973, relativa à coordenação das disposições legislativas, regulamentares e administrativas respeitantes ao acesso à actividade de seguro
directo não vida e ao seu exercício[8]. No entanto, essa faculdade pode ficar sujeita a

[8] JO L 228 de 16.8.1973, p. 3. Directiva com a última redacção que lhe foi dada pela Directiva 2002/13/
CE do Parlamento Europeu e do Conselho (JO L 77 de 20.3.2002, p. 17).

A PARAFISCALIDADE NA ACTIVIDADE SEGURADORA

determinadas condições em matéria de cumpri mento das normas contabilísticas e das regras de liquidação.

35 – Para a protecção dos segurados, é necessário que todas as empresas de seguros constituam provisões técnicas suficientes. O cálculo dessas provisões baseia-se essencialmente em princípios actuariais. Convém coordenar estes princípios para facilitar o reconhecimento mútuo das disposições prudenciais aplicáveis nos diferentes Estados-Membros.

36 – Por uma questão de prudência, é conveniente proceder a uma coordenação mínima das regras respeitantes à limitação da taxa de juro utilizada para o cálculo das provisões técnicas e para tal e atendendo ao facto de todos os métodos actualmente existentes serem igualmente correctos, prudenciais e equivalentes, afigura-se adequado conferir aos Estados-Membros a possibilidade de escolherem livremente o método a utilizar.

37 – Importa coordenar as regras relativas ao cálculo das provisões técnicas com as regras relativas à diversificação, localização e congruência dos activos representativos, a fim de facilitar o reconhecimento mútuo das disposições dos Estados-Membros. Essa coordenação deve ter em conta a liberalização dos movimentos de capitais prevista no artigo 56.º do Tratado, bem como os trabalhos da Comunidade destinados à realização da união económica e monetária.

38 – O Estado-Membro de origem não pode exigir às empresas de seguros que coloquem os activos representativos das suas provisões técnicas em determinadas categorias de activos, porque essas exigências seriam incompatíveis com a liberalização dos movimentos de capitais prevista no artigo 56.º do Tratado.

39 – É necessário que as empresas de seguros disponham, para além de provisões técnicas, incluindo as matemáticas, suficientes para fazerem face aos compromissos assumidos, de uma reserva complementar, denominada margem de solvência, representada pelo património livre e, mediante acordo da autoridade competente, por outros elementos implícitos do seu património, que servem de resguardo contra flutuações económicas desfavoráveis. Este requisito é um elemento importante do sistema de supervisão prudencial para a protecção das pessoas seguradas e dos tomadores de seguros. Para garantir que as obrigações impostas nesta matéria sejam determinadas em função de critérios objectivos, colocando em pé de igualdade a concorrência entre empresas do mesmo nível, convém prever que esta margem de solvência esteja em relação com o volume global dos compromissos assumidos pela empresa e com a natureza e a gravidade dos riscos inerentes às diferentes actividades abrangidas pela presente directiva. A margem deve ser diferente consoante se tratar de riscos de investimento, de riscos de mortalidade ou de meros riscos de gestão. Essa margem deve, pois, ser determinada em função das provisões matemáticas e de capitais em risco cobertos pela empresa, de prémios ou quotizações recebidos, e em função unicamente das, provisões como, ainda, em função dos fundos das tontinas.

40 – A Directiva 92/96/CEE prevê uma definição provisória de um mercado regulamentado, até à aprovação da directiva relativa aos serviços de investimento no domínio dos valores mobiliários que harmonizará esse conceito a nível da Comunidade. A Directiva 93/22/CEE do Conselho, de 10 de Maio de 1993, relativa aos ser-

SEGUROS DE VIDA

viços de investimento no domínio dos valores mobiliários[9], prevê uma definição de mercado regulamentado, excluindo, no entanto, do seu âmbito de aplicação as actividades de seguros de vida. Convém aplicar o conceito de mercado regulamentado também às actividades de seguros de vida.

41 – A lista dos elementos susceptíveis de serem utilizados na constituição da margem de solvência exigida pela presente directiva deve tomar em consideração os novos instrumentos financeiros e as facilidades concedidas às outras instituições financeiras para a constituição dos respectivos fundos próprios. Em face da evolução verificada no mercado quanto à natureza do resseguro contratado pelas seguradoras primárias, as autoridades competentes devem dispor de poderes para diminuir em certas circunstâncias a redução do requisito em matéria de margem de solvência. A fim de melhorar a qualidade da margem de solvência, a possibilidade de incluir lucros futuros na margem de solvência disponível deve ser limitada, ficando subordinada a determinadas condições e sendo suprimida depois de 2009.

42 – É necessário exigir um fundo de garantia cujo montante e composição garantam que as empresas disponham, desde o momento da sua constituição, de meios adequados e que, em nenhum caso, a margem de solvência desça, no decurso da actividade, abaixo de um mínimo de segurança. Este fundo de garantia deve ser constituído, no todo ou em parte determinada, por elementos explícitos do seu património.

43 – Com o objectivo de evitar aumentos futuros, substanciais e abruptos do montante do fundo de garantia mínimo, deve ser estabelecido um mecanismo que preveja o seu aumento de acordo com o índice geral de preços no consumidor da Comunidade. A presente directiva define as normas mínimas relativas ao requisito em matéria de margem de solvência, podendo um Estado-Membro de origem estabelecer regras mais estritas para as empresas de seguros autorizadas pelas suas autoridades competentes.

44 – Existem divergências entre as disposições em vigor nos Estados-Membros no que respeita ao Direito das Obrigações aplicável às actividades abrangidas pela presente directiva. A harmonização do Direito das Obrigações aplicável aos contratos de seguro não constitui condição prévia para a realização do mercado interno dos seguros. Por conseguinte, a possibilidade facultada aos Estados-Membros de imporem a aplicação do direito interno aos contratos de seguro no âmbito dos quais sejam assumidos compromissos no seu território é susceptível de prestar garantias suficientes aos tomadores de seguros. Em certos casos, pode ser concedida, segundo regras que tomem em consideração circunstâncias específicas, a liberdade de escolher como lei aplicável ao contrato uma lei diferente da do Estado do compromisso.

45 – Quanto aos contratos de seguro de vida, é conveniente conceder ao tomador de seguros a possibilidade de denunciar o contrato no prazo de 14 a 30 dias.

46 – No âmbito do mercado interno, é do interesse do tomador de seguros ter acesso à mais vasta gama possível de produtos de seguro oferecidos na Comunidade para poder escolher entre eles o mais adequado às suas necessidades. Incumbe ao

[9] JO L 141 de 11.6.1993, p. 27. Directiva com a última redacção que lhe foi dada pela Directiva 2000/64/CE do Parlamento Europeu e do Conselho.

A PARAFISCALIDADE NA ACTIVIDADE SEGURADORA

Estado-Membro em que o compromisso é assumido garantir que não haja quaisquer obstáculos à comercialização no seu território de todos os produtos de seguro oferecidos na Comunidade, desde que estes não sejam contrários às disposições legais de interesse geral em vigor no Estado-Membro em que o compromisso é assumido e na medida em que esse interesse geral não seja salvaguardado pelas regras do Estado-Membro de origem, desde que essas disposições devam ser aplicadas de forma não discriminatória a qualquer empresa que opere nesse Estado-Membro e sejam objectivamente necessárias e proporcionais ao objectivo prosseguido.

47 – Os Estados-Membros devem poder assegurar que os produtos de seguros e a documentação contratual utilizada na cobertura dos compromissos assumidos no seu território, em regime de estabelecimento ou em regime de livre prestação de serviços, respeitam as disposições legais específicas de interesse geral aplicáveis. Os sistemas de supervisão a utilizar devem adaptar-se às exigências do mercado interno, sem poderem constituir uma condição prévia para o exercício da actividade seguradora. Nesta perspectiva, os sistemas de aprovação prévia das condições de seguro deixam de se justificar. Por conseguinte, convém prever outros sistemas mais adequados às exigências do mercado interno que permitam a qualquer Estado-Membro garantir a protecção essencial dos tomadores de seguros.

48 – Importa prever uma colaboração entre as autoridades competentes dos Estados-Membros e entre estas e a Comissão.

49 – Convém prever um regime de sanções a aplicar sempre que uma empresa de seguros não cumpra as disposições de interesse público que lhe são aplicáveis no Estado-Membro em que o compromisso é assumido.

50 – É necessário prever medidas para os casos em que a situação financeira da empresa se transforme de tal modo que lhe seja difícil respeitar os seus compromissos. Em situações específicas em que se encontrem ameaçados os direitos dos tomadores de seguros, há a necessidade de as autoridades competentes disporem de poder de intervenção numa fase suficientemente precoce, devendo no entanto informar as empresas de seguros das razões que motivam essa intervenção ao abrigo desses poderes, de acordo com os princípios da boa administração e do respeito dos procedimentos. Enquanto se mantiver essa situação, a autoridade competente não deverá poder certificar que uma empresa de seguros dispõe de uma margem de solvência suficiente.

51 – Admite-se que, para efeitos de aplicação dos princípios actuariais de acordo com a presente directiva, o Estado-Membro de origem possa exigir a comunicação sistemática das bases técnicas aplicáveis ao cálculo das tarifas dos contratos e das provisões técnicas, sendo que essa comunicação das bases técnicas exclui a comunicação das condições gerais e especiais dos contratos, bem como a das tarifas comerciais da empresa.

52 – Num mercado interno de seguros, o consumidor terá uma maior e mais diversificada possibilidade de escolha dos contratos. Para beneficiar plenamente dessa diversidade e de uma concorrência acrescida, deve ter ao seu dispor as informações necessárias para escolher o contrato que melhor se adapte às suas necessidades. Esta necessidade de informações é tanto mais importante quanto maior for a duração dos

SEGUROS DE VIDA

compromissos, que poderá ser muito longa. Por conseguinte, convém coordenar as disposições mínimas para que o consumidor receba uma informação clara e precisa sobre as características essenciais dos produtos que lhe são propostos, bem como as indicações pertinentes relativas aos organismos competentes em matéria de reclamações dos tomadores segurados ou beneficiários do contrato.

53 – A publicidade dos produtos de seguro é fundamental para facilitar o exercício das actividades de seguro na Comunidade. Deve ser dada às empresas de seguros a possibilidade de recorrerem a todos os meios normais de publicidade no Estado--Membro da sucursal ou no da prestação de serviços. Os Estados-Membros podem, contudo, exigir o cumprimento das regras que regulam a forma e o conteúdo dessa publicidade, decorrentes quer dos actos comunitários adaptados em matéria de publicidade quer de disposições adaptadas pelos Estados-Membros por razões de interesse geral.

54 – No âmbito do mercado interno, nenhum Estado-Membro pode proibir, no seu território, o exercício simultâneo da actividade seguradora em regime de estabelecimento e em regime de livre prestação de serviços.

55 – Enquanto determinados Estados-Membros não sujeitam as operações de seguro a nenhuma forma de tributação indirecta, a maioria aplica-lhes impostos específicos e outras formas de contribuições. Nos Estados-Membros em que esses impostos e contribuições são cobrados, a sua estrutura e taxa divergem sensivelmente. Convém evitar que as diferenças existentes venham a traduzir-se em distorções de concorrência no domínio da prestação de serviços de seguro entre os Estados-Membros. Enquanto não se proceder a uma harmonização posterior, a aplicação do regime fiscal e de outras formas de contribuições previstas pelo Estado-Membro em que o compromisso é assumido é susceptível de colmatar este inconveniente, competindo aos Estados-Membros estabelecer as regras destinadas a garantir a cobrança desses impostos e contribuições.

56 – É importante efectuar uma coordenação comunitária em matéria de liquidação das empresas de seguros. É essencial prever, desde já, em caso de liquidação de uma empresa de seguros, que o sistema de garantia instituído em cada Estado--Membro assegure a igualdade de tratamento de todos os credores de seguro sem distinção quanto à sua nacionalidade e independentemente da modalidade de subscrição do compromisso.

57 – As regras de coordenação relativas ao exercício da actividade de seguro directo no interior da Comunidade devem, em princípio, aplicar-se a todas as empresas que actuam no mercado, incluindo, portanto, as agências e sucursais de empresas cuja sede social esteja situada fora da Comunidade. Quanto às formas de fiscalização, a presente directiva prevê disposições especiais em relação a essas agências e sucursais, dado que o património das empresas de que dependem se encontra fora da Comunidade.

58 – Convém prever a celebração de acordos de reciprocidade com um ou vários países terceiros, a fim de permitir a flexibilização destas condições especiais, atendendo, no entanto, ao princípio de que as agências e as sucursais destas empresas não devem ter um tratamento mais favorável do que as empresas da Comunidade.

A PARAFISCALIDADE NA ACTIVIDADE SEGURADORA

59 – Torna-se necessário prever um procedimento flexível que permita avaliar a reciprocidade com países terceiros numa base comunitária. O objectivo deste procedimento não é fechar os mercados financeiros da Comunidade, mas, como a Comunidade se propõe manter os seus mercados financeiros abertos ao resto do mundo, assegurar a liberalização dos mercados financeiros globais noutros países terceiros. Para o efeito, a presente directiva prevê procedimentos de negociação com países terceiros ou, em último caso, a possibilidade de tomar medidas, que consistirão em suspender novos pedidos de autorização ou em limitar novas autorizações pelo processo de regulamentação previsto no artigo 5.º da Decisão 1999/468/CE do Conselho[10].

60 – A presente directiva deve prever disposições relativas às provas de honorabilidade e de inexistência de falência.

61 – A fim de clarificar o regime jurídico aplicável às actividades de seguros de vida abrangidas pela presente directiva, é conveniente adaptar algumas disposições das Directivas 79/267/CEE, 90/619/CEE e 92/96/CEE. Para esse efeito, é conveniente adaptar algumas disposições relativas ao estabelecimento da margem de solvência e aos direitos adquiridos pelas sucursais de empresas de seguros constituídas antes de 1 de Julho de 1994. É. também, conveniente determinar o conteúdo do programa de actividades das sucursais das empresas de seguros de países terceiros estabelecidas na Comunidade.

62 – Pode vir a ser necessário introduzir periodicamente alterações técnicas às regras de execução previstas na presente directiva, de modo a ter em conta a evolução futura no sector dos seguros. A Comissão procederá a essas alterações, sempre que necessário, após ter consultado o Comité de Seguros criado pela Directiva 91/675/CEE do Conselho[11], no âmbito dos poderes de execução conferidos à Comissão pelas disposições do Tratado. Essas medidas, de carácter geral nos termos do artigo 2.º da Decisão 1999/468/CE, devem ser aprovadas pelo processo de regulamentação previsto no artigo 5.º da referida decisão.

63 – Nos termos do artigo 15.º do Tratado, é conveniente ter em conta a amplitude do esforço de certas economias que apresentam diferenças de desenvolvimento. Por conseguinte, certos Estados-Membros devem poder adaptar um regime transitório que permita uma aplicação gradual da presente directiva.

64 – As Directivas 79/267/CEE e 90/619/CEE concedem uma derrogação especial às empresas já constituídas à data de aprovação destas directivas. Essas empresas modificaram posteriormente a sua estrutura. Por conseguinte, essa norma derrogatória deixou de se justificar.

65 – A presente directiva não deve afectar as obrigações dos Estados-Membros relativas aos prazos de transposição e de aplicação das directivas que figuram na parte B do anexo V.

ADOPTARAM A PRESENTE DIRECTIVA:

[10] JO L 184 de 17.7.1999, p. 23.
[11] JO L 374 de 31.12.1991, p. 32.

332

ÍNDICE

TÍTULO I	DEFINIÇÕES E ÂMBITO DE APLICAÇÃO
Artigo 1.º	Definições
Artigo 2.º	O Âmbito de aplicação
Artigo 3.º	Actividades à organismos não abrangidos
TÍTULO II	ACESSO À ACTIVIDADE DE SEGURO DE VIDA
Artigo 4.º	Princípio de autorização
Artigo 5.º	Âmbito da autorização
Artigo 6.º	Condições de obtenção da autorização
Artigo 7.º	Programa de actividades
Artigo 8.º	Accionistas e associados qualificados
Artigo 9.º	Recusa de autorização
TÍTULO III	CONDIÇÕES DE EXERCÍCIO DA ACTIVIDADE DE SEGUROS
Capítulo 1	Princípios e métodos da supervisão financeira
Artigo 10.º	Autoridades competentes e objectivo da supervisão
Artigo 11.º	Supervisão das sucursais estabelecidas noutros Estados-Membros
Artigo 12.º	Proibição de cessão obrigatória aos organismos públicos
Artigo 13.º	Contabilidade, informações prudenciais e estatísticas – poder de fiscalização
Artigo 14.º	Transferência de carteira
Artigo 15.º	Participação qualificada
Artigo 16.º	Sigilo profissional
Artigo 17.º	Função dos auditores
Artigo 18.º	Prática simultânea de seguro de vida e de não vida
Artigo 19.º	Gestão separada dos seguros de vida e não vida
Capítulo 2	Regras relativas às provisões técnicas e à sua representação
Artigo 20.º	Constituição de provisões
Artigo 21.º	Prémios dos novos contratos
Artigo 22.º	Activos representativos das provisões técnicas
Artigo 23.º	Categorias de activos admitidos
Artigo 24.º	Regras de diversificação dos investimentos
Artigo 25.º	Contratos ligados ao OICVM ou a um índice de acções
Artigo 26.º	Regras de congruência
Capítulo 3	Regras relativas à margem de solvência e aos fundos de garantia

A PARAFISCALIDADE NA ACTIVIDADE SEGURADORA

Artigo 27.º	Margem de solvência disponível
Artigo 28.º	Margem de solvência exigível
Artigo 29.º	Fundo de garantia
Artigo 30.º	Revisão do montante do fundo de garantia
Artigo 31.º	Activos não utilizados para a cobertura das provisões técnicas
Capítulo 4	Direito dos contratos e das condições de seguros
Artigo 32.º	Lei aplicável
Artigo 33.º	Interesse geral
Artigo 34.º	Regras relativas às condições de seguros e de tarifas
Artigo 35.º	Período de renúncia
Artigo 36.º	Informação ao tomador
Capítulo 5	Empresas de seguros em dificuldade ou em situação irregular
Artigo 37.º	Empresa de seguros em dificuldade
Artigo 38.º	Plano de recuperação financeira
Artigo 39.º	Revogação da autorização
TÍTULO IV	DISPOSIÇÕES RELATIVAS AO DIREITO DE ESTABELECIMENTO E À LIVRE PRESTAÇÃO DE
Artigo 40.º	Condições para o estabelecimento de uma sucursal
Artigo 41.º	Livre prestação de serviços: notificação prévia ao Estado Membro de origem
Artigo 42.º	Livre prestação de serviços: notificação pelo Estado-Membro de origem
Artigo 43.º	Livre prestação de serviços: alteração da natureza das
Artigo 44.º	Idioma
Artigo 45.º	Regras relativas às condições de seguros e de tarifas
Artigo 46.º	Incumprimento das normas legais pelas empresas de seguros
Artigo 47.º	Publicidade
Artigo 48.º	Liquidação
Artigo 49.º	Informações estatísticas sobre actividades transfronteiriças
Artigo 50.º	Imposto sobre os prémios
TÍTULO V	REGRAS APLICÁVEIS ÀS AGÊNCIAS OU SUCURSAIS ESTABELECIDAS NO INTERIOR DA COMUNIDADE E DE EMPRESAS. DE SEDE SOCIAL FORA DA COMUNIDADE
Artigo 51.º	Princípios e condições de autorização
Artigo 52.º	Disposições aplicáveis às sucursais das empresas de países terceiros
Artigo 53.º	Transferência de carteira
Artigo 54.º	Constituição de provisões técnicas

SEGUROS DE VIDA

Artigo 55.º	Margem de solvência e fundos de garantia
Artigo 56.º	Facilidades para empresas autorizadas em vários Estados-Membros
Artigo 57.º	Acordos com países terceiros
TÍTULO VI	REGRAS APLICÁVEIS ÀS FILIAIS DE UMA EMPRESA-MÃE SUJEITA À ORDEM JURÍDICA DE UM PAÍS TERCEIRO E À AQUISIÇÃO DE PARTICIPAÇÕES POR ESSA EMPRESA-MÃE
Artigo 58.º	Informação dos Estados-Membros à Comissão
Artigo 59.º	Tratamento dado por países terceiros a empresas de seguros comunitárias
TÍTULO VII	DISPOSIÇÕES TRANSITÓRIAS E DIVERSAS
Artigo 60.º	Derrogações e supressão de medidas restritivas
Artigo 61.º	Prova de honorabilidade
TÍTULO VIII	DISPOSIÇÕES FINAIS
Artigo 62.º	Cooperação entre os Estados-Membros e a Comissão
Artigo 63.º	Relatório sobre o desenvolvimento do mercado em livre prestação de serviços
Artigo 64.º	Adaptação técnica
Artigo 65.º	Procedimento do comité
Artigo 66.º	Direitos adquiridos pelas sucursais e empresas de seguros existentes
Artigo 67.º	Recurso judicial
Artigo 68.º	Revisão dos montantes em ecus
Artigo 69.º	Aplicação de novas medidas
Artigo 70.º	Notificação da Comissão
Artigo 71º	Período transitório para o n.### 6 do artigo 3.### e para os artigos 27.º 28.º, 29.º,30.º e 38.º
Artigo 72.º	Directivas revogadas e suas correlações com a presente directiva
Artigo 73.º	Entrada em vigor
Artigo 74.º	Destinatários
Anexo I	Classificação por ramo
Anexo II	Regras de congruência
Anexo III	Informação ao tomador
Anexo IV	...
Anexo V	...
Parte A	Directivas revogadas com as respectivas alterações (referidas no artigo 72.º)
Parte B	Prazos de transposição (referidos no artigo 72.º)
Anexo VI	Quadro de correspondência

335

TÍTULO I
DEFINIÇÕES E ÂMBITO DE APLICAÇÃO

ARTIGO 1.º
Definições

1. Para efeitos da presente directiva, entende-se por:

a) Empresa de seguros, qualquer empresa que tenha recebido uma autorização administrativa nos termos do artigo 4.º,

b) Sucursal, qualquer agência ou sucursal de uma empresa de seguros.

Qualquer presença permanente de uma empresa no território de um Estado--Membro é equiparada a agência ou sucursal, mesmo que essa presença não tenha assumido a forma de sucursal ou de agência e se exerça através de um simples escritório gerido por pessoal da própria empresa, ou por urna pessoa independente, mas mandatada para agir permanentemente em nome da empresa, como o faria uma agência;

c) Estabelecimento, a sede social, uma agência ou uma sucursal de uma empresa;

d) Compromisso, um compromisso que se concretize numa das formas de seguros ou de operações previstas no artigo 2.º;

e) Estado-Membro de origem, o Estado-Membro no qual se situa a sede social da empresa de seguros que assume o compromisso;

f) Estado-Membro da sucursal, o Estado-Membro em que se situa a sucursal que assume o compromisso;

g) Estado-Membro do compromisso, o Estado-Membro em que o tomador reside habitualmente ou, quando se trate de pessoa colectiva, o Estado-Membro em que está situado o estabelecimento da pessoa colectiva a que o contrato diz respeito;

h) Estado-Membro de prestação de serviços, o Estado-Membro do compromisso, se o compromisso for assumido por um estabelecimento ou uma sucursal situados noutro Estado-Membro;

i) Controlo, a relação que existe entre uma empresa-mãe e uma filial, tal como prevista no artigo 1.º da Directiva 83/349/CEE do Conselho[12], ou uma relação da mesma natureza entre qualquer pessoa singular ou colectiva e uma empresa;

j) Participação qualificada, a detenção, numa empresa, de forma directa ou indirecta, de pelo menos 10% do capital ou dos direitos de voto, ou qualquer outra possibilidade de exercer uma influência significativa na gestão da empresa participada.

Para efeitos da presente definição, no âmbito dos artigos 8.º e 15.º e da determinação dos outros níveis de participação previstos no artigo 15.º, são tomados em consideração os direitos de voto a que se refere o artigo 92.º da Directiva 2001/34/CE do Parlamento Europeu e do Conselho, de 28 de Maio de 2001, relativa à admis-

---

[12] JO L 193 de 18.7.1983, p. 1. Directiva com a última redacção que lhe foi dada pela Directiva 2001/65/CE do Parlamento Europeu e do Conselho (JO L 283 de 27.10.2001, p. 28).

são de valores mobiliários à cotação social de uma bolsa de valores e à informação a publicar sobre esses valores[13];

k) Empresa-mãe, uma empresa-mãe na acepção dos artigos 1.º e 2.º da Directiva 83/349/CEE;

l) Filial, uma empresa filial na acepção dos artigos 1.º e 2.º da Directiva 83/349/ CEE; qualquer filial de uma filial é igualmente considerada filial da empresa-mãe de que essas empresas dependem;

m) Mercado regulamentado,

– no caso de um mercado situado num Estado-Membro, um mercado regulamentado, tal como definido no n.º 13 do artigo 1.º da Directiva 93/22/CEE,

– no caso de um mercado situado num país terceiro, um mercado financeiro reconhecido pelo Estado-Membro de origem da empresa de seguros e que preencha requisitos comparáveis. Os instrumentos financeiros negociados devem ser de qualidade comparável à dos instrumentos negociados no mercado ou mercados regulamentados do Estado-Membro em questão;

n) Autoridades competentes, as autoridades nacionais que exercem, por força de lei ou de regulamentação, a supervisão das empresas de seguros;

o) Congruência dos activos, representação dos compromissos exigíveis numa moeda, por activos liberados ou realizáveis nessa mesma moeda;

p) Localização dos activos, existência de activos mobiliários ou imobiliários no interior de um Estado-Membro, sem que por isso os activos mobiliários devam ser objecto de um depósito e os activos imobiliários devam ser objecto de medidas restritivas, tais como registo de hipotecas; os activos representados por créditos são considerados como localizados no Estado-Membro em que são realizáveis;

q) Capital em risco, o montante a pagar por morte, deduzida a reserva matemática do risco principal;

r) Relação estreita, uma relação em que duas ou mais pessoas singulares ou colectivas se encontrem ligadas através de:

i) Participação, a posse, directa ou através de uma relação de controlo, de 20% ou mais dos direitos de voto ou do capital de uma empresa, ou

ii) Relação de controlo, a relação entre uma empresa-mãe e uma filial em todos os casos referidos nos n.ᵒˢ 1 e 2 do artigo 1.º da Directiva 83/349/CEE, ou uma relação semelhante entre uma pessoa singular ou colectiva e uma empresa; qualquer filial de uma filial é igualmente considerada filial da empresa-mãe de que essas empresas dependem.

É igualmente considerada como constituindo uma relação estreita entre duas ou mais pessoas singulares ou colectivas, uma situação em que essas pessoas se encontrem ligadas de modo duradouro a uma mesma pessoa através de uma relação de controlo.

[13] JO L 184 de 6.7.2001, p. 1.

A PARAFISCALIDADE NA ACTIVIDADE SEGURADORA

2. Sempre que a presente directiva fizer referência ao euro, o contra-valor em moeda nacional a tomar em consideração, a partir de 31 de Dezembro de cada ano, é o do último dia do mês de Outubro precedente para o qual se encontram disponíveis os contra-valores do euro em todas as moedas pertinentes da Comunidade.

ARTIGO 2.º
Âmbito de aplicação

A presente directiva diz respeito ao acesso à actividade não assalariada do seguro directo praticada por empresas estabelecidas num Estado-Membro ou que nele pretendam estabelecer-se, bem como ao exercício das seguintes actividades:

1. Os seguintes seguros, quando decorram de um contrato:

a) O ramo «Vida», isto é, o que inclui, nomeadamente, o seguro em caso de vida, o seguro em caso de morte, o seguro misto, o seguro em caso de vida com contra-seguro, o seguro de nupcialidade, o seguro de natalidade;

b) O seguro de renda;

c) Os seguros complementares praticados por empresas de seguros de vida, isto é, os seguros de danos corporais, incluindo-se nestes a incapacidade para o trabalho profissional, os seguros em caso de morte por acidente, os seguros em caso de invalidez por acidente ou doença, sempre que estes diversos seguros forem complementares dos seguros de vida;

d) O seguro praticado na Irlanda e no Reino Unido, denominado «permanent health insurance» (seguro de doença a longo prazo), não rescindível.

2. As seguintes operações, quando decorrem de um contrato, desde que estejam submetidas à fiscalização das autoridades administrativas competentes para a fiscalização dos seguros privados:

a) As operações de tontinas, que se traduzem na constituição de associações que reúnam aderentes com o objectivo de capitalizar em comum as suas quotizações e de repartir o capital assim constituído, quer entre os sobreviventes, quer entre os herdeiros dos falecidos;

b) As operações de capitalização baseadas numa técnica actuarial, que se traduzam na assunção de compromissos determinados quanto à sua duração e ao seu montante, como contrapartida de prestações únicas ou periódicas, previamente fixadas;

c) As operações de gestão de fundos colectivos de reforma, isto é, as operações que consistem na gestão, pela empresa em causa, de investimentos e, nomeadamente, dos activos representativos das provisões de organismos que liquidam prestações em caso de morte, em caso de vida, ou em caso de cessação ou redução de actividades;

d) As operações indicadas na alínea c), quando conjugadas com uma garantia de seguro respeitante quer à manutenção do capital, quer à obtenção de um juro mínimo;

e) As operações efectuadas pelas empresas de seguros, tais como as previstas no «Code Français des Assurances» – Livro IV, título 4, capítulo 1.

SEGUROS DE VIDA

3. As operações dependentes da duração da vida humana, definidas ou previstas na legislação dos seguros sociais, desde que sejam praticadas ou geridas em conformidade com a legislação de um Estado-Membro por empresas de seguros, suportando elas próprias o risco inerente.

ARTIGO 3.º
Actividades e organismos não abrangidos

A presente directiva não abrange:

1. Sem prejuízo do disposto na alínea c) do n.º 1 do artigo 2.º, os ramos que constam do anexo da Directiva 73/239/CEE.

2. As operações de organismos de previdência e de assistência, que concedem prestações variáveis consoante os recursos disponíveis e em que a contribuição dos aderentes é estabelecida com um valor fixo.

3. As operações efectuadas por organismos que, não sendo as empresas indicadas no artigo 2.º tenham por objecto conceder aos trabalhadores, assalariados ou não, agrupados no âmbito de uma empresa ou de uma associação de empresas ou de um sector profissional ou interprofissional, prestações em caso de morte, em caso de vida ou em caso de cessação ou de redução de actividades, quer os compro missas resultantes destas operações estejam ou não cobertos integralmente e a cada momento por provisões matemáticas.

4. Os seguros incluídos num regime legal de segurança social, sem prejuízo do disposto no n.º 3 do artigo 2.º.

5. Os organismos que garantam unicamente prestações em caso de morte, desde que o montante destas prestações não exceda o valor médio das despesas de um funeral no caso de morte, ou desde que sejam concedidas em espécie.

6. As mútuas que, cumulativamente, apresentem as seguintes características:

– o estatuto preveja a possibilidade, quer de proceder a reforços de quotização ou à redução das prestações, quer de recorrer ao apoio de outras pessoas que, para esse fim, tenham assumido determinado compromisso, e

– o montante anual das quotizações recebidas, em virtude das actividades abrangidas pela presente directiva, não exceda cinco milhões de euros durante três anos consecutivos. Se este montante for ultrapassado durante três anos consecutivos, a presente directiva é aplicável a partir do quarto ano.

Não obstante, as disposições do presente número não obstam a que uma mútua apresente um pedido de autorização ou continue a ser autorizada ao abrigo da presente directiva.

7. Salvo modificação dos estatutos quanto ao âmbito das suas actividades, o «Versorgungsverband deutscher Wirtschaftsorganisationen», na República Federal da Alemanha.

8. As actividades de realização de planos de pensões das empresas de seguros referidas na lei relativa às pensões dos trabalhadores assalariados (TIL) e na demais legislação finlandesa pertinente, desde que:

A PARAFISCALIDADE NA ACTIVIDADE SEGURADORA

a) As empresas de seguros de pensões que, nos termos da legislação finlandesa, sejam já obrigadas a ter sistemas separados de contabilidade e gestão para as suas actividades relativas às pensões passem a ter, a partir da data de adesão, órgãos jurídicos separados para a realização dessas actividades;

b) As autoridades finlandesas autorizem, sem discriminação, a todos os nacionais e empresas dos Estados-Membros o exercício, nos termos da legislação finlandesa, das actividades especificadas no artigo 2.º, relacionadas com a presente derrogação, através:

– da propriedade ou participação numa empresa ou grupo de seguradoras existentes, ou

– da constituição ou participação de novas empresas ou grupos de seguradoras, incluindo empresas de realização de planos de pensões;

c) As autoridades finlandesas devem apresentar à Comissão para aprovação, no prazo de três meses a contar da data de adesão, um relatório contendo as medidas que tiverem sido tornadas para separar as actividades TEL das actividades normais de seguros realizadas pelas seguradoras finlandesas, a fim de dar cumprimento a todos os requisitos da presente directiva.

TÍTULO II
ACESSO À ACTIVIDADE DE SEGURO DE VIDA

ARTIGO 4.º
Princípio de autorização

O acesso às actividades abrangidas pela presente directiva depende da concessão de uma autorização administrativa prévia.

Essa autorização deve ser solicitada às autoridades do Estado-Membro de origem:

a) Pela empresa que estabelece a sua sede social no território desse Estado-Membro;

b) Pela empresa que, após ter recebido a autorização referida no primeiro parágrafo, deseje alargar a sua actividade a todo um ramo ou a outros ramos.

ARTIGO 5.º
Âmbito da autorização

1. A autorização é válida para o conjunto da Comunidade. A autorização permite que a empresa de seguros desenvolva actividades na Comunidade, quer em regime de estabelecimento quer em regime de livre prestação de serviços.

2. A autorização é dada por ramo de seguros, nos termos do anexo I. A autorização abrange o ramo na sua totalidade, salvo se o requerente apenas pretender cobrir parte dos riscos incluídos nesse ramo.

As autoridades competentes podem limitar a autorização solicitada para um ramo às actividades constantes do programa de actividades previsto no artigo 7.º.

SEGUROS DE VIDA

Cada Estado-Membro tem a faculdade de conceder uma autorização para diversos ramos, desde que a lei nacional permita o exercício simultâneo desses ramos.

ARTIGO 6.º
Condições de obtenção da autorização

1. O Estado-Membro de origem exige que as empresas de seguros que solicitem a autorização:

a) Adoptem uma das seguintes formas:

– no que diz respeito ao Reino da Bélgica: "société anonyme/naamloze vennootschap", "société en commandite par actions/commanditaire vennootschap op aandelen", "association d'assurance mutuelle/onderlinge verzekeringsvereniging", "société coopérative/coöperatieve vennootschap",

– no que diz respeito ao Reino da Dinamarca: "aktieselskaber", "gensidige selskaber", "pensionskasser omfattet af lov om forsikringsvirksomhed (tværgäende pensionskasser)",

– no que diz respeito à República Federal da Alemanha: "Aktiengesellschaft", "Versicherungsverein auf Gegenseitigkeit", "Öffentlich-rechtliches Wettbewerbsversicherungsunternehmen",

– no que diz respeito à República Francesa: "société anonyme, société d'assurance mutuelle", "institution de prévoyance régie par le code de la sécurité sociale", "institution de prévoyance régie par le code rural ainsi que mutuelles régies par le code de la mutualité",

– no que diz respeito à Irlanda: "incorporated companies limited by shares or by guarantee or unlimited", "societies registered under the Industrial and Provident Societies Acts", "societies registered under the Friendly Societies Acts",

– no que diz respeito à República Italiana: "società per azioni", "società cooperativa", "mutua di assicurazione",

– no que diz respeito ao Grão-Ducado do Luxemburgo: "société anonyme", "société en commandite par actions", "association d'assurances mutuelles", "société coopérative",

– no que diz respeito ao Reino dos Países Baixos: "naamloze vennootschap", "onderlinge waarborgmaatschappij",

– no que diz respeito ao Reino Unido: "incorporated companies limited by shares or by guarantee or unlimited", "societies registered under the industrial and Provident Societies Acts", "societies registered or incorporated under the Friendly Societies Acts", "the association of underwriters known as Lloyd's",

– no que diz respeito à República Helénica: "ανωνυμη εταιρωα",

– no que diz respeito ao Reino de Espanha: "sociedad anónima", "sociedad mutua", "sociedad cooperativa",

– no que diz respeito à República Portuguesa: "sociedade anónima", "mútua de seguros",

A PARAFISCALIDADE NA ACTIVIDADE SEGURADORA

– no que diz respeito à República da Áustria: "Aktiengesellschaft, Versicherungsverein auf Gegenseitigkeit",

– no que diz respeito à República da Finlândia: "keskinäinen vakuutusosyhtiö/ömsesidigt försäkringsbolag", "vakuutusosakeyhtiö/försäkringsbolag", vakuutusyhdistys/försäkringsförening,

– no que diz respeito ao Reino da Suécia: "försäkringsaktiebolag", "ömsesidiga försäkringsbolag", "understödsföreningar"

Uma empresa de seguros pode igualmente adoptar a forma de sociedade europeia, quando esta tiver sido criada.

Por outro lado, os Estados-Membros podem criar, se necessário, empresas de direito público, desde que tenham por objectivo fazer operações de seguros em condições equivalentes às das empresas de direito privado;

b) Limitem o seu objecto social às actividades previstas na presente directiva e às operações que delas directamente decorrem, com exclusão de qualquer outra actividade comercial;

c) Apresentem um programa de actividades de acordo com o disposto no artigo 7.º;

d) Disponham de um fundo de garantia no valor mínimo previsto no n.º 2 do artigo 29.º;

e) Sejam dirigidas de forma efectiva por pessoas que preencham as necessárias condições de idoneidade e de qualificação ou experiência profissionais.

2. Sempre que existam relações estreitas entre a empresa de seguros e outras pessoas singulares ou colectivas, as autoridades competentes só concederão a autorização se essas relações não entravarem o bom exercício das suas funções de supervisão.

As autoridades competentes recusarão igualmente a autorização se as disposições legislativas, regulamentares ou administrativas de um país terceiro a que estejam sujeitas uma ou mais pessoas singulares ou colectivas com as quais a empresa de seguros tenha relações estreitas, ou dificuldades inerentes à sua aplicação, entravem o bom exercício das suas funções de supervisão.

As autoridades competentes exigirão que as empresas de seguros lhes prestem as informações que solicitarem para se certificarem do cumprimento permanente do disposto no presente número.

3. Os Estados-Membros exigirão que a administração central das empresas de seguros se situe no mesmo Estado-Membro que a respectiva sede estatutária.

4. A empresa de seguros que solicitar a autorização para a extensão das suas actividades a outros ramos ou para a extensão de uma autorização que abrange apenas uma parte dos riscos englobados num ramo deve apresentar um programa de actividades de acordo com o disposto no artigo 7.º

Além disso, a empresa deve provar que dispõe da margem de solvência prevista no artigo 28.º e do fundo de garantia previsto nos n.ºs 1 e 2 do artigo 29.º

5. Os Estados-Membros não podem adoptar disposições que exijam a aprovação prévia ou a comunicação sistemática dos termos gerais e especiais das apólices de seguros, das tarifas, das bases técnicas, utilizadas nomeadamente para o cálculo das

SEGUROS DE VIDA

tarifas e das provisões técnicas e dos formulários e outros impressos que a empresa tenciona utilizar nas suas relações com os tomadores de seguros.

Sem prejuízo do disposto no primeiro parágrafo e exclusivamente para verificar o cumprimento das disposições nacionais relativas aos princípios actuariais, o Estado-Membro de origem pode exigir a comunicação sistemática das bases técnicas utilizadas para o cálculo das tarifas e das provisões técnicas, sem que tal exigência possa constituir para a empresa de seguros uma condição prévia para o exercício da sua actividade.

A presente directiva não obsta a que os Estados-Membros mantenham ou introduzam disposições legislativas, regulamentares ou administrativas, que prevejam a aprovação dos estatutos e a comunicação de todos os documentos necessários ao exercício normal da fiscalização.

O mais tardar até 1 de Julho de 1999, a Comissão apresentará ao Conselho um relatório sobre a aplicação do presente número.

6. As normas previstas nos n.ºs 1 a 5 não podem determinar que o pedido de autorização seja analisado em função das necessidades económicas do mercado.

ARTIGO 7.º
Programa de actividades

O programa de actividades referido na alínea c) do n.º 1 e no n.º 4 do artigo 6.º, deve conter indicações ou justificações sobre:

a) A natureza dos compromissos que a empresa de seguros se propõe assumir;
b) Os princípios orientadores em matéria de resseguro;
c) Os elementos que constituem o fundo mínimo de garantia;
d) As previsões relativas às despesas de instalação dos serviços administrativos e da rede de produção; os meios financeiros destinados a fazer face às mesmas.

Por outro lado, em relação aos três primeiros exercícios:
e) Um plano de que constem pormenorizadamente as previsões relativas a receitas e despesas tanto das operações directas como das de aceitação e cedência de resseguro;
f) Balanço previsional;
g) As previsões relativas aos meios financeiros destinados a garantir os compromissos assumidos e a margem de solvência.

ARTIGO 8.º
Accionistas e associados qualificados

As autoridades competentes do Estado-Membro de origem não concederão a autorização que permite o acesso de uma empresa à actividade seguradora antes de terem obtido a comunicação da identidade dos accionistas ou sócios, directos ou indirectos, pessoas singulares ou colectivas, que nela tenham uma participação qualificada, e do montante desta participação.

A PARAFISCALIDADE NA ACTIVIDADE SEGURADORA

As mesmas autoridades recusarão a autorização se, atendendo à necessidade de garantir uma gestão sã e prudente da empresa de seguros, não se encontrarem convencidas da idoneidade dos referidos accionistas ou sócios.

ARTIGO 9.º
Recusa de autorização

Qualquer decisão de recusa de autorização deve ser fundamentada de maneira precisa e notificada à empresa interessada.

Cada Estado-Membro deve prever um direito de recurso judicial de qualquer decisão de recusa.

Deve igualmente ser previsto o direito de recurso quando as autoridades competentes não se tenham pronunciado sobre o pedido de autorização, decorrido um prazo de seis meses a partir da data da recepção.

TÍTULO III
CONDIÇÕES DE EXERCÍCIO DA ACTIVIDADE DE SEGUROS

CAPÍTULO 1
PRINCÍPIOS E MÉTODOS DA SUPERVISÃO FINANCEIRA

ARTIGO 10.º
Autoridades competentes e objectivo da supervisão

1. A supervisão financeira de uma empresa de seguros, incluindo a supervisão das actividades por ela exercidas através de sucursais e em livre prestação de serviços, é da competência exclusiva do Estado-Membro de origem. Se as autoridades competentes do Estado-Membro do compromisso tiverem razões para considerar que as actividades de uma empresa de seguros podem pôr em perigo a sua solidez financeira, devem dar conhecimento desse facto às autoridades competentes do Estado-Membro de origem da referida empresa. As autoridades competentes do Estado-Membro de origem verificarão se a empresa respeita os princípios prudenciais definidos na presente directiva.

2. A supervisão financeira compreende nomeadamente a verificação, quanto ao conjunto das actividades da empresa de seguros, da sua situação de solvência e da constituição de provisões técnicas, incluindo as provisões matemáticas, e dos activos representativos, em conformidade com as regras ou práticas estabelecidas no Estado-Membro de origem, por força das disposições adoptadas a nível comunitário.

3. As autoridades competentes do Estado-Membro de origem exigem que as empresas de seguros disponham de uma boa organização administrativa e contabilística e de procedimentos de fiscalização interna adequados.

SEGUROS DE VIDA

ARTIGO 11.º
Supervisão das sucursais estabelecidas noutros Estados-Membros

Os Estados-Membros da sucursal estabelecerão que, quando uma empresa de seguros autorizada noutro Estado-Membro exerça a sua actividade por intermédio de uma sucursal, as autoridades competentes do Estado-Membro de origem podem, depois de terem previamente informado do facto as autoridades competentes do Estado-Membro da sucursal, proceder, directamente ou por intermédio de pessoas que tenham mandatado para o efeito, à verificação in loco das informações necessárias para garantir a fiscalização financeira da empresa. As autoridades do Estado--Membro da sucursal podem participar na referida verificação.

ARTIGO 12.º
Proibição de cessão obrigatória aos organismos públicos

Os Estados-Membros não podem impor às empresas de seguros a obrigação de ceder uma parte das suas subscrições, relativas às actividades enumeradas no artigo 2.º, a um ou mais organismos determinados pela regulamentação nacional.

ARTIGO 13.º
Contabilidade, informações prudenciais e estatísticas – poder de fiscalização

1. Os Estados-Membros exigirão às empresas de seguros com sede social no seu território que prestem anualmente, em relação ao conjunto de todas as suas operações, contas da sua situação e da sua solvência.

2. Os Estados-Membros exigirão às empresas de seguros com sede social no seu território, a apresentação periódica da documentação necessária ao exercício da supervisão, bem como de documentos estatísticos. As autoridades competentes comunicarão entre si os documentos e os esclarecimentos úteis para a realização dessa supervisão.

3. Cada Estado-Membro adoptará todas as disposições úteis para que as autoridades competentes disponham dos poderes e meios necessários à supervisão das actividades das empresas de seguros com sede social no seu território, incluindo as actividades exercidas fora desse território, nos termos das directivas do Conselho relativas a essas actividades e com vista à sua aplicação.

Esses poderes e meios devem dar às autoridades competentes a possibilidade de:

a) Se informarem pormenorizadamente sobre a situação da empresa de seguros e o conjunto das suas actividades, designadamente:

– recolhendo informações ou exigindo a apresentação dos documentos relativos à actividade seguradora,

– procedendo a verificações in loco, nas instalações da empresa de seguros;

b) Tomarem, relativamente à empresa de seguros, aos seus dirigentes responsáveis ou às pessoas que a controlam, todas as medidas adequadas e necessárias não só para garantir que as actividades da empresa observem as disposições legislativas,

345

A PARAFISCALIDADE NA ACTIVIDADE SEGURADORA

regulamentares e administrativas que a empresa é obrigada a respeitar nos diversos Estados-Membros, e nomeadamente o programa de actividades, na medida em que este seja obrigatório, mas também para evitar ou eliminar qualquer irregularidade que possa prejudicar os interesses dos segurados;

c) Garantirem a aplicação dessas medidas, se necessário por execução forçada e, eventualmente, mediante recurso às instâncias judiciais.

Os Estados-Membros também podem prever a possibilidade de as autoridades competentes obterem todas as informações sobre os contratos na posse dos intermediários.

ARTIGO 14.º
Transferência de carteira

1. Nas condições previstas no direito nacional, cada Estado-Membro permite que as empresas de seguros com sede social no seu território transfiram a totalidade ou parte dos contratos da respectiva carteira, subscritos em regime de estabelecimento ou em regime de livre prestação de serviços, para uma cessionária estabelecida na Comunidade, desde que as autoridades competentes do Estado-Membro de origem da cessionária atestem que esta possui a margem de solvência necessária, tendo em conta essa mesma transferência.

2. Sempre que uma sucursal pretender transferir a totalidade ou parte dos contratos da respectiva carteira, subscritos em regime de estabelecimento ou em regime da livre prestação de serviços, o Estado-Membro da sucursal deve ser consultado.

3. Nos casos referidos nos n.ºs 1 e 2, as autoridades do Estado-Membro de origem da empresa de seguros cedente autorizam a transferência depois de terem recebido o acordo das autoridades competentes do Estado-Membro do compromisso.

4. As autoridades competentes dos Estados-Membros consultados dão o seu parecer ou o seu acordo às autoridades competentes do Estado-Membro de origem da empresa de seguros cedente num prazo de três meses a contar da recepção do pedido; na falta de resposta das autoridades consultadas no termo desse prazo, considera-se ter havido parecer favorável ou acordo tácito.

5. A transferência autorizada nos termos do presente artigo é objecto, no Estado--Membro do compromisso, de publicidade nas condições previstas no respectivo direito nacional. A transferência é oponível de pleno direito aos tomadores de seguros, aos segurados ou qualquer outra pessoa que tenha direitos ou obrigações decorrentes dos contratos transferidos.

Esta disposição não prejudica o direito de os Estados-Membros preverem a possibilidade de os tomadores de seguros rescindirem o contrato durante um determinado prazo a partir da transferência.

ARTIGO 15.º
Participação qualificada

1. Os Estados-Membros estabelecem que qualquer pessoa singular ou colectiva que pretenda ser titular, directa ou indirectamente, de uma participação qualifi-

SEGUROS DE VIDA

cada numa empresa de seguros deve informar previamente do facto as autoridades competentes do Estado-Membro de origem e comunicar o montante dessa participação. Essa pessoa singular ou colectiva deve igualmente informar as autoridades competentes do Estado-Membro de origem da sua eventual intenção de aumentar a respectiva participação qualificada de modo que a sua percentagem de direitos de voto ou de partes de capital atinja ou ultrapasse os limiares de 20%, 33% ou 50%, ou que a empresa de seguros se transforme em sua filial.

As autoridades competentes do Estado-Membro de origem dispõem de um prazo máximo de três meses a contar da data da informação prevista no primeiro parágrafo para se oporem ao referido projecto se, atendendo à necessidade de garantir uma gestão sã e prudente da empresa de seguros, não estiverem convencidas da idoneidade da pessoa singular ou colectiva a que se refere o primeiro parágrafo. Quando não houver oposição, as autoridades podem fixar um prazo máximo para a realização do projecto em questão.

2. Os Estados-Membros estabelecem que qualquer pessoa singular ou colectiva que tencione deixar de ser titular directa ou indirectamente, de uma participação qualificada numa empresa de seguros deve informar previamente as autoridades competentes do Estado-Membro de origem e comunicar o montante previsto da sua participação. Qualquer pessoa singular ou colectiva deve igualmente informar as autoridades competentes da sua intenção de diminuir a respectiva participação qualificada de modo tal que a sua proporção de direitos de voto ou partes de capital desça para um nível inferior aos limiares de 20%, 33% ou 50% ou que a empresa deixe de ser sua filial.

3. As empresas de seguros comunicam às autoridades competentes do Estado--Membro de origem, logo que delas tiverem conhecimento, as aquisições ou cessões de participações no seu capital em consequência das quais seja ultrapassado, para mais ou para menos, um dos limiares referidos nos n.ºs 1 e 2.

As empresas de seguros comunicam igualmente, pelo menos uma vez por ano, a identidade dos accionistas ou sócios que sejam titulares de participações qualificadas e o montante dessas participações, com base, designadamente, nos dados registados na assembleia geral anual dos accionistas ou sócios, ou com base nas informações recebidas ao abrigo das obrigações relativas às sociedades cotadas numa bolsa de valores.

4. Os Estados-Membros estabelecem que, sempre que a influência exercida pelas pessoas referidas no n.º 1 se puder fazer sentir em detrimento de uma gestão sã e prudente da empresa de seguros, as autoridades competentes do Estado-Membro de origem tomarão as medidas adequadas para pôr termo à situação. Essas medidas podem consistir, nomeadamente, em ordens formais e expressas, em sanções aplicáveis aos dirigentes ou na suspensão do exercício dos direitos de voto correspondentes às acções ou partes dos accionistas ou sócios em questão.

Serão aplicadas medidas semelhantes às pessoas singulares ou colectivas que não observem a obrigação de informação prévia referida no n.º 1. Sempre que, apesar da oposição das autoridades competentes, for adquirida uma participação, os Estados--Membros, independentemente de outras sanções a adoptar, estabelecerão quer a

A PARAFISCALIDADE NA ACTIVIDADE SEGURADORA

suspensão do exercício dos direitos de voto correspondentes quer a nulidade ou a anulabilidade dos votos expressos.

ARTIGO 16.º
Sigilo profissional

1. Os Estados-Membros estabelecem que todas as pessoas que exerçam ou tenham exercido uma actividade para as autoridades competentes, bem como os revisores ou peritos mandatados por essas autoridades, fiquem sujeitos ao sigilo profissional. Esse sigilo implica que as informações confidenciais que recebam no exercício da sua profissão não podem ser comunicadas a nenhuma pessoa ou autoridade, excepto de forma sumária ou agregada, e de modo a que as empresas de seguros individuais não possam ser identificadas, sem prejuízo dos casos do foro do direito penal.

Contudo, sempre que uma empresa de seguros tenha sido declarada em falência ou cuja liquidação obrigatória tenha sido decidida judicialmente, as informações confidenciais que não digam respeito a terceiros implicados nas tentativas de recuperação podem ser divulgadas no âmbito de processos cíveis ou comerciais.

2. O disposto no n.º 1 não impede que as autoridades competentes dos diferentes Estados-Membros procedam às trocas de informações previstas nas directivas aplicáveis às empresas de seguros. Essas informações estão sujeitas ao sigilo profissional previsto no n.º 1.

3. Os Estados-Membros só podem celebrar acordos de cooperação que prevejam troca de informações com as autoridades competentes de países terceiros ou com autoridades ou organismos de países terceiros referidos nos n.ºs 5 e 6, se as informações comunicadas beneficiarem de garantias de sigilo profissional pelo menos equivalentes às previstas no presente artigo. Essa troca de informações deve destinar-se ao exercício da supervisão pelas autoridades ou organismos referidos.

Quando as informações tiverem origem noutro Estado-Membro, apenas poderão ser divulgadas com o acordo expresso das autoridades competentes que as transmitiram e, se for caso disso, exclusivamente para os efeitos para os quais essas autoridades deram o seu acordo.

4. As autoridades competentes que recebam informações confidenciais ao abrigo dos n.ºs 1 ou 2, só podem utilizá-las no exercício das suas funções:

– para análise das condições de acesso à actividade seguradora e para facilitar a fiscalização das condições de exercício da actividade, especialmente em matéria de fiscalização das provisões técnicas, da margem de solvência, da organização administrativa e contabilística e do controlo interno, ou

– para a imposição de sanções, ou

– no âmbito de um recurso administrativo contra uma decisão da autoridade competente, ou

– no âmbito de processos judiciais instaurados por força do artigo 67.º ou de disposições específicas previstas na presente directiva e nas outras directivas adoptadas no domínio das empresas de seguros.

SEGUROS DE VIDA

5. Os n.ᵒˢ 1 e 4 não impedem a troca de informações dentro de um mesmo Estado-
-Membro, quando nele existam várias autoridades competentes, ou, entre Estados-
-Membros, entre as autoridades competentes e:

– as autoridades responsáveis pela supervisão administrativa das instituições de
crédito e de outras instituições financeiras, bem como as autoridades encarregadas
da supervisão dos mercados financeiros,
– os organismos intervenientes na liquidação e falência de empresas de seguros
e noutros processos análogos, e
– as pessoas encarregadas da certificação legal das contas das empresas de seguros e de outras instituições financeiras,

no exercício das suas funções de supervisão, nem a transmissão, aos órgãos incumbidos da gestão de processos obrigatórios de liquidação ou de fundos de garantia. As
informações recebidas por essas autoridades, organismos e pessoas ficam sujeitas a
sigilo profissional nos termos do n.º 1.

6. Sem prejuízo do disposto nos n.ᵒˢ 1 a 4, os Estados-Membros podem autorizar
trocas de informações entre, por um lado, as autoridades competentes e, por outro:

– as autoridades responsáveis pelo controlo dos organismos intervenientes na
liquidação e falência de empresas de seguros e noutros processos análogos, ou
– as autoridades responsáveis pelo controlo das pessoas encarregadas da revisão
legal das contas das empresas de seguros, das instituições de crédito, das empresas
de investimento e de outras instituições financeiras, ou
– os actuários independentes das empresas de seguros que exerçam, nos termos
da lei uma função de supervisão sobre estas, e os organismos com competência para
a supervisão desses actuários.

Os Estados-Membros que façam uso da faculdade prevista no primeiro parágrafo
exigem que sejam preenchidas as seguintes condições mínimas:

– as informações devem destinar-se ao exercício do controlo ou da supervisão
legal a que se refere o primeiro parágrafo,
– as informações recebidas neste contexto ficam sujeitas ao sigilo profissional a
que se refere o n.º 1,
– se as informações forem originárias de outro Estado-Membro, só podem ser
comunicadas com o acordo explícito das autoridades competentes que as transmitiram e, se for o caso, exclusivamente para os fins relativamente aos quais as referidas
autoridades tiverem dado o seu acordo.

Os Estados-Membros comunicam à Comissão e aos outros Estados-Membros a
identidade das autoridades, pessoas ou organismos a que podem ser comunicadas
informações nos termos do presente número.

7. Sem prejuízo do disposto nos n.ᵒˢ 1 a 4, com o objectivo de reforçar a estabilidade do sistema financeiro, incluindo a integridade deste, os Estados-Membros
podem autorizar a troca de informações entre as autoridades competentes e as auto-

A PARAFISCALIDADE NA ACTIVIDADE SEGURADORA

ridades ou organismos encarregados por lei da detecção e investigação das infracções ao direito das sociedades.

Os Estados-Membros que façam uso da faculdade prevista no primeiro parágrafo exigirão que sejam preenchidas as seguintes condições mínimas:

– as informações devem destinar-se ao exercício das funções a que se refere o primeiro parágrafo,

– as informações recebidas neste contexto ficam sujeitas ao sigilo profissional a que se refere o n.º 1,

– se as informações forem originárias de outro Estado-Membro, só podem ser comunicadas com o acordo explícito das autoridades competentes que as transmitiram e, se for o caso, exclusivamente para os fins relativamente aos quais as referidas autoridades tiverem dado o seu acordo.

Se, num Estado-Membro, as autoridades ou os organismos referidos no primeiro parágrafo exercerem as suas funções de detecção ou de investigação recorrendo, por força das suas competências específicas, a pessoas mandatadas para o efeito que não pertençam à função pública, a possibilidade de trocas de informações prevista no primeiro parágrafo poderá ser tornada extensiva a essas pessoas, nas condições especificadas no segundo parágrafo.

Para efeitos do terceiro travessão do segundo parágrafo, as autoridades ou os organismos a que se refere o primeiro parágrafo comunicam às autoridades competentes que tenham divulgado as informações, a identidade e as funções precisas das pessoas a quem serão transmitidas essas informações.

Os Estados-Membros comunicam à Comissão e aos outros Estados-Membros a identidade das autoridades ou organismos que podem receber informações nos termos do presente número.

A Comissão elabora, antes de 31 de Dezembro de 2000, um relatório sobre a aplicação do presente número.

8. Os Estados-Membros podem autorizar as autoridades competentes a transmitir:

– aos bancos centrais e a outros organismos com funções semelhantes, enquanto autoridades monetárias,

– eventualmente, a outras autoridades com competência para o controlo dos sistemas de pagamento,

informações destinadas ao exercício das suas funções, e podem autorizar essas autoridades ou organismos a comunicar às autoridades competentes as informações de que necessitem para efeitos do n.º 4. As informações recebidas neste contexto ficam sujeitas ao sigilo profissional a que se refere o presente artigo.

9. Além disso e não obstante o disposto nos n.ºs 1 e 4, os Estados-Membros podem, por força de disposições legais, autorizar a comunicação de certas informações a outros departamentos das suas administrações centrais responsáveis pela legislação sobre a fiscalização das instituições de crédito, das instituições financeiras, dos serviços de investimento e das empresas de seguros, bem como aos inspectores mandatados por esses departamentos.

SEGUROS DE VIDA

Todavia, essas informações só podem ser fornecidas quando tal se revelar necessário por razões de fiscalização prudencial.

Contudo, os Estados-Membros determinarão que as informações recebidas ao abrigo dos n.os 2 e 5 e as obtidas através das verificações in loco referidas no artigo 11.º, nunca possam ser divulgadas nos termos do presente número, salvo acordo explícito da autoridade competente que tenha comunicado as informações ou da autoridade competente do Estado-Membro em que tenha sido efectuada a verificação no local.

ARTIGO 17.º
Função dos auditores

1. Os Estados-Membros determinam as seguintes condições mínimas:

a) Quaisquer pessoas autorizadas na acepção da Directiva 84/253/CEE do Conselho[14], que exerçam, numa empresa de seguros, as funções descritas no artigo 51.º da Directiva 78/660/CEE do Conselho[15], no artigo 37.º da Directiva 83/349/CEE ou no artigo 31.º da Directiva 85/611/CEE do Conselho[16] ou quaisquer outras funções legais, têm a obrigação de comunicar rapidamente às autoridades competentes qualquer facto ou decisão respeitante a essa empresa de que tenham tido conhecimento no desempenho das suas funções, que seja susceptível de:

– constituir uma violação material das disposições legislativas, regulamentares e administrativas que estabelecem as condições de autorização ou que regem de modo específico o exercício da actividade das empresas de seguros, ou

– afectar a continuidade da exploração da empresa de seguros, ou

– implicar a recusa da certificação das contas ou a emissão de reservas;

b) A mesma obrigação se aplica a essas pessoas no que respeita aos factos e decisões de que venham a ter conhecimento no contexto de funções como as descritas na alínea a), exercidas numa empresa que mantenha uma relação estreita decorrente de uma relação de fiscalização com a empresa de seguros na qual essas pessoas desempenham as referidas funções.

2. A divulgação de boa fé às autoridades competentes, pelas pessoas autorizadas na acepção da Directiva 84/253/CEE, de factos ou decisões referidos no n.º 1, não constitui violação de nenhuma restrição à divulgação de informações imposta por contrato ou por disposição legislativa, regulamentar ou administrativa e não acarreta para essas pessoas qualquer tipo de responsabilidade.

---

[14] JO L 126 de 12.5.1984, p. 20.

[15] JO L 222 de 14.1978, p. 11. Directiva com a última redacção que lhe foi dada pela Directiva 2001/65/CE (JO L 283 de 27.10.2001, p. 28).

[16] JO L 375 de 31.12.1985, p. 3. Directiva com a última redacção que lhe foi dada pela Directiva 2001/108/CE do Parlamento Europeu e do Conselho (JO L 41 de 1 3.2.2002, p. 35).

A PARAFISCALIDADE NA ACTIVIDADE SEGURADORA

ARTIGO 18.º
Prática simultânea de seguro de vida e de não vida

1. Sem prejuízo dos n.ºˢ 3 e 7, nenhuma empresa pode ser autorizada simultaneamente ao abrigo da presente directiva e ao abrigo da Directiva 73/239/CEE.

2. Em derrogação do n.º 1, os Estados-Membros podem prever que:

– as empresas autorizadas ao abrigo da presente directiva, possam, nos termos do artigo 6.º da Directiva 73/239/CEE, obter igualmente uma autorização para os riscos referidos nos pontos 1 e 2 do anexo dessa directiva,

– as empresas autorizadas ao abrigo do artigo 6.º da Directiva 73/239/CEE apenas para os riscos referidos nos pontos 1 e 2 do anexo dessa directiva possam obter uma autorização ao abrigo da presente directiva.

3. Sem prejuízo do n.º 6, as empresas referidas no n.º 2 e aquelas que nas seguintes datas:

– 1 de Janeiro de 1981, para as empresas autorizadas na Grécia,

– 1 de Janeiro de 1986, para as empresas autorizadas em Espanha e Portugal,

– 1 de Janeiro de 1995, para as empresas autorizadas na Áustria, Finlândia, e Suécia, e

– 15 de Março de 1979, para todas as outras empresas,

praticavam a acumulação das duas actividades abrangidas pela presente directiva e pela Directiva 73/239/CEE, podem continuar a praticar essa acumulação, desde que cada uma dessas actividades tenha uma gestão separada nos termos do artigo 19.º da presente directiva.

4. Os Estados-Membros podem prever que as empresas referidas no n.º 2 respeitem as regras contabilísticas que regem as empresas de seguros autorizadas ao abrigo da presente directiva para toda a sua actividade. Os Estados-Membros podem, também, prever que, enquanto se aguarda uma coordenação na matéria, no que respeita às regras de liquidação, as actividades relativas aos riscos 1 e 2 do anexo I da Directiva 73/239/CEE, exercidas pelas empresas referidas no n.º 2, são igualmente regidas pelas regras aplicáveis às actividades de seguro de vida.

5. Sempre que uma empresa que exerça as actividades indicadas no anexo I da Directiva 73/239/CEE tenha ligações financeiras, comerciais ou administrativas com uma empresa de seguros que exerça as actividades abrangidas pela presente directiva, as autoridades competentes dos Estados-Membros em cujo território se situem as sedes sociais dessas empresas, devem providenciar para que as contas das empresas em causa não sejam falseadas por acordos entre essas empresas ou por acordos susceptíveis de influenciarem a repartição das despesas e receitas.

6. Os Estados-Membros podem impor às empresas de seguros com sede social no seu território, num prazo por eles determinado, a cessação da acumulação das actividades que praticavam às datas referidas no n.º 3.

SEGUROS DE VIDA

7. O disposto no presente artigo será reexaminado com base num relatório a apresentar pela Comissão ao Conselho, à luz da futura harmonização das regras da liquidação, o mais tardar antes de 31 de Dezembro de 1999.

ARTIGO 19.º
Gestão separada dos seguros de vida e não vida

1. A gestão separada prevista no n.º 3 do artigo 18.º, deve ser organizada de tal modo que as actividades abrangidas pela presente directiva se diferenciem das abrangidas pela Directiva 73/239/CEE, a fim de que:

– vida e não vida, e que os lucros resultantes da exploração do seguro de vida revertam a favor dos segurados de vida, como se a empresa de seguros apenas explorasse o seguro de vida,

– as obrigações financeiras mínimas, sobretudo as margens de solvência correspondentes a cada uma das duas actividades, nomeadamente uma actividade ao abrigo da presente directiva e uma actividade ao abrigo da Directiva 73/239/CEE, não sejam suportados pela outra actividade.

Contudo, desde que as obrigações financeiras mínimas sejam cumpridas nas condições referidas no segundo travessão do primeiro parágrafo e desde que a autoridade competente seja informada de tal facto, a empresa pode utilizar os elementos explícitos da margem de solvência ainda disponíveis, para qualquer das duas actividades.

As autoridades competentes devem analisar os resultados das duas actividades, de forma a garantir o cumprimento do disposto no presente número.

2. *a)* A contabilidade deve ser organizada de modo a demonstrar as fontes de resultados para cada uma das duas actividades, "vida" e "não vida". Para o efeito, o conjunto das receitas (nomeadamente, prémios, pagamentos dos resseguradores, rendimentos financeiros) e das despesas (nomeadamente, prestações de seguro, constituição de provisões técnicas, prémios de resseguro, despesas de exploração das operações de seguro) devem ser separadas em função da sua origem. Os elementos comuns às duas actividades serão imputados segundo um critério de repartição aceite pela autoridade competente;

b) As empresas de seguros devem estabelecer, com base nos dados contabilísticos, um documento que demonstre, separadamente, os elementos correspondentes a cada uma das margens de solvência, nos termos do artigo 27.º da presente directiva e do n.º 1 do artigo 16.º da Directiva 73/239/CEE.

3. Em caso de insuficiência de uma das margens de solvência, as autoridades competentes aplicarão à actividade em causa as medidas previstas na directiva correspondente, independentemente dos resultados obtidos na outra actividade. Em derrogação do segundo travessão do primeiro parágrafo do n.º 1, essas medidas podem incluir a autorização de transferência de uma actividade para a outra.

A PARAFISCALIDADE NA ACTIVIDADE SEGURADORA

CAPÍTULO 2
REGRAS RELATIVAS ÀS PROVISÕES TÉCNICAS E À SUA REPRESENTAÇÃO

ARTIGO 20.º
Constituição de provisões técnicas

1. O Estado-Membro de origem exige a todas as empresas de seguros a constituição de provisões técnicas suficientes, incluindo provisões matemáticas, em relação ao conjunto das suas actividades.

O montante dessas provisões é determinado de acordo com os seguintes princípios:

A. *i)* As provisões técnicas de seguro de vida devem ser calculadas segundo um método actuarial prospectivo suficientemente prudente que tome em conta todas as obrigações futuras de acordo com as condições fixadas para cada contrato em curso, e nomeadamente:

– todas as prestações garantidas, incluindo os valores de resgate garantidos,
– as participações nos lucros a que os segurados já têm colectiva ou individualmente direito, qual for a qualificação dessas participações – adquiridas, declaradas ou concedidas,
– todas as opções a que o segurado tem direito, nos termos do contrato,
– os encargos, incluindo as comissões,
tendo em atenção os prémios futuros a receber;

ii) Pode ser utilizado um método retrospectivo caso seja possível demonstrar que as provisões técnicas resultantes deste método não são inferiores às resultantes de um método prospectivo suficientemente prudente, ou caso não seja possível aplicar para o tipo de contrato em causa o método prospectivo;

iii) Uma avaliação prudente não significa uma avaliação com base nas hipóteses consideradas "mais prováveis", mas sim aquela em que se tome em conta uma margem razoável para variações desfavoráveis dos diferentes factores;

iv) O método de avaliação das provisões técnicas deve ser prudente não apenas em si mas também quando se toma em consideração o método de avaliação dos activos representativos dessas provisões;

v) As provisões técnicas devem ser calculadas separadamente para cada contrato. Fica, no entanto, autorizada a utilização de aproximações razoáveis ou de generalizações quando é de crer que elas conduzam aproximadamente aos mesmos resultados que os cálculos individuais. O princípio do cálculo individual não obsta à constituição de provisões suplementares para os riscos gerais que não sejam individualizados;

vi) Sempre que o valor de resgate de um contrato esteja garantido, o montante das provisões matemáticas para esse contrato deve ser sempre, pelo menos, igual ao valor garantido nesse momento.

SEGUROS DE VIDA

B. A taxa de juro utilizada deve ser escolhida de forma prudente. Essa taxa é fixada de acordo com as regras da autoridade competente do Estado-Membro de origem da empresa, em aplicação dos seguintes princípios:

a) Em relação a todos os contratos, a autoridade competente do Estado-Membro de origem da empresa de seguros fixa uma ou mais taxas de juro máximas, em especial de acordo com as seguintes regras:

i) Quando os contratos incluam uma garantia de taxa de juro, a autoridade competente do Estado-Membro de origem da empresa fixa uma taxa de juro máxima única. Essa taxa pode variar consoante a divisa em que o contrato estiver expresso, desde que não exceda 60 % dos empréstimos obrigacionistas do Estado em cuja moeda o contrato estiver lavrado.

Se, nos termos do segundo período do primeiro parágrafo, o Estado-Membro decidir fixar uma taxa de juro máxima para os contratos expressos na moeda de outro Estado-Membro, consultará previamente a autoridade competente do Estado--Membro em cuja divisa o contrato está lavrado,

ii) Todavia, quando os activos da empresa de seguros não sejam avaliados pelo seu valor de aquisição, os Estados-Membros podem prever a possibilidade de se calcular uma ou várias taxas máximas tendo em conta o rendimento dos activos correspondentes em carteira nessa data, deduzida uma margem prudencial e, em especial no que se refere aos contratos de prémios periódicos, tendo ainda em conta o rendimento antecipado dos activos futuros. A margem prudencial e a ou as taxas de juro máximas aplicadas ao rendimento antecipado dos activos futuros são fixadas pela autoridade competente do Estado-Membro de origem;

b) A fixação de uma taxa de juro máxima não implica que a empresa de seguros seja obrigada a utilizar uma taxa tão alta;

c) O Estado-Membro de origem pode decidir não aplicar o disposto na alínea a) às seguintes categorias de contratos:

– contratos em unidades de conta,
– contratos de prémio único com uma duração máxima de oito anos,
– contratos sem participação nos lucros, bem como os contratos de renda sem valor de resgate.

Nos casos referidos nos segundo e terceiro travessões do primeiro parágrafo, na escolha de uma taxa de juro prudente, pode tomar-se em conta a moeda em que o contrato está expresso e os activos correspondentes em carteira nessa data, bem como, nos casos em que os activos da empresa forem avaliados pelo seu valor actual, o rendimento antecipado dos activos futuros.

A taxa de juro utilizada nunca pode ser superior ao rendimento dos activos calculado segundo as regras de contabilidade do Estado-Membro de origem, após dedução adequada;

d) O Estado-Membro exige que a empresa de seguros constitua nas suas contas uma provisão destinada a fazer face aos compromissos de taxa assumidos para com

A PARAFISCALIDADE NA ACTIVIDADE SEGURADORA

os segurados, sempre que o rendimento actual ou previsível do activo da empresa não seja suficiente para cobrir esses mesmos compromissos;

e) As taxas de juro máximas fixadas nos termos da alínea *a)* são notificadas à Comissão e às autoridades competentes dos Estados-Membros que o solicitarem.

C. Os elementos estatísticos da avaliação e os correspondentes aos encargos devem ser escolhidos de forma prudente, tendo em atenção o Estado do compromisso, o tipo de apólice, bem como os encargos administrativos e as comissões previstas.

D. No que diz respeito aos contratos com participação nos lucros, o método de avaliação das provisões técnicas pode tomar em consideração, de forma implícita ou explícita, todos os tipos de participações futuras nos lucros, por forma coerente com as outras hipóteses sobre a evolução futura e com o método actual de participação nos lucros.

E. A provisão para encargos futuros pode ser implícita, por exemplo, tomando em consideração os prémios futuros líquidos dos encargos de gestão. No entanto, a provisão total implícita ou explícita, não deve ser inferior à provisão que uma avaliação prudente teria determinado.

F. O método de avaliação das provisões técnicas não deve ser alterado todos os anos de maneira descontínua na sequência de alterações arbitrárias no método ou nos elementos de cálculo e deve permitir que a participação nos lucros seja calculada de maneira razoável durante o pedido de validade do contrato.

2. A empresa de seguros deve pôr à disposição do público as bases e os métodos utilizados na avaliação das provisões técnicas, incluindo as provisões constituídas para participação nos lucros.

3. O Estado-Membro de origem exige às empresas de seguros que as provisões técnicas em relação ao conjunto das suas actividades sejam representadas por activos congruentes, em conformidade com o artigo 26.º. No que respeita às actividades exercidas na Comunidade, esses activos devem estar localizados na Comunidade. Os Estados-Membros não exigem das empresas de seguros que localizem os seus activos num Estado-Membro determinado. O Estado-Membro de origem pode, no entanto, conceder derrogações às regras relativas à localização dos activos.

4. Se o Estado-Membro de origem admitir a representação das provisões técnicas por créditos sobre as resseguradoras, fixará a percentagem admitida. Nesse caso, não pode exigir a localização desses créditos.

ARTIGO 21.º
Prémios dos novos contratos

Os prémios dos novos contratos devem ser suficientes, segundo critérios actuariais razoáveis, para permitir à empresa de seguros satisfazer o conjunto dos seus compromissos e, nomeadamente, constituir as provisões técnicas adequadas.

Para o efeito, podem ser tidos em conta todos os aspectos da situação financeira da empresa, sem que a inclusão de recursos alheios a esses prémios e seus proveitos tenha carácter sistemático e permanente, susceptível de pôr em causa, a prazo, a solvência da empresa.

SEGUROS DE VIDA

ARTIGO 22.º
Activos representativos das provisões técnicas

Os activos representativos das provisões técnicas devem ter em conta o tipo de operações efectuadas pela empresa de seguros de modo a garantir a segurança, o rendimento e a liquidez dos investimentos da empresa, que cuidará de assegurar uma diversificação e dispersão adequadas dessas aplicações.

ARTIGO 23.º
Categorias de activos admitidos

1. O Estado-Membro de origem só pode autorizar as empresas de seguros a representar as suas provisões técnicas pelas seguintes categorias de activos:

A. Investimentos

a) Títulos de dívida, obrigações e outros instrumentos do mercado monetário e de capitais;
b) Empréstimos;
c) Acções e outras participações de rendimento variável;
d) Unidades de participação em organismos de investimento colectivo em valores mobiliários (OICVM) e outros fundos de investimento;
e) Terrenos e edifícios, bem como direitos reais imobiliários.

B. Créditos

f) Créditos sobre resseguradoras, incluindo a parte destas nas provisões técnicas;
g) Depósitos em empresas cedentes; dívidas destas empresas;
h) Créditos sobre tomadores de seguros e intermediários decorrentes de operações de seguro directo e de resseguro;
i) Adiantamentos sobre apólices;
j) Reembolsos fiscais;
k) Créditos sobre fundos de garantia.

C. Diversos

l) Imobilizações corpóreas, com exclusão de terrenos e edifícios, com base numa amortização prudente;
m) Caixa de disponibilidades à vista; depósitos em instituições de crédito ou em quaisquer outros organismos autorizados a receber depósitos;
n) Custos de aquisição diferidos;
o) Juros e rendas corridos não vencidos e outras contas de regularização;
p) Juros reversíveis.

2. No que respeita à associação de subscritores denominada "Lloyd's", as categorias de activos incluem igualmente as garantias e as cartas de crédito emitidas por instituições de crédito na acepção da Directiva 2000/12/CE do Parlamento Euro-

A PARAFISCALIDADE NA ACTIVIDADE SEGURADORA

peu e do Conselho[17] ou por empresas de seguros, bem como as quantias verificáveis resultantes das apólices de seguro de vida, na medida em que representem fundos pertencentes aos membros.

3. A inclusão de um activo ou de uma categoria de activos na lista constante do n.º 1 não implica que todos esses activos devam ser automaticamente admitidos em representação das provisões técnicas. O Estado-Membro de origem estabelecerá regras mais detalhadas fixando as condições de utilização dos activos admissíveis para o efeito; a este respeito, pode exigir garantias reais ou outras garantias, nomeadamente no que se refere aos créditos sobre resseguradoras.

Para a determinação e aplicação das regras por ele estabelecidas, o Estado-Membro de origem deve garantir, em especial, o respeito dos seguintes princípios:

i) Os activos representativos das provisões técnicas são avaliados líquidos das dívidas contraídas para a aquisição dos mesmos activos;

ii) Todos os activos devem ser avaliados segundo um critério de prudência tomando em consideração o risco de não realização. Designadamente, o imobilizado corpóreo, com exclusão de terrenos e edifícios, apenas deverá ser admitido em representação das provisões técnicas caso a sua avaliação assente num critério de amortização prudente;

iii) Os empréstimos, quer sejam concedidos a empresas, a Estados, a instituições internacionais, a administrações locais ou regionais ou a pessoas singulares, apenas podem ser admitidos em representação das provisões técnicas caso ofereçam garantias de segurança suficientes, fundadas na qualidade do mutuário, em hipotecas, em garantias bancárias ou concedidas por empresas de seguro ou em outros tipos de garantia;

iv) Os instrumentos derivados, como as opções, os futuros e os "swaps", relacionados com activos representativos das provisões técnicas podem ser utilizados na medida em que contribuam para reduzir os riscos de investimento ou permitam uma gestão eficaz da carteira. Esses instrumentos devem ser avaliados segundo um critério de prudência e podem ser tomados em conta na avaliação dos activos subjacentes;

v) Os valores mobiliários que não são negociados num mercado regulamentado apenas serão admitidos em representação das provisões técnicas na medida em que sejam realizáveis a curto prazo ou quando se trate de participações em instituições de crédito, em empresas de seguros, nos termos do artigo 6.º, e em empresas de investimento estabelecidas num Estado-Membro;

vi) Os créditos sobre terceiros só são admitidos em representação das provisões técnicas após dedução das dívidas para com esses mesmos terceiros;

vii) O montante dos créditos admitidos em representação das provisões técnicas deve ser calculado segundo um critério de prudência que contemple o risco da sua não realização. Em particular, os créditos sobre tomadores de seguros e intermediários resultantes de operações de seguro directo e de resseguro apenas serão admitidos desde que só sejam efectivamente exigíveis desde há menos de três meses;

---

[17] JO L 126 de 26.5.2000, p. 1. Directiva com a última redacção que lhe foi dada pela Directiva 2000/28/CE (JO L 275 de 27.10.2000. p. 37).

SEGUROS DE VIDA

viii) No caso de activos representativos de um investimento numa empresa filial que, por conta da empresa de seguros, administra a totalidade ou parte dos investimentos desta última, o Estado-Membro de origem deve, para efeitos da aplicação das regras e princípios enunciados no presente artigo, tomar em consideração os activos subjacentes da empresa filial; o Estado-Membro de origem pode aplicar o mesmo tratamento aos activos de outras filiais;

ix) Os custos de aquisição diferidos só são admitidos em representação das provisões técnicas se tal for compatível com os métodos de cálculo das provisões matemáticas.

4. Não obstante o disposto nos n.ºs 1, 2 e 3, o Estado-Membro de origem pode, em circunstâncias excepcionais e a pedido da empresa de seguros, autorizar temporariamente e mediante decisão devidamente fundamentada que outras categorias de activos sejam admitidas em representação das provisões técnicas, sem prejuízo do artigo 22.º

ARTIGO 24.º
Regras de diversificação dos investimentos

1. O Estado-Membro de origem exige, relativamente aos activos representativos das suas provisões técnicas, que as empresas de seguros não invistam um montante superior a:

a) 10 % do total das suas provisões técnicas ilíquidas num terreno ou edifício ou em vários terrenos ou edifícios suficientemente próximos entre si para serem considerados efectivamente como um único investimento;

b) 5 % do montante total das suas provisões técnicas ilíquidas em acções e outros valores negociáveis equiparáveis a acções, títulos de dívida, obrigações e outros instrumentos do mercado monetário e de capitais de uma mesma empresa ou em empréstimos concedidos ao mesmo mutuário, considerados em bloco, exceptuando-se os empréstimos concedidos a uma autoridade estatal, regional ou local ou a uma organização internacional de que um ou vários Estados-Membros são membros. Este limite pode ser elevado para 10 % caso a empresa não aplique mais de 40 % das suas provisões técnicas ilíquidas em empréstimos ou em títulos que correspondam a emitentes e a mutuários em que aplica mais de 5 % dos seus activos;

c) 5 % do montante total das suas provisões técnicas ilíquidas em empréstimos não garantidos, dos quais 1 % para um único empréstimo não garantido, com exclusão dos empréstimos concedidos às instituições de crédito, às empresas de seguros, na medida em que seja permitido pelo artigo 6.º, e às empresas de investimento estabelecidas num Estado-Membro. Esses limites podem ser aumentados respectivamente para 8 % e 2 % por decisão tomada caso a caso pela autoridade competente do Estado-Membro de origem;

d) 3 % do montante total das suas provisões técnicas ilíquidas em disponibilidades à vista;

A PARAFISCALIDADE NA ACTIVIDADE SEGURADORA

e) 10 % do total das suas provisões técnicas ilíquidas em acções, outros títulos equiparáveis a acções e em obrigações, que não sejam negociados num mercado regulamentado.

2. A inexistência no n.º 1 de um limite para as aplicações numa determinada categoria de activos não significa que os activos dessa categoria devam ser admitidos sem limites para a representação das provisões técnicas. O Estado-Membro de origem estabelece regras mais particularizadas, fixando as condições de utilização dos activos admissíveis. Para a determinação e aplicação de tais regras, aquele Estado-Membro deve garantir, em especial, o respeito dos seguintes princípios:

i) Os activos representativos das provisões técnicas devem ser suficientemente diversificados e dispersos por forma a garantir que não existe excessiva dependência de uma categoria de activos, sector de investimento ou investimento determinados;

ii) As aplicações em activos que, em virtude da sua natureza ou da qualidade do emitente, apresentem um elevado grau de risco deverão ser limitadas a níveis prudentes;

iii) A imposição de limites a categorias particulares de activos deverá ter em conta o tratamento dado ao resseguro no cálculo das provisões técnicas;

iv) No caso de activos representativos de um investimento numa empresa filial que, por conta da empresa de seguros, administra a totalidade ou parte dos investimentos desta última, o Estado-Membro de origem deve, para efeitos da aplicação das regras e princípios enunciados no presente artigo, tomar em consideração os activos subjacentes da empresa filial; o Estado-Membro de origem pode aplicar o mesmo tratamento aos activos de outras filiais;

v) A percentagem de activos representativos das provisões técnicas objecto de investimentos não líquidos deve ser limitada a um nível prudente;

vi) Sempre que os activos incluírem empréstimos a determinadas instituições de crédito, ou obrigações emitidas por estas, o Estado-Membro de origem poderá considerar, ao aplicar às regras e princípios contidos no presente artigo, os activos subjacentes dessas instituições de crédito. Este tratamento só pode ser aplicado na medida em que a instituição de crédito tiver a sua sede social num Estado-Membro, for da exclusiva propriedade desse Estado-Membro e/ou das suas autoridades locais e que as suas actividades, de acordo com os seus estatutos, consistam na concessão de empréstimos, pelos seus intermediários, ao Estado ou às autoridades locais ou de empréstimos garantidos por estes ou ainda de empréstimos a organismos estreitamente ligados ao Estado ou às autoridades locais.

3. No âmbito das regras pormenorizadas que fixam as condições de utilização dos activos admissíveis, o Estado-Membro deve tratar de modo mais limitativo:

– os empréstimos que não sejam acompanhados por uma garantia bancária, por uma garantia concedida por empresas de seguros, por uma hipoteca ou por qualquer outra forma de garantia, em relação aos empréstimos acompanhados por tais garantias,

SEGUROS DE VIDA

– os OICVM não coordenados na acepção da Directiva 85/611/CEE e os outros fundos de investimento, em relação aos OICVM coordenados na acepção da referida directiva,

– os títulos que não são negociados num mercado regulamentado em relação àqueles que o são,

– os títulos de dívida, obrigações e outros instrumentos do mercado monetário e de capitais cujos emitentes não sejam Estados, uma das suas administrações regionais ou locais ou empresas que pertençam à zona A, na acepção da Directiva 2000/12/CEE, ou cujos emitentes sejam organizações internacionais de que não faça parte um Estado-Membro da Comunidade, em relação aos mesmos instrumentos financeiros cujos emitentes apresentem estas características.

4. Os Estados-Membros podem elevar o limite previsto na alínea *b)* do n.º 1 para 40 % relativamente a determinadas obrigações, sempre que estas sejam emitidas por instituições de crédito com sede social num Estado-Membro e que estejam legalmente sujeitas a um controlo público especial destinado a proteger os titulares dessas obrigações. Em particular, as somas provenientes da emissão dessas obrigações devem ser investidas, em conformidade com a lei, em activos que cubram amplamente, durante todo o prazo de validade dessas obrigações, os compromissos delas decorrentes e que estejam afectados por privilégio ao reembolso do capital e ao pagamento dos juros devidos em caso de falha do emissor.

5. Os Estados-Membros não podem exigir às empresas de seguros que realizem investimentos em categorias específicas de activos.

6. Sem prejuízo do n.º 1, o Estado-Membro de origem pode, em circunstâncias excepcionais e a pedido da empresa de seguros, dispensar temporariamente e mediante decisão devidamente fundamentada, das regras fixadas nas alíneas *a)* a *e)* do n.º 1, sob reserva do artigo 22.º

ARTIGO 25.º
Contratos ligados a OICVM ou a um índice de acções

1. Sempre que as prestações previstas por um contrato se encontrem directamente ligadas ao valor de unidades de participação em OICVM ou ao valor de activos incluídos num fundo interno da empresa de seguros, normalmente dividido em unidades de participação, as provisões técnicas respeitantes a essas prestações têm de ser representadas o mais aproximadamente possível por essas unidades de participação ou, caso as unidades de participação não estejam definidas, por esses activos.

2. Sempre que as prestações previstas por um contrato se encontrem directamente ligadas a um índice de acções ou a qualquer outro valor de referência diferente dos valores mencionados no n.º 1, as provisões técnicas respeitantes a essas prestações têm de ser representadas, o mais aproximadamente possível, quer pelas unidades de participação que se considere representarem o valor de referência quer, no caso de as unidades de participação não estarem definidas, por activos com um grau adequado de segurança e comerciabilidade que correspondam o mais aproximadamente possível àqueles em que se baseia o valor de referência específico.

A PARAFISCALIDADE NA ACTIVIDADE SEGURADORA

3. Os artigos 22.º e 24.º não são aplicáveis a activos que representem compromissos directamente ligados às prestações referidas nos n.ºs 1 e 2. As referências a provisões técnicas contidas no artigo 24.º entendem-se como excluindo as provisões técnicas relativas a esses compromissos.

4. Sempre que as prestações a que se referem os n.ºs 1 e 2 incluírem uma garantia de determinada remuneração do investimento ou qualquer outra prestação garantida, as provisões técnicas adicionais correspondentes ficarão sujeitas ao disposto nos artigos 22.º, 23.º e 24.º

ARTIGO 26.º
Regras de congruência

1. Para efeitos do n.º 3 do artigo 20.º e do artigo 54.º, os Estados-Membros devem cumprir o disposto no anexo II no que respeita às regras de congruência.

2. Este artigo não é aplicável aos compromissos a que se refere o artigo 25.º

CAPÍTULO 3
REGRAS RELATIVAS À MARGEM DE SOLVÊNCIA E AOS FUNDOS DE GARANTIA

ARTIGO 27.º
Margem de solvência disponível

1. Cada Estado-Membro exige que todas as empresas de seguros com sede social no seu território tenham sempre uma margem de solvência disponível suficiente em relação ao conjunto das suas actividades, pelo menos equivalente aos requisitos consagrados na presente directiva.

2. A margem de solvência disponível consiste no património da empresa de seguros livre de qualquer compromisso previsível e deduzindo os elementos incorpóreos, incluindo:

a) O capital social realizado ou, no caso das mútuas, o fundo inicial efectivo realizado acrescido das contas dos seus associados que satisfaçam todos os seguintes critérios:

i) Os estatutos estabelecem que o pagamento aos associados a partir dessas contas só pode ser efectuado desde que tal não dê origem à descida da margem de solvência disponível abaixo do nível exigido ou, após a dissolução da empresa, se todas as outras dívidas da empresa tiverem sido pagas,

ii) Os estatutos estabelecem, relativamente a qualquer pagamento deste tipo referido na subalínea *i)* por razões que não sejam a rescisão individual da filiação, que as autoridades competentes devem ser notificadas com antecedência prévia mínima de um mês e podem proibir o pagamento durante esse período,

iii) As disposições pertinentes dos estatutos só podem ser alteradas depois de as autoridades competentes terem declarado não ter objecções à alteração, sem prejuízo dos critérios constantes das subalíneas *i)* e *ii)*;

SEGUROS DE VIDA

b) As reservas (legais ou livres) que não correspondam aos compromissos;

c) Os lucros ou as perdas a transitar, após dedução dos dividendos a pagar;

d) As reservas de lucros que figuram no balanço quando, não tendo sido destinadas a distribuição pelos segurados, possam ser utilizadas para cobrir eventuais prejuízos, desde que a legislação nacional o autorize.

O montante de acções próprias directamente detidas pela empresa de seguros deve ser deduzido da margem de solvência disponível.

3. A margem de solvência disponível pode ser igualmente constituída pelo seguinte:

a) As acções preferenciais cumulativas e os empréstimos subordinados até ao limite de 50 % da margem de solvência disponível ou da margem de solvência exigida, se esta for menor, dos quais 25 %, no máximo, compreenderão empréstimos subordinados com prazo fixo ou acções preferenciais cumulativas com duração determinada, desde que existam acordos vinculativos nos termos dos quais, no caso de falência ou liquidação da empresa de seguros, os empréstimos subordinados ou as acções preferenciais ocupam uma categoria inferior em relação aos créditos de todos os outros credores e só sejam reembolsadas após liquidação de todas as outras dívidas em curso nesse momento.

Os empréstimos subordinados devem igualmente preencher as seguintes condições:

i) Só são tomados em consideração os fundos efectivamente pagos,

ii) Para os empréstimos a prazo fixo, o prazo inicial deve ser fixado em pelo menos cinco anos. O mais tardar um ano antes do termo do prazo, a empresa de seguros apresenta às autoridades competentes, para aprovação, um plano indicando a forma como a margem de solvência disponível será mantida ou posta ao nível desejado no termo do prazo, a não ser que o montante até ao qual o empréstimo pode ser incluído nos elementos da margem de solvência disponível seja progressivamente reduzido durante os cinco últimos anos, pelo menos, antes da data de vencimento. As autoridades competentes podem autorizar o reembolso antecipado desses fundos desde que o pedido tenha sido feito pela empresa de seguros emitente e que a sua margem de solvência disponível não desça abaixo do nível exigido,

iii) Os empréstimos para os quais não foi fixada a data de vencimento da dívida só são reembolsáveis mediante um pré-aviso de cinco anos, excepto se tiverem deixado de ser considerados elementos da margem de solvência disponível ou se um acordo prévio das autoridades competentes for formalmente exigido para o reembolso antecipado. Neste último caso, a empresa de seguros informa as autoridades competentes pelo menos seis meses antes da data do reembolso proposto, indicando a margem de solvência disponível e a margem de solvência exigida antes e depois do reembolso. As autoridades competentes só autorizam o reembolso se a margem de solvência disponível da empresa de seguros não descer abaixo do nível exigido,

iv) O contrato de empréstimo não deve incluir quaisquer cláusulas que estabeleçam que, em circunstâncias determinadas, excepto no caso de liquidação da empresa de seguros, a dívida deva ser reembolsada antes da data de vencimento acordada,

A PARAFISCALIDADE NA ACTIVIDADE SEGURADORA

v) O contrato de empréstimo só pode ser alterado depois de as autoridades competentes terem declarado que não se opõem à alteração;

b) Os títulos de duração indeterminada e outros instrumentos, incluindo as acções preferenciais cumulativas diferentes das referidas na alínea *a)*, até ao limite de 50 % da margem de solvência disponível ou da margem de solvência exigida, consoante a que for menor, para o total desses títulos e dos empréstimos subordinados referidos na alínea *a)*, desde que preencham as seguintes condições:

i) Não podem ser reembolsados por iniciativa do portador ou sem o acordo prévio da autoridade competente,

ii) O contrato de emissão deve dar à empresa de seguros a possibilidade de diferir o pagamento dos juros do empréstimo,

iii) Os créditos do mutuante sobre a empresa de seguros devem estar totalmente subordinados aos de todos os credores não subordinados,

iv) Os documentos que regulam a emissão dos títulos devem prever a capacidade da dívida e dos juros não pagos para absorver os prejuízos, permitindo simultaneamente a continuação da actividade da empresa de seguros,

v) Têm-se em conta apenas os montantes efectivamente pagos.

4. Mediante solicitação devidamente justificada da empresa junto da autoridade competente do Estado-Membro de origem e com o consentimento dessa autoridade competente, a margem de solvência disponível pode igualmente consistir no seguinte:

a) Até 31 de Dezembro de 2009, num montante correspondente a 50 % dos lucros futuros da empresa, mas não superior a 25 % da margem de solvência disponível ou da margem de solvência exigida, consoante a que for menor. O montante dos lucros futuros obtém-se multiplicando o lucro anual previsto pelo factor que representa a duração residual média dos contratos; este factor não pode exceder 6. O lucro anual previsto não deve ser superior à média aritmética dos lucros que tenham sido obtidos no decurso dos últimos cinco exercícios nas actividades enumeradas no n.º 1 do artigo 2.º

As autoridades competentes apenas poderão acordar na inclusão de um tal montante para efeitos da margem de solvência disponível:

i) quando for apresentado um relatório actuarial às autoridades competentes justificando a probabilidade de realização destes lucros no futuro, e

ii) desde que não tenha já sido tida em conta essa parte dos lucros futuros decorrentes do total líquido das mais-valias latentes referido na alínea *c)*;

b) Se não for praticada a zillmerização ou no caso de uma zillmerização inferior à carga de aquisição contida no prémio, na diferença entre a provisão matemática não zillmerada ou parcialmente zillmerizada e uma provisão matemática zillmerizada à taxa de zillmerização igual à carga de aquisição contida no prémio. Este montante não pode, no entanto, exceder 3,5 % da soma das diferenças entre os capitais "vida" e as provisões matemáticas para o conjunto dos contratos onde a zillmerização for

SEGUROS DE VIDA

possível; mas a essa diferença deve, eventualmente, reduzir-se o montante das despesas de aquisição não amortizadas, inscritas no activo;

c) No total líquido das mais-valias latentes, que não tenham um carácter excepcional, decorrentes da avaliação dos elementos do activo;

d) Na metade da parte ainda não realizada do capital social ou do fundo inicial, desde que a parte realizada atinja 25 % desse capital ou fundo, até ao limite de 50 % da margem de solvência disponível ou da margem de solvência exigida, consoante a que for menor.

5. As alterações aos n.ºs 2, 3 e 4, destinadas a ter em conta a evolução susceptível de justificar um ajustamento técnico dos elementos elegíveis para a margem de solvência disponível, serão aprovadas nos termos do n.º 2 do artigo 65.º

ARTIGO 28.º
Margem de solvência exigida

1. Sem prejuízo do disposto no artigo 29.º, a margem de solvência exigida é determinada consoante os ramos de seguros exercidos, nos termos do disposto nos n.ºs 2 a 7.

2. Para os tipos de seguros referidos nas alíneas a) e b) do n.º 1 do artigo 2.º que não sejam seguros ligados a fundos de investimento e para as operações referidas no n.º 3 do artigo 2.º, a margem de solvência exigida é igual à soma dos dois resultados seguintes:

a) Primeiro resultado:

O valor correspondente a 4 % das provisões matemáticas relativas às operações directas e aos resseguros aceites sem dedução do resseguro cedido é multiplicado pela razão entre o montante total das provisões matemáticas deduzidas das cessões em resseguro e o montante bruto total, das provisões matemáticas, calculada para o último exercício; esta razão não pode, em caso algum, ser inferior a 85 %;

b) Segundo resultado:

Para os contratos cujos capitais em risco não sejam negativos, o valor correspondente a 0,3 % dos capitais seguros pela empresa de seguro de vida é multiplicado pela razão entre o montante dos capitais em risco que permanecem a cargo da empresa após cessação em resseguro e a retrocessão e o montante dos capitais em risco sem dedução do resseguro, calculada para o último exercício; esta relação não pode, em caso algum, ser inferior a 50 %.

Para os seguros temporários em caso de morte, com uma duração máxima de três anos, aquela percentagem é reduzida para 0,1 %; para os seguros com uma duração superior a três mas inferior a cinco, a referida percentagem é reduzida para 0,15 %.

3. Para os seguros complementares referidos na alínea *c)* do n.º 1 do artigo 2.º, a margem de solvência exigida é igual ao montante da margem de solvência exigida para as empresas de seguros no artigo 16.ºA da Directiva 73/239/CEE, com excepção das disposições do seu artigo 17.º

4. Para os seguros de doença a longo prazo, não rescindíveis, indicados na alínea *d)* do n.º 1 do artigo 2.º, a margem de solvência exigida é igual:

A PARAFISCALIDADE NA ACTIVIDADE SEGURADORA

a) Ao valor correspondente a 4 % das provisões matemáticas, calculadas nos termos da alínea *a)* do n.º 2 do presente artigo; acrescido

b) Do montante da margem de solvência mínima das empresas de seguros, nos termos do artigo 16.ºA da Directiva 73/239/CEE, com excepção das disposições do seu artigo 17.º. Todavia, a condição consagrada na alínea *b)* do n.º 6 do artigo 16.ºA relativa à constituição de uma provisão de envelhecimento pode ser substituída pelo requisito de a actividade ser realizada com base no seguro de grupo.

5. Para as operações de capitalização referidas na alínea *b)* do n.º 2 do artigo 2.º, a margem de solvência exigida é igual a 4 % das provisões matemáticas e calculado nos termos da alínea *a)* do n.º 2 do presente artigo.

6. Para as operações das tontinas referidas na alínea *a)* do n.º 2 do artigo 2.º, a margem de solvência exigida é igual a 1 % do valor do activo das associações.

7. Para os seguros referidos nas alíneas *a)* e *b)* do n.º 1 do artigo 2.º, ligados a fundos de investimento, e para as operações referidas nas alíneas *c)*, *d)* e *e)* do n.º 2 do artigo 2.º, a margem de solvência exigida é igual à soma dos seguintes elementos:

a) Na medida em que a empresa de seguro de vida assuma um risco de investimento, o valor correspondente a 4 % das provisões técnicas, calculadas nos termos da alínea *a)* do n.º 2 do presente artigo;

b) Na medida em que a empresa não assuma um risco de investimento e que o montante destinado a cobrir as despesas de gestão esteja fixado para um período superior a cinco anos, o valor correspondente a 1 % das provisões técnicas, calculadas nos termos da alínea *a)* do n.º 2 do presente artigo;

c) Na medida em que a empresa não assuma um risco de investimento e que o montante destinado a cobrir as despesas de gestão não esteja fixado para um período superior a cinco anos, o montante equivalente a 25 % do total líquido das despesas administrativas do último exercício pertinentes nas actividades em questão;

d) Na medida em que a empresa de seguro de vida cubra um risco de mortalidade, o valor correspondente a 0,3 % dos capitais sujeitos a risco, calculado nos termos da alínea *b)*, do n.º 2 do presente artigo.

ARTIGO 29.º
Fundo de garantia

1. O terço da margem de solvência exigida, calculada nos termos do artigo 28.º, constitui o fundo de garantia. Este fundo deve ser constituído pelos elementos enumerados nos n.ºs 2 e 3 e, com o acordo da autoridade competente do Estado-Membro de origem, na alínea *c)* do n.º 4 do artigo 27.º

2. O fundo de garantia não pode ser inferior a três milhões de euros.

Cada Estado-Membro pode prever a redução de um quarto do fundo de garantia mínimo relativamente às mútuas, às sociedades sob a forma de mútuas e às tontinas.

SEGUROS DE VIDA

ARTIGO 30.º
Revisão do montante do fundo de garantia

1. O montante em euros previsto no n.º 2 do artigo 29.º será revisto anualmente a partir de 20 de Setembro de 2003, a fim de ter em conta as alterações verificadas no índice geral de preços no consumidor para todos os Estados-Membros publicado pelo Eurostat.

O montante deve ser adaptado automaticamente mediante a majoração do montante de base em euros pela taxa de variação percentual desse índice no período compreendido entre 20 de Março de 2002 e a data de revisão, e arredondado para um valor múltiplo de 100 000 euros.

Se a taxa de variação percentual verificada desde a última adaptação for inferior a 5 %, os montantes não serão ajustados.

2. A Comissão informa anualmente o Parlamento Europeu e o Conselho da revisão e do montante ajustado a que se refere o n.º 1.

ARTIGO 31.º
Activos não utilizados para a cobertura das provisões técnicas

1. Os Estados-Membros não estabelecem qualquer regra no que se refere à escolha dos activos que ultrapassam os que representam as provisões técnicas referidas no artigo 20.º

2. Sob reserva do n.º 3 do artigo 20.º, dos n.ºs 1, 2, 3 e 5 do artigo 37.º e do segundo parágrafo do n.º 1 do artigo 39.º, os Estados-Membros não restringirão a livre cessão de activos mobiliários ou imobiliários que façam parte do património das empresas de seguros autorizadas.

3. Os n.ºs 1 e 2 não prejudicam as medidas que os Estados-Membros, embora salvaguardando os interesses dos segurados, possam adoptar, enquanto proprietários ou sócios das empresas de seguros em questão.

CAPÍTULO 4
DIREITO DOS CONTRATOS E DAS CONDIÇÕES DE SEGUROS
ARTIGO 32.º
Lei aplicável

1. Aos contratos relativos às actividades referidas na presente directiva aplica-se a lei do Estado-Membro do compromisso. Todavia, sempre que a legislação desse Estado o permita, as partes podem optar pela lei de outro país.

2. Sempre que o tomador seja uma pessoa singular e resida habitualmente num Estado-Membro diferente do da sua nacionalidade, as partes podem optar pela lei do Estado-Membro da nacionalidade do tomador.

3. Quando um Estado compreender várias unidades territoriais com normas jurídicas próprias em matéria de obrigações contratuais, cada unidade será considerada como um país para efeitos de identificação da lei aplicável por força da presente directiva.

A PARAFISCALIDADE NA ACTIVIDADE SEGURADORA

Um Estado-Membro em que diferentes unidades territoriais tenham normas jurídicas próprias em matéria de obrigações contratuais não é obrigado a aplicar a presente directiva aos conflitos que surjam entre as legislações dessas unidades.

4. O presente artigo não pode prejudicar a aplicação das normas jurídicas do país do tribunal que regula imperativamente a situação, independentemente da lei aplicável ao contrato.

Se a legislação de um Estado-Membro o previr, pode ser dada execução às disposições imperativas da lei do Estado-Membro do compromisso se, e na medida em que, de acordo com a legislação desse Estado, essas disposições forem aplicáveis independentemente da lei que rege o contrato.

5. Sem prejuízo do disposto nos n.ºs 1 a 4, os Estados-Membros aplicarão aos contratos de seguro que são objecto da presente directiva as correspondentes normas gerais de direito internacional privado em matéria de obrigações contratuais.

ARTIGO 33.º
Interesse geral

O Estado-Membro do compromisso não pode impedir que o tomador do seguro celebre um contrato com uma empresa de seguros autorizada nas condições previstas no artigo 4.º, desde que tal contrato não colida com as disposições jurídicas de interesse geral em vigor no Estado-Membro do compromisso.

ARTIGO 34.º
Regras relativas às condições de seguros e de tarifas

Os Estados-Membros não podem prever disposições que exijam a aprovação prévia ou a comunicação sistemática das condições gerais e especiais das apólices de seguro, das tarifas, das bases técnicas utilizadas nomeadamente para o cálculo das tarifas e das provisões técnicas e dos formulários e outros impressos que uma empresa de seguros se proponha utilizar nas suas relações com os tomadores de seguro.

Sem prejuízo do disposto no primeiro parágrafo e com o único objectivo de controlar a observância das disposições nacionais relativas aos princípios actuariais, o Estado-Membro de origem pode exigir a comunicação sistemática das bases técnicas utilizadas para o cálculo das tarifas e das provisões técnicas, sem que tal exigência possa constituir para a empresa de seguros uma condição prévia para o exercício da sua actividade.

O mais tardar até 1 de Julho de 1999, a Comissão apresentará ao Conselho um relatório sobre aplicação destas disposições.

ARTIGO 35.º
Período de renúncia

1. Cada Estado-Membro deve determinar que o tomador de um contrato individual de seguro de vida disponha de um prazo de 14 a 30 dias, a contar da data em que lhe tenha sido confirmada a sua celebração, para renunciar aos seus efeitos.

SEGUROS DE VIDA

A comunicação da renúncia ao contrato por parte do tomador tem por efeito libertá-lo, em relação ao futuro, de qualquer obrigação decorrente desse contrato.

Os restantes efeitos jurídicos e os termos da renúncia são regidos pela legislação aplicável ao contrato, tal como definida no artigo 32.º, nomeadamente no que diz respeito às regras segundo as quais o tomador é informado da celebração do contrato.

2. Os Estados-Membros podem não aplicar o disposto no n.º 1 aos contratos de duração igual ou inferior a seis meses ou sempre que, pela situação do titular da apólice ou pelas circunstâncias em que foi celebrado o contrato, o titular da apólice não tiver necessidade desta protecção especial. Os Estados-Membros especificam nas suas regras em que circunstâncias não é aplicável o n.º 1.

ARTIGO 36.º
Informação ao tomador

1. Antes da celebração do contrato de seguro, devem ser comunicadas ao tomador pelo menos as informações enunciadas no ponto A do anexo III.

2. Enquanto vigorar o contrato, o tomador deve ser informado de todas as alterações às informações enunciadas no ponto B do anexo III.

3. O Estado-Membro do compromisso só pode exigir às empresas de seguros a prestação de informações suplementares em relação às enumeradas no anexo III se essas informações forem necessárias para a compreensão efectiva pelo tomador dos elementos essenciais do compromisso.

4. As regras de execução do presente artigo e do anexo III são adoptadas pelo Estado-Membro de compromisso.

CAPÍTULO 5
EMPRESAS DE SEGUROS EM DIFICULDADE OU EM SITUAÇÃO IRREGULAR
ARTIGO 37.º
Empresa de seguros em dificuldade

1. Se uma empresa de seguros não cumprir o disposto no artigo 20.º, a autoridade competente do Estado-Membro de origem da empresa pode, após ter informado da sua intenção as autoridades competentes dos Estados-Membros do compromisso, proibir a livre cessão dos activos.

2. Para efeitos de reequilíbrio da situação financeira de uma empresa de seguros cuja margem de solvência deixou de atingir o nível mínimo fixado no artigo 28.º, a autoridade competente do Estado-Membro de origem exigirá a essa empresa um plano de reequilíbrio que deve ser submetido à sua aprovação.

Se, em circunstâncias excepcionais, a autoridade competente considerar que a posição financeira da empresa de seguros vai continuar a deteriorar-se, poderá igualmente restringir ou proibir a livre cessão dos activos da empresa. Nesse caso, informará as autoridades dos outros Estados-Membros, em cujos territórios a empresa de seguros exerce actividade, das medidas adoptadas e estas adoptarão, a seu pedido, medidas idênticas às que tiver adoptado.

A PARAFISCALIDADE NA ACTIVIDADE SEGURADORA

3. Se a margem de solvência deixar de atingir o fundo de garantia definido no artigo 29.º, a autoridade competente do Estado-Membro de origem exigirá à empresa de seguros um plano de financiamento a curto prazo, que deve ser submetido à sua aprovação.

A autoridade competente pode, além disso, restringir ou proibir a livre cessão dos activos da empresa de seguros. Informará desse facto as autoridades dos Estados-Membros em cujo território a empresa de seguros exerce a sua actividade, as quais, a seu pedido, tomarão idênticas disposições.

4. Nos casos previstos nos n.ºs 1, 2 e 3, as autoridades competentes podem tomar quaisquer outras medidas adequadas à salvaguarda dos interesses dos segurados.

5. A pedido do Estado-Membro de origem da empresa, nos casos previstos nos n.ºs 1, 2 e 3, cada Estado-Membro adoptará as disposições necessárias para poder proibir, segundo a sua legislação nacional, a livre cessão dos activos localizados no seu território, cabendo ao Estado-Membro de origem da empresa de seguros indicar os activos que devem ser objecto de tais medidas.

ARTIGO 38.º
Plano de recuperação financeira

1. Os Estados-Membros asseguram que as autoridades competentes tenham poderes para exigir um plano de reequilíbrio da situação financeira às empresas de seguros sempre que considerem que os direitos dos tomadores de seguros estão em risco. O plano de reequilíbrio da situação financeira deve conter, pelo menos e em relação aos três exercícios subsequentes, os seguintes elementos ou dados comprovativos:

a) Previsões relativas às despesas de gestão, em especial as despesas gerais correntes e as comissões;

b) Um plano de que constem pormenorizadamente as previsões relativas a receitas e despesas tanto das operações de seguro directo como das de aceitação e cedência em matéria de resseguro;

c) Balanço previsional;

d) Previsões relativas aos meios financeiros destinados a garantir os compromissos assumidos e a margem de solvência exigida;

e) A política geral de resseguro.

2. Sempre que os direitos dos tomadores de seguros estiverem em risco em virtude da deterioração da posição financeira da empresa, os Estados-Membros asseguram que as autoridades competentes tenham poderes para obrigar as empresas de seguros a ter uma margem de solvência exigida superior, a fim de assegurar o respeito dos requisitos em matéria de solvência por parte da empresa de seguros num futuro próximo. O nível mais elevado desta margem de solvência exigida basear-se-á no plano de reequilíbrio da situação financeira previsto no n.º 1.

3. Os Estados-Membros asseguram que as autoridades competentes tenham poderes para reavaliar para valores inferiores todos os elementos elegíveis para efeitos da margem de solvência disponível, em especial, se se verificar uma alteração significativa do valor de mercado destes elementos desde o final do último exercício.

SEGUROS DE VIDA

4. Os Estados-Membros asseguram que as autoridades competentes tenham poderes para impor uma diminuição da redução, baseada em resseguros, da margem de solvência determinada de acordo com o artigo 28.º, sempre que:

a) A natureza dos contratos de resseguro ou respectiva fiabilidade tiverem sido alterados de modo significativo desde o último exercício;
b) For inexistente ou insignificante a transferência de risco no quadro do contrato de resseguro.

5. Quando as autoridades competentes tenham requerido um plano de saneamento financeiro da empresa de seguros, nos termos do n.º 1, devem abster-se de conceder a autorização, nos termos do n.º 1 do artigo 14.º, do segundo parágrafo do n.º 3 do artigo 40.º e da alínea a) do n.º 1 do artigo 42.º, enquanto entenderem que os direitos dos tomadores de seguros se encontram em risco, na acepção do n.º 1.

ARTIGO 39.º
Revogação da autorização

1. A autorização concedida à empresa de seguros pela autoridade competente do Estado-Membro de origem pode ser revogada por essa autoridade quando a empresa:

a) Não fizer uso da autorização num prazo de 12 meses, renunciar expressamente a fazê-lo ou cessar o exercício da sua actividade durante um período superior a seis meses, a não ser que o Estado-Membro em causa preveja a caducidade da autorização nesses casos;
b) Deixar de preencher as condições de acesso;
c) Não tiver podido realizar, nos prazos concedidos, as medidas previstas no plano de reequilíbrio ou no plano de financiamento referido no artigo 37.º;
d) Faltar gravemente ao cumprimento das obrigações que lhe são impostas pela regulamentação que lhe é aplicável.

Em caso de revogação ou de caducidade da autorização, a autoridade competente do Estado-Membro de origem informa do facto as autoridades competentes dos outros Estados-Membros, as quais devem tomar as medidas adequadas para impedir que a empresa em questão inicie novas operações no seu território, quer em regime de estabelecimento quer em regime de livre prestação de serviços. A autoridade competente do Estado-Membro de origem, com a colaboração das outras autoridades, toma todas as medidas necessárias para salvaguardar os interesses dos segurados, nomeadamente através de restrições à livre cessão dos activos da empresa de seguros, nos termos do n.º 1, do segundo parágrafo do n.º 2, e do segundo parágrafo do n.º 3 do artigo 37.º

2. Qualquer decisão de revogação da autorização deve ser fundamentada de maneira precisa e notificada à empresa de seguros interessada.

TÍTULO IV
DISPOSIÇÕES RELATIVAS AO DIREITO DE ESTABELECIMENTO E À LIVRE PRESTAÇÃO DE SERVIÇOS

ARTIGO 40.º
Condições para o estabelecimento de uma sucursal

1. Qualquer empresa de seguros que pretenda estabelecer uma sucursal no território de outro Estado-Membro deve comunicar esse facto às autoridades competentes do Estado-Membro de origem.

2. Os Estados-Membros exigirão que a empresa de seguros que pretende estabelecer uma sucursal noutro Estado-Membro faça acompanhar a comunicação referida no n.º 1 das seguintes informações:

a) O nome do Estado-Membro em cujo território tenciona estabelecer a sucursal;

b) O seu programa de actividades, no qual serão nomeadamente indicados o tipo de operações previstas e a estrutura organizativa da sucursal;

c) O endereço em que os documentos lhe podem ser reclamados e entregues, no Estado-Membro da sucursal, entendendo-se que esse endereço é o mesmo que aquele para onde são enviadas todas as comunicações dirigidas ao mandatário geral;

d) O nome e o endereço do mandatário geral da sucursal, que deve ter poderes bastantes para obrigar a empresa de seguros perante terceiros e para a representar perante as autoridades e os tribunais do Estado-Membro da sucursal. No que respeita à Lloyd's, em caso de eventuais litígios no Estado-Membro da sucursal decorrentes dos compromissos assumidos, não devem resultar para os segurados maiores dificuldades do que as que resultariam se os litígios envolvessem empresas de tipo clássico. Neste sentido, os poderes do mandatário geral devem, nomeadamente, incluir poder ser demandado judicialmente nessa qualidade com poderes para obrigar os subscritores de Lloyd's em causa.

3. A menos que, tendo em conta o projecto em questão, a autoridade competente do Estado-Membro de origem tenha razões para duvidar da adequação das estruturas administrativas ou da situação financeira da empresa de seguros ou da idoneidade e qualificações ou experiência profissionais dos dirigentes responsáveis e do mandatário geral, essa autoridade competente comunicará as informações referidas no n.º 2 à autoridade competente do Estado-Membro da sucursal no prazo de três meses a contar da recepção de todas essas informações, e informará do facto a empresa interessada.

A autoridade competente do Estado-Membro de origem certificará igualmente que a empresa de seguros dispõe do mínimo da margem de solvência, calculada nos termos dos artigos 28.º e 29.º

Sempre que as autoridades competentes do Estado-Membro de origem recusem comunicar as informações referidas no n.º 2 às autoridades competentes do Estado-Membro da sucursal, darão a conhecer as razões dessa recusa à empresa de seguros interessada, no prazo de três meses após a recepção de todas as informações. A recusa ou a falta de resposta pode ser objecto de recurso judicial no Estado-Membro de origem.

SEGUROS DE VIDA

4. Antes de a sucursal da empresa de seguros iniciar o exercício das suas actividades, a autoridade competente do Estado-Membro da sucursal disporá de dois meses a contar da recepção da comunicação referida no n.º 3 para indicar à autoridade competente do Estado-Membro de origem, se for caso disso, as condições em que, por razões de interesse geral, essas actividades devem ser exercidas no Estado--Membro da sucursal.

5. A partir da recepção de uma comunicação da autoridade competente do Estado-Membro da sucursal ou, em caso de silêncio desta, decorrido o prazo previsto no n.º 4, a sucursal pode ser estabelecida e iniciar as suas actividades.

6. Em caso de modificação de conteúdo de uma das informações comunicadas nos termos das alíneas b), c) ou d) do n.º 2, a empresa de seguros comunicará por escrito a modificação em causa às autoridades competentes do Estado-Membro de origem e do Estado-Membro da sucursal, pelo menos um mês antes de proceder a essa modificação, a fim de que a autoridade competente do Estado-Membro de origem e a autoridade competente do Estado-Membro da sucursal possam exercer as funções que lhes são atribuídas respectivamente nos termos dos n.ºs 3 e 4.

ARTIGO 41.º
Livre prestação de serviços: notificação prévia do Estado-Membro de origem

Qualquer empresa de seguros que pretenda realizar pela primeira vez, num ou mais Estados-Membros, as suas actividades em regime de livre prestação de serviços deve informar previamente as autoridades competentes do Estado-Membro de origem, indicando a natureza dos riscos que se propõe cobrir.

ARTIGO 42.º
Livre prestação de serviços: notificação pelo Estado-Membro de origem

1. As autoridades do Estado-Membro de origem notificam, no prazo máximo de um mês a contar da data da comunicação prevista no artigo 41.º, o Estado-Membro ou os Estados-Membros em cujo território uma empresa de seguros pretenda realizar as suas actividades em regime de livre prestação de serviços, dos seguintes elementos:

a) Uma declaração certificando que a empresa de seguros dispõe do mínimo da margem de solvência, calculada em conformidade com os artigos 28.º e 29.º;

b) Os ramos que a empresa de seguros interessada está habilitada a explorar;

c) A natureza dos riscos que a empresa de seguros se propõe cobrir no Estado--Membro da prestação de serviços.

Simultaneamente, aquelas autoridades notificam a empresa de seguros interessada.

2. Sempre que as autoridades competentes do Estado-Membro de origem não comunicarem as informações referidas no n.º 1 no prazo previsto, devem, no mesmo prazo, justificar essa recusa junto da empresa de seguros. Esta recusa deve poder ser objecto de recurso judicial no Estado-Membro de origem.

A PARAFISCALIDADE NA ACTIVIDADE SEGURADORA

3. A empresa de seguros pode iniciar a sua actividade a partir da data em que comprovadamente foi notificada da comunicação prevista no primeiro parágrafo do n.º 1.

ARTIGO 43.º
Livre prestação de serviços: alteração da natureza das actividades

Qualquer alteração que a empresa de seguros pretenda introduzir nas indicações referidas no artigo 41.º fica sujeita ao processo previsto nos artigos 41.º e 42.º

ARTIGO 44.º
Idioma

As autoridades competentes do Estado-Membro da sucursal ou do Estado-Membro da prestação de serviços podem exigir que as informações que, por força da presente directiva, estão autorizadas a pedir a respeito da actividade das empresas de seguros que operam no território desse Estado-Membro, lhes sejam fornecidas na língua ou línguas oficiais desse Estado.

ARTIGO 45.º
Regras relativas às condições de seguros e de tarifas

O Estado-Membro da sucursal ou da prestação de serviços não pode prever disposições que exijam a aprovação prévia ou a comunicação sistemática das condições gerais e especiais das apólices de seguro, das tarifas, das bases técnicas utilizadas nomeadamente para o cálculo das tarifas e das provisões técnicas e dos formulários e outros impressos que a empresa de seguros tenciona utilizar nas suas relações com os tomadores de seguros. A fim de supervisionar a observância das disposições nacionais relativas aos contratos de seguro, apenas poderá exigir, a qualquer empresa de seguros que pretenda efectuar no seu território operações de seguros em regime de estabelecimento ou em regime de livre prestação de serviços, a comunicação não sistemática das condições ou dos outros documentos que tenciona utilizar, sem que tal exigência possa constituir para a empresa de seguros uma condição prévia para o exercício da sua actividade.

ARTIGO 46.º
Incumprimento das normas legais pelas empresas de seguros

1. Toda a empresa de seguros que efectue operações em regime de direito de estabelecimento ou de livre prestação de serviços deve apresentar às autoridades competentes do Estado-Membro da sucursal e/ou do Estado-Membro da prestação de serviços todos os documentos que lhe forem solicitados para efeitos da aplicação do presente artigo, na medida em que tal obrigação se aplique igualmente às empresas com sede nesses Estados-Membros.

2. Se as autoridades competentes de um Estado-Membro verificarem que uma empresa que tem uma sucursal ou que opera em regime de livre prestação de serviços no seu território não cumpre as normas legais que lhe são aplicáveis nesse mesmo Estado, solicitar-lhe-ão que ponha fim a essa situação irregular.

SEGUROS DE VIDA

3. Se a empresa de seguros em questão não tomar as disposições necessárias, as autoridades competentes do Estado-Membro em causa informarão desse facto as autoridades competentes do Estado-Membro de origem. Estas últimas autoridades tomarão, logo que possível, todas as medidas adequadas para que a referida empresa de seguros ponha fim a essa situação irregular. A natureza de tais medidas será comunicada às autoridades competentes do Estado-Membro em causa.

4. Se, apesar das medidas tomadas para o efeito pelo Estado-Membro de origem, ou porque tais medidas se revelem insuficientes ou não existam ainda nesse Estado, a empresa de seguros persistir em violar as normas legais em vigor no Estado-Membro em causa, este último pode, após ter informado as autoridades competentes do Estado-Membro de origem, tomar as medidas adequadas para evitar ou reprimir novas irregularidades e, se for absolutamente necessário, impedir a empresa de celebrar novos contratos de seguro no seu território. Os Estados-Membros assegurarão a possibilidade de, no seu território, se notificarem as empresas de seguros dos documentos legais necessários a essas medidas.

5. Os n.ᵒˢ 2, 3, e 4 não afectam o poder dos Estados-Membros em causa de tomar, em caso de urgência, as medidas adequadas para evitar as irregularidades cometidas no seu território. Tal inclui a possibilidade de impedir que uma empresa de seguros continue a celebrar novos contratos de seguros no seu território.

6. Os n.ᵒˢ 2, 3, e 4 não interferem com o poder dos Estados-Membros de sancionar infracções no seu território.

7. Se a empresa de seguros que cometeu a infracção possuir um estabelecimento ou bens no Estado-Membro em causa, as autoridades competentes deste último podem, segundo o direito nacional, aplicar as sanções administrativas previstas para essa infracção em relação a esse estabelecimento ou a esses bens.

8. Qualquer medida tomada em aplicação dos n.ᵒˢ 3 a 7 que inclua sanções ou restrições ao exercício da actividade seguradora deve ser devidamente justificada e notificada à empresa de seguros em questão.

9. A Comissão apresenta de dois em dois anos ao Comité de Seguros um relatório recapitulando o número e o tipo de casos em relação aos quais, em cada Estado-Membro, houve recusas nos termos do artigo 40.º ou do artigo 42.º, ou foram tomadas medidas nos termos do n.º 4 do presente artigo. Os Estados-Membros cooperam com a Comissão, fornecendo-lhe todas as informações necessárias para a elaboração do referido relatório.

ARTIGO 47.º
Publicidade

A presente directiva não obsta a que as empresas de seguros cuja sede social se situe num Estado-Membro façam publicidade dos seus serviços através de todos os meios de comunicação disponíveis, no Estado-Membro da sucursal ou da prestação de serviços, desde que observem as normas que regulam a forma e o conteúdo dessa publicidade adoptadas por razões de interesse geral.

ARTIGO 48.º
Liquidação

No caso de liquidação de uma empresa de seguros, os compromissos resultantes dos contratos celebrados através de uma sucursal ou em regime de livre prestação de serviços são executados do mesmo modo que os compromissos resultantes de outros contratos de seguro da mesma empresa, sem distinções quanto à nacionalidade dos segurados e dos beneficiários.

ARTIGO 49.º
Informações estatísticas sobre actividades transfronteiriças

Cada empresa de seguros deve comunicar à autoridade competente do Estado--Membro de origem, de modo distinto para as operações efectuadas através de um estabelecimento e para as operações efectuadas em regime de prestação de serviços, o montante dos prémios, sem dedução do resseguro, por Estado-Membro e por cada um dos ramos I a IX definidos no anexo I.

A autoridade competente do Estado-Membro de origem comunica as indicações em causa, dentro de um prazo razoável e de uma forma agregada, às autoridades de fiscalização competentes de cada um dos Estados-Membros interessados que lho solicitem.

ARTIGO 50.º
Imposto sobre os prémios

1. Sem prejuízo de uma posterior harmonização, qualquer contrato de seguro só pode ser sujeito aos mesmos impostos indirectos e taxas parafiscais que oneram os prémios de seguro no Estado-Membro do compromisso, bem como, no que respeita a Espanha, às sobretaxas fixadas legalmente a favor do organismo espanhol "Consorcio de Compensación de Seguros" para as necessidades das suas funções em matéria de compensação das perdas resultantes de eventos extraordinários que ocorram nesse Estado-Membro.

2. A lei aplicável ao contrato por força do artigo 32.º não tem incidência sobre o regime fiscal aplicável.

3. Sem prejuízo de uma harmonização posterior, cada Estado-Membro aplica às empresas de seguros que assumam compromissos no seu território as suas disposições nacionais relativas às medidas destinadas a garantir a cobrança dos impostos indirectos e das taxas parafiscais devidos por força do n.º 1.

SEGUROS DE VIDA

TÍTULO V
REGRAS APLICÁVEIS ÀS AGÊNCIAS OU SUCURSAIS ESTABELECIDAS NO INTERIOR DA COMUNIDADE, DE EMPRESAS COM SEDE SOCIAL E FORA DA COMUNIDADE

ARTIGO 51.º
Princípios e condições de autorização

1. Cada Estado-Membro subordina a uma autorização administrativa o acesso, no seu território, às actividades mencionadas no artigo 2.º, de qualquer empresa com sede social fora da Comunidade.

2. O Estado-Membro pode conceder a autorização desde que a empresa satisfaça, pelo menos, as seguintes condições:

a) Esteja habilitada, de acordo com o seu direito nacional, a exercer as actividades mencionadas no artigo 2.º;

b) Constitua uma agência ou sucursal no território deste Estado-Membro;

c) Se comprometa a estabelecer, na sede da agência ou sucursal, uma contabilidade adequada à actividade que ela aí exerce, bem como a aí manter todos os documentos relativos aos negócios celebrados;

d) Designe um mandatário geral que deve ter o acordo da autoridade competente;

e) Disponha de activos, no Estado-Membro de exploração, num montante, pelo menos, igual à metade do mínimo prescrito no primeiro parágrafo do n.º 2 do artigo 29.º para o fundo de garantia, e deposite um quarto desse mínimo, a título de caução;

f) Se comprometa a possuir uma margem de solvência, nos termos do artigo 55.º;

g) Apresente um programa de actividades nos termos do n.º 3.

3. O programa de actividades da agência ou sucursal referido na alínea *g)* do n.º 2 deve conter indicações ou justificações sobre:

a) A natureza dos compromissos que a empresa se propõe cobrir;

b) Os princípios orientadores em matéria de resseguro;

c) A situação da margem de solvência e do fundo de garantia da empresa, previstos no artigo 55.º;

d) As previsões dos custos de criação dos serviços administrativos e da rede comercial e dos meios financeiros destinados a fazer-lhes face;

e, além disso, deve incluir relativamente aos três primeiros exercícios:

e) Um plano de que constem pormenorizadamente as previsões relativas a receitas e despesas tanto das operações de seguro directo como das de aceitação e cedência em matéria de resseguro;

f) Um balanço previsional;

g) As previsões relativas aos meios financeiros destinados a garantir os compromissos assumidos e a margem de solvência

4. Cada Estado-Membro pode exigir a notificação sistemática das bases técnicas utilizadas para o cálculo das tarifas e provisões técnicas, sem que essa exigência constitua uma condição prévia para uma empresa de seguros exercer a sua actividade.

ARTIGO 52.º
Disposições aplicáveis às sucursais das empresas de países terceiros

1. *a)* As agências e sucursais mencionadas no presente título não podem, sem prejuízo do disposto na alínea b), acumular no território de um Estado-Membro, o exercício das actividades mencionadas no anexo da Directiva 73/239/CEE, com o exercício das abrangidas pela presente directiva;

b) Os Estados-Membros podem, sob reserva do disposto na alínea c), prever que as agências e sucursais abrangidas pelo presente título, que, às datas relevantes referidas no n.º 3 do artigo 18.º, praticavam a acumulação destas duas actividades no território de um Estado-Membro, possam continuar a praticar aí esta acumulação, desde que adoptem, para cada uma das actividades, uma gestão distinta, nos termos do artigo 19.º;

c) O Estado-Membro que, nos termos do n.º 6 do artigo 18.º, tenha imposto às empresas estabelecidas no seu território a obrigação de deixar de acumular as actividades que praticavam às datas para elas referidas no n.º 3 do artigo 18.º, deve, igualmente, impor essa obrigação às agências e sucursais mencionadas no presente título estabelecidas no seu território e que nele pratiquem essa acumulação;

d) Os Estados-Membros podem prever que as agências e sucursais mencionadas no presente título, cuja sede social pratique a acumulação de actividades e que, às datas referidas no n.º 3 do artigo 18.º, praticavam, no território de um Estado-Membro exclusivamente as actividades mencionadas na presente directiva, possam nele prosseguir as suas actividades. Se a empresa pretender exercer, nesse território, as actividades abrangidas pela Directiva 73/239/CEE, já não poderá exercer as actividades abrangidas pela presente directiva senão por intermédio de uma filial.

2. Os artigos 13.º e 37.º são aplicáveis, mutatis mutandis, às agências ou sucursais referidas no presente título.

Para efeitos do artigo 37.º, a autoridade competente que efectuar a supervisão da solvência global dessas agências ou sucursais é equiparada à autoridade competente do Estado-Membro da sede social.

3. Em caso de revogação da autorização, pela autoridade referida no n.º 2 do artigo 56.º, esta informará as autoridades competentes dos outros Estados-Membros em que a empresa de seguros exerce a sua actividade, as quais tomarão as medidas adequadas. Se a decisão de revogação for motivada por insuficiência da margem de solvência, calculada de acordo com o disposto no n.º 1, alínea *a)*, do artigo 56.º, as autoridades competentes dos outros Estados-Membros envolvidos procederão, igualmente, à revogação da autorização.

SEGUROS DE VIDA

ARTIGO 53.º
Transferência de carteira

1. Nas condições previstas no direito nacional, cada Estado-Membro autoriza as agências e sucursais estabelecidas no seu território e referidas no presente título a transferir a totalidade ou parte da respectiva carteira de contratos para uma cessionária estabelecida no mesmo Estado-Membro, desde que as autoridades competentes desse Estado-Membro ou, eventualmente, do Estado-Membro referido no artigo 56.º certifiquem que a cessionária possui a margem de solvência necessária, tendo em conta esta mesma transferência.

2. Nas condições previstas no direito nacional, cada Estado-Membro autoriza as agências e sucursais estabelecidas no seu território e referidas no presente título a transferir a totalidade ou parte da respectiva carteira de contratos para uma empresa de seguros com sede social num outro Estado-Membro, desde que as autoridades competentes desse Estado-Membro certifiquem que a cessionária possui a margem de solvência necessária, tendo em conta essa mesma transferência.

3. Se, nas condições previstas no direito nacional, um Estado-Membro autorizar as agências e sucursais estabelecidas no seu território e referidas no presente título a transferir a totalidade ou parte da respectiva carteira de contratos para uma agência ou sucursal referida no presente título e criada no território de outro Estado--Membro, esse Estado-Membro assegurar-se-á de que as autoridades competentes do Estado-Membro da cessionária ou, eventualmente, do Estado-Membro referido no artigo 56.º certifiquem que a cessionária possui a margem de solvência necessária, tendo em conta essa mesma transferência, de que a lei do Estado-Membro da cessionária prevê a possibilidade dessa transferência e de que esse Estado concorda com a transferência.

4. Nos casos referidos nos n.ºs 1, 2 e 3, o Estado-Membro em que se situa a agência ou a sucursal cedente autoriza a transferência depois de ter obtido o acordo das autoridades competentes do Estado-Membro do compromisso, quando este não seja o mesmo em que se situa a agência ou a sucursal cedente.

5. As autoridades competentes dos Estados-Membros consultados dão o seu parecer ou o seu acordo às autoridades competentes do Estado-Membro de origem da empresa de seguros cedente num prazo de três meses a contar da recepção do pedido; a falta de resposta das autoridades consultadas dentro desse prazo equivale a um parecer favorável ou a um acordo tácito.

6. A transferência autorizada nos termos do presente artigo é objecto de publicidade no Estado-Membro do compromisso, nas condições previstas no direito nacional. A transferência é oponível de pleno direito aos tomadores de seguros, aos segurados e a qualquer titular de direitos ou obrigações decorrentes dos contratos transferidos.

Esta disposição não prejudica o direito de os Estados-Membros preverem a possibilidade de os tomadores de seguros rescindirem o contrato num determinado prazo a partir da transferência.

ARTIGO 54.º
Constituição de provisões técnicas

Os Estados-Membros exigem que as empresas constituam provisões suficientes, nos termos do artigo 20.º, que correspondam aos compromissos assumidos no seu território. Os Estados-Membros providenciam para que estas provisões sejam representadas, pela agência ou sucursal, através de provisões equivalentes e congruentes nos termos do anexo II.

A legislação dos Estados-Membros é aplicável ao cálculo destas provisões, à determinação das categorias de investimento e à avaliação dos provisões, bem como, se for caso disso, à fixação dos limites dentro dos quais os activos podem ser admitidos em representação destas provisões.

O Estado-Membro interessado exige que os activos admitidos em representação destas provisões estejam localizados no seu território. É, no entanto, aplicável o n.º 4 do artigo 20.º

ARTIGO 55.º
Margem de solvência e fundos de garantia

1. Cada Estado-Membro exige que as agências ou sucursais estabelecidas no seu território disponham de uma margem de solvência constituída pelos elementos enunciados no artigo 27.º A margem de solvência mínima é calculada nos termos do artigo 28.º Todavia, para o cálculo da margem, apenas serão tomadas em consideração as operações realizadas pela agência ou sucursal.

2. O terço do mínimo da margem de solvência constitui o fundo de garantia.

O montante deste fundo não pode, no entanto, ser inferior a metade do mínimo previsto no primeiro parágrafo do n.º 2 do artigo 29.º Nele está incluída a caução inicialmente depositada nos termos da alínea e) do n.º 2 do artigo 51.º

O fundo de garantia e o mínimo deste fundo são constituídos nos termos do artigo 29.º

3. Os activos representativos da margem de solvência mínima devem estar localizados no interior do Estado-Membro de exploração, até ao montante do fundo de garantia e, na parte excedente, no interior da Comunidade.

ARTIGO 56.º
Facilidades para empresas autorizadas em vários Estados-Membros

1. As empresas que tenham solicitado ou obtido autorização de vários Estados-Membros podem requerer as seguintes facilidades, que só podem ser concedidas em conjunto:

a) A margem de solvência prevista no artigo 55.º deve ser calculada em função da actividade global que elas exercem no interior da Comunidade; neste caso, apenas serão tomadas em consideração para aquele cálculo, as operações realizadas pelo conjunto das agências ou sucursais estabelecidas no interior da Comunidade;

SEGUROS DE VIDA

b) A caução mencionada na alínea *e)*, n.º 2, do artigo 51.º deve ser depositada apenas num dos Estados-Membros em que elas exercem a sua actividade;

c) Os activos representativos do fundo de garantia devem estar localizados em qualquer um dos Estados-Membros em que elas exerçam a sua actividade.

2. O pedido de concessão das facilidades previstas no n.º 1 deve ser dirigido às autoridades competentes dos Estados-Membros em causa. Neste pedido, deve ser indicada a autoridade encarregada de, no futuro, verificar, para o conjunto das suas actividades, a solvência das agências ou sucursais estabelecidas no seio da Comunidade. Deverão ser apresentados os motivos da escolha da autoridade, feita pela empresa. A caução é depositada no Estado-Membro correspondente.

3. As facilidades previstas no n.º 1 apenas podem ser concedidas mediante o acordo das autoridades competentes de todos os Estados-Membros junto das quais o pedido foi formulado. Tais facilidades produzirão efeitos a partir da data em que a autoridade competente escolhida se obrigar, perante as demais autoridades competentes, a verificar, para o conjunto das suas operações, a solvência das agências e sucursais estabelecidas na Comunidade.

As informações necessárias para a verificação da solvência global das agências e sucursais estabelecidas no seu território devem ser fornecidas pelos outros Estados--Membros à autoridade competente escolhida.

4. Por iniciativa de um ou vários Estados-Membros interessados, as facilidades concedidas, ao abrigo do presente artigo, devem ser canceladas, simultaneamente, para o conjunto dos Estados-Membros a que respeitem.

ARTIGO 57.º
Acordos com países terceiros

A Comunidade pode, mediante acordos celebrados com um ou vários países terceiros, nos termos do Tratado, convencionar a aplicação de disposições diversas das previstas no presente título, a fim de assegurar, com base na reciprocidade, uma protecção adequada aos segurados dos Estados-Membros.

TÍTULO VI
REGRAS APLICÁVEIS ÀS FILIAIS DE UMA EMPRESA-MÃE SUJEITA À ORDEM JURÍDICA DE UM PAÍS TERCEIRO E À AQUISIÇÃO DE PARTICIPAÇÕES POR ESSA EMPRESA-MÃE

ARTIGO 58.º
Informação dos Estados-Membros à Comissão

As autoridades competentes dos Estados-Membros informam a Comissão:

a) De qualquer autorização de filial directa ou indirecta, cuja ou cujas empresas-mãe estejam sujeitas à ordem jurídica de um país terceiro. A Comissão informa desse facto o comité referido no n.º 1 do artigo 65.º;

A PARAFISCALIDADE NA ACTIVIDADE SEGURADORA

b) De qualquer tomada de participação de uma empresa-mãe numa empresa de seguros da Comunidade que tenha por efeito transformar esta última em sua filial. A Comissão informa desse facto o comité referido no n.º 1 do artigo 65.º

Sempre que for concedida uma autorização a uma filial directa ou indirecta de uma ou mais empresas-mãe sujeitas à ordem jurídica de um país terceiro, a estrutura do grupo deve ser especificada na notificação que as autoridades competentes enviarão à Comissão.

ARTIGO 59.º
Tratamento dado por países terceiros a empresas de seguros comunitárias

1. Os Estados-Membros informam a Comissão de quaisquer dificuldades de ordem geral com que as empresas de seguros deparem para se estabelecerem ou exercerem as suas actividades num país terceiro.

2. A Comissão elabora periodicamente um relatório com a análise do tratamento dado nos países terceiros às empresas de seguros da Comunidade, nos termos dos n.ᵒˢ 3 e 4, no que se refere ao estabelecimento e ao exercício das suas actividades de seguros, bem como às tomadas de participação em empresas de seguros de países terceiros. A Comissão transmite estes relatórios ao Conselho, acompanhando-os eventualmente de propostas adequadas.

3. Sempre que a Comissão verificar, com base nos relatórios referidos no número anterior ou noutras informações, que um país terceiro não concede às empresas de seguros comunitárias um acesso efectivo ao mercado comparável ao concedido pela Comunidade às empresas de seguros desse país terceiro, pode apresentar propostas ao Conselho no sentido de obter um mandato de negociação adequado para obter oportunidades de concorrência comparáveis para as empresas de seguros da Comunidade. O Conselho delibera por maioria qualificada.

4. Sempre que a Comissão verificar, com base quer nos relatórios referidos no n.º 2 quer noutras informações, que as empresas de seguros comunitárias não beneficiam num país terceiro de tratamento nacional que proporcione oportunidades de concorrência idênticas às das empresas de seguros nacionais e que as condições de acesso efectivo ao mercado não se encontram preenchidas, pode encetar negociações destinadas a obviar a essa situação.

Nas circunstâncias referidas no primeiro parágrafo do presente número, pode igualmente ser decidido, em qualquer altura e cumulativamente com a iniciativa das negociações, nos termos do n.º 2 do artigo 65.º, que as autoridades competentes dos Estados-Membros devam limitar ou suspender as suas decisões:

– sobre os pedidos de autorização já apresentados no momento da decisão ou posteriormente, e

– sobre as tomadas de participação por parte de empresas-mãe directas ou indirectas, sujeitas à ordem jurídica do país terceiro em causa.

A duração das medidas referidas não pode ultrapassar três meses.

SEGUROS DE VIDA

Antes do termo do referido prazo de três meses, e à luz dos resultados da negociação, o Conselho pode decidir, por maioria qualificada e sob proposta da Comissão, se essas medidas continuam a ser aplicadas.

Essa limitação ou suspensão não pode ser aplicada à criação de filiais por empresas de seguros ou suas filiais devidamente autorizadas na Comunidade, nem à tomada de participações, por parte de tais empresas ou filiais, numa empresa de seguros da Comunidade.

5. Sempre que a Comissão proceder a uma das verificações referidas nos n.ºs 3 e 4, os Estados-Membros informá-la-ão, a pedido desta:

a) De qualquer pedido de autorização de uma filial directa ou indirecta efectuado por uma ou mais empresas-mãe sujeitas à legislação do país terceiro em questão;

b) De qualquer projecto de tomada de participação de uma empresa desse tipo numa empresa de seguros comunitária que tenha por efeito transformar esta última em filial da primeira.

Esta obrigação de informação cessa a partir do momento em que tenha sido celebrado um acordo com um dos países terceiros mencionados nos n.ºs 3 e 4 ou quando as medidas referidas nos segundo e terceiro parágrafos do n.º 4 deixarem de ser aplicáveis.

6. As medidas adoptadas ao abrigo do presente artigo devem ser conformes com as obrigações da Comunidade, baseadas em acordos internacionais, bilaterais ou multilaterais, que rejam o acesso à actividade das empresas de seguros e ao seu exercício.

TÍTULO VII
DISPOSIÇÕES TRANSITÓRIAS E DIVERSAS

ARTIGO 60.º
Derrogações e supressão de medidas restritivas

1. As empresas criadas no Reino Unido através de "Royal Charter" ou "private Act" ou "special Public Act" podem prosseguir as suas actividades, sob a forma jurídica em que foram constituídas em 15 de Março de 1979, sem limitações no tempo.

O Reino Unido elaborará a lista dessas empresas e comunicá-la-á aos outros Estados-Membros, bem como à Comissão.

2. As sociedades "registered under the Friendly Societies Acts" no Reino Unido podem prosseguir as actividades de seguro de vida e de operações de poupança que, de acordo com os respectivos objectos, praticavam em 15 de Março de 1979.

ARTIGO 61.º
Prova de honorabilidade

1. Sempre que um Estado-Membro exigir dos seus nacionais uma prova de honorabilidade e de que não foram anteriormente declarados em falência, ou apenas uma destas duas provas, aceitará, como prova suficiente, relativamente aos nacionais dos

A PARAFISCALIDADE NA ACTIVIDADE SEGURADORA

outros Estados-Membros, a apresentação de um certificado do registo criminal ou, na sua falta, de um documento equivalente emitido por uma autoridade judicial ou administrativa competente do Estado-Membro de origem ou de proveniência do qual se possa concluir que estes requisitos estão preenchidos.

2. Se o documento referido no n.º 1 não for emitido pelo Estado-Membro de origem ou de proveniência, esse documento pode ser substituído por uma declaração sob juramento – ou, nos Estados onde tal juramento não exista, por uma declaração solene – feita pelo interessado perante uma autoridade judicial ou administrativa competente ou, se for caso disso, perante um notário do Estado-Membro de origem ou de proveniência, que emitirá uma declaração autêntica desse juramento ou dessa declaração solene. A declaração de não existência de falência pode ser feita, igualmente, perante um organismo profissional qualificado desse mesmo Estado.

3. Os documentos emitidos nos termos dos n.ºˢ 1 e 2, não devem, aquando da sua apresentação, ter mais de três meses a contar da data de sua emissão.

4. Os Estados-Membros designam as autoridades e organismos competentes para a emissão dos documentos referidos nos n.ºˢ 1 e 2, e informam imediatamente os outros Estados-Membros e a Comissão desse facto.

Cada Estado-Membro indica, igualmente, aos outros Estados-Membros e à Comissão, as autoridades e organismos perante os quais devem ser apresentados os documentos mencionados no presente artigo, juntamente com o pedido para exercer, no território desse Estado-Membro, as actividades referidas no artigo 2.º

TÍTULO VIII
DISPOSIÇÕES FINAIS

ARTIGO 62.º
Cooperação entre os Estados-Membros e a Comissão

A Comissão e as autoridades competentes dos Estados-Membros colaboram estreitamente para facilitar a supervisão dos seguros e operações referidos na presente directiva no interior da Comunidade.

Os Estados-Membros informam a Comissão das principais dificuldades resultantes da aplicação da presente directiva, nomeadamente das que surjam se um Estado-Membro verificar uma transferência anormal das actividades em detrimento das empresas estabelecidas no seu território e em benefício de agências e sucursais situadas na sua periferia.

A Comissão e as autoridades competentes dos Estados-Membros analisam essas dificuldades o mais rapidamente possível, a fim de encontrar uma solução adequada.

Se necessário, a Comissão apresenta ao Conselho propostas adequadas.

ARTIGO 63.º
Relatório sobre o desenvolvimento do mercado em livre prestação de serviços

A Comissão envia ao Parlamento Europeu e ao Conselho, periodicamente e pela primeira vez em 20 de Novembro de 1995, um relatório sobre a evolução do mercado dos seguros e das operações efectuadas em regime de livre prestação de serviços.

ARTIGO 64.º
Adaptação técnica

As adaptações técnicas da presente directiva, adiante enunciadas, são adoptadas nos termos do n.º 2 do artigo 65.º:

– alargamento das formas jurídicas previstas no n.º 1, alínea *a)*, do artigo 6.º,

– alterações da lista referida no anexo I ou adaptação da terminologia dessa lista com vista a tomar em consideração a evolução dos mercados de seguros,

– clarificação dos elementos constitutivos da margem de solvência, enumerados no artigo 27.º, com vista a tomar em consideração a criação de novos instrumentos financeiros,

– alteração do montante mínimo do fundo de garantia, previsto no n.º 2 do artigo 29.º, de modo a ter em conta a evolução económica e financeira,

– alteração, para atender à criação de novos instrumentos financeiros, da lista dos activos admitidos para representação das provisões técnicas, prevista no artigo 23.º, bem como das regras de dispersão estabelecidas no artigo 24.º,

– alteração da flexibilização das regras da congruência, previstas no anexo II, de modo a tomar em conta o desenvolvimento de novos instrumentos de cobertura do risco de câmbio ou dos progressos no sentido da união económica e monetária,

– clarificação das definições, no sentido de garantir a aplicação uniforme da presente directiva, em toda a Comunidade,

– adaptações técnicas necessárias às regras de fixação dos valores máximos aplicáveis às taxas de juro, nos termos do artigo 20.º, nomeadamente para ter em conta os progressos da União Económica e Monetária.

ARTIGO 65.º
Procedimento do Comité

1. A Comissão é assistida pelo Comité dos Seguros criado pela Directiva 91/675/CEE.

2. Sempre que se faça referência ao presente número são aplicáveis os artigos 5.º e 7.º da Decisão 1999/468/CE, tendo-se em conta o disposto no seu artigo 8.º

O prazo previsto no n.º 6 do artigo 5.º da Decisão 1999/468/CE é de três meses.

3. O comité aprovará o seu Regulamento Interno.

ARTIGO 66.º
Direitos adquiridos pelas sucursais e empresas de seguros existentes

1. Considera-se que as sucursais que iniciaram a sua actividade segundo as disposições em vigor no Estado-Membro da sucursal, antes de 1 de Julho de 1994, foram objecto do processo previsto nos n.ᵒˢ 1 a 5 do artigo 40.º

A partir dessa data, essas sucursais regulam-se pelo disposto nos artigos 13.º, 20.º, 37.º, 39.º e 46.º

2. Os artigos 41.º e 42.º não prejudicam os direitos adquiridos pelas empresas de seguros que já actuavam em regime de livre prestação de serviços antes de 1 de Julho de 1994.

ARTIGO 67.º
Recurso judicial

Os Estados-Membros asseguram que as decisões tomadas relativamente a uma empresa de seguros, nos termos das disposições legislativas, regulamentares e administrativas adoptadas em aplicação da presente directiva, sejam passíveis de recurso judicial.

ARTIGO 68.º
Revisão dos montantes em ecus

1. A Comissão submete ao Conselho, até 15 de Março de 1985, um relatório sobre as consequências das exigências financeiras estabelecidas pela presente directiva quanto à situação dos mercados de seguros dos Estados-Membros.

2. O Conselho, deliberando sob proposta da Comissão, procede, de dois em dois anos, ao exame e, se for caso disso, à revisão dos montantes referidos em euros na presente directiva, tendo em conta a evolução da situação económica e monetária na Comunidade.

ARTIGO 69.º
Aplicação de novas medidas

1. Os Estados-Membros devem pôr em vigor as disposições legislativas, regulamentares e administrativas necessárias para dar cumprimento ao disposto na alínea *m)* do n.º 1 do artigo 1.º, no n.º 3 do artigo 18.º, na alínea *g)* do n.º 2, nos n.ᵒˢ 3 e 4 do artigo 51.º, no n.º 2 do artigo 60.º e no n.º 1 do artigo 66.º, o mais tardar até 19 de Junho de 2004, e informar imediatamente a Comissão desse facto.

2. Os Estados-Membros devem pôr em vigor as disposições legislativas, regulamentares e administrativas necessárias para dar cumprimento ao n.º 3 do artigo 16.º, o mais tardar até 17 de Novembro de 2002, e informar imediatamente a Comissão desse facto. Os Estados-Membros aplicam a disposição referida no ponto 1 do anexo IV antes dessa data.

3. Os Estados-Membros devem adoptar as disposições legislativas, regulamentares e administrativas necessárias para dar cumprimento ao n.º 6 do artigo 3.º e aos

SEGUROS DE VIDA

artigos 27.º, 28.º, 29.º, 30.º e 38.º, até 20 de Setembro de 2003, e informar imediatamente a Comissão desse facto.

Os Estados-Membros devem prever que as disposições referidas no primeiro parágrafo se apliquem pela primeira vez à supervisão das contas dos exercícios com início em 1 de Janeiro de 2004 ou durante esse ano civil. Os Estados-Membros aplicam a disposição referida nos pontos 2 e 3 do anexo IV antes dessa data.

4. Quando os Estados-Membros aprovarem as disposições a que se referem os n.ºs 1, 2 e 3, estas devem incluir uma referência à presente directiva ou ser dela acompanhadas aquando da sua publicação oficial. As modalidades dessa referência são aprovadas pelos Estados-Membros.

5. O mais tardar até 1 de Janeiro de 2007, a Comissão apresenta ao Parlamento Europeu e ao Conselho um relatório sobre a aplicação do n.º 6 do artigo 3.º e dos artigos 27.º, 28.º, 29.º, 30.º e 38.º e, eventualmente, sobre a necessidade de uma maior harmonização. Este relatório deve fornecer informações sobre a forma como os Estados-Membros fizeram uso das possibilidades previstas nos referidos artigos e, em particular, se os poderes discricionários concedidos às autoridades nacionais de supervisão deram lugar a disparidades relevantes relativamente à fiscalização no mercado interno.

ARTIGO 70.º
Notificação da Comissão

Os Estados-Membros comunicam à Comissão o texto das principais disposições legislativas, regulamentares ou administrativas que adoptarem nas matérias reguladas pela presente directiva.

ARTIGO 71.º
Período transitório para o n.º 6 do artigo 3.º e para os artigos 27.º, 28.º, 29.º, 30.º e 38.º

1. Os Estados-Membros podem conceder às empresas de seguros que, em 20 de Março de 2002, realizem no seu território seguros em um ou mais dos ramos referidos no anexo I, um prazo de cinco anos a contar dessa mesma data, para cumprirem o disposto no n.º 6 do artigo 3.º e nos artigos 27.º, 28.º, 29.º, 30.º e 38.º

2. Os Estados-Membros podem conceder às empresas referidas no n.º 1 e que, no termo do prazo de cinco anos, não tenham constituído integralmente a margem de solvência exigida, um prazo suplementar não superior a dois anos, desde que essas empresas tenham, nos termos do artigo 37.º, submetido à aprovação das autoridades competentes as medidas que se propõem adoptar para o efeito.

ARTIGO 72.º
Directivas revogadas e suas correlações com a presente directiva

1. São revogadas as directivas referidas na parte A do anexo V, sem prejuízo das obrigações dos Estados-Membros em relação aos prazos de transposição referidos na parte B do anexo V.

A PARAFISCALIDADE NA ACTIVIDADE SEGURADORA

2. As remissões para as directivas revogadas devem entender-se como sendo feitas à presente directiva e devem ser lidas de acordo com o quadro de correspondências constante do anexo VI.

ARTIGO 73.º
Entrada em vigor

A presente directiva entra em vigor na data da sua publicação no Jornal Oficial das Comunidades Europeias.

ARTIGO 74.º
Destinatários

Os Estados-Membros são os destinatários da presente directiva.

Feito em Bruxelas, em 5 de Novembro de 2002.

Pelo Parlamento Europeu

O Presidente

P. Cox

Pelo Conselho

O Presidente

T. Pedersen

ANEXO I
Classificação por ramo

I. Os seguros mencionados no ponto 1, alíneas *a)*, *b)* e *c)*, do artigo 2.º, com exclusão dos referidos nos pontos II e III.

II. O seguro de nupcialidade, o seguro de natalidade.

III. Os seguros mencionados no ponto 1, alíneas *a)* e *b)*, do artigo 2.º, ligados aos fundos de investimento.

IV. O "permanent health insurance" citado no ponto 1, alínea *d)*, do artigo 2.º

V. As operações de tontinas mencionadas no ponto 2, alínea *a)*, do artigo 2.º

VI. As operações de capitalização mencionadas no ponto 2, alínea *b)*, do artigo 2.º

VII. As operações de gestão de fundos colectivos de reforma mencionados no ponto 2, alíneas *c)* e *d)*, do artigo 2.º

VIII. As operações mencionadas no ponto 2, alínea *e)*, do artigo 2.º

IX. As operações mencionadas no ponto 3 do artigo 2.º

ANEXO II
Regras de congruência

A moeda na qual os compromissos da seguradora são exigíveis é determinada de acordo com as seguintes regras:

1. Sempre que as garantias de um contrato forem expressas numa moeda determinada, os compromissos da seguradora são considerados como exigíveis nessa moeda.

2. Os Estados-Membros podem autorizar as empresas de seguros a não representar as suas provisões técnicas e, nomeadamente, as suas provisões matemáticas por activos congruentes, se da aplicação das regras precedentes resultar que a empresa deveria, para satisfazer o princípio da congruência, possuir elementos do activo numa moeda em valor não superior a 7 % dos elementos do activo existentes noutras moedas.

3. Os Estados-Membros podem não exigir das empresas de seguros a aplicação do princípio da congruência quando os compromissos forem exigíveis numa moeda que não a de um dos Estados-Membros, se os investimentos nessa moeda forem

A PARAFISCALIDADE NA ACTIVIDADE SEGURADORA

regulamentados, se essa moeda estiver submetida a restrições de transferências ou, finalmente, se, por razões análogas, essa moeda não for adequada à representação das provisões técnicas.

4. As empresas de seguros ficam autorizadas a não cobrir com activos congruentes um montante não superior a 20 % dos seus compromissos numa determinada moeda.

Contudo, a totalidade dos activos, incluindo todas as moedas, deve ser pelo menos igual à totalidade dos compromissos em todas as moedas.

5. Os Estados-Membros poderão prever que, sempre que, por força das regras anteriores, um compromisso deva ser representado por um activo expresso na moeda de um Estado-Membro, esta regra será igualmente considerada respeitada sempre que o activo for expresso em euros.

ANEXO III
Informação ao tomador

As seguintes informações, que devem ser comunicadas ao tomador, quer A) antes da celebração do contrato quer B) durante a sua vigência, devem ser formuladas, por escrito, de modo claro e preciso e prestadas na ou numa das línguas oficiais do Estado-Membro do compromisso.

No entanto, essas informações podem ser redigidas noutra língua caso o tomador assim o pretenda e o direito do Estado-Membro o permita ou caso o tomador tenha liberdade para escolher o direito aplicável.

A. *Antes da celebração do contrato*

Informações relativas à empresa de seguros	Informações relativas ao contrato
a.1 Denominação ou firma e forma jurídica a.2 Nome do Estado-Membro da sede social e, se for caso disso, da agência ou sucursal com a qual o contrato será celebrado a.3 Endereço da sede social e, se for caso disso, da agência ou sucursal com a qual o contrato será celebrado	a.4 Definição de cada garantia e opção a.5 Duração do contrato a.6 Modalidade de renúncia ao contrato a.7 Modalidades e período de pagamento dos prémios a.8 Modalidades de cálculo e de atribuição das participações nos lucros a.9 Indicação dos valores de resgate e de redução e natureza das respectivas garantias a.10 Informações sobre os prémios relativos a cada garantia, seja esta principal ou complementar, sempre que tais informações se revelem adequadas a.11 Enumeração dos valores de referência utilizados (unidades de conta) nos contratos de capital variável a.12 Indicação sobre a natureza dos activos representativos dos contratos de capital variável a.13 Modalidades do exercício do direito de renúncia a.14 Indicações gerais relativas ao regime fiscal aplicável ao tipo de apólice a.15 Disposições relativas à análise das queixas dos tomadores de seguros, segurados ou beneficiários, relativas ao contrato, com eventual inclusão da existência de uma instância encarregada de analisar as queixas, sem prejuízo da possibilidade de intentar acções em tribunal a.16 A legislação aplicável ao contrato, caso as partes não tenham liberdade de escolha, ou do facto de que as partes têm liberdade para escolher a legislação aplicável, indicando, neste último caso, a legislação que a seguradora propõe que seja escolhida

SEGUROS DE VIDA

B. *Durante a vigência do contrato*

Para além das condições gerais e especiais que devem ser comunicadas ao tomador, este deve receber, na vigência do contrato, as seguintes informações:

Informações relativas à empresa de seguros	Informações relativas ao contrato
b.1 Toda e qualquer alteração na denominação ou firma, no estatuto legal ou no endereço da sede social e, se for caso disso, da agência ou sucursal com a qual o contrato foi celebrado	b.2 Todas as informações relativas aos pontos a.4 a a.12 do ponto A em caso de aditamento ao contrato ou de alteração da legislação que lhe é aplicável b.3 Anualmente, informações sobre a situação da participação nos excedentes sob a fonna de activos acumu lados ou de prestação aumentada

ANEXO IV

1. Sigilo profissional

Até 17 de Novembro de 2002, os Estados-Membros apenas podem celebrar acordos de cooperação que prevejam troca de informações com as autoridades competentes de países terceiros se as informações comunicadas beneficiarem de garantias de sigilo profissional pelo menos equivalentes às previstas no artigo 16.º da presente directiva.

2. Actividades e organismos não abrangidos pela presente directiva

Até 1 de Janeiro de 2004, a presente directiva não se aplica às mútuas de seguros, quando:

– o estatuto preveja a possibilidade, quer de proceder a reforços de quotizações, quer de reduzir as prestações, quer de recorrer ao apoio de outras pessoas que, para esse fim, tenham assumido um determinado compromisso,

– o montante anual das quotizações recebidas, em virtude das actividades abrangidas pela presente directiva, não exceda 500 000 euros, durante três anos consecutivos. Se este montante for ultrapassado durante três anos consecutivos, a presente directiva é aplicável a partir do quarto ano.

3. Até 1 de Janeiro de 2004, os Estados-Membros devem aplicar as disposições seguintes:

A. Margem de solvência

Cada Estado-Membro exigirá que todas as empresas de seguros cujas sedes sociais estejam situadas no seu território disponham de uma margem de solvência suficiente em relação ao conjunto das suas actividades.

A margem de solvência é constituída:

1. Pelo património da empresa de seguros, livre de qualquer compromisso previsível, e deduzindo os elementos incorpóreos. Este património compreende nomeadamente:

A PARAFISCALIDADE NA ACTIVIDADE SEGURADORA

– O capital social realizado ou, no caso das mútuas, o fundo inicial efectivo realizado acrescido das contas dos seus associados que satisfaçam todos os seguintes critérios:

a) Os estatutos estabelecerem que o pagamento aos associados a partir dessas contas só pode ser efectuado desde que tal não dê origem à descida da margem de solvência abaixo do nível exigido ou, após a dissolução da empresa, se todas as outras dívidas da empresa tiverem sido pagas;

b) Os estatutos estabelecerem, relativamente a qualquer pagamento deste tipo por razões que não sejam a rescisão individual da filiação, que as autoridades competentes sejam informadas no mínimo um mês antes e possam, durante esse período, proibir o pagamento;

c) As disposições pertinentes dos estatutos só poderem ser alteradas depois de as autoridades competentes terem declarado não terem objecções à alteração, sem prejuízo dos critérios constantes das alíneas *a)* e *b)*,

– metade da parte ainda não realizada do capital social ou do fundo inicial, desde que a parte realizada atinja 25 % desse capital ou fundo,

– as reservas (legais ou livres) que não correspondam aos compromissos,

– os lucros a transitar,

– as acções preferenciais cumulativas e os empréstimos subordinados, podem ser incluídos, mas neste caso só até ao limite de 50 % da margem, dos quais 25 %, no máximo, compreendam empréstimos subordinados com prazo fixo ou acções preferenciais cumulativas privilegiadas com duração determinada, desde que satisfaçam, pelo menos, os seguintes critérios:

a) No caso de falência ou liquidação da empresa de seguros, que existam acordos vinculativos nos termos dos quais os empréstimos subordinados ou as acções preferenciais ocupam uma categoria inferior em relação aos créditos de todos os outros credores e que só sejam reembolsados após liquidação de todas as outras dívidas em curso nesse momento.

Os empréstimos subordinados devem igualmente preencher as seguintes condições:

b) Só serão tomados em consideração os fundos efectivamente pagos;

c) Para os empréstimos a prazo fixo, o prazo inicial deve ser fixado em pelo menos cinco anos. O mais tardar um ano antes do termo do prazo, a empresa de seguros apresenta às autoridades competentes, para aprovação, um plano indicando a forma como a margem de solvência será mantida ou posta ao nível desejado no termo do prazo, a não ser que o montante até ao qual o empréstimo pode ser incluído nos elementos da margem de solvência seja progressivamente reduzido durante os cinco últimos anos, pelo menos, antes da data de vencimento. As autoridades competentes podem autorizar o reembolso antecipado desses fundos desde que o pedido tenha sido feito pela empresa de seguros emitente e que a sua margem de solvência não desça abaixo do nível exigido;

SEGUROS DE VIDA

d) Os empréstimos para os quais não tenha sido fixada a data de vencimento da dívida só serão reembolsáveis mediante um pré-aviso de cinco anos, excepto se tiverem deixado de ser considerados elementos da margem de solvência ou se o acordo prévio das autoridades competentes for formalmente exigido para o reembolso antecipado. Neste último caso, a empresa de seguros informará as autoridades competentes pelo menos seis meses antes da data do reembolso proposto, indicando a margem de solvência efectiva e exigida antes e depois do reembolso. As autoridades competentes só autorizarão o reembolso se a margem de solvência da empresa de seguros não descer abaixo do nível exigido;

e) O contrato de empréstimo não deverá incluir quaisquer cláusulas que estabeleçam que, em circunstâncias determinadas, excepto no caso de liquidação da empresa de seguros, a dívida deva ser reembolsada antes da data de vencimento acordada;

f) O contrato de empréstimo só poderá ser alterado depois de as autoridades competentes terem declarado que não se opõem à alteração,

– os títulos de duração indeterminada e outros instrumentos que preencham as condições adiante enunciadas, incluindo as acções preferenciais cumulativas diferentes das referidas no quinto travessão, até ao limite de 50 % da margem para o total desses títulos e dos empréstimos subordinados referidos no quinto travessão:

a) Não podem ser reembolsados por iniciativa do portador ou sem o acordo prévio da autoridade competente;

b) O contrato de emissão deve dar à empresa de seguros a possibilidade de diferir o pagamento dos juros do empréstimo;

c) Os créditos do mutuante sobre a empresa de seguros devem estar totalmente subordinados aos de todos os credores não subordinados;

d) Os documentos que regulam a emissão dos títulos devem prever a capacidade da dívida e dos juros não pagos para absorver os prejuízos, permitindo simultaneamente a continuação da actividade da empresa de seguros;

e) Ter-se-ão em conta apenas os montantes efectivamente pagos.

2. Pelas reservas de lucros que figuram no balanço quando, não tendo sido destinadas a distribuição pelos segurados, possam ser utilizadas para cobrir eventuais prejuízos, desde que a legislação nacional o autorize.

3. Mediante solicitação devidamente justificada da empresa, junto da autoridade competente do Estado-Membro em cujo território se encontra situada a sede social e com o consentimento dessa autoridade:

a) Por um montante correspondente a 50 % dos lucros futuros da empresa; o montante dos lucros futuros obtém-se multiplicando o lucro anual previsto pelo factor que representa a duração residual média dos contratos; este factor pode atingir 10, no máximo; o lucro anual previsto é a média aritmética dos lucros que tenham sido obtidos no decurso dos últimos cinco anos nas actividades enumeradas no artigo 2.º da presente directiva.

As bases de cálculo do factor multiplicador do lucro anual previsto, bem como os elementos do lucro anual obtido, serão fixados de comum acordo pelas autoridades competentes dos Estados-Membros em colaboração com a Comissão. Até à obtenção desse acordo, esses elementos serão determinados em conformidade com a legislação do Estado-Membro de origem.

Logo que as autoridades competentes tenham fixado a noção de lucros obtidos, a Comissão apresentará propostas tendentes à harmonização das contas anuais das empresas de seguros e à coordenação prevista no n.º 2 do artigo 1.º da Directiva 78/660/CEE;

b) Se não for praticada a zillmerização ou no caso de uma zillmerização inferior à carga de aquisição contida no prémio, pela diferença entre a provisão matemática não zillmerada ou parcialmente zillmerizada e uma provisão matemática zillmerizada à taxa de zillmerização igual à carga de aquisição contida no prémio. Este montante não pode, no entanto, exceder 3,5 % da soma das diferenças entre os capitais "vida" e as provisões matemáticas para o conjunto dos contratos onde a zillmerização for possível; mas a essa diferença deve, eventualmente, reduzir-se o montante das despesas de aquisição não amortizadas, inscritas no activo;

c) No caso de concordância das autoridades competentes dos Estados-Membros interessados, no território dos quais a empresa de seguros exerce a sua actividade, pelas mais-valias latentes, que não tenham um carácter excepcional, resultantes da sub-avaliação dos elementos do activo e da sobre avaliação dos elementos do passivo, desde que não sejam provisões matemáticas.

B. Margem de solvência mínima

Sob reserva do disposto no ponto C, o montante mínimo da margem de solvência deve ser determinado consoante os ramos exercidos, nos seguintes termos:

a) Para os seguros referidos nas alíneas *a)* e *b)* do n.º 1 do artigo 2.º da presente directiva, que não sejam seguros ligados a fundos de investimento, e para as operações referidas no n.º 3 do artigo 2.º da presente directiva, o mínimo da margem de solvência deve ser igual à soma dos dois resultados seguintes:

– primeiro resultado:
o valor correspondente a 4 % das provisões matemáticas relativas às operações directas sem dedução do resseguro cedido nem do resseguro aceite, é multiplicado pela relação existente, relativamente ao último exercício, entre o montante das provisões matemáticas deduzidas das cessões em resseguro, e o montante bruto, acima previsto, das provisões matemáticas; esta relação não pode, em caso algum, ser inferior a 85 %,

– segundo resultado:
Para os contratos cujos capitais em risco não sejam negativos, o valor correspondente a 0,3 % dos capitais segurados pela empresa de seguro de vida é multiplicado pela relação existente, relativamente ao último exercício, entre o montante dos capitais em risco que permaneçam a cargo da empresa após cessação em resseguro e a retrocessão e o montante dos capitais em risco sem dedução do resseguro; esta relação não pode, em caso algum, ser inferior a 50 %.

Para os seguros temporários em caso de morte, com uma duração máxima de três anos, a percentagem acima referida é reduzida para 0,1 %; para os seguros com uma duração superior a três anos mas inferior a cinco, a referida percentagem é reduzida para 0,15 %;

b) Para os seguros complementares referidos na alínea *c)* do n.º 1 do artigo 2.º da presente directiva, o mínimo da margem de solvência deve ser igual ao resultado do seguinte cálculo:

– toma-se o valor global dos prémios ou quotizações, incluindo os adicionais, de seguros directos emitidos no decurso do último exercício, mesmo que referentes a outros exercícios,

– acrescenta-se-lhe o montante dos prémios de resseguro aceite, no decurso do último exercício,

– deduz-se-lhe o montante total dos prémios ou quotizações anulados no decurso do último exercício, bem como o montante total dos impostos e taxas referentes aos prémios ou quotizações considerados no valor global acima referido.

O montante assim calculado é dividido em duas partes, em que a primeira vai até ao valor de 10 milhões de euros e a segunda inclui o excedente, incidindo sobre cada uma delas as percentagens de, respectivamente, 18 % e 16 %, adicionando-se os resultados assim obtidos.

A soma assim obtida é multiplicada pela relação existente, relativamente ao último exercício, entre o montante dos sinistros que, após a cessão e retrocessão em resseguro, permanecem a cargo da empresa de seguros e o montante bruto dos sinistros; esta relação não pode, em caso algum, ser inferior a 50 %.

No caso da associação de subscritores denominada Lloyd's, o cálculo do montante da margem de solvência é efectuado a partir dos prémios líquidos; estes são multiplicados por uma percentagem estimada globalmente, cujo valor é fixado anualmente e determinado pela autoridade de fiscalização do Estado-Membro da sede social. Esta percentagem fixa deve ser calculada a partir dos elementos estatísticos mais recentes, abrangendo, nomeadamente, as comissões liquidadas. Estes elementos, bem como o cálculo efectuado, devem ser comunicados às autoridades competentes dos países em que a Lloyd's se encontra estabelecida;

c) Para os seguros de doença a longo prazo, não rescindíveis, indicados na alínea *d)* do n.º 1 do artigo 2.º da presente directiva, e para as operações de capitalização referidas na alínea *b)* do n.º 2 do artigo 2.º da presente directiva, o mínimo de margem de solvência deve ser igual a 4 % das provisões matemáticas, calculado nas condições estabelecidas para o primeiro resultado da alínea *a)* do presente artigo;

d) Para as operações das tontinas referidas na alínea *a)* do n.º 2 do artigo 2.º, esta margem deve ser igual a 1 % do valor do activo das associações;

e) Para os seguros referidos nas alíneas *a)* e *b)* do n.º 1 do artigo 2.º da presente directiva, ligados a fundos de investimento, e para as operações referidas nas alíneas *c)*, *d)* e *e)* do n.º 2 do artigo 2.º da presente directiva, o mínimo da margem de solvência deve ser igual:

A PARAFISCALIDADE NA ACTIVIDADE SEGURADORA

– ao valor correspondente a 4 % das provisões matemáticas, calculado nas condições previstas para o primeiro resultado da alínea a) do presente ponto, na medida em que a empresa de seguros assuma um risco de investimento, e ao valor correspondente a 1 % das provisões calculado do mesmo modo, na medida em que a empresa não assuma um risco de investimento e desde que a duração do contrato seja superior a cinco anos e que o montante destinado a cobrir as despesas de gestão previstas no contrato seja fixado para um prazo superior a cinco anos,

acrescido

– o valor correspondente a 0,3 % dos capitais em risco, calculado nas condições previstas para o segundo resultado do primeiro parágrafo da alínea a) do presente ponto, na medida em que a empresa de seguros assuma um risco de mortalidade.

C. Fundos de garantia

1. O terço da margem de solvência exigida, calculado de acordo com o estabelecido no ponto B, constitui o fundo de garantia. Pelo menos, 50 % do fundo de garantia deve ser constituído, sem prejuízo do n.º 2 do presente ponto, pelos elementos enumerados nos n.ºs 1 e 2 do ponto A.

2. a) O fundo de garantia é constituído, no mínimo, por 800 000 euros;

b) Cada Estado-Membro pode prever a redução do mínimo do fundo de garantia para 600 000 euros, relativamente às mútuas, às sociedades sob a forma de mútuas e às tontinas;

c) Relativamente às mútuas de seguros referidas no artigo 3.º, n.º 6, segundo travessão, segundo período da presente directiva, que estejam abrangidas pela mesma, e às tontinas, cada Estado-Membro pode autorizar a constituição de um mínimo do fundo de garantia igual a 100 000 euros, a elevar, gradualmente, até ao montante fixado na alínea b) do presente ponto, através de prestações sucessivas de 100 000 euros, cada vez que o montante das quotizações seja aumentado em 500 000 euros;

d) O mínimo do fundo de garantia referido nas alíneas a), b) e c) do presente ponto deve ser constituído pelos elementos enumerados nos n.ºs 1 e 2 do ponto A.

3. As mútuas de seguros que pretendam estender a sua actividade, nos termos do n.º 4 do artigo 6.º, ou do artigo 40.º da presente directiva, não o podem fazer sem que se adaptem imediatamente às disposições contidas nas alíneas a) e b) do n.º 2 do presente ponto.

SEGUROS DE VIDA

ANEXO V

PARTE A

Directivas revogadas e respectivas alterações sucessivas (referidas no artigo 72.º)

Directiva 79/267/CEE do Conselho

Directiva 90/619/CEE do Conselho

Directiva 92/96/CEE do Conselho

Directiva 95/26/CE do Parlamento Europeu e do Conselho (apenas segundo travessão do artigo 1.º, quarto travessão do n.º 2 do artigo 2.º e n.º 1 do artigo 3.º, quanto às remissões para a Directiva 79/267/CEE)

Directiva 2002/12/CE do Parlamento Europeu e do Conselho

Segunda Directiva 90/619/CEE do Conselho

Terceira Directiva 92/96/CEE do Conselho

Terceira Directiva 92/96/CEE do Conselho

Directiva 95/26/CE do Parlamento Europeu e do Conselho (apenas segundo travessão do artigo 1.º, terceiro travessão do n.º 1 do artigo 2.º, n.ºs 1, 3 e 5 do artigo 4.º, quanto às remissões para a Directiva 92/96/CEE e terceiro travessão do artigo 5.º, quanto às remissões para a Directiva 92/96/CEE)

Directiva 2000/64/CE do Parlamento Europeu e do Conselho (artigo 2.º, quanto às remissões para a Directiva 92/96/CEE)

Directiva 2002/12/CE do Parlamento Europeu e do Conselho (artigo 2.º)

PARTE B
Prazos de transposição
(referidos no artigo 72.º)

Directiva	Data-limite de transposição	Data de entrada em vigor
79/267/CEE (JO L 63 de 13.3.1 979, p. 1)	15 de Setembro de 1981	15 de Setembro de 1981
90/619/CEE (JO L 330 de 29.11.1990, p. 50)	20 de Novembro de 1992	20 de Maio de 1993
92/96/CEE (JO L 360 de 9.12.1992, p. 1)	31 de Dezembro de 1993	1 de Julho de 1994
95/26/CE (JO L 168, de 18.7.1995, p. 7)	18 de Julho de 1996	18 de Julho de 1996
2000/64/CE (JO L 290 de 17.11.2000, p. 27)	17 de Novembro de 2002	17 de Novembro de 2002
2002/12/CE (JO L 77 de 20.3.2002, p. 11)	20 de Setembro de 2003	1 de Janeiro de 2004

ANEXO VI
Quadro de correspondência

Presente Directiva	Directiva 79/267/CEE	Directiva 90/619/CEE	Directiva 92/96/CEE	Directiva 95/26/CE	Outros actos	
Artigo 1.º, n.º 1, alínea a)			Artigo 1.º, alínea a)			
Artigo 1.º, n.º 1, alínea b)		Artigo 3.º	Artigo 1.º, alínea b)			
Artigo 1.º, n.º 1, alínea c)		Artigo 2.º c)				
Artigo 1.º, n.º 1, alínea d)			Artigo 1.º alínea c)			
Artigo 1.º, n.º 1, alínea e)			Artigo 1.º, alínea d)			
Artigo 1.º, n.º 1, alínea f)			Artigo 1.º, alínea e)			
Artigo 1.º, n.º 1, alínea g)		Artigo 2.º e)				
Artigo 1.º, n.º 1, alíneas h) a l)			Artigo 1.º alíneas f) a j)			
Artigo 1.º, n.º 1, alínea m)						Novo
Artigo 1.º, n.º 1, alínea n)			Artigo 1.º, n.º 1			
Artigo 1.º, n.º 1, alíneas o), p) e q)	Artigo 5.º, alíneas b) e c)					
Artigo 1.º, n.º 1, alínea r)				Artigo 2.º, n.º 1		
Artigo 1.º, n.º 2	Artigo 5.º alínea a) segunda frase					
Artigo 2.º	Artigo 1.º					
Artigo 3.º, n.ºs 1 a 4	Artigo 2.º					
Artigo 3.º, n.ºs 5 e 6	Artigo 3.º					
Artigo 3.º, n.º 7	Artigo 4.º					
Artigo 3.º, n.º 8					Acto de Adesão da Áustria, Finlândia e Suécia adaptado pela Decisão 95/1/ /CE, Euratom, CECA	
Artigo 4.º	Artigo 6.º					

SEGUROS DE VIDA

Presente Directiva	Directiva 79/267/CEE	Directiva 90/619/CEE	Directiva 92/96/CEE	Directiva 95/26/CE	Outros actos
Artigo 5.º	Artigo 7.º				
Artigo 6.º, n.º 1	Artigo 8.º, n.º 1				
Artigo 6.º, n.º 2	Artigo 8.º, n.º 1 últimos três parágrafos				
Artigo 6.º, n.º 3	Artigo 8.º 1, alínea a)				
Artigo 6.º, n.º 4	Artigo 8.º, n.º 2				
Artigo 6.º, n.º 5	Artigo 8.º, n.º 3				
Artigo 6.º, n.º 6	Artigo 8.º, n.º 4				
Artigo 7.º	Artigo 9.º				
Artigo 8.º			Artigo 7.º		
Artigo 9.º	Artigo 12.º				
Artigo 10.º	Artigo 15.º				
Artigo 11.º	Artigo 16.º				
Artigo 12.º	Artigo 22.º, n.º 1				
Artigo 13.º	Artigo 23.º				
Artigo 14.º, n.ºs 1 a 5			Artigo 11.º, n.ºs 2 a 6		
Artigo 15.º			Artigo 14.º		
Artigo 16.º, n.ºs 1 a 5			Artigo 15.º, n.ºs 1 a 5		
Artigo 16.º, n.º 6			Artigo 15.º, n.º 5 alínea a)		
Artigo 16.º, n.º 7			Artigo 15.º, n.º 5, alínea b)		
Artigo 16.º, n.º 8			Artigo 15.º, n.º 5 alínea c)		
Artigo 16.º, n.º 9			Artigo 15.º, n.º 6		
Artigo 17.º			Artigo 15.º, alínea a)		
Artigo 18.º, n.ºs 1 a 2	Artigo 13.º, n.ºs 1 a 2				
Artigo 18.º, n.º 3					Novo

A PARAFISCALIDADE NA ACTIVIDADE SEGURADORA

Presente Directiva	Directiva 79/267/CEE	Directiva 90/619/CEE	Directiva 92/96/CEE	Directiva 95/26/CE	Outros actos
Artigo 18.º, n.ºs 4 a 7	Artigo 13.º, n.º 3 a 7				
Artigo 19.º	Artigo 14.º				
Artigo 20.º	Artigo 17.º				
Artigo 21.º			Artigo 19.º		
Artigo 22.º			Artigo 20.º		
Artigo 23.º, n.º 1			Artigo 21.º, n.º 1 primeiro parágrafo		
Artigo 23.º, n.º 2			Artigo 21.º, n.º 1 segundo parágrafo		
Artigo 23.º, n.º 3, primeiro parágrafo			Artigo 21.º, n.º 1, terceiro parágrafo		
Artigo 23.º, n.º 3, segundo parágrafo			Artigo 21.º, n.º 1, quarto parágrafo		
Artigo 23.º, n.º 4			Artigo 21.º, n.º 2		
Artigo 24.º			Artigo 22.º		
Artigo 25.º			Artigo 23.º		
Artigo 26.º			Artigo 24.º		
Artigo 27.º	Art. 18.º				
Artigo 28.º	Artigo 19.º				
Artigo 29.º	Artigo 20.º				
Artigo 30.º	Artigo 20.º-A				
Artigo 31.º	Artigo 21.º				
Artigo 32.º		Artigo 4.º			
Artigo 33.º			Artigo 28.º		
Artigo 34.º			Artigo 29.º		
Artigo 35.º		Artigo 15.º			
Artigo 36.º			Artigo 31.º		
Artigo 37.º	Artigo 24.º				
Artigo 38.º	Artigo 20.º-A				
Artigo 39.º	Artigo 26.º				
Artigo 40.º	Artigo 10.º				

SEGUROS DE VIDA

Presente Directiva	Directiva 79/267/CEE	Directiva 90/619/CEE	Directiva 92/96/CEE	Directiva 95/26/CE	Outros actos	
Artigo 41.º		Artigo 11.º				
Artigo 42.º		Artigo 14.º				
Artigo 43.º		Artigo 17.º				
Artigo 44.º			Artigo 38.º			
Artigo 45.º			Artigo 39.º, n.º 2			
Artigo 46.º, alíneas 1 a 9			Artigo 40.º, n.ᵒˢ 2 a 10			
Artigo 47.º			Artigo 41.º			
Artigo 48.º			Artigo 42.º, n.º 2			
Artigo 49.º			Artigo 43.º, n.º 2			
Artigo 50.º, n.º 1			Artigo 44.º, n.º 2 primeiro parágrafo			
Artigo 50.º, n.º 2			Artigo 44.º, n.º 2 segundo parágrafo			
Artigo 50.º, n.º 2			Artigo 44.º, n.º 2 segundo parágrafo			
Artigo 50.º, n.º 3			Artigo 44.º, n.º 2 terceiro parágrafo			
Artigo 51.º, n.ᵒˢ 1 a 2, alínea f)	Artigo 27.º, n.ᵒˢ 1 a 2, alínea f)					
Artigo 51.º, n.º 2, alínea g)					Novo	
Artigo 51.º, n.ᵒˢ 3 e 4					Novo	
Artigo 52.º	Artigo 31.º					
Artigo 53.º	Artigo 31.º, alínea a)					
Artigo 54.º	Artigo 28.º					
Artigo 55.º	Artigo 29.º					
Artigo 56.º	Artigo 30.º					
Artigo 57.º	Artigo 32.º					
Artigo 58.º	Artigo 32.ºA					
Artigo 59.º, n.º 1	Artigo 32.ºB, n.º 1					
Artigo 59.º, n.º 2	Artigo 32.ºB, n.º 2					

A PARAFISCALIDADE NA ACTIVIDADE SEGURADORA

Presente Directiva	Directiva 79/267/CEE	Directiva 90/619/CEE	Directiva 92/96/CEE	Directiva 95/26/CE	Outros actos	
Artigo 59.º, n.º 3	Artigo 32.ºB, n.º 3					
Artigo 59.º, n.º 4	Artigo 32.ºB, n.º 4					
Artigo 59.º, n.º 5	Artigo 32.ºB, n.º 5					
Artigo 59.º, n.º 6	Artigo 32.ºB, n.º 7					
Artigo 60.º, n.º 1	Artigo 33.º, n.º 4					
Artigo 60.º, n.º 2						Novo
Artigo 61.º	Artigo 37.º					
Artigo 62.º, primeiro parág	Artigo 38.º	Artigo 28.º, primeiro parágrafo				
Artigo 62.º, segundo a quarto parágrafos		Artigo 28.º segundo e quarto parágrafos				
Artigo 63.º		Artigo 29.º				
Artigo 64.º			Artigo 47.º			
Artigo 65.º			Artigo 47.º			
Artigo 66.º, n.º 1, primeiro parágrafo						Novo
Artigo 66.º, n.º 1 segundo parágrafo			Artigo 48.º, n.º 1			
Artigo 66.º, n.º 2			Artigo 48.º, n.º 2			
Artigo 67.º			Artigo 50.º			
Artigo 68.º, n.º 1	Artigo 39.º, n.º 1					
Artigo 68.º, n.º 2	Artigo 39.º, n.º 3					
Artigo 69.º, n.º 1						Novo
Artigo 69.º, n.º 2					Directiva 2000/64/ /CE, artigo 3.º, n.º 1 primeiro parágrafo	

SEGUROS DE VIDA

Presente Directiva	Directiva 79/267/CEE	Directiva 90/619/CEE	Directiva 92/96/CEE	Directiva 95/26/CE	Outros actos
Artigo 69.º, n.º 3					Directiva 2002/12/ /CE, artigo 3.º, n.º 1, primeiro parágrafo e Directiva 2000/ /64/CE, artigo 3.º, n.º 2
Artigo 69.º, n.º 4					Directiva 2000/64/ /CE, artigo 3.º, n.º 1, segundo parágrafo, e Directiva 2002/ /12/CE, artigo. 3.º, n.º 1 segundo parágrafo
Artigo 69.º, n.º 5					Directiva 2002/12/ /CE, artigo 3.º, n.º 4
Artigo 70.º	Artigo 41.º	Artigo 31.º	Artigo 51.º, n.º 2	Artigo 6.º, n.º 2	Directiva 2000/64/ /CE, artigo 3.º, n.º 2 e Directiva 2002/ /12/CE, artigo 3.º, n.º 3
Artigo 71.º					Directiva 2002/12/ /CE, artigo 2.º
Artigo 72.º					
Artigo 73.º					
Artigo 74.º					
Anexo I	Anexo				
Anexo II			Anexo I		
Anexo III			Anexo II		
Anexo IV					
Anexo IV					
Anexo VI					

Tributo a favor do INEM, IP.

Norma Regulamentar N.º 7/2003-R, de 12 de Fevereiro

(INSTITUTO DE SEGUROS DE PORTUGAL)

Considerando as competências do Instituto de Seguros de Portugal na prestação da informação relativa ao cumprimento, pelas empresas de seguros, do disposto no n.º 1 do artigo 30.º do Decreto-Lei n.º 234/81, de 3 de Agosto,

O Instituto de Seguros de Portugal, nos termos do n.º 3 do artigo 4.º do seu Estatuto, aprovado pelo Decreto-Lei n.º 289/2001, de 13 de Novembro, emite a seguinte:

NORMA REGULAMENTAR

1. O n.º 7 da Norma 17/2001-R, de 22 de Novembro, passa a ter a seguinte redacção:

"7. O montante cobrado no Continente a favor do INEM deverá ser depositado pelas empresas de seguros, à ordem do INEM, no decurso do segundo mês seguinte àquele em que foi cobrado, na conta e nos termos indicados pelo INEM para o efeito."

2. Em conformidade com o disposto no número anterior, e para efeitos do disposto no n.º 11 da Norma 17/2001-R, de 22 de Novembro, o mapa modelo INEM_C1/2 é substituído pelo mapa modelo anexo à presente Norma.

3. A presente Norma produz efeitos desde 1 de Janeiro de 2003.

O CONSELHO DIRECTIVO

Tributos a favor do Serviço Nacional de Bombeiros e Protecção Civil (ex SNB)

Norma N.º 16/2001

(INSTITUTO DE SEGUROS DE PORTUGAL)

SERVIÇO NACIONAL DE BOMBEIROS - SNB

Considerando a obrigação, prevista no artigos.º do Decreto-Lei n.º388/78, de 9 de Dezembro, alterado, por ratificação, pela Lei n.º 10/79, de 20 de Março, na nova redacção que lhe foi dada pelo Decreto-Lei n.º 97/91, de 2 de Março, de o Instituto de Seguros de Portugal assegurar o regular cumprimento dos mecanismos inerentes ao pagamento das quantias cobradas pelas empresas de seguros a título de taxa a favor do SNB;

Considerando que os prémios dos contratos de seguro que cubram riscos situados no território português estão sujeitos, nos termos do disposto no artigo 173.º do Decreto-Lei n.º94-B/98, de 17 de Abril, aos impostos indirectos e taxas previstos na lei portuguesa, independentemente da lei que vier a ser aplicada ao contrato;

Considerando a necessidade de uniformizar os procedimentos de pagamento e de envio de informação, de modo a possibilitar um efectivo controlo sobre as receitas e a garantir a correcta identificação das entidades responsáveis;

O Instituto de Seguros de Portugal, ao abrigo do disposto no artigo 4.0 do seu Estatuto, aprovado pelo Decreto-Lei n.º 289/2001, de 13 de Novembro, emite a seguinte:

NORMA REGULAMENTAR

CAPÍTULO I
ÂMBITO

1. A presente Norma aplica-se a todas as empresas de seguros, sediadas ou não em Portugal, actuando em regime de estabelecimento ou em livre prestação de serviços, que explorem em Portugal os ramos que compreendam os riscos referidos no n.º 2.

CAPÍTULO II
BASE DE INCIDÊNCIA

2. Nos termos do artigo n.º1, do Decreto-Lei n.º388/78, de 9 de Dezembro, alterado, por ratificação, pela Lei n. 0 10/79, de 20 de Março, na nova redacção que lhe foi dada pelo Decreto-Lei n.º 97/91, de 2 de Março, a taxa a favor do Serviço Nacional de Bombeiros (SNB), fixada em 13% e 6%, incide respectivamente sobre:

a) os prémios dos seguros contra fogo e de transporte de mercadorias perigosas, incluindo o seguro de carga e o seguro das viaturas especificamente destinadas a este tipo de transporte;

b) os pré mias de seguros agrícolas e pecuários.

3. A taxa a favor do SNB é aplicável aos riscos referidos no n.º anterior, incluindo:

a) Os que, nos termos do artigo 127.º do Decreto-Lei n.º94-B/98, de 17 de Abril, sejam considerados riscos acessórios;

b) Os inseridos nos chamados seguros multirriscos.

4. A taxa a favor do SNB incide sobre o valor dos prémios brutos, devendo as empresas de seguros cobrar a taxa conjuntamente com o respectivo prémio de seguro.

5. Nos casos referidos no n.º3, a taxa a favor do SNB incide sobre a parte do prémio bruto correspondente ao risco em causa.

6. No seguro de colheitas, a taxa de 6% incide também sobre o valor das bonificações, sendo o mesmo aplicável ao seguro pecuário.

7. Nos contratos celebrados em regime de co-seguro, a empresa de seguros líder do contrato é responsável pelo pagamento da totalidade do valor cobrado a favor do SNB.

CAPÍTULO III
PROCEDIMENTOS DE PAGAMENTO

8. O montante cobrado no Continente a favor do SNB deverá ser depositado pelas empresas de seguros, no decurso do segundo mês seguinte àquele em que se efectuar a cobrança, na conta n.º 0697 561313539 da Caixa Geral de Depósitos, denominada Instituto de Seguros de Portugal - SNB.

TRIBUTOS A FAVOR DO SERVIÇO NACIONAL DE BOMBEIROS E PROTECÇÃO CIVIL

9. O montante cobrado na Região Autónoma da Madeira correspondente à taxa a favor do SNB deverá ser depositado pelas empresas de seguros, à ordem do Serviço Regional de Protecção Civil da Madeira, no decurso do segundo mês seguinte àquele em que se efectuar a cobrança, na conta n.º 0336 051079826 da Caixa Geral de Depósitos.

10. O montante cobrado na Região Autónoma dos Açores correspondente à taxa a favor do SNB deverá ser depositado pelas empresas de seguros, à ordem do Serviço Regional de Protecção Civil e Bombeiros dos Açores, no decurso do segundo mês seguinte àquele em que se efectuar a cobrança, na conta n.º 95334995301 do Banco Comercial dos Açores.

11. De acordo com o disposto no artigo 2.º do Decreto-Lei n.º 97/91, de 2 de Março, os prémios consideram-se cobrados nas regiões autónomas quando o tomador de seguro resida ou tenha sede naquelas regiões.

CAPÍTULO IV
ENVIO DE INFORMAÇÃO

12. Até ao dia 5 do mês seguinte ao do depósito previsto no n.º 8, as empresas de seguros enviarão ao Instituto de Seguros de Portugal o mapa modelo SNB_C1/2 anexo à presente Norma, devidamente preenchido e certificado pela Caixa Geral de Depósitos.

13. Até ao dia 5 do mês seguinte ao dos depósitos previstos nos n.os 9 e 10, as empresas de seguros enviarão ao Instituto de Seguros de Portugal os mapas modelo SNB_M1/2 e SNB_A1/2 anexos à presente Norma, devidamente preenchidos.

14. As empresas de seguros devem enviar os referidos mapas modelo ao Instituto de Seguros de Portugal, mesmo quando não tenham registado produção.

15. No prazo previsto no n.º 13, as empresas de seguros deverão enviar ao Serviço Regional de Protecção Civil da Madeira, documento comprovativo do depósito referido no n.º 9, juntamente com uma relação das cobranças efectuadas por ramos de seguro.

16. No prazo previsto no n.º 13, as empresas de seguros deverão enviar ao Serviço Regional de Protecção Civil e Bombeiros dos Açores, documento comprovativo do depósito referido no n.º 10, juntamente com uma relação das cobranças efectuadas por ramos de seguro.

CAPÍTULO V
OUTRAS DISPOSIÇÕES

17. Face ao disposto no artigo n.º 5, do Decreto-Lei n.º 388/78, de 9 de Dezembro, alterado, por ratificação, pela Lei n.º10/79, de 20 de Março, na nova redacção que lhe foi dada pelo Decreto-Lei n.º97/91, de 2 de Março, as empresas de seguros deverão elaborar registos das apólices sujeitas a taxa a favor do SNB com os seguintes elementos:

a) Número da apólice;

A PARAFISCALIDADE NA ACTIVIDADE SEGURADORA

b) Data de emissão;
c) Valor do prémio;
d) Taxa aplicada;
e) Concelho onde se situa o risco, ou no caso de dispersão, concelho onde se situe o maior risco em termos de valor.

18. Para efeitos do disposto no artigo referido no n.º anterior, e nos termos do acordado com o SNB, o Instituto de Seguros de Portugal emitirá periodicamente, nos anos terminados em 1 e 6, uma circular com a informação a ser preenchida pelas empresas de seguros, referente às importâncias cobradas relativamente a cada concelho.

CAPÍTULO VI
DISPOSIÇÕES FINAIS

19. É revogada a Norma n.º 18/79, de 20 de Março.
20. A presente Norma entra em vigor em 1 de Janeiro de 2002.

O CONSELHO DIRECTIVO

Taxa a favor do Instituto de Seguros de Portugal

Norma Nr. 010/2001
(INSTITUTO DE SEGUROS DE PORTUGAL)

TAXA PARA O INSTITUTO DE SEGUROS DE PORTUGAL

Considerando que as empresas de seguros e as entidades gestoras de fundos de pensões se encontram obrigadas a pagar anualmente ao Instituto de Seguros de Portugal uma taxa sobre, respectivamente, a totalidade da receita processada relativa aos prémios de seguro directamente subscritos por aquelas, e sobre a totalidade das contribuições efectuadas pelos associados e pelos participantes para os correspondentes fundos de pensões (artigos 2.º do Decreto-Lei n.º 156/83, de 14 de Abril e 1.º, n.º 1, do Decreto-Lei n.º 171/87, de 20 de Abril);

Considerando que, nos termos do disposto no artigo 173.º do Decreto-Lei n.º 94-B/98, de 17 de Abril, os prémios dos contratos de seguro que cubram riscos situados no território português estão sujeitos aos impostos indirectos e taxas previstos na lei portuguesa, independentemente da lei que vier a ser aplicada ao contrato;

Considerando a necessidade de uniformizar os procedimentos de pagamento e de envio de informação, de modo a possibilitar um efectivo controlo sobre as receitas percebidas e a garantir a correcta identificação das entidades responsáveis;

O Instituto de Seguros de Portugal, ao abrigo do disposto no artigo 4.º do seu Estatuto, aprovado pelo Decreto-Lei n.º 289/2001, de 13 de Novembro, emite a seguinte:

A PARAFISCALIDADE NA ACTIVIDADE SEGURADORA

NORMA REGULAMENTAR

CAPÍTULO I
ÂMBITO

1. A presente Norma aplica-se a todas as empresas de seguros, sediadas ou não em Portugal, actuando em regime de estabelecimento ou em livre prestação de serviços, que operem em Portugal, bem como às entidades gestoras de fundos de pensões autorizadas a exercer a sua actividade em Portugal.

CAPÍTULO II
BASE DE INCIDÊNCIA

2. A taxa a favor do Instituto de Seguros de Portugal, fixada anualmente por Portaria do Ministro das Finanças, incide sobre:

a) a totalidade da receita processada, líquida de estornos e anulações, relativa aos prémios de seguro directo, cujos contratos cubram riscos situados no território português;

b) a totalidade das contribuições efectuadas pelos associados e pelos participantes para os correspondentes fundos de pensões.

3. Nos contratos celebrados em regime de co-seguro, compete a cada co-empresa de seguros o pagamento da taxa para o Instituto de Seguros de Portugal referente à sua quota-parte.

4. No caso de fundos de pensões geridos, em conjunto, por várias entidades gestoras, compete a cada co-gestora efectuar o pagamento respeitante às contribuições recebidas.

5. Quando haja transferência de gestão de um fundo de pensões, a entidade responsável pelo pagamento é a entidade gestora que se encontre a gerir o fundo de pensões na data em que aquele pagamento for devido.

CAPÍTULO III
PROCEDIMENTOS DE PAGAMENTO

6. O montante apurado de acordo com o previsto na alínea *a)* no n.º 2 da presente Norma, deve ser depositado em duas prestações, a serem efectuadas durante os meses de Janeiro e Julho de cada ano, com referência ao semestre imediatamente anterior, na conta n.º 0697 801705626 da Caixa Geral de Depósitos, denominada Instituto de Seguros de Portugal.

7. Da mesma forma, mas separadamente, o montante apurado de acordo com o previsto na alínea *b)* no n.º 2 da presente Norma, deve ser depositado em duas prestações, a serem efectuadas durante os meses de Janeiro e Julho de cada ano, com referência ao semestre imediatamente anterior, na conta referida no n.º 6.

CAPÍTULO IV
ENVIO DE INFORMAÇÃO

8. Nos 10 dias seguintes ao pagamento previsto no n.º 6, as empresas de seguros enviarão ao Instituto de Seguros de Portugal o mapa modelo ISP_S1/2 anexo à presente Norma, devidamente preenchido e certificado pela Caixa Geral de Depósitos.

9. As empresas de seguros devem enviar o referido mapa modelo ao Instituto de Seguros de Portugal, mesmo quando não tenham registado produção.

10. Nos 10 dias seguintes ao pagamento previsto no n.º 7, as entidades gestoras de fundos de pensões enviarão ao Instituto de Seguros de Portugal, o mapa modelo ISP_FP anexo à presente Norma, relativo aos valores respeitantes a cada fundo de pensões, devidamente preenchido e certificado pela Caixa Geral de Depósitos.

11. As entidades gestoras de fundos de pensões devem enviar o referido mapa modelo ao Instituto de Seguros de Portugal, mesmo quando não tenham registado contribuições.

CAPÍTULO V
DISPOSIÇÕES FINAIS

12. A presente Norma entra em vigor em 1 de Janeiro de 2002.

O CONSELHO DIRECTIVO

Portaria n.º 40/2011, de 19 de Janeiro

Nos termos dos artigos 2.º e 3.º do Decreto-Lei n.º 156/83, de 14 de Abril, a taxa a ser paga pelas empresas de seguros a favor do Instituto de Seguros de Portugal deve ser fixada anualmente pelo membro do Governo responsável pela área das finanças.

Idêntico procedimento está previsto para a fixação da taxa devida pelas entidades gestoras de fundos de pensões a favor do Instituto de Seguros de Portugal, conforme previsto no n.º 2 do artigo 1.º do Decreto-Lei n.º 171187, de 20 de Abril.

O Instituto de Seguros de Portugal, face à situação actual do mercado e à previsão para o ano de 2011, propôs a manutenção das taxas actualmente vigentes.

Considerando a proposta apresentada pelo Instituto de Seguros de Portugal, nos termos do artigo 3.º do Decreto-Lei n.º 156/83, de 14 de Abril, e do n.º 2 do artigo 1.º do Decreto-Lei n.º 171/87, de 20 de Abril, e ao abrigo do despacho n.º 383/2010, de 29 de Dezembro de 2009, do Ministro de Estado e das Finanças, publicado no Diário da República, 2.ª série, n.º 4, de 7 de Janeiro de 2010:

Manda o Governo, pelo Secretário de Estado do Tesouro e Finanças, o seguinte:

ARTIGO 1.º
Taxa sobre a receita relativa a seguros directos

A taxa a favor do Instituto de Seguros de Portugal, prevista no artigo 2.º do Decreto-Lei n.º 156/83, de 14 de Abril, é fixada para o ano de 2011 em 0,048% sobre a receita processada relativamente aos seguros directos do ramo «Vida» e em 0,242% sobre a receita processada, quanto aos seguros directos dos restantes ramos.

ARTIGO 2.º
Taxa sobre as contribuições para fundos de pensões

A taxa a favor do Instituto de Seguros de Portugal, prevista no n.º 1 do artigo 1.º do Decreto-Lei n.º 171/87, de 20 de Abril, é fixada para o ano de 2011 em 0,048% sobre a totalidade das contribuições efectuadas pelos associados e pelos participantes para os correspondentes fundos de pensões.

ARTIGO 3.º
Liquidação a favor do Instituto de Seguros de Portugal

Os montantes correspondentes à aplicação das percentagens referidas nos artigos anteriores devem ser liquidados, quanto à taxa sobre os prémios de seguros, nos termos do n.º 4 do Despacho Normativo n.º 121/83, de 3 de Maio, publicado no Diário da República, 1.ª série, de 19 de Maio de 1983, e, quanto à taxa sobre as contribuições para fundos de pensões, nos termos do n.º 3 do artigo 1.º do Decreto-Lei n.º 171/87, de 20 de Abril.

O Secretário de Estado do Tesouro e Finanças, Carlos Manuel Costa Pina, em 22 de Novembro de 2010.

Tributo a favor do Fundo de Garantia Automóvel

Norma Regulamentar nº 15/2007-R, de 25 de Outubro
(INSTITUTO DE SEGUROS DE PORTUGAL)

CONTRIBUIÇÕES A FAVOR DO FUNDO DE GARANTIA AUTOMÓVEL

Nos termos do disposto nos artigos 33.º e 65.º do Decreto-Lei n.º 94-B/98, de 17 de Abril, todas as empresas de seguros, sediadas ou não em Portugal, actuando em regime de estabelecimento ou em livre prestação de serviços, devem assegurar as contribuições legalmente previstas para o Fundo de Garantia Automóvel (FGA).

Face à entrada em vigor do Decreto-Lei n.º 291/2007, de 21 de Agosto, torna-se necessário operacionalizar a alteração relativa ao financiamento do FGA e da prevenção rodoviária por meio de contribuições incidentes sobre os prémios dos contratos de seguro.

O Instituto de Seguros de Portugal, ao abrigo do disposto no n.º 3 do artigo 4.º do seu Estatuto, aprovado pelo Decreto-Lei n.º 289/2001, de 13 de Novembro, emite a seguinte Norma Regulamentar:

ARTIGO 1.º
Objecto

A presente Norma Regulamentar tem por objecto operacionalizar o regime de processamento e pagamento das contribuições previstas nas alíneas *a)* e *b)* do n.º 1 do artigo 58.º do Decreto-Lei n.º 291/2007, de 21 de Agosto.

A PARAFISCALIDADE NA ACTIVIDADE SEGURADORA

ARTIGO 2.º
Âmbito

A presente Norma Regulamentar aplica-se a todas as empresas de seguros, sediadas ou não em Portugal, actuando em regime de estabelecimento ou em livre prestação de serviços, que explorem o ramo "Seguro automóvel" em Portugal.

ARTIGO 3.º
Base de incidência

1 – Nos termos da alínea *a)* do n.º 1 do artigo 58.º do Decreto-Lei n.º 291/2007, de 21 de Agosto, a contribuição a favor do Fundo de Garantia Automóvel (FGA), resulta da aplicação da percentagem fixada nos termos do n.º 2 do mesmo artigo sobre os prémios comerciais processados (líquidos de estornos e anulações) de seguro directo, da cobertura obrigatória do seguro de responsabilidade civil automóvel.

2 – Nos termos da alínea *b)* do n.º 1 do artigo 58.º do Decreto-Lei n.º 291/2007, de 21 de Agosto, a contribuição a favor do FGA, destinada à prevenção rodoviária, resulta da aplicação da percentagem fixada nos termos do n.º 3 daquele artigo sobre os prémios comerciais processados (líquidos de estornos e anulações) de seguro directo, da modalidade e dos ramos incluídos sob a denominação "Seguro automóvel".

3 – Consideram-se prémios comerciais da cobertura obrigatória do seguro de responsabilidade civil referidos no n.º 1, os valores correspondentes àquela cobertura contabilizados no ramo 43 a que se refere a Tabela 1 -Ramos Não Vida do plano de contas para as empresas de seguros.

4 – Consideram-se prémios comerciais do "Seguro automóvel" referidos no n.º 2, todos os prémios contabilizados no grupo de ramos "4- Automóvel" a que se refere a Tabela 1 -Ramos Não Vida do plano de contas para as empresas de seguros, incluindo assim os prémios contabilizados nos ramos 41, 42, 43 e 44 da mesma Tabela.

ARTIGO 4.º
Pagamento

1 – Os montantes devidos pelas empresas de seguros ao FGA, são pagos através de depósito na conta n.º 0697 801582726, da Caixa Geral de Depósitos, denominada Instituto de Seguros de Portugal - FGA, no mês seguinte a cada trimestre civil de cobrança, nos termos do n.º 6 do artigo 58.º do Decreto Lei n.º 291/2007, de 21 de Agosto.

2 – Nos contratos celebrados em regime de co-seguro, a empresa de seguros líder do contrato é responsável pelo pagamento da totalidade do valor cobrado a que se refere os n.º 1 e 2 do artigo anterior.

ARTIGO 5.º
Envio de informação

1 – As empresas de seguros devem preencher e submeter ao Instituto de Seguros de Portugal, através do Portal ISPnet, o formulário disponibilizado no referido Por-

TRIBUTO A FAVOR DO FUNDO DE GARANTIA AUTOMÓVEL

tal relativo à taxa a favor do FGA, devendo o mesmo, após a submissão electrónica, ser impresso e enviado ao Instituto de Seguros de Portugal nos dez dias seguintes ao pagamento previsto no n.º 1 do artigo anterior, depois de devidamente certificado pela Caixa Geral de Depósitos.

2 – As empresas de seguros devem preencher e submeter o formulário previsto no número anterior, mesmo quando não tenham registado produção.

ARTIGO 6.º
Regime transitório

Aos prémios processados no ano de 2007 e aos prémios a processar relativos aos contratos de seguro cujos avisos para pagamento sejam enviados ao tomador do seguro até 31 de Dezembro de 2007, é aplicável o regime constante da Norma Regulamentar n.º 11/2001-R, de 22 de Novembro, na redacção introduzida pela Norma Regulamentar n.º 2/2006-R, de 13 de Janeiro.

ARTIGO 7.º
Entrada em vigor

A presente Norma Regulamentar entra em vigor a 1 de Janeiro de 2008, com excepção do disposto no artigo anterior que entra em vigor no dia imediato ao da respectiva publicação.

O CONSELHO DIRECTIVO

FERNANDO NOGUEIRA

Presidente

Tributos a favor do Fundo de Acidentes de Trabalho

Norma Regulamentar n.º 12/2007-R, de 26 de Julho

(INSTITUTO DE SEGUROS DE PORTUGAL)

FUNDO DE ACIDENTES DE TRABALHO – RECEITAS E REEMBOLSOS ÀS EMPRESAS DE SEGUROS

O Decreto-Lei n.º 185/2007, de 10 de Maio, veio alterar o Decreto-Lei n.º 142/99, de 30 de Abril, alargando as responsabilidades e prevendo novas formas de financiamento do Fundo de Acidentes de Trabalho.

Esta circunstância, conjugada com a necessidade de melhorar os procedimentos relativos ao reembolso às empresas de seguros dos montantes previstos na alínea c) do n.º 1 do artigo 1.º do Decreto-Lei n.º 142/99, de 30 de Abril, na redacção dada pelo Decreto-Lei n.º 185/2007, de 10 de Maio, bem como de aumentar a eficiência do controlo dos fluxos financeiros entre o Fundo de Acidentes de Trabalho e as empresas de seguros, justifica a reformulação do regime que tem vigorado.

O Instituto de Seguros de Portugal, ao abrigo do n.º 3 do artigo 4.º do seu Estatuto, aprovado pelo Decreto-Lei n.º 289/2001, de 13 de Novembro, emite a seguinte Norma Regulamentar:

CAPÍTULO I
Disposições gerais

ARTIGO 1.º
Objecto

1 – A presente Norma Regulamentar tem por objecto estabelecer um conjunto de regras para efeitos de controlo das receitas do Fundo de Acidentes de Trabalho (FAT) e dos reembolsos por parte deste às empresas de seguros.

A PARAFISCALIDADE NA ACTIVIDADE SEGURADORA

2 – Para efeitos da presente Norma Regulamentar, o termo "acidentes de trabalho" contempla os "acidentes em serviço" relativos a contratos subscritos por empresas de seguros.

ARTIGO 2.º
Âmbito

A presente Norma Regulamentar aplica-se a todas as empresas de seguros, sediadas ou não em Portugal, actuando em regime de estabelecimento ou em livre prestação de serviços, que explorem a modalidade de Acidentes de Trabalho em Portugal no âmbito da legislação e regulamentação em vigor.

CAPÍTULO II
Receitas do FAT

ARTIGO 3.º
Base de incidência

1 – Nos termos do n.º 1 do artigo 3.º do Decreto-Lei n.º 142/99, de 30 de Abril, com as alterações introduzidas pelo Decreto-Lei n.º 185/2007, de 10 de Maio, as taxas a favor do FAT, fixadas por Portaria do Ministro das Finanças, incidem sobre:

a) Os salários seguros, sempre que sejam processados prémios da modalidade Acidentes de Trabalho;
b) O valor correspondente ao capital de remição das pensões em pagamento à data de 31 de Dezembro de cada ano, bem como o valor da provisão matemática das prestações suplementares por assistência de terceira pessoa em pagamento à data de 31 de Dezembro de cada ano.

2 – Sem prejuízo do disposto no número seguinte, os recibos de prémio da modalidade de Acidentes de Trabalho devem incluir obrigatoriamente a percentagem a cobrar aos tomadores de seguros que incide sobre os salários seguros, referida na alínea *a)* do n.º 1 do artigo 3.º do Decreto-Lei n.º 142/99, de 30 de Abril.

3 – Os recibos de prémio que correspondam a correcções no valor do prémio comercial a cobrar aos tomadores de seguros, bem como os recibos de estorno, apenas devem incluir a percentagem referida no número anterior, quando estiverem em causa alterações nos salários considerados.

4 – Nos seguros por área, os salários a considerar para efeitos do cálculo da percentagem referida no n.º 1 são obtidos pelo quociente entre o prémio comercial do contrato e a taxa da tarifa utilizada pela empresa de seguros aplicável à actividade em questão ou, quando for abrangida mais do que uma actividade, a média das respectivas taxas.

ARTIGO 4.º
Procedimentos de pagamento

1 – As empresas de seguros devem depositar, até ao final de cada mês, o quantitativo global referente à percentagem incluída nos recibos cobrados no mês

TRIBUTOS A FAVOR DO FUNDO DE ACIDENTES DE TRABALHO

anterior, liquido de estornos e anulações, referentes ao mesmo mês, na conta n.º 0697 801572926 da Caixa Geral de Depósitos, denominada Instituto de Seguros de Portugal – FAT.

2 – As empresas de seguros devem depositar na conta identificada no número anterior, até 30 de Junho do ano seguinte, o montante correspondente à aplicação das taxas a favor do FAT que incidem sobre o valor do capital de remição das pensões em pagamento à data de 31 de Dezembro de cada ano, e sobre o valor da provisão matemática das prestações suplementares por assistência de terceira pessoa em pagamento à data de 31 de Dezembro de cada ano.

3 – Nos contratos celebrados em regime de co-seguro, a empresa de seguros líder do contrato é responsável pelo pagamento da totalidade do valor cobrado a favor do FAT.

ARTIGO 5.º
Registo de informação sobre receitas

1 – Os quantitativos processados para o FAT, bem como os correspondentes salários seguros considerados, devem ser objecto de um registo próprio ou discriminados em qualquer outro registo, desde que devidamente identificados em relação a cada recibo e totalizados de forma autónoma.

2 – Do registo das provisões matemáticas deve constar autonomamente o valor do capital de remição para cada pensão em pagamento e da provisão matemática relativa a cada prestação suplementar por assistência de terceira pessoa em pagamento.

ARTIGO 6.º
Envio de informação sobre receitas

1 – As empresas de seguros devem preencher e submeter ao Instituto de Seguros de Portugal, através do Portal ISPnet, residente em https://portalispnet.isp.pt, o mapa-modelo FAT1, anexo à presente Norma Regulamentar e disponibilizado no referido portal, devendo esse mapa-modelo, após a respectiva submissão electrónica, ser impresso e enviado a esse Instituto no prazo de cinco dias a contar da data de realização dos depósitos referidos nos n.º 1 e 2 do artigo 4.º depois de devidamente certificado pela Caixa Geral de Depósitos.

2 – As empresas de seguros devem preencher e submeter o referido mapa-modelo através do Portal ISPnet, mesmo quando não tenham registado produção.

ARTIGO 7.º
Apreciação da informação

1 – Para efeitos da análise da conformidade dos montantes depositados nos termos dos n.º 1 e 2 do artigo 4.º com as disposições legais e regulamentares em vigor, o FAT pode solicitar informações e documentos adicionais considerados necessários, até ao prazo máximo de cinco anos a contar do respectivo depósito.

A PARAFISCALIDADE NA ACTIVIDADE SEGURADORA

2 – Caso sejam apuradas diferenças entre os valores depositados e os valores decorrentes da análise efectuada pelo FAT nos termos do número anterior, as empresas de seguros devem proceder às rectificações devidas no mês seguinte àquele em que para o efeito sejam notificadas pelo FAT, sem prejuízo de poderem deduzir oposição.

CAPÍTULO III
Reembolsos do FAT

ARTIGO 8.º
Registo de informação sobre reembolsos

1 – As empresas de seguros devem dispor de um registo devidamente preenchido, indicando:

a) As importâncias suportadas no mês anterior em cumprimento das disposições legais e regulamentares em vigor, relativas a:

i) Actualizações de pensões de acidentes de trabalho;
ii) Actualizações de pensões de acidentes de trabalho, incluídas no capital de remição das pensões remidas;
iii) Alterações, feitas em consequência da redacção dada ao artigo 50.º do Decreto n.º 360/71, de 21 de Agosto, pelo artigo 1.º do Decreto-Lei n.º 459/79, de 23 de Novembro (no caso de pensões de acidentes de trabalho por incapacidade permanente igual ou superior a 30% ou por morte, que tenham sido fixadas anteriormente a 1 de Outubro de 1979, nos termos do n.º 1 do artigo 1.º do Decreto-Lei n.º 466/85, de 5 de Novembro);
iv) Duodécimos adicionais, criados pelo n.º 1 do artigo 2.º do Decreto-Lei n.º 466/85, de 5 de Novembro, pagos aos pensionistas por acidentes de trabalho ocorridos até à data da entrada em vigor do Decreto-Lei n.º 142/99, de 30 de Abril;
v) Actualizações de prestações suplementares por assistência de terceira pessoa;

b) As correcções às importâncias suportadas/reembolsadas em meses/anos anteriores ao mês do reporte.

2 – As empresas de seguros devem igualmente dispor, para cada registo referido no número anterior, de um registo de informação correspondente a cada pensão em pagamento, contendo os seguintes elementos:

a) Ano/ mês a que reporta a informação;
b) Número de pensionista;
c) Número de processo de sinistro;
d) Valor pago no mês, em actualizações de pensões de acidentes de trabalho da responsabilidade do FAT;
e) Valor pago no mês, decorrente de alterações em consequência da redacção dada ao artigo 50.º do Decreto-Lei n.º 360/71, de 21 de Agosto, pelo artigo 1.º do Decreto-

422

TRIBUTOS A FAVOR DO FUNDO DE ACIDENTES DE TRABALHO

-Lei n.º 459/79, de 23 de Novembro (no caso de pensões de acidentes de trabalho por incapacidade permanente igual ou superior a 30% ou por morte, que tenham sido fixadas anteriormente a 1 de Outubro de 1979, nos termos do n.º 1 do artigo 1.º do Decreto-Lei n.º 466/85, de 5 de Novembro);

f) Valor das actualizações de prestações suplementares por assistência de terceira pessoa pagas no mês a que reporta a informação;

g) Valor pago no mês em capitais de remição, relativo a actualizações da responsabilidade do FAT;

h) Valor pago no mês em duodécimos adicionais, relativo a acidentes de trabalho ocorridos antes de 1 de Janeiro de 2000;

i) Valor de correcções de actualizações, relativas a meses anteriores, efectuadas no mês a que reporta a informação;

j) Valor de correcções de actualizações de prestações suplementares por assistência de terceira pessoa relativas a meses anteriores, efectuadas no mês a que reporta a informação;

l) Valor de correcções de capitais de remição de actualizações, relativas a meses anteriores, efectuadas no mês a que reporta a informação;

m) Valor de correcções de duodécimos adicionais, relativas a meses anteriores, efectuadas no mês a que reporta a informação.

3 – A informação contida nas alíneas *b)* e *c)* do número anterior deve corresponder respectivamente aos elementos previstos nas alíneas *a)* e *b)* do n.º 1 do anexo I à Norma Regulamentar n.º 11/2007-R, de 26 de Julho.

ARTIGO 9.º
Envio de informação sobre reembolsos

1 – As empresas de seguros devem preencher e submeter ao Instituto de Seguros de Portugal, através do Portal ISPnet, residente em https://portalispnet.isp.pt, o mapa-modelo FAT2, anexo à presente Norma Regulamentar e disponibilizado no referido portal, contendo a informação referida no n.º 1 do artigo anterior, até ao final do mês seguinte a que reporta a informação.

2 – No prazo referido no número anterior, as empresas de seguros devem ainda enviar ao Instituto de Seguros de Portugal, através do Portal ISPnet, residente em https://portalispnet.isp.pt, a informação referida no n.º 2 do artigo anterior, sob a forma de ficheiro construído de acordo com a Instrução Informática n.º 33/2007, anexa à presente Norma Regulamentar.

3 – Nos casos de pensões relativas a contratos celebrados em regime de co-seguro, compete à empresa de seguros que assume directamente o pagamento aos pensionistas, cumprir as disposições relativas ao envio de informação.

ARTIGO 10.º
Condições de reembolso e apreciação da informação

1 – As empresas de seguros são reembolsadas dos montantes indicados no mapa-modelo FAT2, nos trinta dias subsequentes ao termo do prazo previsto no n.º 1 do

A PARAFISCALIDADE NA ACTIVIDADE SEGURADORA

artigo anterior, de acordo com as disponibilidades financeiras do FAT, sem prejuízo do referido nos números seguintes do presente artigo.

2 – Os atrasos das empresas de seguros no envio ao FAT do mapa-modelo FAT2 e da informação referida no n.º 2 do artigo 8.º implicarão o diferimento, para o mês seguinte ao do respectivo envio, do reembolso pelo FAT dos quantitativos a que tiverem direito.

3 – Para efeitos da análise da conformidade dos montantes reembolsados nos termos do n.º 1 com as disposições legais e regulamentares em vigor, o FAT pode solicitar informações e documentos adicionais considerados necessários, até ao prazo máximo de cinco anos a contar do respectivo reembolso.

4 – Caso sejam apuradas diferenças entre os valores já reembolsados às empresas de seguros e os valores decorrentes da análise efectuada pelo FAT nos termos do número anterior, as empresas de seguros devem proceder às rectificações devidas no mês seguinte àquele em que para o efeito sejam notificadas pelo FAT, sem prejuízo de poderem deduzir oposição.

CAPÍTULO IV
Disposições transitórias e finais

ARTIGO 11.º
Revogações

É revogada a Norma Regulamentar n.º 18/2001-R, de 22 de Novembro, alterada pela Norma Regulamentar n.º 2/2006-R, de 13 de Janeiro.

ARTIGO 12.º
Entrada em vigor

A presente Norma Regulamentar entra em vigor no dia 1 de Fevereiro de 2008, reportando a exigência de construção do registo de informação previsto no n.º 2 do artigo 8.º pela primeira vez, à informação relativa ao mês de Janeiro de 2008.

O CONSELHO DIRECTIVO

FERNANDO NOGUEIRA

Presidente

INSTRUÇÃO INFORMÁTICA N.º 33/2007
Anexo à Norma Regulamentar n.º 12/2007-R

FAT – REEMBOLSOS ÀS EMPRESAS DE SEGUROS

OBJECTIVO

Instruções para a constituição do ficheiro, em suporte informático, que permita aumentar a eficácia do controlo dos reembolsos às empresas de seguros no âmbito das competências do FAT (Norma Regulamentar n.º 12/2007-R).

PERIODICIDADE

Devem as Empresas de Seguros enviar o respectivo ficheiro para o Instituto de Seguros de Portugal conforme o definido no n.º 2 do artigo 9.º da Norma Regulamentar n.º 12/2007-R.

CANAL PARA O ENVIO DA INFORMAÇÃO

O ficheiro deverá ser enviado através do Portal ISP, https://portalispnet.isp.pt. Oportunamente será fornecido o respectivo login e password.

FICHEIRO

O ficheiro, que poderá ter nome livre, deverá obedecer às seguintes regras:

• Todos os dados contidos em cada registo deverão ser gravados em formato caractere (1 caractere / 1 byte);

• O formato a utilizar deverá ser o ASCII, não podendo ser utilizados caracteres especiais, como por exemplo: ç, ã, ó, etc. (isto exclui a entrega de ficheiros nos formatos próprios das aplicações mais comuns, como sejam o EXCEL, WORD, LOTUS 1 2 3, etc.);

• Os registos deverão ser separados por um caractere de mudança de linha (<CR> <LF>);

• Os campos numéricos deverão ser alinhados à direita, com as posições não utilizadas preenchidas com zeros;

• Todos os campos são numéricos;

• Os campos referentes a valores monetários deverão ser expressos em cêntimos de EURO, alinhados à direita, com as posições não utilizadas preenchidas com zeros;

• O ficheiro deverá apresentar a seguinte estrutura:

Descrição	Tamanho do Campo	Códigos Válidos
Código Seguradora	4	Código ISP
Ano/Mês	6	aaaamm
N.º pensionista	2	Sequencial p/n.º processo
N.º processo sinistro	9	Numérico
Valor pago no mês em actualizações de pensões da responsabilidade do FAT Valor pago no mês decorrente de alterações	9(11),2	
Valor das actualizações de prestações suplementares pagas no mês	9(11),2	
Valor pago no mês em capitais de remição	9(11),2	
Valor pago no mês em duodécimos adicionais	9(11),2	
Valor de correcções de actualizações	S 9(11),2	
Valor de correcções de prestações suplementares	S 9(11),2	
Valor de correcções de capitais de remição	S 9(11),2	
Valor de correcções de duodécimos adicionais	S 9(11),2	

Em caso de dúvida referente aos elementos a fornecer ao ISP, agradecemos o contacto para informatica@ísp.pt ou pelo telefone 217982859.

TRIBUTOS A FAVOR DO FUNDO DE ACIDENTES DE TRABALHO

	Modelo FAT1	**00**	Código do Modelo
	FUNDO de ACIDENTES de TRABALHO		

INSTITUTO DE SEGUROS DE PORTUGAL

(Art. 3.º, n.º 1, alíneas a) e b), do Decreto-Lei n.º 142/99, de 30/04, alterado pelo Decreto-Lei n.º 185/2007, de 10/05)

- Receitas -

01 — IDENTIFICAÇÃO DA ENTIDADE

Código ☐☐☐☐☐ Nome _____

Morada _____

02 — PERÍODO A QUE RESPEITA O APURAMENTO

1 Ano ☐☐☐☐ 2 Mês ☐☐

03 — APURAMENTO DE VALORES

Somatório dos salários seguros considerados para efeito de aplicação da percentagem para o FAT **1** ☐☐☐☐☐☐☐☐☐☐☐☐ €

Somatório dos valores para o FAT incluídos em cada recibo **2** ☐☐☐☐☐☐☐☐☐☐☐☐ €

Valor global dos capitais de remição das pensões em em pagamento em 31 de Dezembro do ano **3** ☐☐☐☐ **4** ☐☐☐☐☐☐☐☐☐☐☐☐ €

Valores para o FAT sobre os capitais de remição das pensões (campo 4 x campo 5) **5** ☐☐☐☐ Taxa % **6** ☐☐☐☐☐☐☐☐☐☐☐☐ €

Valor global das provisões matemáticas das prestações suplementares em pagamento em 31 de Dezembro do ano **7** ☐☐☐☐ **8** ☐☐☐☐☐☐☐☐☐☐☐☐ €

Valores para o FAT sobre as provisões matemáticas das prestações suplementares (campo 8 x campo 9) **9** ☐☐☐☐ Taxa % **10** ☐☐☐☐☐☐☐☐☐☐☐☐ €

Correcções de valores para o FAT relativas a anos/meses anteriores sobre:

Salários seguros (±) **11** ☐☐☐☐☐☐☐☐☐☐☐☐ €

Capitais de remição de pensões (±) **12** ☐☐☐☐☐☐☐☐☐☐☐☐ €

Provisões matemáticas das prestações suplementares (±) **13** ☐☐☐☐☐☐☐☐☐☐☐☐ €

Total (soma dos campos 11, 12 e 13) (±) **14** ☐☐☐☐☐☐☐☐☐☐☐☐ €

04 — DEPÓSITO NA CONTA N.º 0697 801572926, DA CAIXA GERAL DE DEPÓSITOS

Montante Depositado (soma dos campos 2, 6, 10 e 14 do quadro 03) **1** ☐☐☐☐☐☐☐☐☐☐☐☐ €

05 — A PRESENTE INFORMAÇÃO CORRESPONDE À VERDADE

Data ☐☐☐☐☐☐☐☐ (Ano) (Mês) (Dia) Responsável _____

06 — CERTIFICAÇÃO PELA CAIXA GERAL DE DEPÓSITOS

(Esta Certificação Deverá ser Efectuada no Verso deste Modelo)

427

A PARAFISCALIDADE NA ACTIVIDADE SEGURADORA

Modelo FAT2

FUNDO de ACIDENTES de TRABALHO

(Art. 1.º, n.º 1, alínea c, do Decreto-Lei n.º 142/99, de 30/04, alterado pelo Decreto-Lei n.º 185/2007, de 19/05)

- Reembolsos -

00 Código do Modelo

INSTITUTO DE SEGUROS DE PORTUGAL

01 IDENTIFICAÇÃO DA ENTIDADE

Código `1 ☐☐☐☐` Nome _____

Morada _____

02 PERÍODO A QUE RESPEITA O APURAMENTO

`1` Ano ☐☐☐☐ `2` Mês ☐☐

03 APURAMENTO DE VALORES

Valor das actualizações de pensões
(Subalínea i), alínea a) do n.º 1 do art.º 8.º da Norma Regulamentar n.º___/2007-R, de ___) `1 ☐☐☐☐☐☐☐☐☐☐,☐☐` €

Valor dos capitais de remição decorrentes de actualizações de pensões
(Subalínea ii), alínea a) do n.º 1 do art.º 8.º da Norma Regulamentar n.º___/2007-R, de ___) `2 ☐☐☐☐☐☐☐☐☐☐,☐☐` €

Valor das alterações de pensões legalmente impostas
(Subalínea iii), alínea a) do n.º 1 do art.º 8.º da Norma Regulamentar n.º___/2007-R, de ___) `3 ☐☐☐☐☐☐☐☐☐☐,☐☐` €

Valor dos duodécimos adicionais
(Subalínea iv), alínea a) do n.º 1 do art.º 8.º da Norma Regulamentar n.º___/2007-R, de ___) `4 ☐☐☐☐☐☐☐☐☐☐,☐☐` €

Valor das actualizações de prestações suplementares
(Subalínea v), alínea a) do n.º 1 do art.º 8.º da Norma Regulamentar n.º___/2007-R, de ___) `5 ☐☐☐☐☐☐☐☐☐☐,☐☐` €

Valor das correcções relativas a anos/meses anteriores sobre:
(Alínea b) do n.º 1 do art.º 8.º da Norma Regulamentar n.º___/2007-R, de ___)

Actualizações de pensões (±) `6 ☐☐☐☐☐☐☐☐☐☐,☐☐` €

Capitais de remição decorrentes de actualizações de pensões (±) `7 ☐☐☐☐☐☐☐☐☐☐,☐☐` €

Alterações de pensões legalmente impostas (±) `8 ☐☐☐☐☐☐☐☐☐☐,☐☐` €

Duodécimos adicionais (±) `9 ☐☐☐☐☐☐☐☐☐☐,☐☐` €

Actualizações de prestações suplementares (±) `10 ☐☐☐☐☐☐☐☐☐☐,☐☐` €

Total (soma dos campos 6 a 10) (±) `11 ☐☐☐☐☐☐☐☐☐☐,☐☐` €

04 VALOR DE REEMBOLSO

Valor total a ser reembolsado pelo FAT (soma dos campos 1 a 5 e 11 do quadro 03) `1 ☐☐☐☐☐☐☐☐☐☐,☐☐` €

05 A PRESENTE INFORMAÇÃO CORRESPONDE À VERDADE

Data ☐☐☐☐☐☐☐☐ Responsável _____
       (Ano) (Mês) (Dia)

TRIBUTOS A FAVOR DO FUNDO DE ACIDENTES DE TRABALHO

NORMA REGULAMENTAR N.º 8/2010-R, DE 9 DE JUNHO
Alteração da Norma Regulamentar n.º 12/2007-R, de 26 de Julho
Receitas e reembolsos às empresas de seguros

A Norma Regulamentar n.º 12/2007-R, de 26 de Julho, define os procedimentos relativos aos fluxos financeiros entre o Fundo de Acidentes de Trabalho (FAT) e as empresas de seguros, nomeadamente os reembolsos a estas empresas das actualizações de pensões e prestações suplementares por assistência de terceira pessoa e as receitas para o FAT correspondentes às taxas sobre os salários seguros, capitais de remição das pensões e provisões matemáticas das prestações suplementares por assistência de terceira pessoa.

A experiência decorrente do relacionamento entre o FAT e as empresas de seguros torna necessário o ajustamento pontual do regime, em ordem a clarificar alguns aspectos específicos.

Por outro lado, pretende-se melhorar a eficiência do controlo dos fluxos financeiros entre as empresas de seguros e este Fundo, designadamente no que se refere à receita resultante da aplicação da percentagem sobre os salários seguros.

Assim, o Instituto de Seguros de Portugal, ao abrigo do artigo 14.º do Decreto-Lei n.º 142/99, de 30 de Abril, alterado pelos Decretos-Leis n.º 382-A/99, de 22 de Setembro e n.º 185/2007, de 10 de Maio e do n.º 3 do artigo 4.º do seu Estatuto, aprovado pelo Decreto-Lei n.º 289/2001, de 13 de Novembro, emite a seguinte Norma Regulamentar:

ARTIGO 1.º
Objecto

A presente Norma Regulamentar tem por objecto introduzir alterações pontuais ao regime aplicável aos fluxos financeiros entre o Fundo de Acidentes de Trabalho (FAT) e as empresas de seguros.

ARTIGO 2.º
Alteração da Norma Regulamentar n.º 12/2007-R, de 26 de Julho

1 – O artigo 3.º da Norma Regulamentar n.º 12/2007-R, de 26 de Julho, alterada pela Norma Regulamentar n.º 21/2008-R, de 31 de Dezembro, passa a ter a seguinte redacção:

«Artigo 3.º

[...]

1 – [...]

a) [...]

b) O valor correspondente ao capital de remição das pensões em pagamento à data de 31 de Dezembro de cada ano, bem como o valor da provisão matemática das prestações suplementares por assistência de terceira pessoa em pagamento à data

A PARAFISCALIDADE NA ACTIVIDADE SEGURADORA

de 31 de Dezembro de cada ano, correspondentes às pensões e prestações tal como reportadas ao Instituto de Seguros de Portugal nos termos da Norma Regulamentar n.º 11/2007-R, de 26 de Julho, alterada pela Norma Regulamentar n.º 6/2010-R, de 20 de Maio.

2 – [...]

3 – [...]

4 – [...]

5 – Nas situações em que o ano de início da pensão ou da prestação suplementar por assistência de terceira pessoa seja anterior ao do início do respectivo pagamento, devem as empresas de seguros fazer incidir, retroactivamente, as percentagens referidas na alínea b) do n.º 1 sobre os valores correspondentes aos respectivos capitais de remição e provisões matemáticas, à data de 31 de Dezembro de cada ano, desde o ano do início da pensão ou da prestação suplementar por assistência de terceira pessoa.

6 – As bases técnicas aplicáveis ao cálculo dos capitais de remição das pensões em pagamento e das provisões matemáticas das prestações suplementares por assistência de terceira pessoa, são as constantes da Portaria n.º 11/2000, de 13 de Janeiro, ou de diploma que lhe venha a suceder.

2 – O artigo 4.º da Norma Regulamentar n.º 12/2007-R, de 26 de Julho, passa a ter a seguinte redacção:

«Artigo 4.º

[...]

1 – [...]

2 – [...]

3 – Nos contratos celebrados em regime de co-seguro:

a) A empresa de seguros líder do contrato é responsável pelo pagamento da totalidade do valor cobrado a favor do FAT nos termos da alínea *a)* do n.º 1 do artigo 3.º do Decreto-Lei n.º 142/99, de 30 de Abril;

b) Cada empresa de seguros é responsável, na proporção da respectiva quota--parte, pelo pagamento do valor devido ao FAT nos termos da alínea b) do n.º 1 do artigo 3.º do Decreto-Lei n.º 142/99, de 30 de Abril.»

3 – O artigo 5.º da Norma Regulamentar n.º 12/2007-R, de 26 de Julho, passa a ter a seguinte redacção:

«Artigo 5.º

[...]

1 – [...]

2 – O registo previsto no número anterior deve incluir, no mínimo, os elementos a seguir enunciados relativamente a cada recibo de prémio, de estorno ou de anulação:

a) Ano a que reporta;

TRIBUTOS A FAVOR DO FUNDO DE ACIDENTES DE TRABALHO

b) Número de apólice;
c) Mês da cobrança;
d) Número de recibo de prémio/estorno/ anulação;
e) Valor dos salários seguros;
f) Valor do prémio/do estorno/da anulação;
g) Valor da taxa a favor do FAT;
h) Indicação da existência co seguro e se a empresa de seguros é ou não líder do contrato;
i) Quota parte do risco ou a parte percentual do capital assumida pela empresa de seguros, no caso de contratos em co-seguro (em percentagem).

3 – No caso de contratos em co seguro:

a) Os valores referidos nas alíneas *e) f)* devem ser considerados pelo total no caso da empresa de seguros líder do contrato ou pela respectiva quota-parte, nos restantes casos;
b) Os valores referidos na alínea *g)* devem apenas ser considerados, pelo valor correspondente ao salário total, pela empresa de seguros líder do contrato.

4 – [Anterior n.º 2.]»
4 – O artigo 7.º da Norma Regulamentar n.º 12/2007 R, de 26 de Julho, passa a ter a seguinte redacção:

«Artigo 7.º
[...]

1 – [...]
2 – As empresas que explorem a modalidade de acidentes de trabalho devem assegurar que a informação prevista no n.º 2 do artigo 5.º está disponível para análise pelo FAT.
3 – Caso sejam apuradas diferenças entre os valores depositados e os valores decorrentes das análises previstas nos números anteriores, as empresas de seguros devem proceder às rectificações devidas no mês seguinte àquele em que para o efeito sejam notificadas pelo FAT, sem prejuízo de poderem deduzir oposição.»

ARTIGO 3.º
Alteração ao Anexo I da Norma Regulamentar n.º 12/2007-R, de 26 de Julho

A Instrução Informática n.º 33/2007 constante do Anexo I da Norma Regulamentar n.º 12/2007-R, de 26 de Julho, é substituída pela Instrução Informática constante do Anexo I da presente Norma Regulamentar.

ARTIGO 4.º
Aplicação temporal

1 – O regime resultante do disposto nos n.º 1 e 2 do artigo 2.º e no artigo 3.º é aplicável a partir da entrada em vigor da presente Norma Regulamentar.

A PARAFISCALIDADE NA ACTIVIDADE SEGURADORA

2 – O regime resultante do disposto nos n.º 3 e 4 do artigo 2.º é aplicável a partir de Janeiro de 2011.

ARTIGO 5.º
Entrada em vigor

A presente Norma Regulamentar entra em vigor no dia imediato ao da respectiva publicação.

O CONSELHO DIRECTIVO

ANEXO I
à Norma Regulamentar n.º 12/2007-R, de 26 de Julho

INSTRUÇÃO INFORMÁTICA
– FAT- REEMBOLSOS As EMPRESAS DE SEGUROS

OBJECTIVO

Instruções para a constituiçao do ficheiro, em suporte informático, que permita aumentar a eficácia do controlo dos reembolsos às empresas de seguros no âmbito das competências do FAT (Norma Regulamentar n.º 12/2007-R, de 26 de Julho).

IPERIODICIDADE

Devem as Empresas de Seguros enviar o respectivo ficheiro para o Instituto de Seguros de Portugal conforme o definido no n.º 2 do artigo 9.º da Norma Regulamentar n.º 12/2007-R, de 26 de Julho.

CANAL PARA O ENVIO DA INFORMACÃO

O ficheiro deverá ser enviado através do Portal ISP, https://portalispnet.isp.pt. Oportunamente será fornecido o respectivo login e password.

FICHEIRO

O ficheiro, que poderá ter nome livre, deverá obedecer às seguintes regras:

• Todos os dados contidos em cada registo deverão ser gravados em formato caractere (1 caractere / 1 byte);

• O formato a utilizar deverá ser o ASCII, não podendo ser utilizados caracteres especiais, como por exemplo: ç, ã, ó, etc. (isto exclui a entrega de ficheiros nos formatos próprios das aplicações mais comuns, como sejam o EXCEL, WORD, LOTUS 1 2 3, etc.);

• Os registos deverão ser separados por um caractere de mudança de linha (<CR> <LF>);

• Os campos numéricos deverão ser alinhados à direita, com as posições não utilizadas preenchidas com zeros;

• Todos os campos são numéricos;

• O comprimento de cada registo é 153 caracteres;

• Os campos referentes a valores monetários deverão ser expressos em cêntimos de EURO, alinhados à direita, com as posições não utilizadas preenchidas com zeros;

• O ficheiro, deverá apresentar a seguinte estrutura:

A PARAFISCALIDADE NA ACTIVIDADE SEGURADORA

Descrição	Tamanho do campo	Códigos válidos
Código Empresa de Seguros	4	Código ISP
Ano/Mês	6	Aaaamm
N.º pensionista	2	Sequencial p/n.º processo
N.º processo sinistro	15	Numerico
Valor pago no mês em actualizações de pensões da responsabilidade do FAT	9(11),2	
Valor pago no mês decorrente de alterações	9(11),2	
Valor das actualizações de prestações suplementares pagas no mês	9(11),2	
Valor pago no mês em capital de remição		
Valor pago no mês em duodécimos adicionais	9(11),2	
Valor de correcções de actualizações	9(11),2	
Valor de correcções de prestações suplementares	S 9(11),2	
Valor de correcções de capitais de remição	S 9(11),2	
Valor de correcções de duodécimos adicionais		
	S 9(11),2	
	S 9(11),2	

Em caso de dúvida referente aos elementos a reportar ao ISP, contactar informática@isp.pt.

Tributos a favor do SIPAC (ex FCSC)

Portaria nº 907/2004, de 26 de Julho

O Regulamento do Sistema Integrado de Protecção contra as Aleatoriedades Climáticas (SIPAC), publicado em anexo à Portaria n.º 388/99, de 27 de Maio, com as alterações que lhe foram introduzidas pela Portaria n.º 293-A/2002, de 18 de Março, encontra-se desactualizado.

Com efeito, a inclusão de novas culturas e a introdução de um novo risco de adaptação do modo de cálculo do capital seguro e respectivas indemnizações tornam oportuna a alteração do regime vigente.

Aproveita-se o ensejo para proceder à publicação de um novo regime, revogando-se assim duas portarias e concentrando num único diploma a regulamentação aplicável.

Manda o Governo, pelos Ministros de Estado e das Finanças e da Agricultura, Desenvolvimento Rural e Pescas, ao abrigo das alíneas *a)* a *e)* do artigo 18.º do Decreto-Lei n.º 20/96, de 19 de Março, o seguinte:

1.º É aprovado o Regulamento do Sistema Integrado de Protecção contra as Aleatoriedades Climáticas (SIPAC), publicado em anexo ao presente diploma e que dele faz parte integrante.

2.º É revogada a Portaria n.º 388/99, de 27 de Maio, com as alterações que lhe foram introduzidas pela Portaria n.º 293-A/2002, de 18 de Março.

3.º A presente portaria produz efeitos a partir de 1 de Janeiro de 2004.

(...)

Em 2 de Julho de 2004.

A Ministra de Estado e das Finanças, *Maria Manuela Dias Ferreira Leite*. – O Ministro da Agricultura, Desenvolvimento Rural e Pescas, *Armando José Cordeiro Sevinate Pinto*.

ANEXO - REGULAMENTO DO SISTEMA INTEGRADO DE PROTECÇÃO CONTRA AS ALEATORIEDADES CLIMÁTICAS

CAPÍTULO I
Seguro de colheitas

SECÇÃO I
Culturas cobertas

1 – As culturas abrangidas pelo seguro de colheitas, bem como as limitações decorrentes da densidade, da área de cultivo e da idade da plantação, quando existam, são as seguintes:

a) Cereais – trigo, centeio, cevada, aveia, triticale, milho, arroz, alpista e sorgo. No seguro de colheitas de cereais poderá expressamente ser incluída uma verba para palhas até 30% do valor do respectivo cereal;

b) Leguminosas para grão – feijão, fava, grão-de-bico, ervilha, tremoço, tremocilha e similares;

c) Oleaginosas arvenses – cártamo e girassol;

d) Hortícolas a céu aberto:

Culturas hortícolas sensíveis às baixas temperaturas – cebola, cenoura, alface, feijão-verde, tomate, pimento, melão, meloa, melancia, alho, beterraba hortícola, abóbora, alho-francês, aipo, batata-doce, beringela, chicória de folhas, courgette, couve-bróculo, couve-chinesa, couve-flor, espargo, espinafre, ervilha, fava, morango, pepino e quiabo;

Culturas hortícolas resistentes às baixas temperaturas – couves (galega, tronchuda, penca, portuguesa, repolho, roxa, coração-de-boi, lombardo e de bruxelas), nabo, rutabaga, rábano e rabanete;

e) Linho, lúpulo e algodão;

f) Batata, incluindo batata para semente;

g) Vinha a partir do 3.º ano de plantação, cuja casta não seja do tipo «produtor directo» ou «vinha americana»; para vinhas instaladas com «enxerto pronto» decorridos que sejam dois anos a partir da plantação;

h) Pomóideas – macieira e pereira a partir do 3.º ano de plantação;

i) Prunóideas – cerejeira, damasqueiro, pessegueiro e ameixeira a partir do 3.º ano de plantação;

j) Oliveira a partir do 5.º ano de plantação, com área mínima de 0,50 ha, não sendo permitido o seguro de árvores isoladas, bem como o de olivais com uma densidade inferior a 40 árvores por hectare. No caso dos olivais com idade de plantação superior a três anos e inferior a seis anos, será possível segurar as suas produções desde que se verifiquem as seguintes condições: olival de regadio; plantações com densidade superior a 200 árvores por hectare, realizada com plantas enraizadas em estufas de nebulização e conduzidas com um só tronco; plantações com densidade superior a

TRIBUTOS A FAVOR DO SIPAC (EX FCSC)

1000 árvores por hectare, conduzidas sob a forma de arbusto. A celebração do contrato carece obrigatoriamente da apresentação de uma informação adicional do produtor, que deverá discriminar os pontos acima mencionados, bem como o tipo do podas realizadas e a produção esperada;

k) Frutos secos – nogueira e aveleira a partir do 4.º ano de plantação; amendoeira a partir do 4.º ano de plantação, com área mínima de 0,50 ha, não sendo permitido o seguro de plantas isoladas bem como o de pomares com uma densidade inferior a 100 árvores/ha, os pomares deverão ser constituídos por mais de uma variedade de floração simultânea; castanheiro a partir do 5.º ano de plantação e alfarrobeira a partir do 8.º ano de plantação;

l) Tabaco;

m) Citrinos – laranjeira, limoeiro, toranjeira, tangerineira e tangereira a partir do 3.º ano de plantação;

n) Actinídea – kiwi a partir do 3.º ano de plantação, com área mínima de 1000 m2, não sendo permitido o seguro de plantas isoladas;

o) Figueira a partir do 5.º ano de plantação, com área mínima de cultivo de 0,50 ha, não sendo permitido o seguro de árvores isoladas;

p) Culturas em regime de forçagem, conduzidas no interior de estufas ou abrigos baixos (túneis);

q) Beterraba açucareira;

r) Pequenos frutos – mirtilo, framboesa e amora a partir do 2.º ano de plantação;

s) Floricultura ao ar livre;

t) Diospireiro a partir do 3.º ano de plantação;

u) Nespereira a partir do 4.º ano de plantação;

v) Abacateiro a partir do 3.º ano de plantação;

x) Tomate para indústria;

z) Viveiros vitícolas, frutícolas, florestais e de plantas ornamentais ao ar livre, considerando-se viveiro o local onde é exercida, em conformidade com as disposições legais aplicáveis, a actividade de viveirista e onde se produzam, para replantação, plantas vitícolas, frutícolas, florestais e de plantas ornamentais, em regime de ar livre, sem venda ao público e cujas plantas não sejam produzidas no âmbito de ensaios ou estudos de natureza científica.

2 – O seguro da cultura de citrinos e do abacateiro tem início em 1 de Agosto e termina em 31 de Julho do ano seguinte, cobrindo os frutos provenientes da floração ocorrida na Primavera imediatamente anterior à celebração do contrato de seguro e, no caso do limoeiro, também os frutos em pleno desenvolvimento provenientes das florações remontantes.

3 – O seguro de citrinos e do abacateiro carece sempre de parecer prévio favorável dos serviços regionais do Ministério da Agricultura, Desenvolvimento Rural e Pescas (MADRP), que deverão ter em conta a localização e composição dos pomares, o uso de técnicas culturais adequadas, a disponibilidade e qualidade da água de rega e o grau de risco a que a cultura está sujeita, nomeadamente no que se refere ao risco de geada.

A PARAFISCALIDADE NA ACTIVIDADE SEGURADORA

4 – O seguro de actinídea (kiwi) de capital igual ou superior a € 2500 carece de parecer prévio dos serviços regionais do MADRP, que deverão ter em consideração a localização das plantas, designadamente no que respeita ao solo, exposição e drenagem atmosférica.

5 – As características a que devem obedecer as estufas e os abrigos baixos serão definidas na apólice de seguro de colheitas.

6 – O seguro de culturas em regime de forçagem carece de parecer prévio favorável dos serviços regionais do MADRP, que deverão atender à correcta utilização do solo, à localização de culturas e ao emprego de tecnologias adequadas.

7 – No caso do seguro de floricultura ao ar livre, poderá ser solicitado o parecer prévio favorável dos serviços regionais do MADRP, sempre que haja dúvidas quanto à adaptabilidade das culturas às condições edafo-climáticas locais.

8 – O seguro de tomate para indústria carece de parecer prévio dos serviços regionais do MADRP, que deverão ter em consideração os aspectos necessários à caracterização do solo, nomeadamente os que se referem às condições de espessura, à textura e ao hidromorfismo, que condicionam a sua capacidade de drenagem.

9 – O seguro para viveiros vitícolas, frutícolas, florestais e de plantas ornamentais ao ar livre carece de parecer prévio dos serviços regionais do MADRP, confirmando a designação legal de viveirista, espécies autorizadas e reconhecidas, existência de rega e número de plantas existentes por parcela.

10 – Não ficam abrangidos pelo seguro de colheitas as árvores, estufas ou qualquer outro tipo de capital fundiário.

11 – Não ficam também abrangidas as culturas cujas sementeiras ou plantações tenham sido feitas fora das épocas normais para as respectivas regiões e ainda quando tenham sido feitas ou mantidas em condições tecnicamente desaconselháveis; em caso de dúvida, compete o seu esclarecimento aos serviços regionais do MADRP.

SECÇÃO II
Riscos cobertos

1 – O seguro de colheitas garante a cobertura dos seguintes riscos:

a) Incêndio – combustão acidental, com desenvolvimento de chamas estranhas a uma fonte normal de fogo, ainda que nesta possa ter origem, e que se pode propagar pelos seus próprios meios;

b) Acção de queda de raio – descarga atmosférica ocorrida entre nuvem e solo, consistindo em um ou mais impulsos de corrente, que conferem ao fenómeno uma luminosidade característica (raio) e que provoca danos permanentes nos bens seguros;

c) Explosão – acção súbita e violenta de pressão ou de depressão de gás ou de vapor;

d) Granizo – precipitação de água em estado sólido sob a forma esferóide;

e) Tornado – tempestade giratória muito violenta, sob a forma de coluna nebulosa projectada até ao solo, e ainda vento que no momento do sinistro tenha atingido velocidade instantânea superior a 80 km/hora ou cuja violência destrua ou derrube árvores num raio de 5 km envolventes dos bens seguros;

TRIBUTOS A FAVOR DO SIPAC (EX FCSC)

f) Tromba-d'água – efeitos mediata ou imediatamente resultantes de queda pluviométrica igual ou superior a 10 mm em dez minutos no pluviómetro, incluindo os prejuízos resultantes de inundação, desde que a mesma resulte de queda pluviométrica ocorrida no próprio local;

g) Geada – formação de cristais de gelo nos tecidos celulares em consequência da sublimação do vapor de água ou arrefecimento abaixo dos 0ºC da superfície das plantas, quando o ar adjacente, não tendo humidade suficiente para a formação de cristais de gelo, provoca a necrose dos tecidos vegetais por dissecação;

h) Queda de neve – queda de finos cristais de gelo, por vezes aglomerados em flocos;

i) Fendilhamento do fruto na cultura da cerejeira – ocorrência de precipitação que provoque o fendilhamento do fruto em maturação na cultura da cerejeira;

j) Chuvas persistentes na cultura do tomate para indústria – efeitos mediata ou imediatamente resultantes da pluviosidade que, pela sua continuidade e quantidade, produza encharcamento do solo, causando danos na produção segura e, de uma forma generalizada, em todo o concelho de localização da cultura, com os efeitos e ou consequências que abaixo se indicam:

Asfixia radicular, arrastamento, desenraizamento e enterramento da planta;

Queda, arrastamento e enterramento da produção segura;

Impossibilidade física de efectuar a colheita, devendo existir sinais evidentes de alagamento que impeça a realização da mesma até à data limite da cobertura, sem prejuízo do disposto no n.º 1 do artigo 13.º das condições gerais da apólice uniforme do seguro de colheitas;

Pragas e doenças, devido à impossibilidade de realização de tratamentos e sempre que estas sejam consequência do sinistro, sem prejuízo do disposto no n.º 1 do artigo 13.º das condições gerais da apólice uniforme do seguro de colheitas.

2 – A cobertura dos riscos de geada e queda de neve obedece aos seguintes princípios:

a) Sem restrições de carácter temporal, sem prejuízo das datas de início e termo do contrato de seguro estabelecidas nas respectivas condições especiais:

Culturas em regime de forçagem conduzidas no interior de estufas ou abrigos baixos (túneis);

Citrinos;

Milho, arroz, sorgo, oleaginosas arvenses, aveleira, alfarrobeira, abacateiro;

Couves (galega, tronchuda, penca, portuguesa, repolho, roxa, coração-de-boi, lombardo e de bruxelas), nabo, rutabaga, rábano e rabanete;

b) Com restrições de carácter temporal:

i) Com referência ao ciclo vegetativo – o risco é coberto quando ocorra a partir da verificação dos estados fenológicos abaixo indicados para as várias culturas ou plantações:

Trigo, centeio, cevada, aveia, triticale e alpista – emborrachamento: última folha visível, mas ainda enrolada; o caule começa a inchar ao nível da espiga;

Macieira – botão rosa: quando, por abertura das pétalas no botão central, é visível, em 50% das árvores, a cor rosa ou vermelha das pétalas em novelo fechado;

Pereira – botão branco: quando, por abertura das pétalas num botão periférico, é visível, em 50% das árvores, a cor branca das pétalas em novelo fechado;

Castanheiro – fruto formado;

Nogueira – aparecimento das flores femininas;

Amendoeira – fruto jovem;

Prunóideas – plena floração: quando em pelo menos 50% das árvores o estado mais frequentemente observado corresponde ao momento em que a flor está completamente aberta, deixando visíveis os seus órgãos reprodutores;

Oliveira – fruto formado: quando pelo menos 50% das árvores tenham atingido a fase do ciclo vegetativo equivalente ao endurecimento do caroço, isto é, quando o fruto evidencie o calibre próprio da variedade em causa;

Actinídea (kiwi) – abrolhamento: quando pelo menos 50% das plantas alcancem ou ultrapassem a fase do ciclo vegetativo correspondente ao entumescimento dos gomos florais;

Vinha – desde o aparecimento dos «gomos de algodão», quando o estado mais frequentemente observado em pelo menos 50% das vides corresponde à separação das escamas, tornando-se bem visível a olho nu a protecção semelhante ao algodão de cor pardacenta;

Beterraba açucareira:

Beterraba de Outono – a partir do aparecimento das 10 primeiras folhas: quando pelo menos 50% das plantas apresentem 10 ou mais folhas;

Beterraba de Primavera – a partir do aparecimento das 8 primeiras folhas: quando pelo menos 50% das plantas apresentem 10 ou mais folhas;

Tomate para indústria – a partir das quatro folhas verdadeiras e apresentando a planta um sistema radicular perfeitamente desenvolvido;

Mirtilo – botões visíveis: quando pelo menos 50% das plantas apresentam botões florais visíveis;

Framboesa e amora – botões florais fechados: quando pelo menos 50% das plantas apresentam visíveis os botões florais na extremidade das ramificações;

ii) Com referência a datas de calendário – nas culturas de tabaco, batata, lúpulo, cebola, cenoura, feijão-verde, melão, meloa, melancia, alho, beterraba hortícola, abóbora, alface, pimento, tomate, alhofrancês, aipo, batata-doce, beringela, chicória de folhas, courgette, couve-bróculo, couve-chinesa, couve-flor, espargo, espinafre, ervilha, fava, pepino, quiabo, morango, leguminosas para grão, figo, linho, algodão, diospireiro e nespereira os riscos de geada e de queda de neve ficam cobertos a partir das seguintes datas:

Região A – 15 de Fevereiro;

Região B – 15 de Março;

Região C – 30 de Março;

Regiões D e E – 15 de Abril;

entendendo-se por:

TRIBUTOS A FAVOR DO SIPAC (EX FCSC)

Região A:
Distrito de Faro – concelhos de Albufeira, Alcoutim, Aljezur, Castro Marim, Faro, Lagoa, Lagos, Loulé, Monchique, Olhão, Portimão, São Brás de Alportel, Silves, Tavira, Vila do Bispo e Vila Real de Santo António;
Distrito de Lisboa – concelhos de Amadora, Cascais, Lisboa, Loures, Lourinhã, Mafra, Odivelas, Oeiras, Sintra e Torres Vedras;
Distrito de Setúbal – concelhos de Almada, Seixal, Sesimbra e Setúbal;

Região B:
Distrito de Aveiro – concelhos de Aveiro, Espinho, Estarreja, Feira, Ílhavo, Murtosa, Oliveira de Azeméis, Ovar, São João da Madeira e Vagos;
Distrito de Beja – concelho de Odemira;
Distrito de Braga – concelho de Esposende;
Distrito de Coimbra – concelhos de Figueira da Foz, Mira, Montemor-o-Velho e Soure;
Distrito de Leiria – concelhos de Alcobaça, Bombarral, Caldas da Rainha, Leiria, Marinha Grande, Nazaré, Óbidos, Peniche, Pombal e Porto de Mós;
Distrito de Lisboa – concelhos de Alenquer, Arruda dos Vinhos, Azambuja, Cadaval, Sobral de Monte Agraço e Vila Franca de Xira;
Distrito do Porto – concelhos de Maia, Matosinhos, Porto, Póvoa de Varzim, Vila do Conde e Vila Nova de Gaia;
Distrito de Santarém – concelho de Rio Maior;
Distrito de Setúbal – concelhos de Alcácer do Sal, Alcochete, Barreiro, Grândola, Moita, Montijo, Palmela, Santiago do Cacém e Sines;
Distrito de Viana do Castelo – concelhos de Caminha e Viana do Castelo;

Região C:
Distrito de Beja – concelhos de Aljustrel, Almodôvar, Alvito, Barrancos, Beja, Castro Verde, Cuba, Ferreira do Alentejo, Mértola, Moura, Ourique, Serpa e Vidigueira;
Distrito de Évora – concelhos de Alandroal, Arraiolos, Borba, Estremoz, Évora, Montemor-o-Novo, Mora, Mourão, Portel, Redondo, Reguengos de Monsaraz, Vendas Novas, Viana do Alentejo e Vila Viçosa;
Distrito de Leiria – concelho da Batalha;
Distrito de Portalegre – concelhos de Alter do Chão, Arronches, Avis, Campo Maior, Castelo de Vide, Crato, Elvas, Fronteira, Gavião, Marvão, Monforte, Nisa, Ponte de Sor, Portalegre e Sousel;
Distrito de Santarém – concelhos de Alcanena, Almeirim, Alpiarça, Benavente, Cartaxo, Chamusca, Constância, Coruche, Entroncamento, Golegã, Salvaterra de Magos, Santarém, Torres Novas, Vila Nova da Barquinha e Vila Nova de Ourém;

Região D:
Distrito de Aveiro – concelhos de Albergaria-a-Velha, Anadia, Arouca, Águeda, Castelo de Paiva, Mealhada, Oliveira do Bairro, Sever do Vouga e Vale de Cambra;

Distrito de Braga – concelhos de Amares, Barcelos, Braga, Cabeceiras de Basto, Celorico de Basto, Fafe, Guimarães, Póvoa de Lanhoso, Terras de Bouro, Vieira do Minho, Vila Nova de Famalicão, Vila Verde e Vizela;

Distrito de Bragança – concelhos de Alfândega da Fé, Mirandela e Vila Flor;

Distrito de Castelo Branco – concelhos de Belmonte, Castelo Branco, Covilhã, Fundão, Idanha-a- Nova, Oleiros, Penamacor, Proença-a-Nova, Sertã, Vila de Rei e Vila Velha de Ródão;

Distrito de Coimbra – concelhos de Arganil, Cantanhede, Coimbra, Condeixa--a-Nova, Góis, Lousã, Miranda do Corvo, Oliveira do Hospital, Pampilhosa da Serra, Penacova, Penela, Tábua e Vila Nova de Poiares;

Distrito da Guarda – concelhos de Gouveia, Meda, Sabugal, Seia e Vila Nova de Foz Côa;

Distrito de Leiria – concelhos de Alvaiázere, Ansião, Castanheira de Pêra, Figueiró dos Vinhos e Pedrógão Grande;

Distrito do Porto – concelhos de Amarante, Baião, Felgueiras, Gondomar, Lousada, Marco de Canaveses, Paços de Ferreira, Paredes, Penafiel, Santo Tirso, Trofa e Valongo;

Distrito de Santarém – concelhos de Abrantes, Ferreira do Zêzere, Mação, Sardoal e Tomar;

Distrito de Viana do Castelo – concelhos de Arcos de Valdevez, Melgaço, Monção, Paredes de Coura, Ponte da Barca, Ponte de Lima, Valença e Vila Nova de Cerveira;

Distrito de Vila Real – concelhos de Mesão Frio, Mondim de Basto, Peso da Régua, Santa Marta de Penaguião e Valpaços;

Distrito de Viseu – concelhos de Armamar, Carregal do Sal, Cinfães, Lamego, Mangualde, Mortágua, Nelas, Oliveira de Frades, Resende, Santa Comba Dão, São João da Pesqueira, São Pedro do Sul, Tabuaço, Tondela, Viseu e Vouzela;

Região E:

Distrito de Bragança – concelhos de Bragança, Carrazeda de Ansiães, Freixo de Espada à Cinta, Macedo de Cavaleiros, Miranda do Douro, Mogadouro, Torre de Moncorvo, Vimioso e Vinhais;

Distrito da Guarda – concelhos de Aguiar da Beira, Almeida, Celorico da Beira, Figueira de Castelo Rodrigo, Fornos de Algodres, Guarda, Manteigas, Pinhel e Trancoso;

Distrito de Vila Real – concelhos de Alijó, Boticas, Chaves, Montalegre, Murça, Ribeira de Pena, Sabrosa, Vila Pouca de Aguiar e Vila Real;

Distrito de Viseu – concelhos de Castro Daire, Moimenta da Beira, Penalva do Castelo, Penedono, Sátão, Sernancelhe, Tarouca e Vila Nova de Paiva.

3 – A data do início do seguro de floricultura ao ar livre e de viveiros vitícolas, frutícolas, florestais e de plantas ornamentais ao ar livre faz-se com referência a datas de calendário, ficando os riscos cobertos a partir das datas referidas na subalínea ii) da alínea *b*) do n.º 2 desta secção.

TRIBUTOS A FAVOR DO SIPAC (EX FCSC)

4 – O contrato de seguro de colheitas deverá, obrigatoriamente, cobrir todos os riscos referidos nas alíneas *a)* a *d)* do n.º 1 desta secção, constituindo-se assim a cobertura base.

5 – Os riscos referidos nas alíneas *e)* a *h)* do n.º 1 desta secção podem ser contratados isolada ou conjuntamente e constituem coberturas complementares. Os riscos referidos nas alíneas *i)* e *j)* do n.º 1 desta secção só poderão ser contratados conjuntamente com a totalidade dos riscos referidos nas alíneas *a)* a *h)* do mesmo número.

6 – Por acordo entre a seguradora e o tomador do seguro, podem ser cobertos outros riscos a que as culturas possam estar sujeitas, nos termos definidos na apólice.

7 – O contrato de seguro deve cobrir obrigatoriamente todas as culturas da mesma espécie que o segurado possua ou explore no mesmo concelho.

8 – A produção de efeitos do contrato de seguro é regulada pelas condições da apólice.

SECÇÃO III
Celebração do contrato de seguro

1 – O seguro de colheitas pode ser efectuado em qualquer companhia de seguros autorizada a explorar o ramo a que se refere o n.º 9) do artigo 123.º do Decreto-Lei n.º 94-B/98, de 17 de Abril, através da celebração de um contrato individual ou colectivo.

2 – Entende-se por «contrato de seguro individual» o contrato subscrito directamente por qualquer entidade que tenha interesse legítimo sobre a produção segura.

3 – O contrato de seguro colectivo poderá ser celebrado por organizações e associações de produtores, cooperativas agrícolas e sociedades comerciais que efectuem a transformação e ou comercialização da produção segura.

Poderão ainda celebrar contratos colectivos as comissões regionais vitivinícolas e as associações de agricultores cujos associados directos sejam produtores. O contrato de seguro colectivo baseia-se nos princípios da adesão voluntária dos agricultores beneficiários e do conhecimento por estes das condições do seguro, devendo a entidade colectiva que os representa adoptar as medidas necessárias para o efeito.

4 – O contrato de seguro colectivo deve garantir os valores individuais de capital seguro de cada um dos aderentes, ficando os mesmos impossibilitados de celebrar contrato de seguro individual para a mesma parcela e cultura.

5 – É concedida às cooperativas agrícolas, associações e organizações de agricultores a possibilidade de mediarem contratos de seguro de colheitas, nos moldes e condições a definir pelo Instituto de Seguros de Portugal.

6 – O seguro de colheitas é contratado nos termos de uma apólice uniforme, publicada pelo Instituto de Seguros de Portugal de acordo com o estabelecido no artigo 15.º do Decreto-Lei n.º 20/96. A publicação da referida apólice deverá ocorrer no prazo de 15 dias após a publicação da presente portaria.

7 – O recibo do prémio de seguro deve sempre indicar o valor da bonificação atribuída pelo Estado.

A PARAFISCALIDADE NA ACTIVIDADE SEGURADORA

SECÇÃO IV
Valor seguro

1 – Para efeitos de cálculo do valor a segurar, são consideradas as produções efectivamente esperadas e os preços de mercado correntes na região.

2 – O custo das operações de transporte não deverá ser incluído no valor a segurar, nos casos em que, em consequência de um sinistro, esse custo não tenha de ser incorrido.

3 – Compete ao tomador do seguro/segurado, sempre que lhe seja solicitado, apresentar justificativo da produção esperada, a qual deve estar fundamentada através de registos da exploração, considerando-se como máximo aceitável a média da produtividade obtida durante os últimos seis anos (excluindo o ano de menor produtividade), acrescida de 20%, ou, na sua ausência, de declaração a obter junto dos serviços regionais do MADRP atestando a produtividade segura.

4 – Se o preço declarado exceder em 20% ou mais o preço de mercado corrente na região, o tomador de seguro/segurado deverá, sempre que lhe seja solicitado, apresentar justificativo do preço declarado, o qual deve estar fundamentado através de documentos comprovativos ou, na sua ausência, de declaração a obter junto dos serviços regionais do MADRP atestando o preço da produção segura.

5 – A partir do momento em que o seguro comece a produzir efeitos não são admitidas quaisquer alterações nos valores declarados, assistindo, contudo, ao segurado o direito de, antes da ocorrência de um sinistro ou da verificação de qualquer risco coberto susceptível de produzir um dano material, alterar o capital seguro, se essa alteração for devida a:

a) Acidentes meteorológicos não possíveis de abranger no âmbito do seguro de colheita;

b) Pragas de âmbito regional, para cuja ocorrência o segurado seja inteiramente alheio;

c) Variação de preço ou subsídios oficiais;

d) Legítima expectativa de vir a verificar-se um significativo aumento da produção esperada, devidamente comprovado pelos serviços regionais do MADRP;

e) Correcção de erros de cálculo cometidos pelo segurado nas declarações iniciais.

6 – Os contratos de seguro de colheitas são temporários, não prorrogáveis.

7 – Sem prejuízo das datas limite de produção definidas nas condições especiais da apólice uniforme, o contrato caduca na data da conclusão da colheita e, no caso específico das culturas arbóreas ou arbustivas, no momento em que os frutos são retirados da árvore ou da planta.

SECÇÃO V
Indemnizações

1 – O seguro de colheitas garante ao agricultor uma indemnização sobre o montante dos prejuízos sofridos pelas culturas que tenham origem em qualquer dos riscos abrangidos pela apólice.

TRIBUTOS A FAVOR DO SIPAC (EX FCSC)

2 – Em caso de sinistro, o cômputo dos danos que servirá de base ao cálculo da indemnização atenderá às produções reais. Caso não seja possível determiná-las, considerar-se-á a média das produtividades obtidas durante os últimos seis anos (excluindo o ano de menor produtividade), acrescida de 20%, ou, na impossibilidade do seu cálculo, a produtividade atestada pelos serviços regionais do MADRP em declaração a obter junto dos mesmos, considerando-se como limite máximo a declaração do segurado.

3 – Serão considerados como constituindo um único sinistro as perdas ou danos com a mesma causa que ocorram nas quarenta e oito horas seguintes ao momento em que as coisas seguras sofram os primeiros danos.

4 – O montante a indemnizar é calculado com base no valor apurado nos termos do n.º 1 desta secção, deduzido dos gastos gerais de cultivo ou colheitas não realizados, bem como de transportes não efectuados, caso o seu custo esteja incluído no valor seguro, e atenderá às seguintes regras:

a) O montante da indemnização será equivalente a 80% dos prejuízos realmente sofridos, salvo o disposto na alínea seguinte;

b) Não são indemnizáveis os prejuízos resultantes de sinistro cujo montante, por verba segura, seja inferior a 5% do valor seguro, com um mínimo de € 75;

c) Se o valor dos prejuízos realmente sofridos for igual ou superior ao limite a observar nos termos da alínea anterior, a indemnização será calculada tendo por base o valor total, aplicando-se o disposto na alínea *a)* deste número;

d) No cálculo de qualquer indemnização relativa a seguro de culturas de vários cortes, colheitas ou apanhas – nomeadamente as do tomate e as de regime de forçagem – atender-se-á obrigatoriamente ao valor das colheitas já realizadas, devendo previamente fixar-se, em termos percentuais, a distribuição mensal das receitas esperadas;

e) Quando o sinistro ocorrer numa fase do ciclo produtivo em que, técnica e economicamente, seja viável a renovação da cultura ou a implementação de outra em sua substituição, o montante da indemnização corresponde aos encargos suportados até essa data e atender-se-á aos prejuízos decorrentes do diferimento da colheita.

5 – As indemnizações por sinistros abrangidos pelo seguro de colheitas não deverão ser pagas antes do início das épocas normais de comercialização dos produtos, excepto quando o sinistro ocorra na fase referida na alínea *e)* do número anterior.

6 – Os limites referidos na alínea *b)* do n.º 4 podem ser alterados por despacho conjunto dos Ministros das Finanças e da Agricultura, Desenvolvimento Rural e Pescas.

SECÇÃO VI
Bonificações dos prémios de seguro de colheitas

1 – Nos termos do artigo 4.º do Decreto-Lei n.º 20/96, o Estado bonificará os prémios de seguro de colheitas.

2 – Para efeitos da atribuição de bonificação, atender-se-á ao seguinte:

A PARAFISCALIDADE NA ACTIVIDADE SEGURADORA

a) Será concedida uma bonificação de 25% do prémio dos contratos de seguro que efectuem a cobertura dos riscos prevista na cobertura base, com excepção da cultura dos cereais, em que a bonificação da cobertura base será de 30%.

b) Sem prejuízo do disposto no número anterior, poderão ser concedidas, cumulativamente, as seguintes bonificações:

Por coberturas complementares:

Pomóideas, prunóideas e vinha:

i) 10% do prémio dos contratos de seguro de colheitas que incluam qualquer dos riscos previstos como coberturas complementares;

ii) Nos contratos de seguro de colheitas celebrados individualmente, para pomares de variedades autóctones ou que disponham de adequado equipamento antigeada, bem como para pomares e vinhas com boa localização, será concedida uma bonificação adicional de 10%. Para efeitos do disposto nesta alínea, as culturas carecem sempre de declaração dos serviços regionais do MADRP. A declaração, a emitir pelos serviços regionais do MADRP, atestando a correcta localização da plantação deverá considerar, cumulativamente, os seguintes aspectos:

I) Boa drenagem atmosférica – plantações cuja localização se situe em zonas de encosta ou meia encosta, que, pela sua situação e orografia envolvente, permita uma boa movimentação das massas de ar circundante;

II) Cota de implantação – sempre que as plantações sejam adjacentes a cursos de água, deverão estar instaladas a uma cota superior à daqueles, pelo menos, em 80% da respectiva área;

III) Boa exposição – plantações expostas entre os quadrantes sul e nascente;

Restantes culturas – 10% do prémio dos contratos de seguro de colheitas que incluam qualquer dos riscos previstos como coberturas complementares;

Por tarifação – 10%, 15% ou 20% do prémio dos contratos de seguro cujas tarifas de referência se situem nos intervalos de tarifação a definir por despacho conjunto dos Ministros das Finanças e da Agricultura, Desenvolvimento Rural e Pescas;

Por localização – 5% do prémio dos contratos de seguro celebrados para a região de tarifação D ou 10% do prémio dos contratos de seguro celebrados para a região de tarifação E;

Contratos de seguro colectivos – serão ainda concedidos 10% de bonificação aos prémios dos contratos de seguro celebrados, para uma dada actividade, por qualquer das entidades definidas na secção III, n.º 3, desde que envolvam, no mínimo, como aderentes, 50% dos produtores dessa actividade nela representados. No caso das sociedades comerciais, a produção segura deverá representar, pelo menos, 50% da produção adquirida, devendo o contrato de seguro envolver, no mínimo, 20 produtores fornecedores.

Por forma a facilitar a interpretação da atribuição de bonificações, apresenta-se o seguinte quadro resumo:

TRIBUTOS A FAVOR DO SIPAC (EX FCSC)

(Em percentagem)

Cobertura base		Cobertura complementar (a)			Tarifa de referência			Localização		Contratos de seguro colectivos	Bonificação máxima
		Pomóideas, prunóideas e vinha		Restantes culturas	Intervalos de tarifação a definir por despacho conjunto dos MF/MADRP			Zona D	Zona E		
Cereais	Outras culturas	Sem boa localização	Com boa localização (b)								
30	25	10	20	10	10	15	20	5	10	10	75

(a) Desde que contratada pelo menos uma das coberturas complementares designadas neste diploma.
(b) Desde que contratadas individualmente e com boa localização devidamente comprovada pelos serviços regionais do MADRP.

3 – Nenhum contrato de seguro poderá usufruir de uma bonificação superior a 75% do prémio.

4 – Sem prejuízo do referido nos números anteriores, o critério de bonificação a aplicar deverá seguir as seguintes determinações:

a) Uva (inclui todas as regiões, à excepção da do vinho verde):

a.1) Sem bonificação – não será atribuída bonificação caso se verifique uma das seguintes condições:
Povoamento – com mais de 15% de falhas;
Castas não autorizadas;
Técnicas culturais deficientes:
Ausência de poda;
Infestantes não controladas;
Estado sanitário deficiente – com mais de 20% de plantas afectadas por uma ou mais das seguintes doenças: míldio e ou oídio;

a.2) Com bonificação – mediante a verificação cumulativa das seguintes condições:
Povoamento – até 15% de falhas;
Técnicas culturais adequadas:
Poda anual;
Infestantes controladas;
Bom ou regular estado sanitário;

b) Uva – região do vinho verde:

b.1) Sem bonificação – caso se verifique uma das seguintes condições:
Vinhas situadas em encosta alta, a uma altitude superior a 400 m;
Vinhas expostas exclusivamente a norte;
Solos com capacidade de uso das classes D ou E;
Área cultivada inferior a 1000 m2;
Povoamento – com mais de 15% de falhas;
Técnicas culturais deficientes:
Ausência de poda;
Estado sanitário deficiente – com mais de 15% de plantas afectadas por uma ou mais das seguintes doenças: nó curto e ou escariose;

b.2) Com bonificação – mediante a verificação cumulativa das seguintes condições:
Solos com capacidade de uso das classes A, B ou C;

447

Povoamento até 15% de falhas;
Somatório das castas autorizadas e recomendadas superior a 50%;
Técnicas culturais convenientes:
Poda anual;
Bom ou regular estado sanitário;

c) Pomóideas (maçã e pêra):

c.1) Sem bonificação – caso se verifique uma das seguintes condições:
Solos com capacidade de uso das classes D ou E;
Árvores isoladas ou povoamento inferior a 250 árvores por hectare;
Técnicas culturais deficientes:
Ausência de podas;
Estado sanitário deficiente – com mais de 20% de plantas afectadas por doença ou praga; Infestantes não controladas – mais de 15% de infestação;

c.2) Com bonificação – mediante a verificação cumulativa das seguintes condições:
Solos com capacidade de uso das classes A, B ou C;
Densidade de plantação – superior a 250 árvores por hectare;
Técnicas culturais adequadas:
Poda anual;
Bom ou regular estado sanitário;
Boa ou aceitável disponibilidade de água de rega; Infestantes controladas;

d) Frutos secos (nogueira, aveleira, castanheiro, amendoeira e alfarrobeira):

d.1) Sem bonificação – caso se verifique uma das seguintes condições:
Má localização – altitude superior a 600 m;
Má drenagem atmosférica;
Solos com capacidade de uso das classes D ou E (nogueira, aveleira, amendoeira ou alfarrobeira);
Solos com capacidade de uso da classe E (castanheiro);
Castanheiro, nogueira e alfarrobeira – densidade de plantação igual ou inferior a 35 árvores por hectare;
Amendoeira – densidade de plantação igual ou inferior a 100 árvores por hectare;
Aveleira – densidade de plantação igual ou inferior a 150 árvores por hectare;
Ausência de poda de formação;
Estado sanitário deficiente (análogo ao referido para as pomóideas);
Infestantes não controladas – mais de 15% de infestação;
Regime de sequeiro (aveleira e ou nogueira);

d.2) Com bonificação – mediante a verificação cumulativa das seguintes condições:
Castanheiro:
Boa ou aceitável drenagem atmosférica;
Solos com capacidade de uso das classes C ou D;
Densidade de plantação – superior a 35 árvores por hectare;
Infestantes controladas;

Nogueira:
Boa ou aceitável drenagem atmosférica;
Solos com capacidade de uso das classes A, B ou C;
Densidade de plantação – superior a 35 árvores por hectare;
Bom ou regular estado sanitário;
Boa ou aceitável disponibilidade de água para rega;
Infestantes controladas;
Aveleira:
Boa ou aceitável drenagem atmosférica;
Solos com capacidade de uso das classes B e C;
Densidade de plantação – superior a 150 árvores por hectare;
Infestantes controladas;
Bom ou regular estado sanitário;
Boa ou aceitável disponibilidade de água para rega;
Amendoeira:
Boa ou aceitável drenagem atmosférica;
Solos com capacidade de uso das classes A, B ou C;
Densidade de plantação – superior a 100 árvores por hectare;
Pomares em bom estado sanitário, constituídos por mais de uma variedade de
   floração simultânea;
Infestantes controladas;
Alfarrobeira:
Boa ou aceitável drenagem atmosférica;
Solos com capacidade de uso das classes A, B ou C;
Densidade de plantação – superior a 35 árvores por hectare;
Bom ou regular estado sanitário;
Infestantes controladas;

e) Prunóideas (cerejeira, pessegueiro, ameixeira e damasqueiro):

e.1) Sem bonificação – caso se verifique uma das seguintes condições:
Solos com capacidade de uso das classes D ou E (pessegueiro, ameixeira e damas-
   queiro);
Solos com capacidade de uso da classe E (cerejeira);
Povoamento:
Cerejeira – densidade de plantação igual ou inferior a 200 árvores por hectare;
Pessegueiro, ameixeira e damasqueiro – densidade de plantação igual ou inferior
   a 300 árvores por hectare;
Técnicas culturais deficientes:
Podas:
Cerejeira – ausência de poda de formação;
Pessegueiro, ameixeira, e damasqueiro – ausência de poda anual;
Estado sanitário deficiente (análogo ao referido para as pomóideas);
Infestantes não controladas – mais de 15% de infestação;
Regime de sequeiro;

e.2) Com bonificação – mediante a verificação cumulativa das seguintes condições:
Solos com capacidade de uso das classes A, B, C ou D (cerejeira);
Solos com capacidade de uso das classes A, B ou C (restantes culturas do grupo);
Povoamento:
Cerejeira – densidade de plantação superior a 200 árvores por hectare;
Pessegueiro, ameixeira e damasqueiro – densidade de plantação superior a 300 árvores por hectare;
Técnicas culturais convenientes:
Podas:
Cerejeira – poda de formação;
Pessegueiro, ameixeira e damasqueiro – poda anual;

f) Actinídea:

f.1) Sem bonificação – caso se verifique uma das seguintes condições:
Pomares instalados em encosta alta a uma altitude superior a 400 m;
Pomares instalados em locais cuja humidade relativa média de Verão seja inferior a 50%;
Solos com capacidade de uso das classes C, D ou E;
Pomares onde a variedade Hayward tenha um índice de ocupação inferior a 50%;
Vigor deficiente – rebentação do ano com lançamentos inferiores a 50 cm ou em que 50% das varas desviadas da base tenham um diâmetro inferior a 2 cm;
Técnicas culturais deficientes:
Ausência de poda;
Regime de sequeiro;

f.2) Com bonificação – mediante a verificação cumulativa das seguintes condições:
Pomares instalados em locais cuja humidade relativa média de Verão seja igual ou superior a 50%;
Solos com capacidade de uso das classes A ou B;
Pomares onde a variedade Hayward tenha um índice de ocupação igual ou superior a 50%;
Pomares vigorosos;
Técnicas culturais convenientes:
Poda;
Boa disposição de água para rega;

g) Cereais:

g.1) Sem bonificação – caso se verifique uma das seguintes condições:
Solos que não possuam capacidade de uso agrícola para o seu desenvolvimento;
Arroz, trigo e cevada – capacidade de uso das classes D ou E;
Centeio, triticale e aveia – capacidade de uso da classe E;
Utilização de variedades não inscritas no Catálogo Nacional de Variedades (CNV) e ou no catálogo comunitário, consoante a finalidade da produção seja, respectivamente, multiplicação ou comercialização de sementes;

TRIBUTOS A FAVOR DO SIPAC (EX FCSC)

Técnicas culturais deficientes:
Estado sanitário deficiente (análogo ao referido para as pomóideas);
Infestantes não controladas – mais de 15% de infestação;

g.2) Com bonificação – mediante a verificação cumulativa das seguintes condições:
Capacidade de uso agrícola do solo:
Arroz, trigo e cevada – classes A, B e C;
Centeio, triticale e aveia – classes A, B, C e D;
Utilização de variedades inscritas no CNV e ou no catálogo comunitário, consoante a finalidade da produção seja, respectivamente, multiplicação ou comercialização de sementes;
Técnicas culturais convenientes:
Rotação cultural adequada;
Bom a regular estado sanitário – em que mais de 20% da seara não esteja infestada por pragas ou doença, sendo no trigo, para a cárie, igual ou superior a 5%;
Infestantes controladas;
Arroz – canteiros nivelados;

h) Oleaginosas (cártamo e girassol):

h.1) Sem bonificação – caso se verifique uma das seguintes condições:
Solos de capacidade de uso D e E;
Técnicas culturais deficientes;
Rotação cultural não adequada;
Estado sanitário deficiente (análogo ao referido para as pomóideas);
Infestantes não controladas – mais de 15% de infestação;

h.2) Com bonificação – mediante a verificação cumulativa das seguintes condições:
Solos de capacidade de uso A, B ou C;
Técnicas culturais convenientes:
Povoamento regular que, salvo a ocorrência de fenómenos naturais anormais devidamente reconhecidos, respeite, no caso do girassol, as seguintes densidades mínimas: 2 pés/m2 em sequeiro e 5 pés/m2 em regadio;
Bom a regular estado sanitário (análogo ao referido para as pomóideas);
Infestantes controladas;

i) Leguminosas para grão:

i.1) Sem bonificação – caso se verifique uma das seguintes condições:
Solos que não possuam capacidade de uso agrícola para o desenvolvimento dos cereais;
Técnicas culturais deficientes:
Estado sanitário deficiente (análogo ao referido para as pomóideas);
Infestantes não controladas – mais de 15% de infestação;

i.2) Com bonificação – mediante a verificação das condições contrárias às referidas na alínea anterior;

j) Olival:

j.1) Sem bonificação – caso se verifique uma das seguintes condições:
Olivais implantados em solos delgados/esqueléticos – classe E;
Olivais implantados em terrenos com topografia acentuada e sem possibilidade de mecanização;
Olivais decrépitos;
Povoamento – árvores isoladas dispersas e ou densidade de plantação inferior a 40 árvores por hectare;
Podas efectuadas com intervalos de cinco ou mais anos;
Infestantes não controladas;

j.2) Com bonificação – mediante a verificação cumulativa das seguintes condições:
Olivais implantados em solos das classes A, B, C ou D;
Olivais implantados em terrenos com topografia moderada e ou com possibilidades de mecanização ou totalmente mecanizáveis;
Povoamento – densidade de plantação superior a 40 árvores por hectare;
Podas intervaladas de três a quatro anos;
Infestantes controladas;

l) Batata para consumo:

l.1) Sem bonificação – caso se verifique uma das seguintes condições:
Má drenagem atmosférica;
Solos com capacidade de uso das classes D ou E;
Rotação inferior a três anos;
População de nemátodos não controlados;
Terrenos sem possibilidades de mecanização;

l.2) Com bonificação – mediante a verificação cumulativa das seguintes condições:
Boa ou aceitável drenagem atmosférica;
Solos com capacidade de uso das classes A, B ou C;
Rotação trienal;
População de nemátodos controlados;
Cultura instalada em terrenos com possibilidades de mecanização;
Infestantes controladas;

m) Batata-semente:

m.1) Sem bonificação – caso se verifique uma das seguintes condições:
Solos com capacidade de uso das classes D ou E;
Utilização de variedades não certificadas;
Rotação inferior a quatro anos;
Populações de nemátodos não controlados;
Ausência de disponibilidade de água para rega;
Infestantes não controladas;
Estado sanitário deficiente;

TRIBUTOS A FAVOR DO SIPAC (EX FCSC)

m.2) Com bonificação – mediante a verificação cumulativa das seguintes condições:
Solos com capacidade de uso das classes A, B ou C;
Rotação não inferior a quatro anos;
Populações de nemátodos controlados;
Disponibilidade de água para rega;
Infestantes controladas;
Bom a regular estado sanitário;

n) Citrinos:

n.1) Sem bonificação – caso se verifique uma das seguintes condições:
Deficiente estado vegetativo;
Má localização;
Insuficiente disponibilidade de água;

n.2) Com bonificação – mediante a verificação cumulativa das seguintes condições:
Bom estado vegetativo;
Boa localização, nomeadamente solo, exposição e drenagem atmosférica;
Boa disponibilidade de água para rega;

o) Pequenos frutos (mirtilo, framboesa e amora):

o.1) Sem bonificação – caso se verifique uma das seguintes condições:
Solos com capacidade de uso das classes C, D ou E;
Ausência de disponibilidade de água para rega;
Infestantes não controladas;
Estado sanitário deficiente;
Má drenagem atmosférica;

o.2) Com bonificação – mediante a verificação cumulativa das seguintes condições:
Boa ou aceitável drenagem atmosférica;
Solos com capacidade de uso das classes A ou B;
Infestantes controladas;
Bom ou regular estado fitossanitário;
Boa disponibilidade de água para rega;

p) Diospireiro:

p.1) Sem bonificação – caso se verifique uma das seguintes condições:
Deficiente estado vegetativo;
Má localização, nomeadamente solo, exposição e drenagem atmosférica;
Insuficiente disponibilidade de água para rega;

p.2) Com bonificação – mediante a verificação cumulativa das seguintes condições:
Bom estado vegetativo;
Boa localização, nomeadamente solo, exposição e drenagem atmosférica;
Boa disponibilidade de água para rega;

A PARAFISCALIDADE NA ACTIVIDADE SEGURADORA

q) Nespereira:

q.1) Sem bonificação – caso se verifique uma das seguintes condições:
Deficiente estado vegetativo;
Má localização, nomeadamente solo, exposição e drenagem atmosférica;

q.2) Com bonificação – mediante a verificação cumulativa das seguintes condições:
Bom estado vegetativo;
Boa localização, nomeadamente solo, exposição e drenagem atmosférica;

r) Abacateiro:

r.1) Sem bonificação – caso se verifique uma das seguintes condições:
Deficiente estado vegetativo;
Má localização, nomeadamente solo, exposição e drenagem atmosférica;
Insuficiente disponibilidade de água para rega;

r.2) Com bonificação – mediante a verificação cumulativa das seguintes condições:
Bom estado vegetativo;
Boa localização, nomeadamente solo, exposição e drenagem atmosférica;
Boa disponibilidade de água para rega.

5 – Para efeitos do cálculo da bonificação a atribuir, considerar-se-á o prémio a pagar pelo tomador de seguro com dedução dos encargos fiscais, parafiscais e custo da apólice, limitado ao obtido a partir da tarifa de referência, nos casos em que o prémio da seguradora for superior.

6 – As tarifas de referência para cálculo das bonificações dos prémios de seguro, quer colectivos quer individuais, serão determinadas por despacho conjunto dos Ministros das Finanças e da Agricultura, Desenvolvimento Rural e Pescas.

7 – Os intervalos de tarifação a considerar para efeitos de atribuição da majoração da bonificação por tarifação serão definidos no despacho conjunto a que se refere o número anterior.

8 – Sem prejuízo da diversidade de situações de bonificação decorrente do disposto nos números anteriores, o valor do prémio a pagar pelo tomador do seguro deverá ser líquido da bonificação a atribuir e, no mínimo, deverá corresponder a 25% do prémio comercial.

CAPÍTULO II
Fundo de calamidades

1 – De acordo com o artigo 6.º do Decreto-Lei n.º 20/96, o fundo de calamidades destina-se a intervir apenas em situações de calamidade agrícola de origem climatérica e a compensar os agricultores por danos provocados exclusivamente por riscos cuja cobertura não seja possível efectuar no âmbito de um contrato de seguro de colheitas.

2 – Para efeitos do presente diploma, entende-se por calamidade agrícola de origem climatérica a ocorrência de fenómenos exclusivamente climáticos, de carácter

TRIBUTOS A FAVOR DO SIPAC (EX FCSC)

excepcional, que provoquem uma quebra de produção generalizada das culturas, no mínimo de 50%, dela resultando uma acentuada perda do rendimento dos agricultores. Na determinação da quebra de produção atender-se-á às produtividades habitualmente verificadas na região, calculadas com base na média obtida durante os últimos seis anos, com exclusão do ano de menor produtividade.

3 – A declaração de calamidade será efectuada por portaria conjunta dos Ministros das Finanças e da Agricultura, Desenvolvimento Rural e Pescas e definirá a data da sua ocorrência e as medidas de apoio a conceder, bem como a área geográfica de intervenção e as culturas abrangidas.

4 – Podem beneficiar das medidas de apoio a criar no âmbito do fundo de calamidades os agricultores que reúnam, cumulativamente, as seguintes condições:

i) Tenham contrato de seguro de colheitas;
ii) Tenham efectuado o pagamento da contribuição para o fundo de calamidades.

5 – O contrato de seguro de colheitas referido na alínea i) do número anterior deverá incluir, pelo menos, os riscos referidos como cobertura base e abranger a cultura ou plantação atingida por calamidade.

6 – Sem prejuízo das disposições que vierem a ser estabelecidas quando da declaração de calamidade, o acesso aos benefícios do fundo de calamidades obedece aos seguintes princípios:

1) Beneficiarão das medidas de apoio a criar no âmbito do fundo de calamidades exclusivamente os agricultores que tenham efectuado seguro de colheitas até à data da ocorrência da calamidade;

2) Os benefícios decorrentes dos apoios concedidos no âmbito do fundo de calamidades serão diferenciados de acordo com a data do contrato de seguro de colheitas, sendo tanto menores quanto mais tardia for a data da sua celebração.

7 – Para efeitos do disposto no n.º 2) do número anterior, estabelece-se o seguinte:

a) Culturas de Primavera, culturas hortícolas, floricultura ao ar livre, viveiros vitícolas, frutícolas, florestais e de plantas ornamentais ao ar livre, estufas, citrinos e abacateiro:

i) Beneficiarão das medidas a criar no âmbito do fundo de calamidades, no montante de 100% dos apoios que vierem a ser definidos, exclusivamente os agricultores que tenham efectuado seguro de colheitas até à data da ocorrência da calamidade;

ii) Ficam excluídos das medidas de apoio criadas no âmbito do fundo de calamidades os agricultores que, à data da ocorrência da situação de calamidade, não tenham efectuado seguro de colheitas;

b) Cereais de Outono-Inverno:

i) Para calamidades que ocorram entre 1 de Janeiro e 31 de Março, o acesso às medidas a emitir no âmbito do fundo de calamidades ficará condicionado à comprovação da existência de seguro de colheitas celebrado em data anterior a 31 de Março ou, na sua inexistência, à comprovação da celebração de contrato de seguro

A PARAFISCALIDADE NA ACTIVIDADE SEGURADORA

de colheitas, para a mesma cultura ou culturas do mesmo grupo, no ano anterior ao da ocorrência da calamidade. A percentagem de acesso aos apoios será de 100% do montante que vier a ser estabelecido;

ii) Os agricultores que efectuem o contrato de seguro de colheitas entre 1 e 15 de Abril beneficiarão das medidas a criar no âmbito do fundo de calamidades, no montante de 75% dos apoios que vierem a ser estabelecidos, para calamidades que ocorram após 1 de Abril;

iii) Os agricultores que efectuem o contrato de seguro de colheitas entre 16 de Abril e 31 de Maio beneficiarão das medidas a criar no âmbito do fundo de calamidades, no montante de 50% dos apoios que vierem a ser estabelecidos, para calamidades que ocorram após 16 de Abril;

iv) Os agricultores que efectuem o seguro de colheitas a partir de 1 de Junho não terão acesso às medidas emitidas no âmbito do fundo de calamidades, independentemente da data em que esta ocorrer;

c) Plantações:

Regiões A e B:

i) Os agricultores que efectuem o contrato de seguro de colheitas entre 15 de Fevereiro e 31 de Março beneficiarão das medidas a criar no âmbito do fundo de calamidades, no montante de 100% dos apoios que vierem a ser estabelecidos, para as calamidades que ocorram após 15 de Fevereiro;

ii) Os agricultores que efectuem o contrato de seguro de colheitas entre 31 de Março e 15 de Abril beneficiarão das medidas a criar no âmbito do fundo de calamidades, no montante de 75% dos apoios que vierem a ser estabelecidos, para as calamidades que ocorram após 31 de Março;

iii) Os agricultores que efectuem o contrato de seguro de colheitas entre 16 de Abril e 15 de Maio beneficiarão das medidas a criar no âmbito do fundo de calamidades, no montante de 50% dos apoios que vierem a ser estabelecidos, para as calamidades que ocorram após 16 de Abril;

iv) Os agricultores que efectuem o seguro de colheitas a partir de 16 de Maio não terão acesso às medidas a criar no âmbito do fundo de calamidades, independentemente da data em que a calamidade ocorrer;

Região C:

i) Os agricultores que efectuem o contrato de seguro de colheitas entre 15 de Fevereiro e 10 de Abril beneficiarão das medidas a criar no âmbito do fundo de calamidades, no montante de 100% dos apoios que vierem a ser estabelecidos, para as calamidades que ocorram após 15 de Fevereiro;

ii) Os agricultores que efectuem o contrato de seguro de colheitas entre 11 e 26 Abril beneficiarão das medidas a criar no âmbito do fundo de calamidades, no montante de 75% dos apoios que vierem a ser estabelecidos, para as calamidades que ocorram após 11 de Abril;

TRIBUTOS A FAVOR DO SIPAC (EX FCSC)

iii) Os agricultores que efectuem o contrato de seguro de colheitas entre 26 de Abril e 31 de Maio beneficiarão das medidas a criar no âmbito do fundo de calamidades, no montante de 50% dos apoios que vierem a ser estabelecidos, para as calamidades que ocorram após 26 de Abril;

iv) Os agricultores que efectuem o seguro de colheitas a partir de 1 de Junho não terão acesso às medidas a criar no âmbito do fundo de calamidades, independentemente da data em que a calamidade ocorrer;

Regiões D e E:

i) Beneficiarão das medidas a criar no âmbito do fundo de calamidades, no montante de 100% dos apoios que vierem a ser estabelecidos, os agricultores que efectuem o contrato de seguro de colheitas entre 15 de Março e 30 de Abril do ano em que ocorrer a calamidade, para calamidades que ocorram após 15 de Março;

ii) Os agricultores que efectuem o contrato de seguro de colheitas entre 1 e 15 de Maio beneficiarão das medidas a criar no âmbito do fundo de calamidades, no montante de 75% dos apoios que vierem a ser estabelecidos, para as calamidades que ocorram após 1 de Maio;

iii) Os agricultores que efectuem o contrato de seguro de colheitas entre 16 de Maio e 15 de Junho beneficiarão das medidas a criar no âmbito do fundo de calamidades, no montante de 50% dos apoios que vierem a ser estabelecidos, para as calamidades que ocorram após 16 de Maio;

iv) Os agricultores que efectuem o seguro de colheitas a partir de 16 de Junho não terão acesso às medidas a criar no âmbito do fundo de calamidades, independentemente da data em que a calamidade ocorrer.

8 – As percentagens de apoio definidas no número anterior incidem sobre os limites individuais que vierem a ser estabelecidos em cada uma das medidas criadas no âmbito do fundo de calamidades, salvo se o valor das candidaturas exceder os limites dos apoios definidos para a medida, caso em que serão proporcionalmente ajustados.

9 – A contribuição referida no n.º 4, alínea ii), será cobrada conjuntamente com o prémio de seguro de colheitas e corresponde a 0,2% do valor seguro.

10 – O Estado, a título de retribuição pelos serviços prestados no âmbito do fundo de calamidades, atribuirá às seguradoras uma remuneração equivalente a 10% da receita cobrada para o fundo de calamidades relativa a contratos em que o tomador do seguro haja efectuado a contribuição para o fundo.

11 – A ocorrência de situações de calamidade para actividades não abrangidas pelo seguro de colheitas poderá ser objecto de intervenção por parte do Estado, sem que, contudo, sejam utilizados os recursos financeiros do fundo de calamidades.

CAPÍTULO III
Compensação de sinistralidade

1 – De acordo com o estipulado no artigo 9.º do Decreto-Lei n.º 20/96, de 19 de Março, alterado pelo Decreto-Lei n.º 23/2000, de 2 de Março, o mecanismo de com-

A PARAFISCALIDADE NA ACTIVIDADE SEGURADORA

pensação de sinistralidade destina-se a compensar as seguradoras pelo excesso de sinistralidade que ocorra durante o exercício da sua actividade.

2 – Constatando-se que a probabilidade de ocorrência de sinistros não é idêntica em todas as regiões do País, a compensação de sinistralidade é diferenciada, consoante o grau de risco, nos termos seguintes:

a) O Estado atribuirá às seguradoras uma compensação pelo valor das indemnizações relativas a sinistros ocorridos num determinado ano e pagas até 31 de Março do ano seguinte, na parte em que excedam uma percentagem do valor dos prémios processados, nos termos que a seguir se definem:

i) Para as regiões definidas no capítulo I, «Seguro de colheitas», como regiões A, B e C, a compensação do Estado será equivalente a 85% do valor das indemnizações pagas, na parte em que excedam 110% dos prémios processados relativos a contratos de seguro de colheitas; nos contratos referentes à cultura da cerejeira que incluam a cobertura do risco de fendilhamento do fruto o cálculo do valor da compensação de sinistralidade nesta região é efectuado isoladamente;

ii) Para as zonas pertencentes à região D, a compensação do Estado equivalerá a 85% do valor das indemnizações pagas, na parte em que excedam 80% do valor dos prémios processados relativos a contratos de seguro de colheitas; exceptuam-se os contratos referentes à cultura da cerejeira que incluam a cobertura do risco de fendilhamento do fruto em que a compensação do Estado será equivalente a 85% do valor das indemnizações pagas, na parte em que excedam 65% do valor dos prémios processados relativos a contratos de seguro de colheitas;

iii) Na região E, o Estado compensará as seguradoras em 85% do valor das indemnizações, no montante em que excederem 65% do valor dos prémios processados relativos a contratos de seguro de colheitas; nos contratos referentes à cultura da cerejeira que incluam a cobertura do risco de fendilhamento do fruto o cálculo do valor da compensação de sinistralidade nesta região é efectuado isoladamente;

b) Para efeitos de cálculo das percentagens referidas anteriormente, atender-se--á ao seguinte:

i) No valor das indemnizações poderão ser incluídas despesas com peritagens e regularização de sinistros até ao limite máximo de 10% dos prémios. Não serão considerados os sinistros decorrentes de riscos contratados ao abrigo do disposto no capítulo I, secção II, n.º 6;

ii) Serão considerados os prémios totais, incluindo o valor das bonificações, líquidos de estornos e anulações e deduzidos os impostos e taxas. Não deverão ser englobados os prémios referentes aos riscos contratados ao abrigo do disposto no capítulo I, secção II, n.º 6;

iii) O apuramento dos valores será efectuado por seguradora e para cada uma das regiões, agrupadas de acordo com os índices de sinistralidade definidos para a compensação de sinistralidade.

TRIBUTOS A FAVOR DO SIPAC (EX FCSC)

3 – A adesão ao mecanismo de compensação de sinistralidade é facultativa e implica que a seguradora não poderá usufruir de qualquer resseguro para estes efeitos na parte de responsabilidade que corresponde ao Estado.

4 – As seguradoras que não pretendam, em determinado ano, aderir ao mecanismo de compensação de sinistralidade deverão manifestar formalmente essa intenção ao IFADAP, até 31 de Dezembro do ano anterior.

5 – A adesão ao mecanismo de compensação de sinistralidade será feita globalmente para a totalidade das regiões, ficando as seguradoras obrigadas a efectuar uma contribuição, de acordo com o estipulado no artigo 9.º do Decreto-Lei n.º 20/96, calculada da seguinte forma:

a) A contribuição corresponderá a uma percentagem do valor dos prémios processados no ramo de seguro em questão e será diferenciada por região:

i) A contribuição correspondente às regiões A, B e C será equivalente a 6,3% da totalidade dos prémios processados nestas regiões;

ii) Na região D, a contribuição será equivalente a 9% da totalidade dos prémios processados na região;

iii) Na região E, a contribuição será equivalente a 10,8% da totalidade dos prémios processados na região;

b) O valor dos prémios a considerar para efeitos de cálculo da contribuição definida anteriormente deverá estar em conformidade com o referido na subalínea *ii)* da alínea *b)* do n.º 2 deste capítulo.

CAPÍTULO IV
Disposições finais

1 – A tramitação processual a observar entre o IFADAP e as seguradoras, necessária ao processamento das várias componentes do SIPAC, será definida em circular a emitir pelo IFADAP.

2 – A referida circular deverá indicar os dados técnicos e estatísticos relativos ao seguro de colheitas que as seguradoras ficam obrigadas a fornecer ao IFADAP, subordinando-se o pagamento das bonificações e da compensação da sinistralidade ao cumprimento prévio daquela obrigação.

MINISTÉRIOS DAS FINANÇAS E DA ADMINISTRAÇÃO PÚBLICA E DA AGRICULTURA, PESCAS E FLORESTAS

Portaria nº 395/2005 de 07-04-2005

A Portaria n.º 907/2004, de 26 de Julho, aprovou o Regulamento do Sistema Integrado de Protecção contra as Aleatoriedades Climáticas (SIPAC).

Considerando que o parecer prévio dos serviços regionais do MAPF, no que respeita ao seguro de tomate para indústria, apenas é justificado quando o respectivo seguro de colheitas cobrir o risco de chuvas persistentes;

Considerando a necessidade de especificar a forma de cálculo da compensação a pagar pelo Estado, em caso de sinistralidade, relativamente aos contratos de seguro referentes à cultura de cerejeira que incluam a cobertura do risco de fendilhamento do fruto das regiões A, B e C:

Manda o Governo, pelos Ministros das Finanças e da Administração Pública e da Agricultura, Pescas e Florestas, ao abrigo do artigo 18.º do Decreto-Lei n.º 20/96, de 19 de Março, o seguinte:

1.º – O n.º 8 da secção I do capítulo I do Regulamento do Sistema Integrado de Protecção contra as Aleatoriedades Climáticas (SIPAC), aprovado pela Portaria n.º 907/2004, de 26 de Julho, passa a ter a seguinte redacção:

«8 – Quando seja contratado o risco de chuvas persistentes, o seguro de tomate para indústria carece de parecer prévio dos serviços regionais do MAPF, que deverão ter em consideração os aspectos necessários à caracterização do solo, nomeadamente os que se referem às condições de espessura, à textura e ao hidromorfismo que condicionam a sua capacidade de drenagem.»

2.º – A subalínea *i)* da alínea *a)* do n.º 2 do capítulo III do referido Regulamento passa a ter a seguinte redacção:

«*i)* Para as regiões definidas no capítulo I 'Seguro de colheitas' como regiões A, B e C, a compensação do Estado será equivalente a 85% do valor das indemnizações pagas, na parte em que excedam 110% dos prémios processados relativos a contratos de seguro de colheitas; exceptuam-se os contratos referentes à cultura da cerejeira que incluam a cobertura de risco de fendilhamento do fruto, em que a compensação do Estado será equivalente a 85% do valor das indemnizações, na parte em que excedam 85% dos prémios processados, relativos a contratos de seguros de colheitas.»

3.º – A presente alteração produz efeitos a partir de 1 de Janeiro de 2004.

(...)

Em 16 de Fevereiro de 2005.

O Ministro das Finanças e da Administração Pública, *António José de Castro Bagão Félix*. – O Ministro da Agricultura, Pescas e Florestas, Carlos Henrique da Costa Neves.

Diversos

Norma Regulamentar N.º 21/2008-R, de 31 de Dezembro
(INSTITUTO DE SEGUROS DE PORTUGAL)

TAXAS INCIDENTES SOBRE A ACTIVIDADE SEGURADORA E DOS FUNDOS DE PENSÕES

Com a presente Norma Regulamentar procede-se à actualização do normativo que regula o pagamento e os procedimentos de envio de: informação relativa a taxas por parte das empresas de seguros e das sociedades gestoras de fundos de pensões.

O recurso pelo Instituto de Seguros de Portugal aos serviços do Instituto de Gestão do Crédito Público em matéria de operações de cobrança determina a utilização do documento único de cobrança (DUC) que servirá de base ao pagamento.

Por outro lado, da possibilidade de utilização dos meios de pagamentos que venham a ser admitidos pata os pagamentos titulados pelos DUC, decorre a eliminação da obrigatoriedade de depósito na Caixa Geral de Depósitos como forma única de pagamento.

Assinale-se, ainda, a simplificação dos procedimentos de envio de informação acerca das taxas, facultada pela centralização e contabilização dos fundos movimentados pela tesouraria do Estado.

Por último, refira-se que se actualiza a menção ao montante da taxa a favor do INEM, ao mesmo tempo que se clarifica o regime transitório aplicável aos prémios cujos avisos para pagamento tenham sido emitidos antes de 1 de Janeiro de 2009.

Nestes termos, o Instituto de Seguros de Portugal, ao abrigo do disposto no n.º 3 do artigo 4.º do seu Estatuto, aprovado pelo Decreto-Lei n.º 289/2001, de 13 de Novembro, emite a seguinte Norma Regulamentar:

A PARAFISCALIDADE NA ACTIVIDADE SEGURADORA

ARTIGO 1.º
Objecto

A presente Norma Regulamentar tem por objecto regular o pagamento de taxas incidentes sobre a actividade seguradora e dos fundos de pensões.

ARTIGO 2.º
Alterações às Normas Regulamentares em matéria de pagamento das taxas

1 – Os n.º 6 e 7 da Norma Regulamentar n.º 10/2001-R, de 22 de Novembro, alterada pela
Norma Regulamentar n.º 2/2006-R, de 13 de Janeiro, passam a ter a seguinte redacção:

«6. Cada um dos montantes apurados de acordo com o previsto nas alíneas do n.º 2 deve ser pago em duas prestações, respectivamente durante os meses de Janeiro e Julho de cada ano, com referência ao semestre imediatamente anterior.
7. Para o efeito dos pagamentos previstos no número anterior, a empresa de seguros ou a sociedade gestora de fundos de pensões deve preencher e submeter o formulário disponibilizado no Portal ISPnet, acto que gera a emissão do documento único de cobrança que identifica o valor e as formas de pagamento a utilizar»

2 – O n.º 3 da Norma Regulamentar n.º 12/2001-R, de 22 de Novembro, alterada pela Norma Regulamentar n.º 2/2006-R, ele 13 de Janeiro, passa a ter a seguinte redacção:

«8. O montante devido aos Governos Civis deve ser pago até ao dia 20 de cada mês relativamente às Cartas Verdes atribuídas no mês anterior, devendo a empresa de seguros para esse efeito preencher e submeter o formulário disponibilizado no Portal ISPnet, acto que gera a emissão do documento único de cobrança que identifica o valor e as formas de pagamento a utilizar».

3 – Os n.º 8 e 14 da Norma Regulamentar n.º 16/2001-R, de 22 de Novembro, alterada pelas Normas Regulamentares n.º 2/2002-R, de 31 de Janeiro e n.º 2/2006-R, de 13 de Janeiro, passam a ter a seguinte redacção:

«8. O montante cobrado no Continente a favor do SNB deve ser entregue no decurso do segundo mês seguinte àquele em que se efectuar a cobrança, devendo a empresa de seguros para esse efeito preencher e submeter o formulário disponibilizado no Portal ISPnet, acto que gera a emissão do documento único de cobrança que identifica o valor e as formas de pagamento a utilizar.
14. As empresas devem preencher e submeter os formulários referidos no n.º 13, através do Portal ISPnet, mesmo quando não tenham registado produção.»

4 - O artigo 4.º da Norma Regulamentar n.º 12/2007-R, de 26 de Julho, passa a ter a seguinte redacção:

«Artigo 4.º

[...]

1 – As empresas de seguros devem, até ao final de cada mês, entregar o quantitativo global referente à percentagem incluída nos recibos cobrados no mês anterior, líquido de estornos e anulações, referentes ao mesmo mês, devendo para esse efeito preencher e submeter o formulário disponibilizado no Portal ISPnet, acto que gera a emissão do documento único de cobrança que identifica o valor e as formas de pagamento a utilizar.

2 – As empresas de seguros devem pagar, até 30 de Junho do ano seguinte, nos termos previstos no número anterior, o montante correspondente à aplicação das taxas a favor do FAT que incidem sobre o valor do capital de remição das pensões em pagamento à data de 31 de Dezembro de cada ano, e sobre o valor da provisão matemática das prestações suplementares por assistência a terceira pessoa em pagamento à data de 31 de Dezembro de cada ano.

3 – ....»

5 – O artigo 4.º da Norma Regulamentar n.º 15/2007-R, de 25 de Outubro, passa a ter a seguinte redacção:

«Artigo 4.º

[...]

1 – Os montantes devidos ao FGA são pagos no mês seguinte a cada trimestre civil de cobrança, nos termos do n.º 6 do artigo 58.º do Decreto-Lei n.º 291/2007, de 21 de Agosto, devendo para o efeito a empresa de seguros preencher e submeter o formulário disponibilizado no Portal ISPnet, acto que gera a emissão do documento único de cobrança que identifica o valor e as formas de pagamento a utilizar

2 – ....»

ARTIGO 3.º
Alteração da taxa a favor do INEM

O n.º 2 da Norma Regulamentar n.º 17/2001-R, de 22 de Novembro, alterada pelas Normas Regulamentares n.º 7 /2003-R, de 12 de Fevereiro e n.º 2/2006-R, de 13 de Janeiro, passa a ter a seguinte redacção:

«2. Nos termos da alínea *a)* do n.º 2 do artigo 11.º do Decreto-Lei n.º 220/2007, de 29 de Maio, alterado pela Lei n.º 64-A/2008, de 31 de Dezembro, a taxa a favor do INEM, L P., fixada em 2%, incide sobre os prémios ou contribuições relativos a contratos de seguros, em caso de morte, do ramo «Vida» e respectivas coberturas complementares, e a contratos de seguros dos ramos «Doença», «Acidentes», «Veículos terrestres» e «Responsabilidade civil de veículos terrestres a motor» celebrados por entidades sediadas ou residentes no continente.»

ARTIGO 4.º
Processamento do DUC

Para garantir o adequado cumprimento dos prazos legalmente previstos de pagamento das taxas incidentes sobre a actividade seguradora e dos fundos de pensões, e atendendo a que o processamento do DUC apenas se efectua em dias úteis, as empresas de seguros e sociedades gestoras de fundos de pensões devem preencher os formulários disponibilizados no Portal ISPnet com a antecedência adequada relativamente à data limite de pagamento.

ARTIGO 5.º
Regime transitório aplicável às taxas a favor do INEM

Com referência ao período em que coexista a cobrança e estorno de taxas sobre prémios cujos avisos/recibos hajam sido emitidos ao abrigo do regime anterior à alteração introduzida pela Lei n.º 64-A/2008, de 31 de Dezembro, e de taxas cobradas e estornos processados relativos a prémios cujos avisos/ recibos hajam sido emitidos ao abrigo do regime resultante dessa Lei, devem as empresas de seguros proceder ao preenchimento e submissão ao Instituto de Seguros de Portugal de dois exemplares do formulário disponibilizado no Portal ISPnet, autonomizando os montantes respectivos.

ARTIGO 6.º
Revogação

Pela presente Norma Regulamentar são revogados:

a) Os n.º 8 a 11 da Norma Regulamentar n.º 10/2001-R, de 22 de Novembro, alterada pela Norma Regulamentar n.º 2/2006-R, de 13 de Janeiro;

b) O n.º 4 da Norma Regulamentar n.º 12/2001-R, de 22 de Novembro, alterada pela Norma Regulamentar n.º 2/2006-R, de 13 de Janeiro;

c) O n.º 12 da Norma Regulamentar n.º 16/2001-R, de 22 de Novembro, alterada pelas Normas Regulamentares n.º 2/2002, de 31 de Janeiro e n.º 2/2006-R, de 13 de Janeiro;

d) O artigo 6.º da Norma Regulamentar n.º 12/2007-R, de 26 de Julho;

e) O artigo 5.º da Norma Regulamentar n.º 15/2007-R, de 25 de Outubro.

ARTIGO 7.º
Entrada em vigor

1 - Sem prejuízo do disposto no número seguinte, a presente Norma Regulamentar entra em vigor em 1 de Março de 2009.

2 - O disposto no artigo 3.º entra em vigor no dia imediato ao da publicação da presente Norma Regulamentar, reportando os seus efeitos a 1 de Janeiro de 2009.

O CONSELHO DIRECTIVO

ÍNDICE

Nota Prévia	7
1. Introdução	9
2. Enquadramento Normativo e Institucional do Sector	9
2.1. Enquadramento Normativo	9
2.1.1. Direito Comunitário	9
2.1.2. Direito Interno	12
2.2. Enquadramento Institucional	18
3. Tributo a Favor do Instituto de Seguros de Portugal	20
3.1. Direito Interno	20
3.2. Incidência Objectiva	21
3.3. Incidência Subjectiva	21
3.4. Isenções	23
3.5. Base de Cálculo	23
3.6. Taxa	24
3.7. Liquidação e Pagamento	26
3.8. Afectação	27
3.9. Jurisprudência	28
4.Tributo a Favor do Instituto Nacional de Emergência Médica	28
4.1. Direito Interno	28

ÍNDICE

4.2. Incidência Objectiva	29
4.3. Incidência Subjectiva	30
4.4. Isenções	31
4.5. Base de Cálculo	31
4.6. Taxa	32
4.7. Liquidação e Pagamento	32
4.8. Afectação	33
4.9. Jurisprudência	33
5. Tributo a Favor do Fundo de Garantia Automóvel	34
5.1. Direito Interno	34
5.2. Incidência Objectiva	35
5.3. Incidência Subjectiva	35
5.4. Isenções	36
5.5. Base de Cálculo	36
5.6 Taxa	37
5.7 Liquidação e Pagamento	38
5.8. Afectação	38
5.9 Jurisprudência	39
6. Tributos a Favor do Serviço Nacional de Bombeiros e Protecção Civil	39
6.1 Direito Interno	39
6.2 Incidência Objectiva	40
6.3. Incidência Subjectiva	41
6.4. Isenções	41
6.5. Base de Cálculo	41
6.6. Taxa	42
6.7. Liquidação e Pagamento	43
6.8 Afectação	43
6.9. Jurisprudência	44
7. Tributos a Favor do Fundo de Acidentes de Trabalho	44

7.1 Direito Nacional 44

7.2 Incidência Objectiva 45

7.3. Incidência Subjectiva 46

7.4. Isenções 46

7.5. Base de Cálculo 47

7.6. Taxa 47

7.7. Liquidação e Pagamento 48

7.8. Afectação 49

7.9 Jurisprudência 49

8. Tributos a Favor do Sistema Integrado de Protecção contra
as Aleatoriedades Climáticas 49

8.1. Direito Nacional 49

8.2. Incidência Objectiva 52

8.3. Incidência Subjectiva 52

8.4. Isenções 53

8.5. Base de Cálculo 53

8.6. Taxa 54

8.7. Liquidação e Pagamento 56

8.8 Afectação 56

8.9 Jurisprudência 57

9. Observações 57

LEGISLAÇÃO 59

ACESSO A ACTIVIDADE SEGURADORA E RESSEGURADORA 61

Decreto-Lei nº 2/2009, de 05 de Janeiro 61

Decreto-Lei n.º 94-B/98, de 17 de Abril 69

Título I – Disposições gerais 69

Título II –Condições de acesso à actividade seguradora e resseguradora 79

Título III – Condições de exercício da actividade seguradora e resseguradora 111

Título IV – Disposições aplicáveis ao contrato de seguro 182

ÍNDICE

Título V – Endividamento ... 184

Título VI – Sanções ... 188

Título VII – Disposições finais e transitórias ... 201

REGIME JURÍDICO DO CONTRATO DE SEGURO ... 205

Decreto-Lei nº 72/2008, de 16 de Abril ... 205

Título I – Regime comum ... 217

Título II – Seguro de danos ... 254

Título III – Seguro de pessoas ... 268

SEGUROS NÃO VIDA ... 283

Directiva 92/49/CEE do Conselho, de 18 de Junho de 1992 ... 283

Título I – Definições e Âmbito de Aplicaçao ... 289

Título II – Acesso à Actividade de Seguro ... 290

Título III – Harmonização das Condições de Exercício ... 294

Título IV – Disposições relativas à liberdade de estabelecimento

e a livre prestação de serviços ... 310

Titulo V – Disposições Transitórias ... 316

Titulo VI – Disposições Finais ... 318

SEGUROS DE VIDA ... 323

Directiva 2002/83/CE do Parlamento Europeu e do Conselho,

de 5 de Novembro de 2002 ... 323

Título I – Definições e âmbito de aplicação ... 336

Título II – Acesso à actividade de seguro de vida ... 340

Título III – Condições de exercício da actividade de seguros ... 344

Título IV – Disposições relativas ao direito de estabelecimento

e à livre prestação de serviços ... 372

Título V – Regras aplicáveis às agências ou sucursais estabelecidas no interior

da comunidade, de empresas com sede social e fora da comunidade ... 377

7.1 Direito Nacional 44

7.2 Incidência Objectiva 45

7.3. Incidência Subjectiva 46

7.4. Isenções 46

7.5. Base de Cálculo 47

7.6. Taxa 47

7.7. Liquidação e Pagamento 48

7.8. Afectação 49

7.9 Jurisprudência 49

8. Tributos a Favor do Sistema Integrado de Protecção contra

as Aleatoriedades Climáticas 49

8.1. Direito Nacional 49

8.2. Incidência Objectiva 52

8.3. Incidência Subjectiva 52

8.4. Isenções 53

8.5. Base de Cálculo 53

8.6. Taxa 54

8.7. Liquidação e Pagamento 56

8.8 Afectação 56

8.9 Jurisprudência 57

9. Observações 57

LEGISLAÇÃO 59

ACESSO A ACTIVIDADE SEGURADORA E RESSEGURADORA 61

Decreto-Lei nº 2/2009, de 05 de Janeiro 61

Decreto-Lei n.º 94-B/98, de 17 de Abril 69

Título I – Disposições gerais 69

Título II –Condições de acesso à actividade seguradora e resseguradora 79

Título III – Condições de exercício da actividade seguradora e resseguradora 111

Título IV – Disposições aplicáveis ao contrato de seguro 182

ÍNDICE

Título V – Endividamento	184
Título VI – Sanções	188
Título VII – Disposições finais e transitórias	201

REGIME JURÍDICO DO CONTRATO DE SEGURO	205
Decreto-Lei nº 72/2008, de 16 de Abril	205
Título I – Regime comum	217
Título II – Seguro de danos	254
Título III – Seguro de pessoas	268

SEGUROS NÃO VIDA	283
Directiva 92/49/CEE do Conselho, de 18 de Junho de 1992	283
Título I – Definições e Âmbito de Aplicaçao	289
Título II – Acesso à Actividade de Seguro	290
Título III – Harmonização das Condições de Exercício	294
Título IV – Disposições relativas à liberdade de estabelecimento e a livre prestação de serviços	310
Titulo V – Disposições Transitórias	316
Titulo VI – Disposições Finais	318

SEGUROS DE VIDA	323
Directiva 2002/83/CE do Parlamento Europeu e do Conselho, de 5 de Novembro de 2002	323
Título I – Definições e âmbito de aplicação	336
Título II – Acesso à actividade de seguro de vida	340
Título III – Condições de exercício da actividade de seguros	344
Título IV – Disposições relativas ao direito de estabelecimento e à livre prestação de serviços	372
Título V – Regras aplicáveis às agências ou sucursais estabelecidas no interior da comunidade, de empresas com sede social e fora da comunidade	377

Título VI – Regras Aplicáveis às Filiais de uma Empresa-Mãe sujeita

à Ordem Jurídica de um País Terceiro e à Aquisição de Participações

por essa Empresa-Mãe   381

Título VII – Disposições Transitórias e Diversas   383

Título VIII – Disposições Finais   384

Anexo I – Classificação por ramo   389

Anexo II – Regras de congruência   389

Anexo III – Informação ao tomador   390

Anexo IV   391

Anexo V   397

Anexo VI – Quadro de correspondência   398

TRIBUTO A FAVOR DO INEM, IP.   405

Norma Regulamentar N.º 7/2003-R, de 12 de Fevereiro   405

TRIBUTOS A FAVOR DO SERVIÇO NACIONAL DE BOMBEIROS

E PROTECÇÃO CIVIL (EX SNB)   407

Norma N.º 16/2001   407

TAXA A FAVOR DO INSTITUTO DE SEGUROS DE PORTUGAL   411

Norma Nr. 010/2001   411

Portaria n.º 40/2001, de 19 de Janeiro   414

TRIBUTO A FAVOR DO FUNDO DE GARANTIA AUTOMÓVEL   415

Norma Regulamentar nº 15/2007-R, de 25 de Outubro   415

TRIBUTOS A FAVOR DO FUNDO DE ACIDENTES DE TRABALHO   419

Norma Regulamentar n.º 12/2007-R, de 26 de Julho   419

Norma Regulamentar n.º 8/2010-R, de 9 de Junho   429

ÍNDICE

TRIBUTOS A FAVOR DO SIPAC (EX FCSC) — 435

Portaria nº 907/2004, de 26 de Julho — 435

DIVERSOS — 461

Norma Regulamentar N.º 21/2008-R, de 31 de Dezembro — 461

Taxas Incidentes sobre a Actividade Seguradora e dos Fundos de Pensões — 461

Questões de
Direito Societário
em Portugal e no Brasil